现代大型水面舰船

主　编　于　凯　常　欣
副主编　郭春雨　孙祥杰　王　超
主　审　黄　胜

HEUP 哈爾濱工程大学出版社

内容简介

目前,现有的大型水面作战舰艇主要是航空母舰,驱逐舰,护卫舰,两栖战舰艇四种。教材主要内容共分为大型水面舰船的发展与作用,典型大型驱逐舰解析,两栖战舰艇,典型航空母舰解析,大型水面舰船关键技术和未来大型水面舰船技术发展等六个章节。本书除了介绍大型水面舰船的基础知识之外,还对世界著名的驱逐舰、两栖战舰艇、航空母舰等各型舰艇的性能参数及作战能力做了详细讲解。

本书采取图文并茂的形式,集思想性、知识性、趣味性和严谨性于一身,适合广大青年学生、军事爱好者、部队官兵和该领域的科研工作者阅读参考。

图书在版编目(CIP)数据

现代大型水面舰船/于凯,常欣主编.—哈尔滨:哈尔滨工程大学出版社,2014.8

ISBN 978-7-5661-0893-7

Ⅰ.①现… Ⅱ.①于… ②常… Ⅲ.①军用船-概论 Ⅳ.①U674.7

中国版本图书馆 CIP 数据核字(2014)第 190475 号

出版发行 哈尔滨工程大学出版社
社　　址 哈尔滨市南岗区东大直街 124 号
邮政编码 150001
发行电话 0451-82519328
传　　真 0451-82519699
经　　销 新华书店
印　　刷 哈尔滨市石桥印务有限公司
开　　本 787mm×960mm　1/16
印　　张 17.5
字　　数 390 千字
版　　次 2014 年 8 月第 1 版
印　　次 2014 年 8 月第 1 次印刷
定　　价 29.60 元
http://www.hrbeupress.com
E-mail:heupress@hrbeu.edu.cn

序　言

海军舰船的发展,取决于以科学技术为基础的造船业的水平。军用舰船自诞生之日起就是海上战场的主宰,而且在现代战争中扮演着非常重要的角色。随着人类对海上权益争夺加剧,海洋已经成为世界各国政治、军事、经济和外交的重要因素。冷战结束后,世界战略格局进一步向多极化发展,海洋斗争的形势日益尖锐、复杂,海洋斗争的地位更加突出。可以预见,未来在世界范围内出现资源不足时,针对海洋权益和海洋自由的国家之间的武力争端也将不可避免。因此,从军事和安全保障、资源和环境保护、促进科学技术的战略高度出发,发展现代舰艇、发展现代海上飞机、发展海军,对于开发利用海洋,发展海洋事业,维护海洋安全,促进海洋和谐,显得越来越重要。

水面舰船是海军资格最老的舰种,没有水面舰船就没有海军。因此,未来的海军不但少不了水面舰船,而且会迎来水面舰船的新发展。随着信息技术的到来,我们可以想象,水面舰船这个大家族的技术水平将会更高,作战能力将会更强,不断地适应未来战争的需要。十八大报告中明确提出,提高海洋资源开发能力,发展海洋经济,保护海洋生态环境,坚决维护国家海洋权益,建设海洋强国。要建设海洋强国,就必须有力量的保障,一支强大的海军必不可少,它要求中国海军变成蓝水海军,维护国家利益,而作为海上作战主要武器平台的大型水面舰船将在实现海洋强国梦的道路上发挥极其重要的作用。

近些年的历次高技术战争都是从海上吹响号角的,我们所处的世界并不太平,捍卫与保护来之不易的和平任重道远,只有拥有一支强大的现代化海军,拥有强大的国防力量,才能为中华民族在新世纪的和平发展提供保障,才能顺利实现中华民族的伟大复兴。知己知彼,百战不殆。我们应该学习和借鉴发达国家国防建设的经验,走出一条符合我国国情并反映时代特征的国防现代化道路。

《现代大型水面舰船》一书是作者在多年教学和科研的实践基础上,针对大型水面舰船的概念、发展历史、当前状况以及未来趋势,广泛吸取国内外水面舰船研究的发展经验和最新成果编写而成的。本书除了介绍大型水面舰船的基础知识之外,还对世界著名的驱逐舰、两栖战舰艇、航空母舰等各型舰艇的性能参数及作战能力做了详细讲解,并将一些战舰趣闻和以其为主导的重大海战搜罗其中,取材新颖,内容丰富,实用性强。

本书采取图文并茂的形式,集思想性、知识性、趣味性和严谨性于一身,适合广大青年学生、军事爱好者、部队官兵和该领域的科研工作者阅读参考。正是由于作者有着丰富的教学经验，深厚的理论功底，本书并不仅仅是一般性的舰艇知识普及读物，更重要的是有一定的理论深度。当然，这本书在资料选择、史实考证、内容编排、文学水平等方面还存在不妥之处，但瑕不掩瑜，我相信，读罢此书，各位军事爱好者和军用舰艇的研究人员一定会受益匪浅。

黄 胜

2013 年 12 月

前 言

21 世纪是海洋的世纪,是人类向海洋"深度"和"广度"进军的世纪。在全球经济一体化的时代,海洋除了是世界物流运输业的主要载体外,更是人类可持续发展需要的工业资源、高效能源、绿色食品和空间资源的广阔新疆界。《联合国海洋法公约》已生效近 20 年,新一轮海洋开发竞争已呈现群雄逐鹿之势,这将使海军作战领域从传统的海上,进一步向深海、大陆纵深,甚至向太空拓展。同时各国海军也将通过积极的自身结构和功能的调整,为国家的海上综合较量争取优势地位。

在本世纪可预见的未来,军舰必须执行多种任务以应对各种战争。传统海控任务不会消失,另外还将增加用火力和精确武器支援岸上部队的任务。未来军舰必须能够应对更快的导弹,同时不断提高隐身性能,提高在复杂环境中的机动性。从战术弹道导弹的数目、扩散、军事政治效果来看,导弹的威胁不断增大。今后武器系统发展的重点是探测和应对海上和陆地上的导弹威胁,防止弹道导弹攻击港口城市、两栖目标区和先期登陆部队。海军舰船的发展,取决于以科学技术为基础的造船业的水平。

在漫长的封建时代,由于科学技术和生产力水平决定了各国海军都使用木质风帆战船。自 14 世纪中期开始,海军风帆战船在两舷逐渐配置火炮。到 17 世纪时,舷方向的舰炮对射战术,已发展成为海军舰队在海战中的主要战法。18 世纪时,海军舰队舷炮战术又进一步发展成为比较稳定而著名的"战列线战术 ",这时舰队中那些吨位大和火炮多的战船直接承担战列线战术的战斗任务,被称为战列舰。

随着西方资本主义的迅速发展,在 19 世纪初,蒸汽机技术和金属冶炼技术取得长足进步,使得造船工业有了较大的发展,从而促成海军及其舰船开始发生具有深远历史意义的重大变化。1853 年克里米亚战争中的锡诺普海战,以海上战场客观而无情的实践,正式宣告木质风帆战船的时代已一去不复返了。在这场海战中,纳希莫夫将军指挥的俄国黑海舰队采取巧妙而坚决的行动,用新装备的爆破炮弹猛轰土耳其舰队,一举歼灭土耳其舰队 16 艘军舰中的 15 艘。而在这场战争后期的海上战场,英法两国先进的海军舰队充分展示出蒸汽动力舰的机动性能优势,将风帆动力舰赶出了海战的历史舞台。1856 年结束的克里米亚战争,成为世界近代海军装备发展史上的第一个里程碑,就在于它不仅正式确立了蒸汽动力舰在海军舰队和海上战场的重要统治地位,而且由爆破炮弹对木质战船的毁灭性攻击战果,导致了军舰朝着装甲化方向发展。

第二次世界大战后,舰船工业发展很快,舰船质量和制造效率日益提高,大大缩短建造周期。随着舰载武器、动力装置、电子设备、造船材料和工艺的迅速发展,舰船工业自动化程度日益提高,舰艇的发展跨入现代化阶段。燃气轮机作为舰艇动力被广泛采用,并出现了采用核动力的航空母舰和大型水面舰艇;喷气式飞机登上航空母舰,大、中型舰艇开始普遍搭载直升机或垂直/短距起落飞机;导弹成为战斗舰艇的主要武器,并广泛开始采用垂直发射系统;舰炮向全自动化发展,激光制导和近炸引信的炮弹开始使用;战斗舰艇普遍装有指挥控制自动化系统和火控系统,自动化程度、快速反应能力普遍提高;舰艇隐身技术和新型合成装甲材料开始得到应用,模块化造船工艺日趋完善,舰员的居住条件得到改善。随着战列舰失去战场主导作用,逐步退出历史舞台,航空母舰、巡洋舰、驱逐舰、护卫舰等大型水面舰船受到世界各国的普遍重视。

全书共分6章,第1章至第5章介绍大型水面舰船的技术发展,解析典型驱逐舰、两栖战舰艇和航空母舰,分析大型水面舰船的关键技术,第6章分析未来大型水面舰船的发展趋势。在本书的编写过程中汪永才和丁小强老师给与大力指导,本书的出版得益于哈尔滨工程大学教务处的大力支持。

由于编者水平有限,书中不妥之处在所难免,恳请广大读者批评指正。

编 者

2014 年6月

目　录

第1章 大型水面舰船的发展与作用

1.1 大型水面舰船的分类

大型水面舰船按排水量大小依次分为航空母舰、战列舰、巡洋舰、驱逐舰、护卫舰等。现有的大型水面作战舰艇主要是航空母舰、驱逐舰、护卫舰、两栖战舰艇四种。

航空母舰 航空母舰,简称“航母”,是一种以舰载机为主要作战武器的大型水面舰艇,舰体通常拥有巨大的甲板和坐落于右侧的舰岛。世界上第一艘航空母舰是1918年5月完工,同年9月正式编入英国皇家海军的“百眼巨人”号。该舰排水量为14 459 t,可载机22架。它的诞生标志着世界海上力量发生了从制海到制空、制海相结合的一次革命性变化。发展至今,航空母舰已是现代海军不可或缺的武器,也是海战最重要的舰艇之一。航空母舰是现代科学技术的产物,是航空母舰战斗群的核心,并整合通信、情报、作战信息、反潜反导装置及后勤保障为一体的大型海上战斗机移动基地平台。依靠航空母舰,一个国家可以在远离其国土的地方,不依赖当地的机场施加军事压力和进行作战行动。

现代航空母舰的主要任务是以其舰载机编队,夺取海战区及近海陆缘的制空权和制海权。现代航空母舰及舰载机已成为高技术密集的军事系统工程。航空母舰是一支航空母舰战斗群中的核心舰船,通常还作为航母战斗群的旗舰。航空母舰战斗群是美国海洋主力舰队的最基本编队方式。

美国航空母舰战斗群

战列舰 以大口径舰炮为主要武器,具有很强的装甲防护和较强的突击威力,能在远洋作战的大型水面战斗舰艇。战列舰是一种主要在远洋活动、装备有强大的舰炮武器、装甲防护与防雷舱的大型战斗舰艇。战列舰在历史上曾作为舰队的主力舰,在海战中通常是由多艘列成单纵队战列线进行炮战,因而得名。大吨位、大活动半径、最大口径火炮、最强装甲防护是战列舰的四大特点。其最显著的特征就是林立的舰炮群,舰炮最大口径达460毫米,最大装甲厚度与主炮的口径相同或更大,吨位达5万~6万t,续航距离可为1万至1.5万海里。第二次世界大战后,由于核武器、导弹的出现,国际上出现了"大型军舰已经过时"的议论。在这种情况下,各战列舰拥有国从20世纪50年代起纷纷将其退役,一部分报废,另一部分被封存。然而,美国曾在越南战争、中东战争和海湾战争中三次重新启用已封存的战列舰,且三次战争均发挥了其应有的作用。

战列舰又可分为战列舰和战列巡洋舰,区别在于,战列巡洋舰航速较战列舰高,但装甲较薄,主炮口径较小。

人类建造的最大的战列舰是日本的大和级,其标准排水量64 000 t,满载排水量73 000 t,大口径主、副炮20余门,航速27节,装甲厚,防护能力强,同时命中2枚鱼雷或数枚重磅炸弹也不致影响战斗,故号称世界第一战列舰。其主炮为3座三联460毫米口径主炮。副炮有三联装155毫米炮4座,分别设在上层结构的前面及舰的两舷。这些副炮本是巡洋舰的主炮,性能比200毫米炮还好。此外,还装有127毫米高炮24门,25毫米机关炮113门。整个军舰像个奋起自卫的刺猬,全身竖起了各种武器。

最晚退役的是美国"依阿华"级战列舰,"依阿华"级战列舰是二战期间美国建成的吨位最大的一级战列舰,也是世界上最后一级退出现役的战列舰。该级舰首舰从1940年始建,到1944年共建造了4艘,舷号分别是"依阿华"号(BB-61)、"新泽西"号(BB-62)、"密苏里"号(BB-63)和"威斯康星"号(BB-64)。"依阿华"级战列舰长270.4米,宽33米,吃水11.6米;标准排水量4.5万t,满载排水量5.9万t;舰体最厚装甲达430毫米。1944年6月11日服役的"密苏里"号战列舰最初装有3座三联装406毫米主炮、149门各种口径的副炮和高炮,还载有3架水上飞机。舰上动力装置由8座锅炉和4台汽轮机组成,采用四轴推进方式,总功率15.6万千瓦,最大航速33节,当航速14节时续航力为20 150海里。全舰通体有装甲防护,一般部位厚150毫米,重要部位达400毫米,是战后世界上装甲最厚的水面战舰。它的装甲足以承受1 t半重穿甲炮弹的轰击,"飞鱼"导弹轰击到战列舰的装甲钢板上也会被弹射回来,爆炸冲击波也只能划伤装甲。

巡洋舰 巡洋舰是一种火力强、用途广,主要在远洋活动的大型水面舰艇。它航速高,续航力大,耐波性好,具有相当强的战斗力和指挥功能,在航空母舰编队中用作护卫兵力,在与驱逐舰协同作战中用作旗舰,也可单独执行任务。

巡洋舰是海军中比较老的一个舰种,差不多和战列舰同时诞生和发展。早在17~18世纪的帆船时代,巡洋舰是指那些装备火炮较少,主要执行巡逻及护航任务的快速炮船。19

“依阿华”级战列舰

世纪末，随着战列舰的崛起，巡洋舰特别是装甲巡洋舰得到迅速发展。到第一次世界大战期间，巡洋舰的发展速度加快，质量也有明显提高，排水量已经达到 3 000 ~ 4 000 t。第二次世界大战以前，巡洋舰主要分重巡洋舰、轻巡洋舰和辅助巡洋舰三种类型。二战以后，巡洋舰在数量上急剧减少，但在质量上却有明显的提高。从技术的发展方面来看，主要是采用了核动力装置，装备了导弹武器和携载直升机作战。发展核动力巡洋舰的主要是美国和前苏联海军，从吨位方面来看，二战后建造的巡洋舰吨位基本都在 10 000 t 左右，只有前苏联海军发展了一级基洛夫级，排水量达到 28 000 t，这是世界上最大的一级巡洋舰。由于导弹技术的迅猛发展，一向以装备几十、上百门舰炮为主要攻击武器的巡洋舰开始换装导弹，舰炮只作为辅助性武器。

现代巡洋舰普遍装备有舰舰导弹、舰空导弹、反潜导弹和新型全自动中口径舰炮及多管小口径舰炮，配备有反潜直升机、鱼雷以及电子对抗等各种先进的电子设备，并装备有指挥控制系统。现代巡洋舰一般在舰桥和弹药库等重要部位设置装甲，用来保护这些部位。

二战中最为著名的是德国“希佩尔”级重巡洋舰，目前世界上最先进的巡洋舰是美国“提康得罗加”级宙斯盾巡洋舰，最大的巡洋舰是俄罗斯“基洛夫”级。

驱逐舰　驱逐舰是一种中型水面战斗舰艇，也是海军兵力中用途最广泛的一个舰种。由于它能在海上执行多种任务，故有“海上多面手”之称，是世界主要海军强国水面舰艇的骨干力量和海军重点发展兵力。可以装备对空、对海、对潜和对陆攻击等武器，具有强大的综合作战能力。

驱逐舰具有适航性好、航速较高、续航力大、生存能力强、用途多和综合战斗能力强等显著特点，是 19 世纪 90 年代至今海军重要的舰种之一，是以导弹、鱼雷、舰炮等为主要武

“基洛夫”级巡洋舰

器，具有多种作战能力的中型军舰。它是海军舰队中突击力较强的舰种之一，用于攻击潜艇和水面舰船、舰队防空、护航、侦察巡逻警戒、布雷、袭击岸上目标等，是现代海军舰艇中，用途最广泛、数量最多的舰艇。

现代驱逐舰装备有防空、反潜、对海等多种武器，既能在海军舰艇编队担任进攻性的突击任务，又能担任作战编队的防空、反潜护卫任务，还可在登陆、抗登陆作战中担任支援兵力，以及担任巡逻、警戒、侦察、海上封锁和海上救援等任务。舰体空间增大，舰上条件逐步改善，驱逐舰从过去一个力量单薄，只有几门小炮，防护几乎等于零的小型舰艇，变成了一种多用途的大中型军舰。下图是我国“兰州”级导弹驱逐舰。

“兰州”级导弹驱逐舰

现代驱逐舰上的各种雷达、声呐、通信和导航设备也在不断地得到相应的改进和完善，并还普遍地配置了电子战系统以及功能完善的作战指挥系统。

护卫舰　护卫舰是一种以护航、反潜或警戒巡逻为主要任务的水面战斗舰艇。它分布最广、建造数量很多，是多数国家作为主力战舰使用的舰种，被人们誉为“海疆卫士”。护卫舰是以反舰/防空导弹、中小口径舰炮、水中武器（鱼雷、水雷、深水炸弹、反潜火箭弹等）为主要武器的中型战斗舰艇。它可以执行护航、反潜、防空、侦察、警戒巡逻、布雷、支援登陆和保障陆军濒海翼侧等作战任务，曾被称为护航舰或护航驱逐舰。在现代海军编队中，护卫舰是在吨位和火力上仅次于驱逐舰的水面作战舰只，但由于其吨位较小，自持力较驱逐舰弱，远洋作战能力逊于驱逐舰。

现代护卫舰的主要任务是执行小范围内的点防空和反潜任务，也就是说在舰队行动里，护卫舰承接的业务主要是消灭突破驱逐舰防御的漏网之鱼。进入 21 世纪，世界海军有了重大转变，主要是由于四代机的服役，使得人们更注重于舰艇的防空要求。欧美和日本普遍在大中型驱逐舰上装备“宙斯盾”系统，进行区域面防空；护卫舰虽然不装备“宙斯盾”，但也采用了中型垂发防空导弹负责近程点防空。随着动力装置以及电子、武器装备性能的不断提高与增强，护卫舰有同时朝着“趋小化”和“趋大化”两极发展的态势。下图所示为我国 054A 型护卫舰。

中国 054A 型护卫舰

两栖战舰艇　两栖战舰艇也称登陆作战舰艇，是用于登陆作战的各种舰艇的统称，主要包括登陆舰、登陆艇、船坞登陆舰、武装运输舰、两栖货船、两栖船坞运输舰、两栖攻击舰和两栖指挥舰等，主要任务是用于运送登陆兵、登陆工具、战斗车辆及其他武器装备和物资进行登陆作战。

两栖战舰艇主要用于快速输送登陆部队及装备物资，实施由岸到岸或由海到岸登陆、提供火力支援和对陆攻击等作战任务。除两栖指挥舰以外，其余两栖战舰艇实质上都是运输舰,设计时主要考虑运输、装载和两栖能力,攻击和防御能力是次要的。因此,它们与民用客货船有许多共同之处,在需要时可征用民船改装。登陆舰和登陆艇通常都具有岸滩直接登陆能力,船首肥钝,吃水浅,船底平坦,船体较宽,船首有艏门和吊桥,是用于较小规模登队作战的主要舰种。船坞登陆舰设有船坞,一般可装载大型登陆艇三艘或中型登陆艇10~20艘,或两栖艇40~50艘,同时可载登陆兵数百名。武装运输舰、两栖货船、两栖船坞运输舰一般都不具备直接登陆能力,其快速性、耐波性、装载量、续航力等均优于登陆舰,用于远程、大规模由舰到岸登陆作战。两栖攻击舰是输送兵员登陆的舰种,主要用直升机输送登陆兵实施垂向登陆,以提高登陆作战的突然性、快速性和机动性。通用两栖攻击舰的功用是按建制单位输送登陆兵及其武器装备和物资,可同时实施垂直登陆和平面登陆,兼有两栖攻击舰、两栖船坞运输舰、两栖货船、武装运输舰的作战能力。两栖指挥舰专门用于登陆作战中对整个登陆编队实施统一指挥,舰上有完善的通信与指挥设备。美国海军的"蓝岭"级两栖指挥舰满载排水量1.8万t,最大航速23节,曾参加1991年的海湾战争。未来将重点发展通用两栖攻击舰,使之具有平面登陆和垂直登陆的能力,同时提高登陆舰艇的装载、卸载能力和速度,进一步提高航速、耐波性,加强对空防御能力。此外,气垫登陆艇也将得到发展。两栖登陆舰以其优良的远洋适航性得以全球部署,而且其上有医院和众多的居住单位等一些必要设施,而且能运载并实施空中力量的投送,可以装载多架运输/攻击直升机,并且可以停放这些直升机,在使用弹性和灵活性上是非常优秀的。而且部署成本比航空母舰低得多,所以成为低强度军事部署的首选。其自持力也非常优秀,在相当的时间内,可以不与补给舰同行,这是其他运送登陆舰只所不能办到的。"黄蜂"级两栖攻击舰几乎能运输一整支美国海军陆战队远征部队,并通过登陆艇式直升机在敌方领土纵深式前沿作战。

美国"黄蜂"级两栖攻击舰

纵观各国在各个时期对于水面舰艇的分类标准和称呼方法,可以得出以下结论:

(1)"巡洋舰"、"驱逐舰"、"护卫舰"这些称呼的产生是有特定的历史背景的,对应当时条件下各自的任务,还受限于当时技术水平下能达到的能力,这些都影响到其在海军作战体系里的位置。

(2)随着技术发展和形势需要,各国也在不断调整海军作战体系和水面舰艇的配置,分类标准和称呼方法也在与时俱进;由于各国的需求和认识不同,对于分类称呼之间的差异也是普遍存在的,而且有不断扩大的趋势。

1.2　大型水面舰船的发展

当前,大型水面舰船技术的发展处于一个变革期,大量新技术开始井喷式的投入应用,如有源相控阵、全电综合推进、大型反导用导弹等。综观舰船的发展历史,一支远洋海军不可缺少的是大型水面舰船,其中最为关键的自然是航母和与之配套的战斗群。未来相当长的一段时间内,大型水面舰船是任何一个想要走向大洋的国家最坚强的后盾。

1.2.1　战列舰的发展

战列舰(又称为战斗舰、主力舰、战舰)是一种以大口径火炮的攻击力与厚重装甲的防护力为主要诉求的高吨位海军作战舰艇。由于这种军舰自 19 世纪 60 年代开始发展直至第二次世界大战中末期逐渐式微为止,一直是各主要海权国家的主力舰种之一,因此在过去又曾经一度被称为主力舰,但由于近代以来战列舰的战略地位被航空母舰和弹道导弹潜艇所取代,战列舰再也不是舰队中的主力,因此这样的称呼方式也相对失去了意义。战列舰是人类有史以来创造出的最庞大、复杂的武器系统之一,在其极盛时期——20 世纪初到第二次世界大战,战列舰是唯一具备远程打击手段的战略武器平台,因此受到各海军强国的重视。

19 世纪中叶之后,随着科学技术和造船工业的发展,风帆动力战列舰逐渐让位给蒸汽动力战列舰,战列舰进入以蒸汽机为动力的钢铁军舰时代。1849 年,法国建造出世界第一艘以蒸汽机为辅助动力装置的战列舰——"拿破仑"号,成为海军蒸汽动力战列舰的先驱。它以蒸汽机为主动力,但仍挂有作为辅助动力的风帆。1853 年至 1856 年的克里米亚战争,奠定了蒸汽装甲战列舰在近代海军舰队中举足轻重的统治地位。1859 年,法国建造了排水量 5 630 t 的"光荣"号战列舰。1860 年,英国建造了排水量 9 137 t 的"勇士"号战列舰。这两艘军舰外面包覆铁质装甲,被视作世界上最初的两艘蒸汽装甲舰。"勇士"号也挂有辅助的风帆,战舰上的风帆直到 20 年后才逐渐消失。在美国南北战争期间,美国北方海军的小型装甲炮舰"莫尼特"号首次采用了封闭的回旋式炮塔。它与南方邦联海军的"弗吉尼亚"

号装甲舰之间发生了近代历史上首次海上炮战——1862 年的汉普敦海战。

1862 年,法国建造了第一艘装有旋转炮塔的战列舰“阿尔贝王子”号,由于炮塔式舰炮可转向任何方向,排成一线纵队的战列战术似乎过时了,所以在一段时期里装甲舰的称谓取代了战列舰。

1873 年,法国建成“蹂躏”号战列舰,该舰已废除使用风帆的传统,成为世界海军史上第一艘纯蒸汽动力战列舰。到 19 世纪 70 年代,世界各海军强国的蒸汽装甲战列舰已达到较高的水平。蒸汽机不仅为军舰提供了推进动力,而且蒸汽还被用于操纵舵系统、锚泊系统、转动装甲炮塔系统、装填弹药、抽水及升降舰载小艇等。大型蒸汽装甲战列舰的排水量达到 8 000 ~9 000 t,推进功率达到 6 000 ~8 000 马力①。这时的战列舰在主甲板的中央轴线上或者舰体两侧装配了能做 360°全向旋转的装甲炮塔,舰炮也都普遍采用了螺旋膛线,攻击力进一步增强。此时的战列舰大多被称作“铁甲舰”,清朝北洋水师的“定远”号、“镇远”号铁甲舰可以称作是这一时期的战列舰代表。

1892 年,英国人建造出了世界上第一艘采用全钢质舰体的战列舰——“皇家君主”号,该舰随后成为各国战列舰设计的样板。它采用 4 门双联装主炮,以前后各配置一个炮塔的方式安装在舰身纵轴线上,加强了副炮群的数量及射角分配,能将所有火力集中于侧舷,战列舰的称谓名称又恢复了。此后,战列舰普遍采用钢质舰体,满载排水量可达到 12 000 t,采用螺旋膛线的主炮口径达到 300 ~350 毫米,舰体防护装甲的厚度达到 230 ~450 毫米,航速为 16 ~18 节。此时,舰炮威力、装甲防护力、航速和排水量,成为各国公认的建造战列舰的四大要素。英国、法国、德国、美国、日本、意大利、俄罗斯等国的海军纷纷建造或进口大批战列舰。战列舰已经成为海军强国实力的象征。

此时的战列舰大多装备两种口径的主炮,一级主炮布置在舰体纵向中轴线上,用于对抗敌方主力舰,二级主炮布置在舰体两侧,用于对抗巡洋舰及轻型军舰。动力多采用往复式蒸汽机。

1906 年,一种全新的战列舰出现了。无畏舰的名字来源于英国海军的“无畏”号战列舰。它采用了统一型号的重型火炮,以及高功率的蒸汽轮机。其设计实现了意大利著名工程师库尼贝迪上校的构想,排水量 17 900 t,航速 21 节,装备有安装在五座炮塔内的 10 门 305 毫米主炮,24 门 76 毫米副炮,水下鱼雷发射器 5 座,这比当时其他最大的装甲舰的火力还要强 1 倍以上;两舷、炮塔和指挥塔的装甲厚达 280 毫米。“无畏”号的下水,加快了各国海军的竞争。德国的“拿骚”级战列舰、美国的“南卡罗来纳”级战列舰及其后续舰纷纷采用无畏号的标准。此类战列舰被统一命名为“无畏舰”。其特征可以概括为:统一口径的主炮(通常口径为 11 ~13. 5 英寸),主炮塔布置于舰首和舰尾,以及交错布置于舰身中部。排水

① 1 马力 =735 W,下同。

量大多为 20 000 t 以上,一般使用蒸汽轮机作为动力,航速超过 19 节。这一时期,英国和德国展开了大规模的海军军备竞赛。到 1914 年第一次世界大战爆发,英国共有战列舰和战列巡洋舰 73 艘,德国则有 52 艘。

随着战列舰的主炮口径增加到 13.5 ~15 英寸,火炮有效射程不断增大,主炮炮塔都布置在舰体水平纵向中轴线上,减少或取消舯部的主炮塔,排水量增加到 25 000 t 以上,这种无畏战列舰通常被称为“超级无畏舰”,日本称为“超弩级战舰”。英国的“猎户座”级战列舰、“伊丽莎白女王”级战列舰、德国的“巴伐利亚”级战列舰、美国的“内华达”级战列舰、日本的“扶桑”级战列舰,及其后续舰都可以视为典型的超级无畏舰。

第一次世界大战中的 1916 年,英德两国海军之间爆发了人类有史以来规模巨大的海战——日德兰海战。此次海战成为战列舰主宰海洋的“大舰巨炮制胜主义”理论历史顶点。根据这次海战的教训,主要的海军国家改进了无畏舰的设计。主要改进措施包括:增大主炮口径,改进炮塔、火药库等部位的防护;采取重点防护措施,加厚重要部位的装甲,减少或取消非重要部位的装甲;重视水平防护、以及水线以下对鱼雷的防护。这种无畏型战列舰通常被称为“后日德兰型战列舰”,例如英国建造的“纳尔逊”级战列舰。

1936 年 12 月 31 日,《华盛顿海军条约》期满作废,各海军强国重新开始战列舰的建造工作。英国建造了 5 艘“乔治五世国王”级战列舰。美国建造了 2 艘“北卡罗来纳”级战列舰、4 艘“南达科他”级战列舰、4 艘“依阿华”级战列舰。德国建造了 2 艘“俾斯麦”级战列舰,日本建造了 2 艘“大和”级战列舰,即“大和”和“武藏”号战列舰,是世界上最大的战列舰,满载排水量为 72 800 t,最高航速 27 节,舰上装有三联装 460 毫米主炮 9 门,炮弹重达 1 460 kg,还有 12 门三联装 155 毫米副炮和 12 门双联装 127 毫米平高两用炮。“武藏”号在 1944 年 10 月 24 日,“大和”号在 1945 年 4 月 7 日,先后被美军飞机击沉。法国、意大利也建造了新型的战列舰。这一时期的战列舰大多采用 15 或 16 英寸甚至 18 英寸口径主炮,航速达 27 节以上,甚至 30 节以上。

由于航空母舰和潜艇成为海军作战的主要舰种,战列舰在第二次世界大战中逐渐沦为次等的海军主力舰。在大西洋战场,英国海军围绕德国的“俾斯麦”号战列舰和“提尔皮茨”号战列舰展开了大规模的围剿行动。其余的时间里,盟国的战列舰主要从事护航任务。诺曼底登陆战役中,英国和美国的旧战列舰曾经担任炮轰岸上目标的任务。

在太平洋战场,美国海军的 8 艘旧式战列舰大多在珍珠港事件中受到损失,其中打捞起来的 6 艘在本国修理后,担负起支援两栖作战轰击岸上目标的任务。而新建造的高速战列舰则担任航空母舰特混编队的舰队警戒(尤其是防空警戒和雷达哨舰)任务。美国的战列舰队在 1944 年莱特湾海战的苏里高海峡夜战中,与日本战列舰队展开了历史上最后一次战列舰炮战,击沉了日本海军 2 艘“扶桑”级战列舰。

1945 年 8 月 15 日,日本代表在美国“密苏里”号战列舰上签订了投降文件。战列舰在海军中的光荣生涯达到了顶峰及终点。

第二次世界大战后,各国的战列舰纷纷作为废钢铁出售给私人公司拆毁,或作为靶舰和武器试验平台遭到摧毁。美国海军曾将“依阿华”级战列舰投入朝鲜战争和越南战争,随后将其退役封存。

20世纪80年代,美国对4艘已退役的“依阿华”级战列舰进行现代化改装,加装各种新型雷达、导弹、防空、电子对抗和指挥控制通信系统,重新编入现役,分别部署于太平洋和大西洋,独立进行海上作战,支援登陆和攻击岸上目标等任务。在1991年1月的海湾战争中,美军曾使用其中的“密苏里”号和“威斯康星”号战列舰对伊拉克目标进行炮击和发射巡航导弹。但在此后的1993年,美国的4艘战列舰又再次退出现役,“战列舰”这一级别也正式从美国海军现役舰船分类中撤销。

美国“密苏里”号战列舰

目前,世界各国只有美国的4艘“依阿华”级战列舰、2艘“南达科他”级战列舰和“北卡罗来纳”号、“得克萨斯”号战列舰,以及日本的“三笠”号前无畏型战列舰作为浮动博物馆得到永久保存。

1.2.2 巡洋舰的发展

在海军作战舰艇大家族中,有一个历史悠久的重要舰种,它曾在过去长期的海上军事及战争史上谱就一曲曲震撼人心的雄浑乐章,并将在今天和未来的世纪里,继续在蔚蓝色的海洋舞台上扮演极其重要的角色,它就是被誉为“海上战斗堡垒”的巡洋舰。

巡洋舰是海军战斗舰艇的主要舰种之一,具有多种作战能力,主要承担远洋作战使命。作为一个大型水面战斗舰种,巡洋舰可用于掩护航空母舰编队和其他舰船编队,保卫己方或破坏敌方的海上交通线,攻击敌方舰船、基地、港口和岸上目标,在登陆作战中进行火力支援,充当海上编队指挥舰等。

在风帆战船时代,快速帆船向蒸汽动力装甲巡洋舰发展的同时,海军的舰炮也获得重大改进:线膛炮取代了旧式滑膛炮,它射程远且命中精度高;装甲防护的中央旋转炮塔取代了千百年来单一舷侧炮的统治地位,这样不仅使炮位得到良好的防护,而且由大的口径增强了炮火的威力,更为重要的是使舰炮火力形成了一定角度的设计扇面,从而使舰炮的对舰攻击能力得到成倍的提高。

1877 年,英国海军建造出“鸢尾草”号和“水星”号等第一批全部钢制的巡洋舰。1884 年 8 月下旬,在中国福建闽江下游的马尾水域,中法两国的海军舰队进行了一场有众多小型巡洋舰参加的著名海战。在这一期间,世界头号海军强国英国在各大洋中共有 8 支分舰队,其中大部分是巡洋舰,共计达 115 艘,排水量从 700 t 到 6 000 t 不等。巡洋舰俨然成为蓝色疆场的重要角色。

1894 年,在亚洲东部爆发了一场非常著名的战争,这就是中日甲午战争。是年 9 月 17 日午后,在中国黄海北部大鹿岛西南海域,中日两国海军的主力舰队即中国北洋舰队与日本联合舰队进行了海上战略决战——黄海大海战。在这场以巡洋舰数量居多的海上激战中,巡洋舰显示出航速与机动的优势,令世人瞩目。

20 世纪初,英、德、法、俄等海军强国都组建了规模庞大的装甲战列舰队,用于遂行海上战略决战任务,而用于执行海上巡护任务的巡洋舰也得到较大发展,成为各海军大国不可或缺的一大舰种。在辽阔无际的大洋上,战列舰的旁边常常浮动着巡洋舰的身影,二者成为海上战场亲密无间的伙伴。

1904 年,远东地区爆发日俄战争。日本和俄罗斯的两支庞大舰队于 1905 年 5 月在对马海峡进行了更加残酷的海上大绞杀。日本舰队中有铁甲巡洋舰 8 艘、巡洋舰 12 艘;俄罗斯舰队则拥有铁甲巡洋舰 1 艘、巡洋舰 7 艘、辅助巡洋舰 5 艘。这一次,日本舰队是以逸待劳,向长途跋涉近 18 000 海里的俄罗斯舰队实施截击。大口径舰炮在对马海峡上空怒吼了一个昼夜,俄军舰队几乎全军覆灭,其 38 艘作战舰只中有 21 艘被击沉,9 艘被俘,损失总吨位高达 20 万 t 之巨;而日本舰队仅仅损失 3 艘鱼雷艇共 300 t 之微。值得一提的是,俄罗斯舰队里有 3 艘巡洋舰在对马海峡突出日本舰队的重围,南下航驶到菲律宾,被当地政府扣留到日俄战争结束。而其中有一艘巡洋舰后来在 1917 年 11 月的涅瓦河上打响了震惊世界的一炮,这艘巡洋舰就是至今还停泊在俄罗斯圣彼得堡涅瓦河上大名鼎鼎的“阿芙乐尔”号巡洋舰。

1904 年,英国海军在大举建造“无畏”级战列舰的同时,也着手研究建造“无畏”级快速装甲巡洋舰的方案。1908 年,英国建成第一批战列巡洋舰“常胜”级。“常胜”级排水量 17 300 t,航速 26. 5 节,配备 8 门 356 mm 火炮和 16 门 102 mm 火炮。1911 年英国海军专门组建了巡洋舰委员会,并立即推出了“林仙”级巡洋舰。该级舰采用烧重油的蒸汽轮机以取代燃煤,使航速由 25 节提高到 30 节,装备 102 mm 舰炮和 152 mm 舰炮,还进行了搭载飞机的试验。此后,英国海军相继建成“板烟”级和“加罗林”级巡洋舰,在技术上的改进主要有:

装备 190 mm 舰炮;安装倾斜装甲,水线下设有防鱼雷设备;在推进装置上安装减速齿轮,改进汽缸的配置,将三根烟囱减为两根;把传统的水线下鱼雷发射管改装到水线之上。这一系列的技术改进,使巡洋舰吨位增大,火力加强,航速提高。与此同时,英国海军还建造了一系列轻巡洋舰,如"奥罗拉"级、"霍金斯"级、"光荣"级等。

在这一时期,各海军强国都致力于巡洋舰的研制工程。德国巡洋舰注重舰体强度,采用纵骨架式舰体结构,改进了水线下的舰体形状。以"冯德坦恩"型为代表的德国战列巡洋舰,具备坚固的舰体强度和穿透力极强的舰炮火力。日本海军首次采用减速蒸汽轮机建造出两艘 3 500 t 级的"天龙"型轻巡洋舰,航速高达 33 节;不久又采用高张力钢甲防护层建造了 14 艘 5 000 t 级巡洋舰,可搭载轻型侦察飞机。美国海军建造的巡洋舰航速较高,大口径主炮成射线状布设在前后甲板,可搭载弹射起飞的侦察机。

纵观第一次世界大战前夕各国建造的巡洋舰,其显著的共同特点为吨位大、航速快、舰炮口径大。由于采用了无线电通信新技术,单舰与舰队和大本营之间的联络更加迅捷便利,进一步增强了协同作战能力。但大型巡洋舰采用以减轻装甲换取航速的建造原则,则为后来的发展埋下了隐患。

第一次世界大战的海上战场,被以大舰巨炮而著称的战列舰所主宰;但作为战列舰行影不离的战斗伙伴,巡洋舰也四处巡击,拼杀海疆。巡洋舰在战火中得到进一步发展,普遍用燃油取代了燃煤,航速都达到 30 节之高。例如大战前英国海军建有 3 500 t 级的"奥罗拉"级轻巡洋舰,航速 29 节,在大战中的 1917 年便建成改进的 D 型,吨位增至 4 760 t,航速不变,在舰体中心线上配置 6 门 150 mm 主炮,前、后设计为重垒式,并装备 12 具鱼雷发射管。大战结束后,该舰又立即改进为 E 型,排水量增加到 9 800 t,航速提高到 33 节。像"奥罗拉"级 E 型巡洋舰,已能在海上战区压制敌方驱逐舰,并对己方海上兵力实施引导和支援。在大战中,一些重型巡洋舰因装甲防护力较差而付出沉重代价,如在 1914 年 9 月 22 日,英国海军三艘 12 000 t 级的装甲巡洋舰"艾布科"号、"胡格"号和"克列希"号,竟然被德国海军"U-9"号潜艇用鱼雷全部击沉。三艘巡洋巨舰在几小时内被一艘区区潜艇击沉,为世界海军作战史所罕见。

第一次世界大战结束后,为遏制日趋激化的海军军备竞赛,英、美、日、法、意五大海军强国于 1922 年在美国首都华盛顿签署了《限制海军军备条约》,即著名的"华盛顿海军协定"。这一为期十年的条约对各国建造战列舰的数目作出了专门的限制,并对战列舰的吨位和武器装备作了严格的界定。该条约对巡洋舰略有限制:规定巡洋舰的最大排水量是 10 000 t,主炮口径要小于战列舰,但允许航速超过战列舰。

于是,各海军强国转而大力发展巡洋舰,纷纷建造装有 8 英寸(152 mm)口径主炮的轻型巡洋舰。巡洋舰的建造竞赛愈演愈烈,因此导致上述五国于 1930 年在英国首都伦敦签订一份将"华盛顿海军协定"有效期延长 5 年的协议,并对巡洋舰的建造数目做出明确的限制。在条约的有效期内,各国建造的重型巡洋舰排水量在万吨左右,配备 8 英寸口径主炮,被称为“条约型巡洋舰”;例如英国的“奥罗拉”级 E 型、美国的“奥马哈”级、日本的“妙高”级、“高雄”级和“古鹰”级等,均属于此类。而在大战中战败的德国也建造了 3 艘称为袖珍战列舰的装甲巡洋舰。

条约有效期终止后,各国海军立即开始建造更大吨位的巡洋舰,如美国海军建造出 14 700 t 的“克利夫兰”号轻巡洋舰和 30 000 t 的“阿拉斯加”级重巡洋舰。由于在建造过程中采用了一系列先进的技术装备,重巡洋舰和轻巡洋舰在性能和技术方面的差异已不复存在。

到第二次世界大战前,各国海军建造出一大批巡洋舰。这一时期巡洋舰的主要特点及技术性能改进要素主要有以下几方面:

(1)加强装甲防护

吸取第一次世界大战中以减弱装甲换取航速所造成严重损失的教训,采用倾斜式舷侧装甲防护;以高效的嵌接接缝法加强舰体纵向强度;采用防鱼雷隔舱以提高舰体水下部位的防护能力。

(2)提高航速

普遍采用高张力钢和轻金属以减轻舰体质量而不失强度;用电焊取代铆钉以改善建造工艺;使用高温高压的蒸汽轮机和柴油机,采用细长式舰身设计。意大利海军建造出航速高达 40 节的轻巡洋舰,创造出巡洋舰航速的世界纪录,一般巡洋舰的航速也在 30 节以上。

(3)加强防空和反潜作战能力

新研制出的雷达被应用到巡洋舰上,可及时侦知敌方飞机或舰艇;采用火炮指挥仪和小口径多管自动炮,可快速、灵活、准确地实施对空射击;采用声呐设备以迅捷准确捕捉敌方潜艇;装备高性能的深水炸弹等。

到第二次世界大战爆发前夕,各海军强国建造的巡洋舰都形成了较为统一的规格:重巡洋舰、轻巡洋舰和辅助巡洋舰。

在第二次世界大战中,同盟国的海军和法西斯轴心国的海军在太平洋和大西洋,以及地中海等海上战区进行了激烈的角逐。在这次大战中,往昔战列巨舰的海上霸主地位已不复存在,取代战列巨舰超大口径舰炮威力的是来自航空母舰的强大舰载机群;而巡洋舰则多半是随着航空母舰战斗群一同行动,有时则在海陆两栖的联合攻击行动中提供游动的火力支援。

第二次世界大战的海战实践已充分表明:若不立即着手进行适应海上作战新要求的装备大变革,巡洋舰也将面临与战列舰一同被淘汰的命运。那么,巡洋舰甘心被黜出海上战场的蓝色大舞台吗?

第二次世界大战结束后,由于战列舰的全面衰落,一些国家计划中建造的巡洋舰停止了工程,大批巡洋舰开始退出海军现役。例如,美国海军仅留存 20 艘重巡洋舰,其余 20 艘重巡洋舰和 40 艘轻巡洋舰全被转入海军预备役。巡洋舰家族亦日益显现出萎靡不振的低落景象。

然而时隔不久,随着以美国为首的西方阵营与以前苏联为首的东方阵营之间冷战的兴起,全球又出现新一轮军备竞赛,巡洋舰也获得新的发展机会。自20世纪50年代起,美国和前苏联成为大举发展巡洋舰的主要国家;英、法等国则转而以发展驱逐舰和轻型航空母舰来取代巡洋舰。

在美国奉行的核威慑战略中,海军的航空母舰及其用于投掷核武器的舰载机成为主要的工具。要使舰载机能大幅度深入敌方的国土纵深地带,航空母舰就必须接近敌方海岸,因此极易受到敌方陆基航空兵力的打击。这样一来,航空母舰的安全在很大程度上取决于巡洋舰能否为航空母舰提供足够的对空防御。而当时新研制成的防空导弹系统,其庞大的体积和质量,只有巡洋舰才能装载得下。于是,在20世纪50年代初,美国海军建造了一种改装而成的专业化的防空导弹巡洋舰,如1953年美国海军在重巡洋舰"巴尔的摩"号上装设了"天狮星-1"导弹发射装置,率先使巡洋舰装备步入导弹化的门槛。三年后,又有两艘"波士顿"级巡洋舰装备了导弹系统。1959年,美国海军又在两艘巡洋舰上装备了对空导弹和反潜火箭系统,使巡洋舰具备了应对空中飞机和水下潜艇的有效手段。

但在最初的20年里,尽管装设对空和反潜武器系统,而巡洋舰对岸对舰的攻击能力却未获提高。1977年开始采用新式的"鱼叉"反舰导弹,巡洋舰的反舰作战能力发生了根本性的飞跃。1983年"战斧"巡航导弹开始在美国海军服役,则进一步增强了巡洋舰对舰对岸的全面作战能力。今天,一艘现代化的导弹巡洋舰,已具备对空、对舰、对岸和反潜的全方位立体式打击能力。

在积极发展导弹武器系统的同时,为协调与核动力航空母舰的远洋协同作战,美国海军还致力于巡洋舰推进动力的核能化工程;并将舰艇推进动力核能化的实际应用首先付诸于巡洋舰家族。

1957年底,美国海军开工建造核动力巡洋舰"长滩"号,它不仅是第二次世界大战后第一艘全新设计的新式巡洋舰,而且是世界海军发展史上第一艘核动力水面战斗舰只。1961年建成的"长滩"号巡洋舰,排水量为17 000 t,在不更换核燃料的情况下,可以30节航速获得10万海里的续航力;以20节航速则可获得35万海里的续航力。不久,美国海军将"长滩"号与第一艘核动力航空母舰"勇往"号和第一艘核动力驱逐舰"班布里奇"号,编组成为世界海军史上第一支破天荒的核动力特遣舰队,进行了无补给的环球航行。

前苏联海军发展巡洋舰的情况与美国有着明显的不同之处。在第二次世界大战结束后的二十多年里,前苏联海军没有建造航空母舰。因此,前苏联海军发展了一种专门用于攻击美国航空母舰的反舰导弹巡洋舰。例如1963年服役的"肯达"级导弹巡洋舰,满载排水量5 600 t,航速36节,主要配备有1座双联装SA-N-1对空导弹发射架(备弹24枚)和2座四联装SS-N-3B反舰导弹发射架(备弹16枚,可装核弹头)。"肯达"级导弹巡洋舰具有突出的对舰攻击能力,标志着前苏联海军迈出了从近海防御走向远洋的第一步。四年后,在“肯达”级基础上改进设计建造的“克列斯塔”级 A 型导弹巡洋舰在前苏联海军服役,满载排水量为 7 600 t,增强了防空和反潜作战能力。不久,又建成了改进的 B 型。为了履行远洋使命,前苏联海军在 20 世纪 70 年代末建成了大型核动力导弹巡洋舰“基洛夫”号。该级舰满载排水量达 25 000 t,是世界上最大的导弹巡洋舰。“基洛夫”级舰是目前世界上武器最强大的水面战斗舰艇,配备有导弹系统、反潜系统和舰炮系统,并配载有 3 架舰载直升机。值得一提的是,它首次装备了反舰导弹垂直发射装置。

巡洋舰新生命的延续,不仅在于其武器装备导弹化和推进动力核能化,还在于其配备使用了大量先进精确的电子设备。如前苏联海军 80 年代服役的“光荣”级导弹巡洋舰装备的电子设备有:“顶对”(“顶帆”+“大网”)三维远程预警雷达;“顶舵”三维远程预警雷达;“圆顶”、“气枪群”导弹射控雷达;“鸢声”、“歪椴树”炮瞄雷达;“棕榈叶”导航雷达;“高杆 B”识别雷达;“边球”、“酒桶”、“钟”系列电子反制雷达;1 部舰底低频声呐和 1 部拖曳式中频声呐。

1983 年开始服役的美国“提康德罗加”级导弹巡洋舰被世人誉为“当代最先进的巡洋舰”,“具有划时代的战斗力和生命力”。因为该级巡洋舰首次装备了世界最先进的“宙斯盾”电子作战系统,在美国海军巡洋舰家族中具有最全面的攻防作战能力。

“提康德罗加”级导弹巡洋舰

满载排水量为9 600 t的“提康德罗加”级导弹巡洋舰,其“宙斯盾”电子作战系统由六大部分组合而成:相位阵列雷达、指挥决定系统、武器控制系统、导弹射控系统、导弹发射系统和战备检查系统。“宙斯盾”的反应时间极短,具有搜索、追踪和导引等诸多功能,可以同时追踪处理来自空中、水面和水下近百个敌情目标,其先进的综合性功能是目前其他任何一种作战指挥系统所无法媲美的。除了“宙斯盾”系统之外,“提康德罗加”级巡洋舰还配备有远程对空警戒雷达、舰首声呐、拖曳式声呐各一部,另有一套全自动电子战系统,可使用快速的诱饵发射器。

今天,除美国和俄罗斯海军拥有巡洋舰之外,意大利、智利和秘鲁三国的海军还有极少量的巡洋舰在服役。其中智利海军仅有一艘1938年建成的美制轻巡洋舰“奥希金斯”号,未配备导弹,是世界上舰龄最长的巡洋舰;秘鲁海军的“格劳海军上将”号是1944年下水的荷制巡洋舰,系目前世界上舰龄最长的导弹巡洋舰。

1991年初爆发了海湾战争,在代号为“沙漠风暴”的作战行动中,美国海军仅“提康德罗加”级导弹巡洋舰就有10艘之多参加了战斗,这些巡洋舰用“战斧”巡航导弹实施了对岸攻击,袭击了伊拉克境内的多处重要军事目标。

在今天的蓝色大洋上,在任何一个正规的航空母舰编队里,导弹巡洋舰都是不可或缺的重要角色。拥有对空、对舰、对岸和反潜全方位立体作战能力的导弹巡洋舰,堪称为“海上战斗的堡垒”。与航空母舰和战略潜艇一样,导弹巡洋舰也是强大海军实力的重要象征之一。

1.2.3 航空母舰的产生与发展

1903年12月7日,当莱特兄弟制造的“飞行者”号飞机第一次飞离地面冲向蓝天的时候,人们的好奇心就投向了那宽广无际的海洋。飞机能从地面起飞,为什么不能在海上起飞呢?1909年,法国大发明家克雷曼·阿德在他的《军事飞行》一书中第一次描述了载机航母的新概念。然而,它却被本国人嗤之以鼻,认为是不切实际的梦幻。

1910年11月14日,富有好奇心和冒险精神的美国飞行员埃利,驾驶一架“柯蒂斯”式飞机从美国海军“伯明翰”号巡洋舰上起飞成功。两个月后,又驾机在军舰上安全降落,为航空母舰的发展铺垫了第一块基石。

从“伯明翰”号巡洋舰起飞第一架飞机算起,已超过100年了。百年来,航空母舰经过第一次世界大战及战后的创建、第二次世界大战的洗礼及战后的现代化发展,已成为一支海上核心兵力。

第一次世界大战期间,英、美、日、法四国共发展了13艘航空母舰,而当时战列舰的数量则超过了140艘,航空母舰和战列舰的比例为1:11。当时,航空母舰还没有引起军事家们的足够重视。

航空母舰实际上就是一个浮动的海上机场,平坦而宽阔的飞行甲板是航空母舰的显著标志。早期航空母舰的飞行甲板十分简陋,大都是在商船和巡洋舰上铺设一块木板,用吊杆吊上吊下,运往战区。水上飞机则靠浮筒在水面起飞和降落。

1918年,英国又用客轮改装了世界上第一艘直通型平坦飞行甲板的“百眼巨人”号航空母舰;1922年,美国则利用运煤船改装了一艘直通型飞行甲板的“兰利”号航空母舰。它长166米,排水量11 000 t,航速15节,能携载33架飞机。当时该艘航空母舰的舰载机主要是通过机轮滑跑起飞,着舰则采用22根两端系有沙袋的绳索阻拦降落。

第二次世界大战爆发前,世界各国攻击型航空母舰只有20艘左右,6年大战期间,各交战国虽拼力赶造航母,但总艘数仍没超过50艘,而且1/3是战争接近尾声时才完工,有的还没等正式服役就被炸沉了。

在大西洋战场上,为了进行反潜护航作战,美国在两年多的时间里紧急动员,用商船改装了100多艘护航航母,为夺取战争的胜利发挥了极为重要的作用。这些改装型航母一般在7 000~12 000 t之间,载30余架飞机。作为飞机运载舰时,最多可载60多架飞机。美国当时专门设计和建造的一级护航航母“卡塞布兰卡”级排水量11 000 t,可载机60余架,有一家造船厂在18个月中就突击建造了50多艘。

第二次世界大战期间,航空母舰一展雄风,开始主宰海洋战场。世界各国航空母舰数量从一战结束时的13艘猛增到176艘,而称霸于世界海洋几百年的战列舰却寥若晨星,所剩甚少,从140艘下降到40艘,航空母舰和战列舰的比例第一次形成4:1的绝对优势。航空母舰由舰队辅助兵力变为主要突击兵力,不仅取代战列舰成为制空制海的主要兵力,也成为海军远洋作战和对陆攻击的重要军事力量。

1946年,第一架“鬼怪”型喷气式战斗机在美国海军“罗斯福”号航空母舰上弹射起飞,这种在质量和航速方面都比螺旋桨飞机大好几倍的喷气式飞机使航空母舰面临一次严峻的考验。老式的弹射阻拦装置和直通型飞机甲板已很难满足它的战术需求,于是,航空母舰开始了三次大的技术革命。

1950年,英国研制成功能弹射30 t以上超音速喷气式飞机的蒸汽弹射器,并正式装备“英仙座”号航空母舰使用。60年来,世界上几乎所有大、中型航空母舰都是装备这种弹射器。

1951年8月,英国“凯旋”号航空母舰的舰载机第一次从10度斜角的飞行甲板上试飞成功。一年后,美国海军“中途岛”号航空母舰经过400多次试验,也正式采用了这种飞行甲板。这种飞行甲板分起飞区、降落区和待机区三大部分,直段部分用于舰载机弹射起飞,斜角部分用于降落,上层建筑前方的三角区则用于停机。这种起飞、降落和机种调整互不干扰又可同时进行的斜直两段式飞行甲板备受青睐。目前大、中型航空母舰还都在采用这种甲板形式。

1961年,世界上第一艘核动力航空母舰美国海军9万t级的“企业”号正式服役,把航空母舰的发展推向了一个最高点。核动力装置的采用,赋予航空母舰极大的续航力。1964年,“企业”号航母进行了总航程达3万千米的无补给环球航行。30年里,“企业”号航母仅更换过3次燃料,累计航程却已达50万海里,相当于绕地球航行了23圈。蒸汽弹射器、斜道两段式飞行甲板和核动力推进这三大关键技术的推广应用,大大提高了航空母舰的突击威力和远洋机动能力。

目前美国拥有11艘航母,全是核动力的超级航母,分别是“企业”号、“尼米兹”号、“艾森豪威尔”号、“卡尔文森”号、“斯坦尼斯”号、“罗斯福”号、“华盛顿”号、“杜鲁门”号、“林肯”号、“布什”号、“里根”号。其中“企业”号已于2012年12月1日退役,接替它的将是“福特”号。

航空母舰经过近百年的发展,目前已成为大国海军兵力的核心、综合国力的象征和国防威力的缩影。战后70多年来,虽然面临导弹核武器、战略核潜艇等新型海军武器装备的挑战,但航空母舰仍是大国海军的核心兵力和骨干装备。

1.2.4 驱逐舰的发展

驱逐舰的发展历史一直同鱼雷息息相关。19世纪60年代初期,一位奥地利退役海军上校发明了一种无人驾驶的炸药船。不久,海军工程师罗伯特·怀特海德在此基础上研制出了最早的鱼雷,这种原始的鱼雷于19世纪60年代投入实战。19世纪70年代,出现了一种相对比较安全的拖曳式鱼雷。不久,接近于现代意义上的鱼雷发射管问世,从此,造价低廉的鱼雷艇就对处于绝对主力地位的军舰构成了极大的威胁。

英国皇家海军曾尝试建造“鱼雷艇猎杀舰”,但收效甚微。于是,就在现有鱼雷艇的基础上加装火炮,试图建造“鱼雷艇驱逐舰”。英国皇家海军率先建造了第一艘类似的驱逐舰,此后其他国家纷纷效仿。

早期驱逐舰的排水量只有200~300 t,且其主要职能也仅限于驱逐敌鱼雷艇,无法适应恶劣的海况和气象条件。

1898年,德国研制出一种新型鱼雷艇驱逐舰,命名为S-90,为驱逐舰的发展带来了革命性的变化。该舰牺牲了部分速度,但舰体有所加大和增强。其他国家也纷纷效仿,而且有些国家在增大舰体的同时也实现了高航速。各国驱逐舰的武备情况大同小异,一般均装备3至5门3英寸口径的火炮和2至4具鱼雷发射管。到1914年8月第一次世界大战爆发时,驱逐舰已成为各国舰队中不可缺少的一部分,它们的主要使命就是保护己方主力舰,并伺机向敌舰队发射鱼雷。1914年9月5日,德国潜艇U-21号击沉了英国客轮“巡路者”号。17天之后,U-9号潜艇又在北海水域击沉了3艘英国武装客轮。从此,驱逐舰又被赋予了一项崭新的任务——反潜。起初,驱逐舰反潜的主要做法就是以舰体直接撞击潜艇或用炮火将其击沉。一战时期的潜艇还无法实现水下攻击,它们向目标发射鱼雷时必须浮到水面上来。所以,驱逐舰的反潜战法相当奏效。但后来潜艇技术有了突飞猛进的提高,驱逐舰的武备也只得做相应的调整。

驱逐舰在第一次世界大战期间已经成为真正的"多面手"。一战结束后,各国海军均毫无例外地认为,驱逐舰在战争中发挥了不可替代的重要作用。驱逐舰能够布雷、扫雷,能够为运输船队和舰队提供反潜支援,能够搜索敌潜艇,能够攻击敌海上运输线,能够炮击敌地面目标,而且驱逐舰还有鱼雷攻击能力,是舰队作战中不可缺少的防护力量。

驱逐舰的排水量进一步增大。英国海军最早的"江河"级只有550 t左右,而后来澳大利亚、德国、英国和意大利的驱逐舰都增加到800 ~ 850 t。战争实践表明,驱逐舰的舰体需要增大,武备要加强,航程也要提高。

沙皇俄国海军吸取了1904—1905年日俄战争的惨痛教训,在驱逐舰革新方面走在了世界各国的前列。1911年下水的"诺维克"号航速可达38节,装有4门4英寸口径火炮和8具鱼雷发射管。尔后的改进型的鱼雷发射管增加到12具。至战争结束时,英国建造的W级排水量已达1 500 t,有4门火炮和6具鱼雷发射管。而德国的S-113级排水量更是达到了2 000 t,舰上装有4门5.9英寸口径大炮,其武备强度和排水量甚至超过了当时的某些巡洋舰。

根据战争实践的需要,驱逐舰上增加了很多新型武器装备,需要更多的水手来操作这些装备。尤其是当驱逐舰装备了深水炸弹或水下听音器(美军称为"声呐")后,就具备了极为有力的反潜手段。一些海军武器设计师认识到,在反潜作战中,驱逐舰的高速并不能占到很大优势。于是,就对担任护航任务的驱逐舰进行了优化改造,稍稍降低了航速,但却极大地增加了航程,更适于执行远洋长途护航任务。

第一次世界大战结束后,世界大部分国家都中止了海军武器建造计划,只有意大利和日本仍在执行战时扩军方案。美国海军将其战时建造的"平板"驱逐舰转为预备役,而美国国会又不肯拨款建造新的驱逐舰。因此,除意大利和日本外,世界各国海军在二战中使用的驱逐舰大部分均为一战结束后建造的。

1927年,日本建造了"吹雪"级驱逐舰,使驱逐舰的性能又跃上一个新的高度。该舰装有6门(3座双联装)5英寸口径主炮,与当时驱逐舰惯用的单管、开放式主炮炮塔形成鲜明对比。而且该舰主炮仰角可达75度,能十分有效地实施对空射击。舰上装有9具鱼雷发射管,火力十分强大。动力系统使用柴油发动机,最高航速达38节。

当时美国、英国、意大利和德国海军普遍使用直径21英寸的鱼雷,而日本海军已开始装备直径24英寸的强力鱼雷。日本方面一直对此守口如瓶,视为国家机密。1933年,日军装备了93式远程气动鱼雷,航速为49节,最大航程达22 000码,为当时美国鱼雷的3倍多。

在欧洲,由于受到20世纪二三十年代签订的海军限制条约的影响,驱逐舰的建造走向两个极端。法国一战结束后缴获了德国的S-113型驱逐舰,很受启发,建造了一系列的"超级驱逐舰"。在这种思想的指导下,20世纪30年代末,法国建造了"莫加多尔"号驱逐舰。该舰排水量超过 4 000 t,装有 8 门 5.5 英寸口径大炮(4 座双联装)和 10 具鱼雷发射管。该舰的火力甚至超过了英国同时期建造的“阿雷苏萨”级轻巡洋舰。在二战期间,美、英两国经常将法国驱逐舰称为轻巡洋舰。

当时订立的海军军控条约对 600 t 以下的舰艇并未做出限制,意大利首先利用这一漏洞,开始建造 600 t 左右的小型驱逐舰。尔后,其他国家也纷纷追随。二战中的实战表明,这种“增大版”的鱼雷艇通常都有过载的弊病,很容易在气象复杂的海面上倾覆,而且作战效能也远远不如真正的驱逐舰。意大利的海军武器设计师积极发挥其创造才智,想尽各种办法减轻舰上武备的质量,比如将鱼雷直径缩小到 17.7 英寸。

美国的“平板”式驱逐舰已全部过时,但新型的驱逐舰直到 30 年代中期才开始出现。1930 年的《伦敦海军条约》将驱逐舰的排水量限制为 1 500 t,美国当时新问世的驱逐舰紧守这一规定,不敢有丝毫越轨。直到有关条款将上限放宽为 3 000 t 后,美国驱逐舰的排水量才开始增加。

美国驱逐舰的设计思想比较强调航程远,主要是为了准备在浩瀚的太平洋上与日本海军作战。美军在二战前建造的驱逐舰装有 5 门 5 英寸口径主炮,鱼雷发射管的数量逐渐从 8 具增加到 16 具。从 1939 年开始,美国开始大量建造驱逐舰,基本配置没有什么变化,只是鱼雷发射管减少至 10 具。

1939 年第二次世界大战爆发时,驱逐舰作为一种机动灵活的多用途战舰已经成为各国海军的主战舰艇。驱逐舰的首次作战行动发生在 1939 年 9 月 3 日,即德国入侵波兰后的两天。在此次战斗中,波兰“暴风”号驱逐舰将德国“马斯”号击伤。此后的几个星期内,驱逐舰执行了一系列各种各样的作战任务。德国驱逐舰在大西洋水域执行布雷和袭击商船的任务。英国驱逐舰则主要实施反潜作战,袭击德国的返航客船,还为舰队提供护航并运送参战部队渡过英吉利海峡。美国驱逐舰协助英军在大西洋进行压制巡逻,帮助英军搜寻德国舰艇。

美国向轴心国正式宣战前,美国海军的驱逐舰就已经参加了战斗。由于德国潜艇不断袭击英国船只,美国海军便积极帮助英军侦察德国潜艇。1941 年 7 月,美国海军陆战队进占冰岛。9 月,罗斯福总统发出了对德国潜艇“一旦发现立即射击”的命令,一个月后美国海军开始在战区执行为船队护航的任务。9 月,一艘德国潜艇袭击了美军“格里尔”号驱逐舰。10 月,另一艘德国潜艇击沉了美军“鲁本 - 詹姆斯”号驱逐舰,115 名美国海军官兵牺牲。

到战争的中期,驱逐舰已不再为进出大西洋的船队护航。它们的任务由一种更适于反潜战的护航专用舰代替。1944 年 6 月 6 日,盟军部队在诺曼底突然登陆。在登陆过程中,盟军的巡洋舰和其他战舰向岸上实施远距离射击,而驱逐舰则为登陆部队提供近距离精确火力支援。战斗中美英各损失了 3 艘驱逐舰,挪威和法国也各损失了 1 艘驱逐舰。美军二战老兵现在仍时常提起“幽灵驱逐舰”,该舰勇敢地冲向德军岸炮阵地实施近距离平行射击,屡屡得手,但却从未被德军识别出来。

1941 年 12 月日本偷袭珍珠港,使二战成为真正的世界大战。美、日两国驱逐舰的任务与欧洲战场基本相同,但由于太平洋水域广阔,执行这些任务更加困难。

在威克岛战役中,日本的“疾风”号驱逐舰成为二战中第一艘被美军击沉的战舰。美国海军陆战队炮兵对“疾风”号进行了三次齐射,“疾风”号随即爆炸解体,舰上 168 名官兵全部遇难。约一小时后,美海军战斗机击中了日本“如月”号驱逐舰的深水炸弹滑轨,引发了大爆炸,驱逐舰被击沉,舰上 150 名官兵全部丧生。

并非所有的驱逐舰在战斗中都会遭到如此致命的重创,但由于出动次数频繁,驱逐舰的损失还是相当惨重的。二战中,日本海军共有 120 多艘驱逐舰投入战斗,到战争结束时只剩下 11 艘。由于驱逐舰防护力较弱,所以抗打击能力不如巡洋舰或战列舰,舰上官兵伤亡也较多。在太平洋战争开始的几周里,日本和同盟国驱逐舰在印度尼西亚群岛激战的情况清楚地说明了这一点。

日军用驱逐舰运送进攻部队,并为攻击部队护航。美国、英国、荷兰和澳大利亚则派出众多的军舰进行拦截。

美军亚洲舰队 4 艘已服役多年的“平板”驱逐舰在战争中表现很出色。不过,在印度尼西亚的战斗表明,训练有素的水兵和大胆自信的指挥官对夺取战斗胜利更重要。因此,训练松懈的荷兰海军官兵明显不是训练有素的日本驱逐舰官兵的对手,特别是在夜战中。日本海军为夜战进行了多年准备,精心挑选了目光敏锐的哨兵和炮手,并组织官兵在北太平洋恶劣的海况中进行严格训练。日军的训练得到了回报:日军一流的驱逐舰舰队在几乎没有支援的情况下歼灭了盟军的东印度群岛舰队。

日军的战术是根据武器的性能而形成的。由于在舰艇数量上处于劣势,日军总是设法避免白天作战,而尽可能在夜间出击。日军凭借性能出众的远程鱼雷曾一度获得巨大的优势。日军常用的战术是:战斗一开始,在敌人还未发现自己之前,先向敌舰艇发射数十枚远程鱼雷。这必然会造成敌舰队的混乱,日军便趁机冲向敌舰,并将其击沉。这一战术在印尼爪哇海附近的战斗中被证明十分有效,但在战争后期的作用很有限。虽然远程鱼雷的射程超过 12 海里,但它在 12 海里的距离上击中目标的概率很小。因为目标舰总有足够的时间发现来袭鱼雷并以机动动作进行规避。

1942 年夏末,美国海军陆战队在瓜达尔卡纳尔岛登陆,为争夺战略要地所罗门群岛的控制权与日军展开了激战。在所罗门群岛战役中,美、日两国海军官兵表现出了世界一流的水准。

在得知美军登陆瓜尔达卡纳尔岛的消息后,日本海军联合舰队的三川中将立即把驻拉包尔基地的所有军舰 7 艘巡洋舰和 1 艘驱逐舰集合在一起,然后率领舰队出发。在萨沃岛附近,他们将盟军的掩护舰队打了个措手不及,3 艘美国巡洋舰和 1 艘澳大利亚巡洋舰被击沉,而日军舰队却毫发无损。但随后在“铁底湾”水域发生一系列的夜战中,美军接连取得胜利。这时的日本海军将领们,发现自己碰上了真正的对手,那就是美国的驱逐舰指挥官——弗雷德里克-穆斯布鲁格和阿莱-伯克。

所罗门群岛之战标志着太平洋战区水面舰艇战斗的最高水平，但是此后出现的一种新型的海战才最终决定了战争的胜负。1942年珊瑚海和中途岛之战后，航空母舰成为现代海军的主力。驱逐舰则被用来保护航空母舰免受潜艇和飞机的攻击。它们还承担着“飞机卫士”的危险任务，即冒着可能与航空母舰相撞的危险打捞落水飞行员。

1944年10月，美军驱逐舰官兵发现，他们还必须保护航空母舰免受敌水面舰艇的攻击。在菲律宾塞迈尔岛附近，日军一支庞大的战列舰、巡洋舰舰队成功地避开了美军的空袭，向美军的一支护航航空母舰编队靠近。这让美军大吃一惊。航空母舰编队指挥官命令3艘驱逐舰和1艘护航驱逐舰向日军舰队发起冲击。美舰毫不犹豫地突入日军舰队队形，置身于日军庞大的军舰中间，牵制日军火力。在一个多小时的战斗中，美军这几艘小型军舰让日军疲于应付。美驱逐舰“霍埃尔”号和日军“金刚”号战列舰交火，随后又向日巡洋舰“羽黑”号发射鱼雷，并将其击沉。美军的“弗莱彻”级驱逐舰与日军在萨沃岛海战中的旗舰“筑摩”号巡洋舰遭遇，最后被日军“利根”号巡洋舰击毁，“利根”号随即也撤出了战斗。此后，美军重新对日军舰队发起空袭，更多大型的美军舰艇也向日军驶来，日军舰队被迫撤退。

二战后期，驱逐舰又有了新的发展。防空能力对驱逐舰显得更加重要，因此日本和美国的驱逐舰都将部分主炮换成了轻型高炮。雷达设备也于1940年首次出现在美军驱逐舰上，而且到战争结束时已成为不可或缺的重要装备。舰上起初有专门的雷达控制室，后来改成了作战信息中心，可以收集和分析各种各样的数据。

美国海军将一些驱逐舰改装成“雷达警戒舰”，舰上装备大量的雷达设备和通信器材，用以引导己方战机飞向目标。到1945年，美国海军最好的驱逐舰为“基林”级，排水量为3 500 t，装有6门5英寸口径主炮（3座双联装）和10具鱼雷发射管。“基林”级驱逐舰一直服役到20世纪70年代初，有些国家至今仍在使用。

在二战期间，还出现了一种称为护航驱逐舰的造价低廉的小型驱逐舰。这种驱逐舰装备的武器数量很少，但航程较远，且具有反潜能力，因此非常适于为船队护航。护航驱逐舰很容易建造，所以二战期间各国均建造了很多。最早的护航驱逐舰是英国皇家海军的“狩猎”级，随后美国、日本和意大利也都建造了类似的驱逐舰。

在第二次世界大战后的几十年里，驱逐舰在世界各国海军中的地位日益重要。二战后，各国都没有建造新的战列舰，建造的巡洋舰数量也很少。于是，驱逐舰就承担了所有水面舰艇的作战任务。为此，驱逐舰的体积变得更大，装备的武器和承载的人员也更多。驱逐舰因其具有灵活性和多功能性而备受各国海军的重视，迅速向导弹化、电子化、指挥自动化的方向发展，并出现了反潜驱逐舰和防空驱逐舰的分工，驱逐舰的吨位也明显加大，大型驱逐舰排水量达到6 000 t以上，相当于轻型巡洋舰。在一些驱逐舰上还配备了反潜直升机。冷战时期美国海军的主力战舰“斯普鲁恩斯”级驱逐舰的排水量是“基林”级的两倍多。

苏联/俄罗斯与之对应的“现代”级驱逐舰排水量更大。驱逐舰已从一种专门实施鱼雷攻击和反潜作战的单一职能舰种,发展成一种多用途战舰,可以承担各种水面作战任务。

20 世纪 60 年代以来,随着飞机与潜艇性能提升(尤其是喷气式飞机与核动力潜艇)以及导弹逐步应用,对空导弹、反潜导弹逐步被安装到驱逐舰上,舰载火炮不断减少并且更加轻巧。世界上第一艘导弹驱逐舰是美国于 1953 年建造的“米切尔”号驱逐舰,它的排水量为 5 200 t,装备“鞑靼人”防空导弹。最早装备反舰和反潜导弹的驱逐舰是美国于 1958 年下水的“孔茨”号导弹驱逐舰。1967 年以色列海军“埃拉特”号驱逐舰被反舰导弹击沉,攻击水面舰艇的任务又成为驱逐舰的重要任务。燃气轮机开始取代蒸汽轮机作为驱逐舰的动力装置。为搭载反潜直升机而设置的机库和飞行甲板也被安装到驱逐舰上。为控制导弹武器以及无线电对抗的需要,驱逐舰安装了越来越多的电子设备。例如美国的“亚当斯”级驱逐舰,英国的“郡”级驱逐舰,前苏联的“卡辛”级驱逐舰,已经演变成较大而又耗费颇多的多用途导弹驱逐舰。

20 世纪 70 年代,作战信息控制以及指挥自动化系统,灵活配置的导弹垂直发射装置,用来防御反舰导弹的小口径速射炮,开始出现在驱逐舰上,驱逐舰越发的复杂而昂贵了。英国的“谢菲尔德”级驱逐舰(42 型驱逐舰)试图降低驱逐舰越来越大的排水量以及造价(在后来的战争中担当舰队防空雷达哨舰的任务遭到重大损失,5 艘同级舰参与战事,两艘被击沉)。而美国的“斯普鲁恩斯”级驱逐舰、前苏联的“现代”级驱逐舰、“无畏”级驱逐舰继续向大型化发展,驱逐舰舰体逐渐增宽,其稳定性大大提高,它们的标准排水量达到 6 000 t 以上,这已经接近第二次世界大战中的轻巡洋舰。

1.2.5　护卫舰的发展

护卫舰是一种古老的舰种,早在 16 世纪时,人们就把一种三桅武装帆船称为护卫舰。初期的护卫舰排水量为 240 ~ 400 t。第一次工业革命后,西方各国在非洲、亚洲、美洲、大洋洲各地获得了为数众多的殖民地,为保护自身殖民地的安全,西方各国建造了一批排水量较小,适合在殖民地近海活动,用于警戒、巡逻和保护己方商船的中小型舰只,这也是护卫舰的前身之一。

1904—1905 年日俄战争中,日本舰艇曾多次闯入旅顺口俄国海军基地,对俄国舰艇进行了多次鱼雷、炮火袭击,并布放水雷,用沉船来堵塞港口,限制俄国舰队的行动。起初俄舰队巡逻警戒港湾的任务由驱逐舰承担,但基地里的驱逐舰数量本来就少,本身还承担进行鱼水雷攻击的任务,而改装的民用船战术、技术性能又很差,于是在日俄战争后,俄国建造了世界上第一批专用护卫舰。最初的护卫舰排水量小(400 ~ 600 t),火力弱(小口径舰炮),抗风浪性差,航速低,只适合在近海活动,这时期的护卫舰虽然已经是海军的战斗舰艇,但还是更加类似海上巡逻舰。

第一次世界大战时，由于德国潜艇肆虐海上，对协约国舰艇和商船的威胁极大，为了保护海上交通线的安全，协约国一方开始大量建造护卫舰，用于反潜和护航。新的护卫舰吨位、火力、续航性等方面都有了提高，主要装备中小口径火炮、鱼雷和深水炸弹。当时最大的护卫舰的排水量已达 1 000 t，航速达 16 节，具有一定的远洋作战的能力。

这个时期的护卫舰，基本明确了自己的作战任务和使命，找到了在海军中的定位，已经有了现代护卫舰的基本功能。护卫舰发展到今天，吨位变大了，火力变强了，但唯有任务没有变，护航和反潜，还是和 100 多年前一样。

第二次世界大战期间，德国潜艇故伎重演，采用"狼群"战术打击同盟国的舰船，并且飞机也日益成为对舰队和运输船队的严重威胁，这就使护卫舰的需要量更大，其担负的任务也更加多样化。作为对应策略，根据美英两国协议，美国向英国提供 50 艘旧驱逐舰用于应急护航，同时开始建造新的护航驱逐舰，这标志着现代护卫舰的诞生。著名的护航驱逐舰有英国的"狩猎者"级、美国的"埃瓦茨"级、"巴克利"级和"拉德罗"级。意大利和日本在战争中也建造了一批护航驱逐舰。各参战国的总建造数量达到 2 000 余艘，典型的护航驱逐舰标准排水量达 1 500 多 t，航速提高到 18 ~ 30 节，主要装备 76 ~ 127 mm 主炮或高平两用主炮，多门 25 ~ 40 mm 机关炮用于近程防空，备有数十枚深水炸弹，可以执行防空、反潜、护航等任务。

美国和日本的护航驱逐舰在第二次世界大战中多次参加舰队机动作战和大规模两栖登陆作战，这个时期典型的护卫舰作战任务已经和当代相差无几，有限的防空能力，主要执行护航和反潜以及巡逻任务。

第二次世界大战后，护卫舰除为大型舰艇护航外，主要用于近海警戒巡逻或护渔护航，舰上装备也逐渐现代化。在舰级划分上，美国和欧洲各国达成一致，将排水量 3 000 t 以下的护卫舰和护航驱逐舰统一用护卫舰代替。

20 世纪 50 年代以来，护卫舰向着大型化、导弹化、电子化、指挥自动化的方向发展，现代的护卫舰上还普遍载有反潜直升机。现代护卫舰与现代驱逐舰的区别有的时候并不十分明显，只是通常前者在吨位、火力、续航能力、持续性作战能力上稍逊于后者，有一些国家发展的大型护卫舰在这些方面甚至还强于某些驱逐舰，还有的国家已经开始慢慢淘汰护卫舰，统一用驱逐舰代替，比如欧美和日本。

现代护卫舰已经是一种能够在远洋机动作战的中型舰艇，一般护卫舰的标准排水量可达 2 500 ~ 4 000 t，航速 20 ~ 35 节，续航能力 2 000 ~ 10 000 海里，主要装备 57 ~ 127 mm 舰炮，反舰、防空、反潜导弹，鱼水雷，还配备多种类型雷达、声呐和自动化指挥系统、武器控制系统。其动力装置一般单独采用燃气轮机或者柴油机，又或者柴油 - 燃气轮机联合动力装置。部分护卫舰还装备 1 ~ 2 架舰载直升机，可以担负护航、反潜警戒、导弹中继制导等任务。部分国家为了满足 200 海里的经济区内护渔护航及巡逻警戒的需求，还发展了一种小型护卫舰，排水量在 1 000 t 左右，武器以火炮和少量反舰导弹为主。有些拥有较多海外利益的国家还发展了一种具有强大续航力和自持力,专门用于海外领地警备和远海巡逻的护卫舰,比如法国的“葡月”级护卫舰。

法国的“葡月”级护卫舰

近些年,随着海军作战方式的改变,以及新技术、新船型的出现,多用途型,适用于近海作战和护卫的中型舰将是未来发展方向之一。

目前,美国正在研制的濒海战斗舰(LCS),满载排水量仅 2 840 t,航速 45 节,最大航程 3 500 海里/18 节。作为新型海上作战平台,在吸纳了包括“维斯比”舰、三体“海神”舰等的经验基础上,该舰强化了现有的反潜、扫雷、布雷等作战能力,其特点是船体结构、材料新颖,机动灵活,组合多样。而采用模块化的设计,可根据任务需要灵活组装、搭配不同的武器,非常适合沿岸各种不同类型的战斗。该型舰舰体的创新设计可用来躲避鱼雷和高速舰艇的进攻,被誉为未来的“全能战舰”。

美国海军于2005 年分别向洛克希德马丁公司和通用公司订购濒海战斗舰,其首舰已于 2008 年 11 月 8 日服役,计划建造 13 艘,成为未来美国海军“网络中心战”战略下机动、灵活、多用的护卫舰。

未来护卫舰总的发展趋势是在更为先进的平台上改装各种新型导弹,推广使用垂直发射技术,装备多管小口径炮近程反导系统,以增强防空、反导弹能力,同时装备新型直升机,改进声呐装备,提高水声对抗能力,并使模块化设计和建造更为广泛使用,更多地应用小型化现代武器装备和电子设备,进一步提高战斗效能。

1.2.6 两栖战舰艇演变史

相对于通常的"无需见面"的现代海战,同样处于海洋作战体系下的登陆作战则是一种纯粹的"接触作战",这必然意味着高风险,甚至让人感觉血腥。当然,事实也确实如此,然而它所起到的战术效果是非接触作战所无法替代的——它对目标的破坏最为彻底,地下设施、各类管线等很多精确制导弹药难以打击到的目标,与其"亲密接触"的单兵可以很容易地将其完全破坏掉。更为重要的是,一场海上战役中,常常会有某些陆上区域需要去取得控制权,而这是唯一一种可以对岛屿或大陆沿海区域建立起绝对控制的作战模式,无论是舰载机还是巡航导弹,都无法给予指挥官同样的控制效果。

现代登陆战中,按照任务划分,两栖作战舰艇可以分为6种:两栖攻击舰(LPH,LHA,LHD)、船坞登陆舰(LSD)、坦克登陆舰(LST)、轻型登陆艇(LCU,LCM,LCAC)、两栖运输舰(LKA)、两栖指挥舰(LCC,AGF)。

1. 从坦克登陆舰到船坞登陆舰

如同驱护舰之间一样,两栖作战舰艇间的界限同样也在趋于模糊,上述几种功能总会或多或少地在一艘船上体现出来。所以,只能通过其功能上的侧重,来尽量准确地为其归类,而这项工作,随着技术的进步在未来的某一天也许会彻底失去意义。

最初,在作战时动用普通的货船或运输舰,这不仅过程繁琐、耗时冗长,而且登陆部队在换乘、装载过程中长时间暴露于敌方防御火力之下,伤亡代价较大。于是,大型登陆舰应运而生,其特点是在水线以上的舰体内设有一个首尾贯通的大舱,可装载数十辆坦克和车辆,以及相应的作战物资,大舱的舷侧设兵员生活舱,可容纳数百名登陆兵。舰首开设对开的双扇大门,登陆时当舰首搁上岸滩后,即打开艏门,放下折叠式跳板,此时坦克、火炮、车辆、兵员可通过艏门快速登上敌岸滩头,即"坦克登陆舰"(LST)。

坦克登陆舰(LST)满载排水量一般在3 000 ~5 000 t之间,其特点是艏部为了开设能出入坦克的一对大门,需要保证一定的宽度而线型比较肥钝;又为了使登滩时涉水深度不致太大,有利人员、车辆的上陆,舰首的吃水设计得比较小。而这必然要束缚船型的设计,使其不能简单地按照通常意义上的"船"来进行设计,而这就要影响到舰船的装载效率和航行性能。当兵力投送的距离开始延伸之后,这个问题会变得越发严峻——航渡距离增加意味着船要增大,让一条大船装着数百名未必都会游泳的士兵慢悠悠的把舰首冲上敌占区的海滩,其中风险不言而喻。

二战中期,英国人设计出了第一艘真正意义上的船坞登陆舰(LSD)——"阿斯兰"号(LSD-1),1942年7月1日将这一新型两栖平台命名为船坞登陆舰,1943年6月5日全部建成。"阿斯兰"号实际上是一个具有远洋航行能力的浮船坞,坞舱占到了全舰长度的87%,最初是为了解决小吨位登陆艇的远洋快速航渡问题，同时也排除了大型登陆舰登滩时近距接触敌人火力的问题。

船坞登陆舰采用宽大的方船尾，开设尾线型可按常规设计得比较尖瘦，对快速性和适航性均不存在不利影响。船坞登陆舰在艉端向前约 3/4 ~ 4/5 船长的舰体内设置纵通的坞舱，坞舱内一般可装载数艘乃至数十艘大小不同的各型登陆艇。打开艉门，坞舱灌水后，登陆艇可自行从艉门出入。航渡时，将坞舱内的水排干，登陆艇即坐底于坞舱内。因为坞舱顶部装有桥式行车，可以方便地运装艇的物资和装备。

船坞登陆舰的出现，使得登陆模式与坦克登陆舰时代相比有了一个极大的飞跃，即在地平线以外发动登陆，也就是让登陆舰艇实现了与敌方的"非接触"，再通过登陆艇和舰载直升机，向海岸的兵力投送可以在距岸 20 ~ 30 海里之外展开。如前所说，当作战区域远离大陆，这一点将变得非常的有意义，也可以认为，这类舰艇更适合在远离己方陆地的开阔海域使用。

2. 垂直登陆时代的开启

20 世纪 60 年代之后，随着直升机技术日趋成熟，诞生了"垂直包围"的登陆战术。于是出现了"两栖攻击舰"（LPH）的新舰种。P 是平台（Platform），H 则代表直升机（Helicopter）。直升机进入到两栖作战体系，无疑是两栖战模式的一次革命性的飞跃，作战空间由二维平面拓展至了三维立体空间，彻底地摆脱了沿海地质、地形的束缚。

1956 年，美国人把二战中建造的"赛斯提湾"号护航航母改造成了世界上第一艘直升机两栖攻击舰（LPH），可以搭载 20 架直升机和一千名士兵。很快，英国人也将自己的两艘轻型航母改造为两栖攻击舰，并参与了对埃及的军事入侵。和最初的船坞登陆舰一样，两栖攻击舰同样是一个非常单纯的概念——它的兵力投送完全由直升机完成，之后由于"赛斯提湾"号的甲板强度不足，不能保障重型直升机的起降，美国又将两艘二战中的重型航母改造为两栖攻击舰，可以搭载 30 架重型直升机。1959 年，全新的两栖攻击舰"硫黄岛"号开始动工，后陆续又建造了 4 艘同级姊妹舰，此后另一艘更新型的两栖战舰在 1976 年 5 月 29 号面世，这就是"塔拉瓦"级两栖通用攻击舰（LHA）。

"塔拉瓦"级两栖通用攻击舰满载排水量 39 967 t，是当时世界上最大的两栖战舰。在结构上，更像是两栖攻击舰与船坞登陆舰结合的产物，即，拥有前者所没有的坞舱，可搭载 19 架 CH－53D"海上种马"或 26 架 CH－46D/E"海上骑士"直升机，需要时可载 AV－8B 鹞式垂直/短矩起降战斗机，此外坞舱可以转载 4 艘通用登陆艇（LCU1610），或 2 艘通用登陆艇（LCU）和 2 艘机械化登陆艇（LCM8），或 17 艘机械化登陆艇（LCM6），或 45 辆两栖登陆车（LVT）；1 200 t 航空燃油；也可载 1 艘气垫登陆艇（LCAC）；4 艘大型人员登陆艇。

两栖通用攻击舰（LHA）在拥有强大的垂直登陆能力的同时，还可以通过平面登陆方式向陆上投送重型物资、装备。这赋予了两栖通用攻击舰强大且均衡的两栖突击能力，同时，庞大而完备的航空保障设施也赋予了其较之船坞登陆舰/两栖船坞运输舰更复杂的结构，更大的排水量，当然还有更为昂贵的价格。时至今日，对于大多数国家的海军而言，两栖通用攻击舰与航空母舰一样，都还属于奢侈品的范畴。

考虑到"硫黄岛"级将在20世纪90年代达到使用期限，美国决定再建一级新的两栖攻击舰。鉴于"塔拉瓦"级造价偏高，原打算将新舰建成比"塔拉瓦"级吨位小，造价低的两栖攻击舰，但建造中改变计划，1987年8月4日建成时，其吨位、作战能力均超过"塔拉瓦"级，成为迄今世界上最大的两栖攻击舰。这就是"黄蜂"级多用途两栖攻击舰。它的主要使命是载运AV－8B鹞式飞机、直升机和气垫登陆艇，用于装载，运输，展开和支援登陆部队，在必要的时候，还可搭载至少20架鹞式飞机和4～6架反潜直升机，像航母那样执行制海任务。需求的不同促进了两栖通用攻击舰向两栖攻击舰的演化，后者相对于前者而言，更为注重任务弹性，更适应平战结合。

美军"黄蜂"级两栖攻击舰

3. 引领潮流的两栖船坞运输舰

几乎在发展两栖攻击舰的同时，两栖船坞运输舰也有新的演变。两栖船坞运输舰不断加入新的成分而发生演化。首先是坞舱被缩小，相应地扩大了陆战队的居住区；在两栖突击之外，又提高了运输功能；随着直升机技术的应用又增加了直升机的起降平台和机库。

因为原先的两栖船坞运输舰只是解决了登陆部队上陆工具——登陆艇的携带问题，而在装载要求方面还没有更全面、更深入的考虑。到了此时，不仅热衷于直升机的垂直登陆战术,而且还提出“均衡装载”的概念,即要求一艘两栖舰上,能载运一个独立的战斗单位(通常以营为单位)所包含的全部兵员、武备、车辆、军需物资及其相应的登陆工具。于是,又推出了一种称为“两栖船坞运输舰”(LPD)的新舰种。

两栖船坞运输舰综合了船坞登陆舰、运兵船、两栖货船的功能,还设有直升机平台和机库,使船坞登陆舰演变成功能更为均衡,使用弹性更大的两栖船坞运输舰。例如“奥斯丁”级两栖船坞登陆舰在概念上便属于两栖船坞运输舰的范畴,;而美军新型的“圣安东尼奥”级两栖船坞运输舰进一步取代了“奥斯丁”级和更早时期建造的全部坦克登陆舰、两栖货船和船坞登陆舰。英国人则将类似的舰艇称之为“突击登陆舰”,例如曾参加马岛海战的“无恐”级登陆舰,从概念上说其同样接近两栖船坞运输舰的概念;前苏联则在 1978 年研制出了 1174 型(“伊万罗戈夫”级)登陆舰,它还拥有用于直接冲滩的艏门,则留有一些全部坦克登陆舰(LST)的影子。

船坞登陆舰和两栖船坞运输舰二者间的区别在于:后者在结构上一定程度上缩小了坞舱长度,因而可以更多地搭载兵员和车辆,相对于船坞登陆舰更为强调运输功能,功能弹性更大,性价比更高,当军事力量对战场拥有较好的控制能力,突击上岸的任务不那么艰巨的时候,显然两栖船坞运输舰更适合使用,因为它更省钱,这也是为什么在冷战结束后,美军全面以两栖船坞运输舰取代船坞登陆舰;反之,则需要船坞登陆舰,因为突击登陆是最重要的任务,例如法国海军在 1990 年交付的 TCD - 90 “闪电”级,从概念上说它更接近船坞登陆舰,其坞舱长度达 122 米,占全舰的 3/4,为了搭载高度较大的船艇,其坞舱的后 1/4 段采用了活动舱盖,因而可以携带更多或更大的登陆艇,显然,这表明它的设计首先考虑的是突击的效率而不是任务的弹性。

船坞登陆舰/两栖船坞运输舰向海岸投送兵力,更多的是通过所携带的机械化登陆艇或气垫登陆艇,当然,现代意义上的船坞登陆舰/两栖船坞运输舰基本都搭载舰载直升机,但数量一般都不会超过 4 架,通常无法作为一种主要手段来使用。

4. 坞式两栖舰的特点

就结构而言,近年来建造的坞式两栖舰其上层建筑大多集中布置在舰的前部,而上层建筑前部或后部有宽敞的甲板,舰内有较大的装载空间。坞式两栖战舰一般都装载满载的登陆艇,当实施两栖攻击时,首先打开坞舱门,舰体下沉,使坞舱浸水,登陆艇随即自动浮起,通常水深要不低于 2 米,靠其自身的动力直接驶向敌岸登陆,当然,如果装载的是气垫登陆艇(LCAC),则无需再向坞舱注水。

大多数现有坞式两栖战舰的舰体沉浮靠舰上的压载系统来调整,即压载水舱和坞舱注满水后舰体下沉,排放水后舰体上浮。其压载系统型式根据总体设计的不同要求各有所异,但从分类角度考虑,大致可以分为:压载水泵注、排水式;重力注水、压缩空气排水式;重力注水、压载泵排水式。

压载水泵注、排水是一种传统的压载系统型式。重力注水、压载泵排水是意大利海军首创的新型压载系统。其坞舱甲板设置在设计水线以下,作业时打开坞舱门,海水自动注入坞舱,从而使坞舱的浸水速度大大加快;排水时,首先关闭水密性能良好的艉门,然后利用压载水泵将坞舱和压载水舱的水排干。这种重力注水式坞舱比传统的浸水坞舱具有下列优点:

(1)减少压载水舱的容积和压载水泵的数量,减少了功率消耗;

(2)减小舰的尺度,降低造价;

(3)注水时间短,从而提高了舰的作战性能。

坞舱前部需要通过斜面跳板过渡到车辆甲板,舟艇从自身跳板通过该斜面向车辆甲板靠近停靠,车辆自行由上层甲板通过跳板向车辆甲板移动,除车辆甲板外,飞行甲板在某些时候也会用于搭载车辆,同样由甲板间跳板构成到车辆甲板的移动通道。而车辆在舱内的转向,由于空间限制则需要依靠转向台来完成,通常也可以在舷侧安置跳板。

坞式两栖战舰对动力装置的要求较高,除了保护工作可靠、生命力强、启动时间短、工况转换快和经济性好外,还应满足一些特殊要求。众所周知,坞式两栖战舰都有一个大坞舱,而且机舱往往都设在坞舱甲板下面,使其对主机的高度要求比其他舰艇更为苛刻。另外,登陆舰进坞必须在低速航态下进行,故要求主机具有低速运行性能。

与航母类似,考虑到兵力投送是在敌方威胁不太严重的区域展开,且自身是处在己方海军作战舰艇的控制范围之内,在武器配置上,船坞登陆舰/两栖船坞运输舰与两栖通用攻击舰/两栖攻击舰通常只是安装一些由于自身点防御的对空、对潜武器及电子/水声对抗设备,而随着空中威胁的加剧,近期建造的两栖战舰都重点增强了对空特别是对反舰导弹的防御力量,例如点防空导弹以及一定数量的中、小口径速射炮。

5. 两栖舰的战术使用

两栖战舰艇的家族中,还有一群"小字辈"的登陆艇。它们均由各类两栖舰所携带,在登陆作战中和直升机一起充当登陆第一线的运载工具。

通用登陆艇(LCU),U代表多用途(Utility),是一种大型登陆艇,所以它的装载适应性也较大。以美国海军的现役通用登陆艇(LCU)为例,艇长41.2米、宽8.8米、吃水1.9米,满载排水量375 t,航速11节。可载60 t级的坦克3辆,或180 t作战物资,或混合装载坦克、车辆、重型装备和人员。此种登陆艇首尾均设有吊门,当吊门放倒时可兼作跳板之用,货舱为首尾畅通式,驾驶室偏设于右舷。在两栖战舰坞舱内,坦克、车辆等可通过跳板自行驶入艇内;当坞舱内多艘艇首尾跳板相接时,坦克等可经由前艇的货舱自行进入后艇的货舱,使得装载作业十分方便快捷。

机械化登陆艇(LCM),M表示机械化(Mechanized),是一种运送坦克、装甲车、自行武器、推土机、压路机等机械化装备的专用登陆艇,属于中型登陆艇。此类艇的型号较多,但都大同小异。目前美国海军现役的主要是 LCM8 型；艇长 22.5 米、宽 6.4 米、吃水 1.6 米，满载排水量 130 t，航速 10 节左右，可装载 M60 主战坦克 1 辆或 60 t 作战物资。对于此类登陆艇的航速一般不予苛求，如果再要提高则所花代价过高，其实更为重要的，则是它的耐波性、机动性和登退滩性能。为实现登滩使命，要求它能在汹涌的海面安全航行；在浅水、礁石区操纵灵活；艇首底部能易于搁滩，并可依靠自艇的动力方便退滩。如果登滩后的登陆艇，不能顺利退滩返回母舰，就不可能继续完成下一波后续部队及其装备的转驳、换乘，对整个登陆战役造成严重影响。

车辆人员登陆艇（LCVP），V 为车辆（Vehicle）、P 为人员（Personnal）。该型艇较为轻小，一般存放在两栖战舰上甲板两舷的吊艇架上。美国的现役 LCVP，艇长 10.9 米、宽 3.2 米、吃水 1.1 米，满载排水量 13.5 t，航速 9 节，可装载 36 名登陆兵，或包括车辆在内的 4 t 物资。

气垫登陆艇（LCAC），代号中 AC 系气垫船（Air Cushion）的缩写。LCAC 为全垫升式气垫艇，所以既可在海面航行，又可在陆上行驶。美国的 LCAC，艇长 26.8 米、宽 14.3 米、吃水 0.9 米（未垫升时），满载排水量约 180 t，载重量 75 t，可装载 60 t 主战坦克 1 辆及配编陆战队员，或其他装备、物资。航速高达 40 节，4 倍于常规登陆艇的速度；而且垫升后水下物理场信号强度低，有利防雷；具有通过岩礁、沼泽、沟堑、战壕等自然或人为障碍的能力，据统计全球约有 70% 海岸适宜 LCAC 登陆，而常规登陆艇只有 10% ~20%，气垫登陆艇的“可登陆地段”扩大了数倍；并能在母舰坞舱不灌水的情况下，只需打开艉门即可自由出入坞舱，这在战术使用上独具特色。

6. 独此一家的两栖指挥舰

两栖战舰家族中有一型地位显赫，但已日显衰落的舰种，这就是“两栖指挥舰”（LCC），CC 表示指挥（Command）和通信（Communication）之意。两栖指挥舰专职两栖作战中所有陆、海、空各军种的指挥、通信使命。以往此类舰都是由商船改装而成，通常伴随两栖战舰编队一起行动。至 20 世纪 60 年代中期，美海军专门设计建造 2 艘两栖指挥舰：“蓝岭”号和“惠特尼山”号，并于 70 年代初服役。

该型舰满载排水量 18 000 余 t，航速 23 节。舰上装设空前规模的通信设备，计有 70 多台发射机、100 台接收机、3 个卫星系统和 200 多个遥控工作台。上甲板几乎为各种雷达和通信天线所布满，为了避免作业时的相互干扰，天线间均保持一定距离。舰内设有各种设备舱和指挥室，以指挥室为例：两栖战特混编队指挥室、登陆部队指挥室、两栖战指挥中心、自舰战斗情报中心、水面水下协调中心、由舰到岸动态中心、报文中心等。两栖指挥舰这一舰种仅美国海军装备，未来将被两栖通用攻击舰/两栖攻击舰、两栖船坞运输舰等新舰来兼管接替。

1.3 现代大型水面舰船在海军中的地位

海军大型水面舰艇的用途到底是什么？美国的回答是:控制海域。一艘美国驱逐舰，对空目标打击范围100 km,对海100 km,对潜100 km(包括直升机反潜)，这样，一艘舰艇可以控制3万平方千米的海域，几艘舰艇就可以为舰队提供一个相对安全的海域。前苏联的回答是:海上作战敢死队。前苏联水面舰艇配备强大的反舰火力，期待能够一拥而上，配合空军和潜艇对敌军进行一次性的毁灭打击。这足以看出现代大型水面舰艇在海军中占有举足轻重的地位。

1.3.1 航空母舰在现代战争中的地位

航空母舰的诞生与发展是20世纪的一个重要事件，它把海上战争由平面作战推向立体作战，由视距作战推向超视距作战，对海上作战方式产生重大影响，是海军发展史和作战史上的一个重要里程碑。

航空母舰从问世至今，世界上建造过的有9个国家，即英国、日本、美国、法国、德国、意大利、西班牙、俄罗斯(前苏联)和印度；拥有过的国家达14个，加上正在建造航空母舰的国家，总计将达15个。建成服役的各种类型的航空母舰总数，据统计为300余艘。航空母舰以其迅猛发展之势，在20世纪的舰艇发展史上，写下了璀璨夺目的篇章。

现代航空母舰，是一个国家海军力量强大的体现，而且是一个国家政治、经济、国防、科技力量的综合体现。从某种意义上说，拥有现代航空母舰，不仅是海军强大的一个标志，也是一个国家海军战略和综合国力的体现。

航空母舰编队可同时使用多兵种、多舰种、多机种，能开辟独立的海上战场，真正做到全天候、大范围、高强度、长时间的连续作战，实现中远海的一体化联合作战。目前，全世界共有10个国家拥有26艘左右大小不等的航母，从发展趋势看，大型航母依然为美国等海上军事强国所看好而继续发展。2006年10月，美国海军下水了“尼米兹”级核航母的第10艘“布什”号(CVN-77)，该舰作为承上启下的航母，运用了模块化设计与建造方式，采取了许多新技术、新设计等，被称作“绿色”航母。综合态势可见，强国海军的大型航母数量并没有呈现减少之势，反而一些国家在加速发展中型航母的基础上，甚至还格外重视建造大型航母。

航母是实现制海权的最重要工具。航母是制空权、制海权，从某种意义上来讲还是包含一部分制陆权的作战力量三位一体的统一。航母可根据战争的需要，将集海陆空一体的作战力量及时推进到作战海区。历次战争表明，空中力量在现代战争中起到的作用是决定性的，如果没有航母上的舰载机对舰队进行空中掩护，仅仅依靠对空导弹系统根本无法保证舰队的对空防御,水面舰艇在面对空射型反舰导弹的打击时,生存能力是十分有限的。在这种情况下,水面舰艇编队就无法脱离岸基战斗机作战半径之外进行战斗,这样的海军力量就无法成为远洋海军。航母舰载机不但可以在保护舰队安全的防御作战中有十分关键的作用,在攻击作战能力上也是水面舰艇无法比拟的。以中型航母为例,舰载机可对半径为 500 ~ 1 000 km 的广阔海域内的水面舰艇、水下目标和地面目标及空中目标实施有效的攻击,如果使用对地(舰)攻击导弹,打击范围会进一步扩大。航母编队在 24 小时内可以机动 600 海里,舰载机每昼夜可以对面积达上百万平方千米的海域实行侦察、搜索和攻击,一个航母编队的打击范围是一般水面舰艇编队的数十倍。一支装备有航母的特混舰队可以对无航母的海上编队进行单方面的空中打击。如果没有航母,那么海军舰队面对远距离空中打击时几乎无还手之力。毋庸置疑,航母拥有无比强大的攻击力,可以称之为常规战略武器。从技术的角度讲,从 20 世纪 50 年代起直到 21 世纪初,军事技术的飞速进步和深刻变革,不是将航空母舰淘汰出局,而是使航空母舰变得更加强大。

航空母舰一直在全球军事热点地区执行作战任务,多数情况下总是最先到达战场,对敌对国家灵活实施军事威慑或军事打击。据不完全统计,1946 年至 1982 年间,美国动用军事力量 250 次,其中动用航空母舰约占 80%。航空母舰成为一种使用频率和效率最高的军事手段。

航空母舰是一代与时俱进的主力战舰。在今后相当长的一个时期内,只要这个世界上还有战争存在,航空母舰就还会持久不断地延伸它那威风八面、气势磅礴、惊心动魄、神奇复杂的作战生涯。

由于航空母舰的特殊地位和作用,引起了一些国家的重视和青睐,当今世界 10 个拥有航空母舰的国家中有两个拥有大型航空母舰,6 个国家拥有轻型航空母舰,在 21 世纪初这种形势不会有多大改变。大、中、轻型航母发展将并举,这不仅是由各国不同的海上战略决定的,也与本国的经济实力、科学技术水平等现状密切相关。

在 21 世纪里,轻型航空母舰仍大有市场。轻型航空母舰具有建造周期短,建造成本低的优点,可担负反潜、对海、防空以及两栖作战等多种任务,可与大型航空母舰配合作战。轻型航空母舰不仅深受一些发展中国家的欢迎,也受一些发达国家的欢迎。在半个多世纪以来全球发生的局部战争和武装冲突中,航空母舰作战的活跃程度一直都很高。从某种意义上讲,航空母舰是国家军事实力的象征,也是国家利益与意志的体现,更是一支现代化海军不可缺少的脊梁。

时至今日,伴随着新军事变革的挑战,世界上新一轮航母发展更加引人瞩目。目前,美国已完成了“里根”号的首次部署、“布什”号的命名以及新一代 CVN21 核航母设计理念的确定,英、法则计划联合研制大型航母,印度、俄罗斯的航母发展也频频出现令世人关注的新动向。从总的趋势看,其“多元化”发展势头不减,一些国家“三位一体”的海上核力量中还包括少量舰载机携带核武器实施作战的部分,同时更作为空间作战极佳平台:搭载高能激光武器、电磁炮、高速动能武器等,可对太空卫星、空间武器等实施拦截与摧毁。所以在可预见的未来,航母仍将是海上作战兵器中首屈一指的“霸主”。

1.3.2 巡洋舰在海军中的地位

1914—1918 年爆发的第一次世界大战和 1939—1945 年发生的第二次世界大战,是人类历史上最大规模的战争。这两次战争,波及的国家之多、作战范围之广、给人类带来的灾难之大,是历史上任何战争所不能比拟的。在这两次大战中,陆战场和海战场互相交织,互为依托,在占地球面积十分之七的海洋上,展开了一次次大规模厮杀,写下了一幕幕悲壮的史诗。在这血与火的搏斗中,作为舰队主力之一的巡洋舰,沐血风浴弹雨,留下了动人心魄的篇章。

第一次世界大战爆发后,英、美、德、法、意、奥、俄 7 国将约 259 艘战列巡洋舰、重巡洋舰和轻巡洋舰,投入了海战场。主要作战任务:一是破坏和保卫海上交通线;二是袭击港口和海岸要塞,三是近海伏击作战,四是主力舰队大决战。

第二次世界大战,是人类历史上空前的一次大搏斗、大屠杀,无论是战场之广阔、战斗的规模之大,都是第一次世界大战所无法比拟的。

二战中的海战场,是决定战争胜负的重要战场,遍及大西洋、地中海、印度洋和太平洋。海战中,海军各型舰艇及舰载武器都已趋向完善和成熟,雷达、声呐、火箭等先进技术使战舰如虎添翼,航空母舰取代战列舰走上了海洋“霸主”地位,给海战带来了崭新变化,沿袭了 200 多年的战舰在视距内对垒互射大炮的传统战法宣告终结,舰载航空兵给舰艇带来了极大威胁。巡洋舰重新“择主而从”,开始了为航空母舰警戒护航的历程。

在二次大战爆发时,英、美、日、法、意、苏、德 7 个国家的 190 多艘巡洋舰,杀向了各个海战场,袭击港口,登陆抗登陆,警戒护航,海上伏击……进行了一次又一次地搏杀。

在第二次世界大战广阔的海战场上,主力舰队进行了一次又一次的交锋,与以往海战中水面战舰炮对炮在单一空间里争夺相比,二战中的主力舰队的交锋,往往在水下、水面和空中三大空间进行,加上新技术、新武器的应用,使海战更激烈、更残酷。

1941 年 5 月 18 日—27 日,英国舰队对德国“俾斯麦”号战列舰的围追堵截,尽管具有大舰巨炮对垒传统战法的浓厚色彩,但是,英军出动了航空母舰,这是航空母舰舰载机参加对舰攻击较早的战例。以德国铁血宰相俾斯麦命名,由其孙女剪彩下水的“俾斯麦”号战列舰与“提尔皮茨”号战列舰一样,是希特勒手中的两张“王牌”。英国海军一直视“俾斯麦”号为眼中钉,既然德国“放虎出山”,那么英军也就组织“打虎”了。英国海军先后组织 7 艘战列舰、2 艘航空母舰、12 艘巡洋舰和 5 艘驱逐舰对“俾斯麦”号围追堵截。5 月 23 日,英国重巡洋舰“萨福克”和“诺福克”号在丹麦海峡发现了“俾斯麦”号,英舰借助雷达跟踪德舰。5 月 24 日,霍兰中将率领的“胡德”号战列巡洋舰和“威尔士亲王”号,截击了“俾斯麦”。“胡德”号被“俾斯麦”号的大炮一顿乱炮击沉,“威尔士亲王”号也中弹 7 发。“俾斯麦”号中 2 弹油舱被击漏。德舰继续向南航行,“欧根亲王”号与“俾斯麦”号分手去袭击商船。

在以后的 3 天中,“俾斯麦”号遭到了英军航空母舰、战列舰、巡洋舰、驱逐舰的“车轮大战”,终于寡不敌众,身中 8 条鱼雷和多发炮弹连同仍在飞扬的旗帜沉入海底,2 000 名舰员连同舰队司令吕特宴斯上将,除 100 人获救外,其余全部葬身海底。

经过一战、二战的洗礼,巡洋舰沐浴了多次大海战的血雨腥风,也奠定了巡洋舰在海战场上的地位,同时,也排下了巡洋舰在世界舰艇大家族中的座次。

1.3.3　驱逐舰在海军中的地位

随着驱逐舰作战地位的不断增强,现有许多国家海军越来越青睐驱逐舰,出现这样的局面是有多层次的原因的。

从目前的情况来看,主要是因为驱逐舰造价比较低,维护保养和对舰员的素质要求也不是非常高。一般来讲,适合中小国家,特别是发展中国家。驱逐舰与航母相比,它将攻和防融为一体,具有独立作战能力。驱逐舰不像航母那样,在大海航行还需要其他舰艇护航,也不像巡洋舰那样需要配对使用,而且不能在近海作战,因为巡洋舰的吨位比较大,吃水比较深,所以对各国来讲,对驱逐舰的研究、使用,一直都比较重视。像美国的驱逐舰,可以说是目前国际上比较先进的,也是 21 世纪初驱逐舰的一个发展方向。驱逐舰还能用于对陆作战,而巡洋舰的反潜能力和防空能力相对较弱,航母就更不用说了。具体讲,许多国家重视驱逐舰而不重视航母,一方面,驱逐舰的造价费用比较低。航母的消耗很大,据统计,一艘航母一天的生活垃圾就有 10 t,从这一点讲,对一些中小国家特别是发展中国家,建造使用航母不太现实。另一方面,现在国际上还比较太平,都在谋求经济的发展,不会出现像第二次世界大战那样大规模的战争。即使有战争,也只是一些局部冲突。所以,从一定程度上讲,世界上大多数国家看重驱逐舰,也是为了维护本国的海洋权益,担负一定的护渔护航和近海防御任务。因此,没有必要建造大型或超大型的舰艇。

1.3.4　护卫舰在海军中的地位

这种战舰是古老而年轻的。为什么这样说呢?现代意义上的护卫舰,最早出现在日俄战争时期(1904 年),这些 500 t 级的小军舰,无法参加主力会战,但是,由于当时特殊的作战环境需要,用于近海防御还是比较胜任的。因此,在这场战争以后,世界各国的海军便认真考虑制造一种用于保护港口和近海的专用舰艇。到了第一次世界大战,由于德国潜艇的刺激,英国制造了一大批专门护卫船队的战舰,当然在战争时期,制造出来的武器越快越好,只要能够满足一定的需要就赶紧拿出来用。虽然在当时还没有专门的名称来界定这种军舰,但是这种排水量小(1 000 t左右)、武器装备简单、主要任务是反潜的小型战舰,还是满足了需要,所以在战后,这种战舰不但没有停止发展,反而得到提高。同时,由于一系列海军协定的限制,各国海军也开始在重型战舰以外的舰种上打主意。二战海战几乎就是一战的翻版,美国的反潜办法是制造大量的护航航母,英国人就找出了护卫舰。美、英双方在大西洋航线上投入了大量海军兵力,按照大约1:5的比例(一艘护航航母外加5艘护卫舰),对往来运送船队进行护航,有效抑制了德国的潜艇狼群。也就是在这个时期,护卫舰终于正式确定了它的地位。到了二战以后,护卫舰已经作为驱逐舰的正式助手,大量加入了世界各国的海军。护卫舰承担的任务也越来越多,包括反潜、防空、扫雷、警戒、侦察、支援两栖作战、遂行战区侦察、远洋搜索、护卫商业船只等。

护卫舰的排水量也越来越大,20世纪70年代美国制造的“佩里”级护卫舰更是达到了4 100 t,成为当时最大的护卫舰。20世纪末期,护卫舰已经是一种主力舰种了,一些中等发达国家非常关注护卫舰的发展,希望发展出一种小巧灵活、装备全面的舰种,护卫舰当然是他们的首选。从世界范围来说,德国的护卫舰,制造精良、性能均衡,是世界公认的品质最好的护卫舰;美国的护卫舰被认为是比较出色的舰队护卫舰;而前苏联护卫舰一般来说属于海上“突击炮”,注重火力,航程短小。进入21世纪以来,护卫舰越来越全面化,排水量也迅速增加(很多都超过了4 000 t)。虽然在一定程度上,护卫舰还偏重于专业化和两极化(轻型、大型),但是随着海军舰种大革命的到来,这一舰种将很快发展成为一种非常全面的、适合中等距离的综合战斗舰种。

1.3.5 两栖战舰艇在海军中的地位

1. 登陆作战目的、任务和特点

兵力投送是未来海战的重要任务,登陆作战是21世纪海战中重要的作战方式之一。登陆作战是海军兵力或陆、海、空三军兵力所组成的战术集团,在统一组织指挥下,对据守海岛、海岸对方的部队进行的渡海进攻作战。目的是突破对方抗登陆防御,夺占战术登陆场,为尔后陆地作战创造条件。

登陆作战与其他作战样式不同,有其特殊性,主要表现在以下几方面:

(1)强渡海区,协同复杂

登陆战斗,须克服海洋阻隔,作战空间广阔,受自然条件影响大;航渡中,舰船种类和数量多,性能各异,队形庞大,机动困难,编队暴露,在海上易被发现,且随着向彼岸靠近,逐步进入对方各种兵力兵器的打击范围之内,敌情威胁不断增大;参战军兵种多,能发挥各兵种的特长,但装备复杂,作战行动在空中、水面、水下、地面同时或交错进行,指挥协同复杂;作战所需物资量大,且均由己岸装载,后勤保障困难。

(2)敌前上陆,背水攻坚

突击上陆,须在敌前展开,暴露在对方海、空兵力和岸上火力联合突击之下,防护能力弱,机动受限,易遭损失;兵力兵器分波上陆,逐次投入,且在一段时间内,登陆部队不能使用建制兵器,初期不易形成优势兵力和发挥整体打击威力;登陆部队上陆后,处于三面受敌,背水攻坚的不利态势,进攻和防御正面不断扩大,易遭对方反击,与海上联系也易被隔断。

(3)预有准备,发起主动

敌海岸防御,虽有依托岛岸和预设阵地进行抗击之利,但须在广阔海岸地段处处设防,兵力分散,长期备战,易松懈疲惫,处于被动地位。而登陆方据有发动战斗的主动权,可以周密计划、充分准备;可较自由地确定参战兵力、登陆海域、登陆时机和打击对象;便于采取各种隐蔽、伪装、佯动措施,欺骗迷惑敌人,达成登陆的突然性;有利于集中兵力,在登陆海域对敌形成绝对优势。

2. 登陆作战在未来海战中的地位日益突出

登陆作战具有十分广泛的内涵和非常丰富的实战经验。随着现代科学技术和军事装备的发展,登陆作战也同其他作战方式一样,得到迅速发展,在未来海战中具有重要的地位。

(1)在未来地区冲突中的地位

战后几十年来,两栖作战在各种地区性冲突及局部战争中的作用日益突出,两栖战舰已成为解决地区危机的重要兵力。冷战结束后,为了应付越来越多的地区性纠纷,欧洲各国在大规模裁军的同时,又在加紧组建快速反应部队,各国都在相继建造各种两栖战舰艇,两栖战舰艇已成为海军强国的一支不可缺少的重要组成力量。面对新的世界局势,美国等西方国家对其军事战略作了重大调整,把重点由“全球性防御”变为“地区性防御”,把应对地区性冲突作为主要目标,强调沿海及近岸作战能力。因此,具有综合装载能力、较强使用舰载机能力的两栖战舰的地位与日俱增。美、英、日等西方国家都积极发展两栖战舰艇。美海军历来重视两栖作战,虽然其军事力量在逐步缩减,但仍在积极发展新一代的两栖战舰艇,在 21 世纪将保持一支性能先进,有足够数量的两栖战舰艇。英国海军是美国海军“由海到陆”战略的追随者,因此保持远洋作战和两栖作战能力成为英国海军未来作战使命之一。英国海军近些年装备数量和经费有较大幅度的收缩,但却在不算庞大的采购方案中包含了一型两栖攻击舰、一型船坞登陆舰的采购计划,这两型舰将有效提高英海军兵力和装备的快速投送和部署能力。

(2)在未来收复岛礁作战中的地位

岛礁登陆作战,是现代战争中的一种重要作战形式,在战争中地位日趋重要。核武器、卫星、预警雷达、精确制导武器的出现,使抗登陆的有利条件大为增加,从而导致了登陆与抗登陆之间的抗衡更为激烈。收复离岸较远的岛礁,宜采用经过换乘的由舰到岸的登陆方式,而采用这种方式,必须解决简化换乘过程、加速换乘速度的问题。两栖攻击舰、船坞登陆舰一类的两栖战舰的主船体内拥有较大的坞舱,载有气垫登陆艇、高速登陆艇、两栖输送车;上甲板可装载直升机,能通过这些换乘装备有效、机动、快速地把登陆装备输送到岛礁上去。收复岛礁,通常有些地段不适合常规登陆舰艇登陆,如水中障碍复杂,对常规登陆舰艇的通过影响很大。两栖攻击舰、船坞登陆舰通常配有气垫登陆艇、直升机,可在这样的地段较方便地把登陆部队输送上岸。由于两栖战舰艇可装载武装直升机、反潜直升机,有的还装载垂直/短距起降飞机,所以除能对岸作战外,还能对海作战,为水面舰艇作战编队遂行空中掩护或海上反潜。

现代两栖战舰艇已不再是二战前海军舰艇中的配角,已发展成海军作战舰艇不可缺少的重要组成部分,成为海军水面舰艇不可忽视的作战力量。

1.4 现代大型水面舰船的作战使用

现代大型水面舰船的技术复杂、知识密集,集中反映了一个国家的工业水平和科学技术最新成就,具有坚固的船体结构、良好的航海性能、较强的生命力,以及与其使命相适应的作战能力或勤务保障能力。接下来我们具体介绍各种大型水面舰船的作战使用,使读者对主要舰种的用途、任务等有一个更直观的认识。

1.4.1 航母的作战使用

航空母舰一般不单独活动,它总是由其他舰只陪同,合称为航空母舰编队,又称航空母舰战斗群。整个航母编队可以在航空母舰的整体控制下,对数百千米范围内的敌对目标实施搜索、追踪、锁定和攻击,因其编队可同时使用多兵种、多舰种、多机种,能开辟独立的海战场,真正做到全天候、大范围、高强度、长时间的连续战斗,实现中远海的一体化联合作战。一般来说,航空母舰虽然能投射大量的空中武力,但是其本身的防御能力薄弱,所以需要其他舰艇,包括水面与水下舰艇提供保护。航舰战斗群的分工可以看成航舰执行任务,而其他舰艇保护航舰。航空母舰是一个战斗群,一般由1艘旗舰,2艘防空巡洋舰,4~6艘防空反潜驱逐舰,1~2艘攻击型核潜艇组成。

现代航空母舰的主要任务是以其舰载机编队,夺取海战区及近海陆缘的制空权和制海权。现代航空母舰及舰载机已成为高技术密集的军事系统工程。航空母舰是一支航空母舰战斗群中的核心舰船,通常还作为航母战斗群的旗舰。

现代航空母舰作为支持海军、海空立体作战的平台,应具备如下主要功能:运作、维护和支持作战飞机,在使用寿命内允许机种更新,提供基本指挥和控制功能;拥有足够的机动速度和一定的自我防护能力；拥有有效的起降作战飞机的能力；拥有同时起飞和接收降落战机的能力；拥有快速空中警戒出击能力；允许长周期连续执行空中任务；允许在动力输出下降的情况下执行空中任务。

早期的陆基飞机体积很小，质量也轻，所以对飞行甲板的要求很低。很长时间内，人们并没有想到要专门研制一种航母舰载机，所以陆基飞机上舰在当时似乎是顺理成章的事情。最初是在舰上铺设一块木板，用吊杆把飞机吊上吊下，运往战区。到达海上战区之后，舰载机只能从舰艇上起飞，在陆地上降落，因为当时的技术还无法解决在航行中的舰艇上降落的难题。有些航母干脆携载水上飞机，需要起飞时就把它们放到海面上，靠浮筒在水面起飞和降落。直到1917年，英国人才解决了陆基飞机在舰上起降的难题，办法是利用前飞行甲板的斜度靠前机轮滑行起飞离舰，在后飞行甲板靠人力拉阻着舰。

第一次世界大战爆发后，英国海军于1914年12月25日首次利用3艘航空母舰携载7架水上飞机成功地袭击了德国的一个飞艇基地，这是航母舰载机第一次对陆攻击。次年，一架肖特－184型水上飞机从英国航母起飞，击沉了一艘货船，成为第一个对海上目标进行攻击的战例。

1916年5月31日，英国航空母舰的武装侦察机参加了著名的日德兰战役，写下了航母舰载机首次参加海战的历史。一年后，1架幼犬式战斗机从英国航母起飞，击落了1架德国的L－23型飞艇，成为舰载机首次击落空中飞行目标的一个战例。

当时的舰载机主要是陆基通用的轰炸机和战斗机，航速每小时220～280 km，续航力500～900 km，飞机质量1.2～4.2 t左右。肖特－184是一种水上飞机，属于鱼雷轰炸/侦察机，航速每小时140 km，飞机质量2.4 t，续航力240 km。

从航空母舰上起飞的舰载机，成功地进行了对空、对海和对陆作战，开创了海战史上的先例，虽然在当时还没有形成战役规模和重大战绩，但它巨大的发展潜力已经引起战略家和军事家们的注意。当然，对于航空母舰这种新型舰艇，绝大多数海军军官不以为然，他们并不认为那些携载弹药数量有限的舰载机对水面舰艇能够构成多大威胁，而是坚持认为，真正的现实威胁来自钢铁装甲的战舰和大口径舰炮而不是什么舰载机，使用舰载机作战是不可能的事情，海上作战时决定战争胜负的仍然是大舰和巨炮，舰载机只能担负一些侦察、护航、火炮校正等辅助性作战任务。

二战开始时，航母舰载机已开始参加海战，执行对陆攻击、侦察、护航等作战任务。1939年拥有7艘航空母舰和15艘战列舰的英国海军在大西洋战争中已崭露头角。

1940年4月13日，英国海军航母舰载机击沉一艘德国的“柯尼斯堡”号轻巡洋舰，创造了航母舰载机第一次击沉大型战舰的历史。几个月后，英国海军又使用20余架舰载机成功地突袭了意大利塔兰托海军基地。在6个半小时的战斗中就击沉击伤3艘战列舰、2艘巡洋舰、2艘辅船，还摧毁了1个水上机场和油库，而自已仅损失了2架飞机。1941年5月，英国舰载机寻歼并重创德国新建造的世界上最先进的4万t级大型战列舰“俾斯麦”号。

航母舰载机在大西洋战场上的杰出表现，震惊了全世界。这时，在太平洋战场上，山本五十六正在酝酿着一个更大的阴谋。1941 年 12 月 7 日，美国太平洋舰队基地珍珠港遭到日本海军舰队的突袭，经过两个突击波共 354 架次舰载机 2 小时轮番轰炸之后，40 多艘美国舰艇被炸沉炸伤，260 余架飞机被击毁，4 500 余人在空袭中死伤。日本偷袭珍珠港，是航母舰载机对陆攻击规模最大、战果最为显著的一次突袭行动。它不仅揭开了太平洋战争的序幕，更重要的是第一次显示了航母舰载机的巨大战斗威力。人们第一次看到，那些不可一世的战列舰、巡洋舰和驱逐舰在舰载机面前是多么不堪一击，航母舰载机已经不再是什么战区上空的小鸟，而是那些钢铁巨舰的致命天敌。

1941 年日本偷袭珍珠港的确给美国人上了一课，美国从这个教训中明白了一个道理，即“没有制空权，就没有制海权”，要想赢得海战的胜利，就必须发展航空母舰和舰载机。工业、资源、钢铁、飞机和造船业十分发达的美国，紧急动员研制和生产航空母舰和舰载机。很快，舰队中就增添了新的作战力量。1942 年 5 月，日本和美国在珊瑚海海域进行了第一次纯航空母舰编队对抗的海上大决战，双方交战距离第一次超出目视距离和 20 km 的舰炮射程，所有护航舰艇都一弹未发，任凭舰载机进行空中激烈交战。

这个时期的航母舰载机主要是陆基飞机，根据海上作战的特殊需要，也开始研制一些海上专用的舰载机。由于弹射和阻拦装置的配备使用，所有舰载机都改装了舰上起降设备。这时的舰载机种类有较大的变化，战术技术性能也有明显的提高，战斗机、鱼雷机、轰炸机、战斗轰炸机等广泛装备使用，飞机速度已经达到每小时 380 ~ 660 km，续航力 960 ~ 1 840 km，飞机质量 2. 4 ~ 6. 3 t。

从“伯明翰”号巡洋舰起飞第一架飞机算起，整整经历了 80 年。航空母舰经过第一次世界大战及战后的创建、第二次世界大战的洗礼及战后的现代化发展，已成为一支海上核心兵力。舰载机的大量装舰使用，使海军的作战空间从水面和水下扩展到海洋上空，海战第一次出现了立体化态势。战后以来，喷气式飞机、垂直/短距起降飞机、偏转翼飞机和各种直升机大量装舰使用，使海军海上作战能力大大增强，在朝鲜战争、越南战争、马岛海战和海湾战争中，航母舰载机的作用十分明显。

1946 年，第一架鬼怪型喷气式战斗机在美国海军“罗斯福”号航空母舰上起飞，这种在质量和速度方面都比螺旋桨飞机大好几倍的新型飞机使航空母舰面临严峻的考验。老式的弹射阻拦装置和直通型飞行甲板已很难满足它的战术需求，于是，航空母舰开始更换新型弹射阻拦装置。1950 年，英国研制成功能弹射 30 t 以上超音速喷气式飞机的蒸汽弹射器，并正式在“英仙座”号航空母舰使用。1951 年 8 月，英国“凯旋”号航空母舰的舰载机第一次从 10°斜角的飞行甲板上试飞成功。几十年来，世界上几乎所有大、中型航空母舰都装备这种弹射器。

随着航空母舰吨位的增大，以及弹射和阻拦装置的改进，舰载机的机种结构和战术技术性能都产生了巨大的变化。在机种方面，除传统的战斗机、攻击机外，航空母舰上新增加了战斗/攻击机、反潜机、预警机、加油机、侦察机、电子战飞机和直升机等一些崭新的机种。在飞机性能方面，主要的舰载作战飞机都实现了超音速飞行，主要作战飞机的质量已达30 t以上，作战半径达到700 km左右，而且能够进行空中加油。舰载机的武器配备实现了导弹化和制导化，不仅能够进行远程精确打击，而且还能使用激光制导炸弹凌空轰炸。

受地球曲率的影响，舰艇在海面航行时，雷达的视距受到很大限制，最先进的舰艇一般也只有20海里左右，对空也不过几十海里，所以真正发现目标后再通知舰队组织反击往往就会贻误战机，有时则因不能提前发现对方而招致舰毁人亡，造成很大的失利。为了提高舰队的远程探测能力，从20世纪50年代开始，美国就研制舰载预警机，目前装备的主要是E-2C飞机。它是70年代的产品，但至今仍广泛装备使用，并出口许多国家。这种飞机质量较轻，只有24 t左右，它本身并不装备武器，主要特征是在机背上驮着一个大圆盘，那就是预警雷达。预警雷达能够在400多千米的距离上发现敌方来袭的飞机，在270 km的距离上发现来袭的导弹，能够为舰队提高15分钟以上的预警时间，这样，舰队就可组织各种火力进行抗击。随着科学技术的发展，以后的预警机就不再用大圆盘了，而是采用新型的相控阵雷达天线，它可以包在机体的外壳上，也可装在机背上，其探测效能将有很大的提高。

EA-6B"徘徊者"是美国海军航空母舰的标准型舰载机，每艘航空母舰配备一个中队，大约4~5架飞机。这种飞机是利用A-6攻击机改装的，它的外形很特别，头部有一个向前伸展的弯弯的大鼻子，尾翼向上翘起，末段稍微鼓起一块，那是电子战天线。EA-6B是20世纪70年代开始服役的一种专用电子对抗飞机，除海军舰载外，海军陆战队和空军也有不少陆基型号。20多年中，EA-6B进行了34次改装，主要是加装新型干扰机和导弹探测系统，增大雷达干扰范围和探测功能，并提高通信干扰能力；改装航空电子设备，加装导航星全球定位和联合战术信息分配系统，以提高机群之间、机群与编队之间的信息交换能力。EA-6B电子战飞机的可选外挂为5个电子干扰吊舱，4枚反辐射导弹，5个副油箱，5个干扰箔条吊舱。海湾战争中，它从游弋在波斯湾和红海的航空母舰上起飞，共出动了1 623架次，飞行4 600个飞行小时，每次飞行时间5小时左右，共发射150多枚高速反辐射导弹。

垂直/短距起降飞机是战后以来新研制的一种航母舰载机。20世纪70年代英国首先研制成功，目前世界上装备使用的只有俄罗斯海军的雅克-38、英国海军的海鹞和美国海军陆战队的AV-8B鹞式飞机。这种飞机的发动机有4个喷口，都在机身两侧喷气，而且可以转动。当喷口向下时，产生的推力可使飞机垂直上升；当喷口向后时，产生的推力可使飞机前进，这样飞行员通过调整喷口的方向和角度，便可改变飞机的飞行姿态。这种飞机不需要跑道，有一块35×35米大小的空地便可起降，所以非常适合在较小的岛屿或航母上起降。1982年马岛海战期间，英国海军特混舰队携载了28架海鹞式飞机，为执行空中作战任务出动1 100多架次，为支援进攻出动90多架，击落阿根廷飞机23架。

除垂直/短距起降飞机外，还有一种新型的偏转翼飞机，它是集固定翼飞机与直升机特点为一体的高技术舰载机，目前美国正处于研制和试飞阶段，将来主要作为海军陆战队的舰载机。所谓偏转翼飞机就是说它的旋翼可以旋转，在机翼的端部，装有可以旋转的发动机，飞机起飞的时候，旋翼处于水平向上的位置，因而可以像直升机那样垂直起降或在空中悬停；在飞行状态，旋翼可以转向前方，用产生的拉力拉着飞机向前飞行，它的最大飞行速度每小时 660 km，比直升机高一倍。目前，美国正在研制的偏转翼飞机是 V－22 鱼鹰，它的最大垂直起飞质量为 18 t，如使用 150 米长的跑道，起飞质量可增大到 26.8 t。为便于舰艇携载，V－22 的机翼还可以折叠，折叠后的飞机最大宽度只有 5.5 米。

SH－60B 海鹰直升机是美国海军 20 世纪 80 年代中期以后大量服役的一种舰载多用途直升机，主要装备护卫舰、驱逐舰、巡洋舰和航空母舰。这种舰载直升机的主要任务是进行反潜作战，其次是执行一些海上搜索救援等任务。在执行反潜作战任务时，SH－60 舰载直升机装有吊放声呐、声呐浮标、磁探仪和 3 枚 MK－46 反潜鱼雷或企鹅型反舰导弹。机上有 3 名机组人员，直升机最大起飞质量约 10 t，飞行速度每小时 334 km，续航时间 4 个小时。

舰载直升机不仅能够参加作战行动，还可用来扫雷。由于直升机在海面以上飞行，所以水雷对它没有任何威胁，扫雷速度比舰艇要快得多。直升机能够携带各种各样的扫雷设备，其中以切割式扫雷具最为常用。这种扫雷具有许多刀具，通过钢索拖在直升机尾部，在水中一定深度不停地来回扫荡，如果遇到用锚链系留的水雷，一下子就将索链切割断，水雷自然就浮出水面。只要水雷浮在水面上，就好扫除了，在直升机上用机枪扫射或用自动步枪射击都能引爆，也可由爆破排雷分队将水雷引爆。

1982 年英阿马岛海战中，英国海军由于没有舰载预警机，就用“谢菲尔德”号驱逐舰当雷达哨舰，让它走在舰队的最前面，负责侦察敌情，如果发现敌机或舰艇立即报告给在编队上空值班的海鹞式攻击机，海鹞再通报给舰队。阿根廷海军掌握了英国海军的战术后，就在海军侦察机的引导下，使用超军旗式飞机以 900 km 的时速、关闭雷达超低空 40 米从海面上突防，顺利接近“谢菲尔德”号驱逐舰，在距其 46 km 处迅速拉升到 150 米高度，雷达短暂开机 30 秒，发射飞鱼反舰导弹后返回。导弹像长了眼睛似地直冲向“谢菲尔德”号冲去，很快，这艘刚刚服役的新型舰艇就沉入大西洋。接着，便是“考文垂”“热心”“羚羊”“大西洋运送者”号……一艘艘现代化驱护舰和万吨巨轮沉没了，昔日气势汹汹的老牌海军首战失利。在这种情况下，英国国防部紧急下令利用现有直升机加装雷达，充当编队简易预警机。就这样，6 架海王预警直升机应运而生。机载海上监视雷达为“水上搜索”型，其扫描器可进行稳定的俯仰和滚动运动，可 360°全景扫描。为了执行搜索和目标分类任务，机上还设有 2 名雷达操作员。该机在 1 500 米高度飞行时，其警戒半径可达 160 多千米，比舰载雷达探测距离大 8～9 倍。

舰艇之间的交战是最传统的海战样式，自从桨帆战船出现以来，人们就一直在沿用这种方式进行水面交战，撞击战、接舷战、线式作战和舰队决战等典型的海上作战样式都是这种海战样式的具体反映。太平洋战争期间，航母舰载机成为美日海上交战的主宰，水面舰艇第一次远离对方进行不见面的海战，即便是射程 40 km 以上的大口径舰炮，也派不上用场,交战双方的水面舰艇只好隔海遥望,任凭双方舰载机进行空中厮杀和格斗。从那时起,人们就乐观地得出这样的结论:舰艇之间的交战将不复存在,舰载机将取代舰炮成为未来海战的主要武器。

20 世纪 90 年代冷战结束之后,航母舰载机发生了两大变化:一是主力机种出现重大变化。过去的舰载机中 A－7 和 A－6 这样的攻击机是主要机种,现在全部撤除,而使用经过改装的歼攻合一型 F/A－18C 大黄蜂战斗/攻击机作为主要远程对地攻击力量。过去 F－14 主要是进行舰队防空和空中截击作战,现在的 F－14 经加装后已经具备夜间和全天候作战,而且具有远程对地攻击能力。过去一般都载有一个中队的 S－3 反潜机和 KA－6D 加油机,现在都取消了,经改装后 S－3 成为侦察、控制和电子战飞机。二是机载武器类型产生重大变化。过去海军航母舰载机从来不使用空军的武器,鱼雷、水雷、大型反舰导弹等是主要武器,不具备强大的对地攻击能力。现在的舰载机则主要是使用空军的机载武器,如空射导弹、激光制导炸弹、通用炸弹和弹药。海军航母舰载机的这些变化结果,提高了航母战斗群的全天候远程奔袭作战的能力,与其他军兵种协同作战和空中支援的能力,以及对地精确打击能力。

掌握局部战争的制空制海权。航空母舰强大的作战能力为世人皆知,它能够产生其他海上武器所不及的震慑力。耶鲁大学教授保罗·布拉肯说:“华盛顿喜欢派出航空母舰作为震慑信号,这样就不必去扣响扳机。”近期几场高技术局部战争进一步证实了夺取海上制空权的重要性。在 2003 年 3 月 20 日爆发的伊拉克战争中,美国海军集结了 5 艘航母、近 500 架各型战机。借助如此强大的海空力量,美英联军自然牢牢地掌握了制空权,而夺取制海权也就顺理成章。

航母编队在“夺空制海”的行动中还经常采取海上封锁行动。在 1991 年的海湾战争中,美国的航母战斗群进入海湾,置伊拉克于有效攻击范围之内,形成弯弓待发之势。美国共向海湾部署了多达 9 艘,加之法国 2 艘、英国 1 艘,共有 12 艘航母云集海湾。美国及盟国海军的航母编队和其他舰艇,在牢牢掌握制空权的基础上,对伊拉克实施了 8 个月之久的海上封锁,封锁线长达 4 000 多海里,控制海域面积达 25 万平方海里,共对 9 000 多艘各类船只进行了查询、对 1 100 多艘船只登临检查,把伊拉克封得水泄不通,为夺取战争胜利奠定了强有力的基础。

实施人道主义援助工具。航空母舰具有先进的通信和指挥系统,可在突发自然灾害中充当临时指挥中心,还拥有完善的医疗设施。所以,除了担负空战和火力打击等传统任务以外,还承担着如灾难救援和医疗救助等一些新型非战争行动任务,实施人道主义援助。2004 年底,东南亚和南亚地区遭遇了极其严重的海啸袭击,美国实施救援行动的主角是军方,海空军成为整个救援行动的主力。短短 10 天时间,美军先后派出包括“林肯”号航母在内的 24 艘军舰驶抵受灾海域实施救援。2011 年 3 月 11 日,日本本州外海发生 9.0 级地震,并引发巨大的海啸,造成重大伤亡及损失,美国政府命令“里根”号航空母舰以全速驶往日本,参与救灾。

由海到陆应对武装冲突和危机。第二次世界大战结束以来,有航母的国家几乎都运用过航母作为解决纷争的手段。航母在应对有限战争、地区纷争、突发性武装冲突时,与以往最大的区别是机动性强,舰载机作战半径扩大,作战范围已从海到陆,能与空军协同支援陆上作战(包括支援登陆作战),对陆上纵深目标实施兵力投送及打击等。航空母舰极大地扩展了海上力量的作战空间,大大提高了海上力量影响地面作战的能力。

1.4.2 巡洋舰的作战使用

巡洋舰是一种以远洋巡航为主,火力强、用途广的大型水面战斗舰艇。巡洋舰常与战列舰组成海上舰艇编队的核心,并担负为战列舰巡航、护卫的任务,是伴随战列舰发展而发展,随战列舰衰亡而消退的舰种。在航母未诞生之前,巡洋舰可以率领舰艇编队进行远洋巡逻和作战;航母诞生后,可以依赖岸基飞机而独立在近海水域作战,亦可以作为航母的护卫舰在远洋作战。与驱逐舰相比,巡洋舰的吨位更大、续航能力更强,有的还采用了核动力;其攻击和防卫能力亦更加强大,舰炮是巡洋舰的主要战斗兵器,根据巡洋舰在战斗中承担的任务以及其自身性能的不同,巡洋舰又分为重巡洋舰、轻巡洋舰和辅助巡洋舰三种。

第二次世界大战后,巡洋舰几乎与战列舰一样退出海军装备库。但随着导弹、核动力、电子装备的出现,巡洋舰又复苏了。经过现代改装的巡洋舰一改昔日的舰炮为主的面目,而以导弹作为主要武器,因此常常将以导弹为主要兵器的现代巡洋舰称作导弹巡洋舰或战略导弹巡洋舰。其动力装置也纷纷改装为核动力,有了较大的续航力和较大的航速。现代巡洋舰的主要任务是为航空母舰或其他舰艇护航,以它为核心组成海上编队,保卫海上交通线,攻击敌水面舰艇、潜艇和岸上目标,进行防空和反导弹作战,登陆作战时进行火力支援等。

冷战的到来,促使巡洋舰发展出几个分支。美国由于拥有众多的航母战斗群,巡洋舰就必须为脆弱的航母提供有效的安全保障。因此,美国巡洋舰注重防空和反潜,尤其是反潜。20世纪50年代的导弹系统非常笨重,也只有巡洋舰可以装得下。美国巡洋舰的意义就是航母的保护伞,一切战舰的发展都"紧密团结在以航母为中心的作战群周围",从而形成美国巡洋舰的发展模式。前苏联的巡洋舰则走了另外一条道路。由于航母的建造、使用必然是渐进的、漫长的,需要相当长一段时间的不断积累和实践,所以,为了能够在短时间内对抗西方,前苏联海军采取了"针对策略"。为了专门应对美国航母作战群,前苏联巡洋舰呈现专业化、武器集中化的发展趋势,出现了导弹如林、天线如羽、火炮如刺的特征形象,这也是不得已而为之的结果。随着这种发展的极端化,甚至出现了名为巡洋舰,实为战列舰的核动力导弹巨舰"基洛夫"号,携带各种导弹250枚之多,称其为"武库舰"也不为过。矛盾的发展是相辅相成的。作为回应,美国推出了号称世界最先进的巡洋舰,就是首次安装了“宙斯盾”系统的“提康德罗加”号。需要指出的是，“宙斯盾”系统不仅仅是相控阵雷达系统，它实际是由相控阵侦测系统、指挥系统、武器控制系统、战备检查系统、导弹控制系统、反潜系统、电子干扰系统等几大系统组成。之所以出现这样的巡洋舰，原因在于，美国认真考虑了新的作战环境，面对如此众多导弹形成的饱和攻击，任何单舰都不可能形成有效的防御，这方面美国有切身体会。因此，需要统筹安排，需要全面指挥，电子技术的发展使这个设想成为可能。

1.4.3　驱逐舰的作战使用

在第一次世界大战中，驱逐舰携带鱼雷和水雷，频繁进行舰队警戒与护航、布雷以及保护补给线的行动，一部分驱逐舰还装备扫雷工具作为扫雷舰艇使用，甚至被直接用来支援两栖登陆作战。

驱逐舰首次在大规模海战中发挥主要作用是 1914 年英、德两国海军发生的赫尔戈兰湾海战，两军的驱逐舰都作为主力舰队的护航舰艇很好地完成了护航任务。在日德兰海战中，双方都出动了舰队主力，其中也包括大量的驱逐舰，双方大量的驱逐舰被以中队为单位投入战场，散布在广袤的大洋上，辛勤的执行着舰队护航、侦察、鱼雷攻击和救助落水水兵的任务。

1917 年德国发动无限制潜艇战，面对潜艇对交通线的绞杀，协约国几乎所有的驱逐舰都安装深水炸弹以执行反潜任务。当时的潜艇技术性能远不如今天的潜艇，速度很慢不超过 20 节，潜深也小，而在当时，驱逐舰小巧灵活，普遍具有 30 节以上的速度，潜艇想对驱逐舰发动突袭，几乎不可能，因此驱逐舰成为商船队不可缺少的护航力量。随着战争的发展和任务的需要，这时期的驱逐舰就已经具备了多用途性，并逐渐向大型化方向发展，所装备的武器越变越强。1916 年英国建造了 V 级驱逐舰和后续的 W 级驱逐舰，舰体采用高干舷设计，更加适合在远海大洋恶劣海况下作战，装备 4 英寸火炮以及三联装 21 英寸鱼雷发射管，火力和续航力都有极大的提高。1917 年美国国会批准为海军建造 111 艘“威克斯”级驱逐舰以及 162 艘“克莱姆森”级驱逐舰的提案。至此，驱逐舰已由执行单一任务的小型舰艇演变成海军所不可缺少的力量。

随着战争的发展，到一战结束时，驱逐舰得到很大发展，吨位、火力、航速、续航力都有了很大的提高，尤其是美英两国的驱逐舰，已经发展成了可以伴随舰队在远海大洋机动作战的舰队驱逐舰。

华盛顿海军条约签订后，由于条约对主力战舰的严格限制，导致列强海军对驱逐舰、巡洋舰这类受条约限制较少的舰艇的发展投入了很大精力，主尺度不断增加，标准排水量为 1 500 t以上，装备 88 mm ~ 150 mm 口径火炮、450 mm ~ 610 mm 口径三联或五联鱼雷发射管 1 ~ 2 座，驱逐舰的武器搭配和战法日益完善。英国按字母顺序命名的 9 级驱逐舰——A 级至Ⅰ级;日本的特型驱逐舰——“吹雪”级驱逐舰及其改进型号是这一阶段驱逐舰的典型代表。其中以日本海军对驱逐舰的发展最具有时代代表性,由于日本的国力不能与英美对抗,宝贵的主力舰一定要用于舰队决战,因此日本海军将驱逐舰的任务定位为远海大洋上的夜间对敌主力舰队进行鱼雷偷袭,以数个鱼水雷战队兵力,数十艘驱逐舰持续整夜的鱼雷攻击甚至自杀攻击来对敌主力舰队进行削弱,争取在天明后敌舰队已经遭受很大损失,人困马乏、提心吊胆的有利情况下进行舰队决战。为此,日本海军对单独使用驱逐舰的战术和武器进行了深入的研究,发展了多级贯彻此种作战思想的驱逐舰,并进行了持续数十年的训练。二战开始后,日本海军在爪哇海战、瓜岛海战等战役中给予了美国海军很大的打击。法国的“美洲虎”级驱逐舰以及后续建造的“空想”级驱逐舰,标准排水量超过 2 000 t,甚至达到 2 500 t,一度被称为“反驱逐舰”即猎杀驱逐舰的驱逐舰。1930 年签订的伦敦海军条约对缔约国的驱逐舰吨位做出严格限制,但面对越来越严峻的国际政治和军事形势,面对可能的战争,几乎没有缔约国海军遵守条约发展驱逐舰。1936 年,伦敦海军条约到期,各国海军开始建造比以前更大、武备更强的驱逐舰。英国“部族”级驱逐舰,美国的“本森”级驱逐舰,日本的“阳炎”级驱逐舰,德国“Z”型驱逐舰,是这一时期驱逐舰的典型代表。虽然驱逐舰担负的任务日益广泛,但是对敌舰队进行鱼水雷集群攻击仍然是这个时期驱逐舰的主要任务。

第二次世界大战中,没有任何一种海军战斗舰艇的用途比驱逐舰更加广泛。战争期间的严重损耗使驱逐舰被大批建造,英国利用“J”级驱逐舰的基本设计不断改进建造了 14 批驱逐舰,美国仅“弗莱彻”级驱逐舰就建造了 175 艘。同时,在战争期间,驱逐舰成为名副其实的“海上多面手”,执行了大量的护航、反潜、防空、救捞、雷击与炮击任务,尤以美日两国海军对驱逐舰的使用最具有代表性。由于飞机已经成为重要的海上突击力量,驱逐舰装备了大量小口径高炮担当舰队防空警戒和雷达哨舰的任务,加强防空火力的驱逐舰出现,例如日本的“秋月”级驱逐舰,英国的“战斗”级驱逐舰。

此外,针对严重的潜艇的威胁,英、美、日等国的海军还将重新投入现役的老旧驱逐舰进行改造,投入到反潜和护航作战当中,并建造了大批以英国“狩猎”级护航驱逐舰为代表的,以反潜为主要任务的护航驱逐舰,这类驱逐舰后来发展成了当代护卫舰。

第二次世界大战结束后,随着科技进步,火炮不再是海军的主导,导弹时代来临,驱逐舰的作战形式和武装都发生了巨大的变化,现代驱逐舰因其具备多功能性而备受各国海军重视。以鱼雷攻击来应对敌人水面舰队的作战方式已经不再是驱逐舰的首要任务,防空、反舰、反潜作战上升为其主要任务,鱼雷武器已经不再是驱逐舰的主要武器,防空专用的导弹和火炮逐渐成为驱逐舰的标准装备。而且二战后,驱逐舰的排水量不断加大,从 20 世纪 50 年代美国建造的“薛尔曼”级驱逐舰以及超大型的“诺福克”级驱逐舰(被称为“驱逐领舰”)就体现了这种趋势。

20 世纪 50 年代以来,电子科技迅猛发展,燃气轮机技术的发明,导弹技术的巨大进步使传统火炮舰艇的地位一落千丈，二战前服役的战列舰、巡洋舰相继退出现役，驱逐舰成为海军中的主力舰艇，为了适应这样的变化，装备更大导弹和动力装置，60 年代起，驱逐舰的吨位不断变大，从“基林”级的 2 500 t，迅猛扩大到“斯普鲁恩斯”级的 6 000 t，几乎和二战时的轻巡洋舰不相上下。

除了吨位，驱逐舰的武装和任务也发生了巨大变化，形成了专门的反潜驱逐舰和防空驱逐舰的区分，具有代表性的防空驱逐舰是美国海军的“阿利·伯克”级，其高达万吨的排水量，全向攻击的垂直发射系统，96 枚随时待发的“标准 2”大型远程防空导弹，加上具备 360°全向探测的相控阵雷达，以及可以对抗多批次，多目标，并同时对其中若干目标同时发动拦击的“宙斯盾”系统，以及构成整体作战威力的数据链通信系统，都使得它称为防空驱逐舰的杰出代表。与强大防空力量相对应的是，该级舰的反舰和反潜能力比较薄弱，仅有 4 枚鱼叉反舰导弹和 2 座三联 450 mm 反潜鱼雷发射管。这类舰艇的代表除了“伯克”级，还有中国的 052C 型和日本的“金刚”级，它们的共同点就是为了执行远程区域防空的任务，需要装载很多体积巨大的远程防空导弹和体积巨大的相控阵雷达及计算机信息处理系统，这些导弹长度可达 9 ~ 11 m，直径可达 1 m，相控阵雷达一般都要占据整个舰桥的四个侧面，因此这些舰艇拥有庞大的舰体和强大的防空能力，其满载吨位甚至与二战时期的重巡洋舰不相上下，是一级用途比较单一，但却必不可少的舰艇。

反潜驱逐舰又被称作多用途驱逐舰，吨位要小于防空驱逐舰，一般 4 000 ~ 7 000 t，以反潜和反舰作为自身主要任务，主要装备尖端的声呐反潜设备和反舰武器，辅以近程点防空导弹辅助防空作战，以敌方潜艇和突破己方防空的漏网之鱼为目标。这类舰艇的作战能力比较全面，防空、反潜、反舰任务都可以遂行，但不适合激烈的制空权争夺保卫战。这类舰艇的代表是美国“斯普鲁恩斯”级，日本的“旗风”级，“村雨”级，中国 052B 型，他们都具有中等的吨位，强大的反潜和反舰能力，以及相对比较弱的防空能力。

除了导弹外，计算机与雷达控制的全自动小口径导弹速射炮，以及燃气轮机动力装置也开始出现在驱逐舰上，因此，驱逐舰越发庞大、复杂和昂贵。其实，在大国海军中，驱逐舰的任务和地位早就形同过去的巡洋舰。

英国“谢菲尔德”级驱逐舰（42 型驱逐舰）曾经试图降低驱逐舰越来越大的排水量以及造价。但后来被认为是不明智的，新的 45 型驱逐舰吨位已近万吨。美国的“伯克”级、“斯普鲁恩斯”级、俄罗斯的“现代”级、“无畏”级以及日本的“金刚”级和中国的 052C 型都在继续向大型化发展，吨位不断提高，驱逐舰舰体逐渐增宽，其稳定性大大提高，它们的标准排水量都在 6 000 t 以上，“伯克”级和“金刚”级甚至已经突破万吨大关，这已经和第二次世界大战中的重巡洋舰相差无几，而其他级别的舰艇，吨位早就大大超过轻巡洋舰标准。

总体而言，现代驱逐舰装备有防空、反潜、对海等多种武器，既能在海军舰艇编队担任进攻性的突击任务，又能担任作战编队的防空、反潜护卫任务，还可在登陆、抗登陆作战中担任支援兵力，以及担任巡逻、警戒、侦察、海上封锁和海上救援等任务。

1.4.4 护卫舰的作战使用

从大国海军的发展来看,护卫舰和驱逐舰仍然有本质区别。护卫舰最普遍的用途是为商船或者大型军舰护航,而驱逐舰是舰队的主力,一般不执行此种任务。

现代驱逐舰虽然都是海上作战的多面手,但依然强调驱逐舰要具有一种突出的特长,因此现代驱逐舰在多用途的同时,往往还在防空、反舰或者反舰的某一方面用途上具有特长。尤其是美国、俄罗斯、英国、法国、中国、日本等海军大国,通常都装备有专用的防空驱逐舰和反潜驱逐舰(即所谓的"多用途驱逐舰"),防空型驱逐舰一般负责远海大范围区域面防空,装备有大量大型远程防空导弹,能够对抗敌方多批次、多目标的饱和攻击。

反潜型驱逐舰和防空型类似,只不过主要作战目标从空中目标变成了敌方潜艇,装备有尖端的声呐设备和反潜导弹等对潜武器,具有有限的防空能力,但防空不是其强项。这两种驱逐舰是世界驱逐舰的主流,特点就是一专多长,大部分反潜驱逐舰(又叫"多用途驱逐舰")的吨位都在5 000 t左右,防空驱逐舰的吨位一般都在7 000 t以上,其实现在很多防空驱逐舰的吨位已经达到或超越万吨。

现代护卫舰的主要任务是执行小范围内的点防空和反潜任务,也就是说在舰队行动里,护卫舰承接的业务主要是消灭突破驱逐舰防御的漏网之鱼,大型防空驱逐舰一般都装备有昂贵的大型相控阵雷达和高度自动化,电脑化的防空指挥控制系统(典型代表:美国的"宙斯盾"系统),大型防空驱逐舰携带的防空导弹一般都是大型的远射程舰对空导弹,长度可达9~11 m,射程一般都在100 km以上,射高可以达到20 000 m以上,速度一般都在2倍音速以上,可同时跟踪多数量、多批次的目标,并对其中若干个目标同时发动拦截。

护卫舰携带的防空导弹一般都是较小的近程防空导弹,长度不超过5 m,射程一般都在30 km以内,射高不超过10 000 m,护卫舰限于成本因素,其廉价的火控系统一般只能对1~2个目标进行拦截。反潜驱逐舰和反潜护卫舰的区别和上面的也类似。

护卫舰的防空和反潜能力不像驱逐舰那么突出,绝大部分的护卫舰都同时具有防空能力和反潜能力,但从世界各国一直以来护卫舰的用途来看,护卫舰的主业更偏向于反潜能力,防空只是其副业。

总而言之,目前在大国海军,驱逐舰和护卫舰是一种高低搭配的作战方式,其关系就像美国空军装备的F-15和F-16,前者是舰队的主力,承担主要的防空和反潜任务,后者则作为前者的补充,承担次要作战任务。

护卫舰在第二次世界大战中的出色表现,使世界各国认识到其在海上的重要作用。战后,美、英大批老旧护卫舰纷纷退役,少数舰进行了现代化改装,战后的一段时间里,护卫舰的发展有所停滞,主要用于为大型舰只护航,担负近海警戒、巡逻或护渔护航等任务。

到了20世纪五六十年代,美国出于海外干涉的需要,率先研制并建造新型护卫舰,除主要用于为海上运输舰船护航外，还担负保护其两栖舰艇渡海和登陆作战的任务。1966 年建成的“布鲁克”级导弹护卫舰在设计和建造上突破了常规护卫舰的设计模式，装备“鞑靼人”导弹、“阿斯洛克”反潜导弹发射装置、搭载 2 架 DASH 型直升机，为美国迄今为止最先进的“佩里”级导弹护卫舰的问世奠定了基础，将护卫舰的进攻、防空、反潜能力引向了一个新的阶段。

1.4.5　两栖战舰艇的作战使用

两栖登陆作战是海军的一种重要作战样式，主要目的是把大量的海军陆战队员、坦克、装甲车辆和后勤物资，以最快的速度向敌方海岸进行输送，最终占领和控制敌方陆地和沿岸地带。怎样才能把这些人员、车辆和物资快速投送呢？办法有两个，一个是垂直登陆和投送，即使用飞机和直升机；另一个是水平登陆和投送，就是使用两栖战舰艇。所谓两栖舰艇，是指能够在水中航行，又能为登陆进行支援，甚至可以直接从水中跨越海滩驶向陆地的舰艇。这类舰艇种类繁多，主要是两栖攻击舰和两栖登陆舰。

两栖攻击舰是 20 世纪 50 年代以后发展起来的一个新舰种，主要是利用大型舰船，把人员、车辆和物资一起从己方海岸向敌岸进行投送。美国海军 70 年代服役的“硫磺岛”级攻击型两栖直升机母舰，是一种典型的垂直登陆型作战平台。它的排水量为 18 000 t，可以携载 20 多架重型直升机和 4 架垂直/短距起降飞机，而且能够运载 1 750 多名海军陆战队员和 1 500 t 物资。登陆兵、轻型装甲车辆和支援物资，可使用飞机和直升机进行快速垂直运送，在敌纵深地带开辟登陆场，以扩展和控制登陆区，并接应后续登陆梯队进行大规模登陆。

为了载运更多的人员、车辆和物资，美国 70 年代以后又建造了 5 艘”塔拉瓦“级通用型两栖攻击舰。它是一种综合多用途的大型两栖舰艇，具有两栖攻击舰、船坞登陆舰和登陆运输舰的各种功能。这种舰艇吨位很大，有 4 000 t 左右，相当于一艘中型航空母舰，它不仅能够携载 21 架重型直升机和 6 架垂直/短距起降飞机，还能载运 45 辆装甲车、2 ~ 3 艘登陆艇和 1 700 多名登陆兵。

登陆舰艇是运送登陆兵、武器装备和物资车辆在敌岸滩头直接登陆的一种舰艇，排水量在 500 t 以上的称为登陆舰，500 t 以下的称为登陆艇。

大型登陆舰的排水量一般为 2 000 ~ 10 000 t，能装载 10 ~ 20 辆坦克和数千名登陆兵。登陆舰内设有很大的装载舱，舰艇艏部设有艏门和长长的吊桥，舰艇触及海滩之后，就把艏门打开，放下吊桥，坦克、装甲车和登陆兵通过吊桥抢滩登陆。登陆舰是第二次世界大战中发展起来的，战争中仅美国就建造了 1 500 艘，这些舰艇有力地支援了诺曼底登陆作战。二战后,美国又建成"新港"级登陆舰,排水量8 450 t,可载400名登陆兵、500 t物资或车辆。后来,由于发展了综合多用途两栖攻击舰和气垫登陆艇,所以这种传统的单一用途的大型登陆舰艇就不再发展了。

对于第三世界国家海军来说,登陆舰艇仍然是重要的两栖战装备。除上面谈到登陆舰外,最常用的还有登陆艇。登陆艇有的可以从岸到岸,有的则需要用其他舰船运载至换乘海域,再进行抢滩登陆。登陆艇最大的500 t,能够运载3~5辆坦克、数百名登陆兵或100~300 t物资。最小的只有一二十吨,可载运30名登陆兵或3 t物资。登陆艇在二战以前就已经被广泛使用,战争中得到快速发展,几个主要海军国家建造了10多万艘。二战后,登陆艇的发展比较缓慢,70年代以后,气垫式登陆艇出现了逐步取代排水型登陆艇的趋势。

第2章　典型大型驱逐舰解析

2.1　大型驱逐舰的总技术特点

2.1.1　大型驱逐舰的总体技术

1. 船型技术

(1)现状

大型水面舰艇全部采用单体船型。大型驱逐舰目前所采用的全部是单体船型,单体船型作为舰艇的首选历经了数百年的发展,已经相对成熟,虽然目前出现了很多非单体船型,并且也取得了良好的效果,但是这些新船型还都只是处于试验或者试用阶段,虽然有的国家渐渐选择双体船、三体船作为舰艇船型,但是目前只用在排水量较小的舰艇上,大型驱逐舰仍然是单体船一统天下的局面。

大型驱逐舰长宽比缩小。20世纪90年代以来,大型水面舰艇所采用的单体船型的长宽比普遍减小,这是近20多年来主要海军国家舰艇发展的一个明显变化。20世纪90年代以前,只有俄罗斯(或前苏联)海军舰艇长宽比比较小,船型较胖,其他国家为了追求舰艇良好的机动性,一般都使用瘦长船型。瘦长船型的好处是比较容易获得高航速,但是适航性不好;长宽比小的胖船型的好处是具有极佳的适航性,能在恶劣海况下保持高速航行,横摇和纵摇小。美国海军20世纪80年代建造的"提康德罗加"级巡洋舰长宽比为10.29,是典型的西方舰艇设计思想,但是到了20世纪90年代建造的"阿利·伯克"级驱逐舰就发生了很大的变化,"阿利·伯克"级驱逐舰的长宽比仅为7.61,明显吸取了俄罗斯舰艇船型的优点,加大了舰的宽度,采用了丰满的水线面,水线以上明显外飘,艏部采用V型剖面,这些都大大改善了船舶的耐波性。

广泛采用球鼻艏。球鼻艏有利于减小兴波阻力,从而提高舰船的快速性,商船早已广泛采用球鼻艏,对于相同的线型,不采用球鼻艏和采用适当的球鼻艏之间,航速有时候可以相差1节左右。实际上,球鼻艏也早为各国海军利用,美国海军从较早的大型反潜驱逐舰"斯普鲁恩斯"级就已经采用了球鼻艏,此后,在"提康德罗加"级巡洋舰和"阿利·伯克"级驱逐舰上都安装了球鼻艏。俄罗斯则更是如此,大型驱逐舰和巡洋舰都装有球鼻艏。

采用球鼻艏的美国海军“阿利·伯克”级驱逐舰

(2)发展趋势

单体船型在可预见的将来仍占主导地位。在可预见的将来,由于非单体船型技术不会足够成熟,大型水面舰艇的船型仍主要是单体船型。考虑到快速性和适航性的要求,单体船型将更加普遍采用球鼻艏,长宽比会继续保持在较低的比例上。大型驱逐舰是这样,航空母舰和两栖战舰则更是这样,因为目前的新船型针对的都是护卫舰一类的舰船,预计逐渐成熟后会应用到大型驱逐舰上,航空母舰和大型两栖舰艇要运用新船型可能还需要更长时间。

在单体船型上有一个引人注意的方向,那就是船舷内倾。船舷内倾是对高隐身性能提出的要求。目前舰艇在隐身的时候都将船舷设计成外倾的形式,这样雷达波照射过来的时候会将其反射到水面,但是这样的反射波仍可能经水面的反射之后回到发射源,从而增加舰艇被探测到的可能。解决这一问题的良好方案就是将船舷内倾,如此一来可将入射雷达波反射到天空,效果更好,美国海军对船舷内倾船型的评价是“大幅度降低雷达截面积”。船舷内倾也促进了船型发展中的另外一种趋势,那就是长宽比缩小,对于瘦长船型,若是采用船舷内倾的设计,很难满足大倾角稳性要求,因此必须有意增加船宽,降低舰艇的重心位置。

逐渐采用新颖船型。虽然单体船型仍然会继续统治大型水面舰艇较长时间,但船型多样化是大势所趋。单体船型虽已发展十分成熟,但它有着自身的缺点,难以满足高机动性的要求,而且在恶劣海况下的舒适性也成问题。为此,美英等国都在研究新颖的船型,以克服传统单体船型固有的缺点。

美国海军在小水线面双体船(SWATH)的基础上开发了一种称之为"司莱斯"(SLICE)的船型,该船型是小水线面双体船型的变体,它装有四个短支柱和四个单独的水滴形水下吊舱(水下船体),四个水下吊舱为整个船提供所需的浮力,关键的革新之处在于降低兴波阻力外,也降低了摩擦阻力,同时保留了小水线面双体船良好的适航性的优点。其母型小水线面双体船型已经用在了较大的辅船上,美国和德国已分别设计了 2 500 t 和 3 500 t 的小水线面双体调查船,就目前的技术发展来看,"司莱斯"船型是最有可能用于大型水面舰艇的新船型之一。

另外一种最有可能应用到大型水面舰艇上的新船型就是三体船型,这是英国海军从 1994 年就开始研究的新型船型,英国从三体船的模型试验开始,后来英国海军同伦敦大学合作,成立了先进技术护卫舰设计研究小组,对伦敦大学设计的三体船型继续进行评估,同时设计出长 160 米、排水量 5 800 t 的三体护卫舰。2000 年 8 月,英国建成"海神"号三体演示舰,标志着三体战舰可行性研究已达到一个新的阶段。"海神"号全长 98 m,吃水线长 90 m,总宽 22. 5 m,吃水 3. 2 m,排水量 1 100 t,最大速度 20 kn,续航力 3 000 n mile,两个侧船体各长 34. 2 m,每个侧船体上还有一个 350 kW 的电动机驱动一个定距桨。作为概念探讨,英国人还在继续研究其他新型大型多体船。

2. 隐身技术

(1)现状

雷达隐身技术较为成熟。雷达是最主要的海上探测手段,因而雷达波隐身是水面舰艇最重要的隐身技术。具备良好隐身效果的舰艇拥有较小的雷达截面,要降低水面舰艇的雷达截面,在对平台进行改进或对平台进行初步设计时,都要求采取相应的措施降低雷达截面积。

红外隐身也受到前所未有的重视。红外是现代海战场上另一主要的探测手段,红外探测与红外跟踪技术的普遍应用使红外辐射特征成为一个突出的问题。由于海上背景环境相对较冷且一致性较好,水面舰艇的红外特征较之其他武器系统更易被探测与识别。降低水面舰船的红外特征已引起了足够的重视,成为提高水面舰艇生命力的主要措施之一。

潜艇的威胁促进声隐身的进步。声波是在海洋中唯一能够远距离传播的能量辐射形式,所以在反潜侦察中,探测声场变化是最主要的方式,同时,潜艇也主要通过噪声来探测敌方水面舰艇和潜艇。除声呐自噪声外,其他噪声称为辐射噪声,声呐主要通过探测辐射噪声来探测舰艇。降低噪声不仅是潜艇隐身最重要的环节，也是追求高隐身效果的水面舰艇不可忽略的一部分。噪声每降低20分贝，可使己方被动声呐探测距离增加一倍，敌方被动声呐探测距离降低50%，并能缩小敌水中兵器的有效作战半径，降低其命中精度，同时可使本舰的声模拟干扰装置作战效果提高15倍左右。最早注重声隐身技术的大型驱逐舰是美国海军“斯普鲁斯恩”级，该级舰艇广泛采用了消声器、气幕降噪、减震阀座等降噪措施。

降低磁信号也受到越来越高的重视。为避免遭受性能不断提高的磁感应水雷攻击和被磁性异常探测(MAD)系统发现的概率，降低磁信号是目前舰艇设计中的主要挑战之一。舰艇在航行中会引起大地磁场扰动，内部的机械振动也会使出航前已消过磁的舰艇逐渐磁化，形成磁力特有迹象。此外，螺旋桨扰动会在海水中产生局部电流，引起可被磁探仪探测到的地磁场动态变化。

大型驱逐舰是较早有意识使用隐身技术的大型水面舰艇之一，尤其是美国海军，早在20世纪70年代建成的“斯普鲁恩斯”级驱逐舰上就大量采用了声隐身技术，虽然采用这些技术很大程度是作为反潜驱逐舰的需要，设计人员当时也不一定有“声隐身”的概念，但“斯普鲁恩斯”级驱逐舰所采用的声隐身技术迄今为止也是非常值得借鉴的。如果说“斯普鲁恩斯”级驱逐舰采用的隐身技术只是局部隐身的话，到了20世纪90年代服役的“阿利·伯克”级驱逐舰，舰艇所采用的就是全面的隐身技术，“阿利·伯克”级驱逐舰吸取了美国海军“海影”号试验舰的技术成果，与以前的大型驱逐舰相比，甚至与当时的俄罗斯海军大型驱逐舰相比，从外观上看都有很大的区别，整个上层建筑非常简洁，刻意采取了雷达、红外、声等多种隐身技术。相比来说，俄罗斯海军对隐身技术不够重视，在其现役大型驱逐舰上，几乎没有采取什么隐身措施，连目前研究最为成熟的雷达隐身技术也很少采用，俄罗斯舰艇给人的印象总是这样：上层建筑乱七八糟，雷达、天线到处都是，与西方的舰艇风格完全不同。但近十年来，俄罗斯已经明显注意到了隐身的重要性，不仅本国推出了隐身舰艇设计方案，还帮助印度建造了3艘具备较强隐身能力的护卫舰，俄罗斯以后建造的水面舰艇必将更加注重隐身性能。

(2)发展趋势

在发展的下一代大型驱逐舰中，隐身技术已经达到“全隐身”的要求，如美国的DDG－1000驱逐舰，将全面采用美国海军近二十年来的技术研究成果，将全面降低各种信号特征，对于关键的信号特征，如雷达、红外和声等，DDG－1000计划办公室专门设立了相应的工程开发模型，致力于相关的研究，可见对其是非常重视的，日本和韩国在发展大型驱逐舰时也都把隐身能力作为至关重要的指标来看待。

在技术的发展上，仍然是继续完善各种隐身技术，不断提高平台的隐身效果，继续大幅度降低舰艇的信号特征。雷达、红外、声、电磁将继续成为各国重点关注的隐身技术领域。

实际上，大多数国家的主力驱逐舰都十分强调隐身能力，如印度、英国、法国、意大利等在规划下一代主力驱逐舰的时候都是如此。

美国海军 DDG－1000 驱逐舰构想图

3. 集成技术

(1)现状

目前,集成上层建筑技术中的一些系统已经从概念设计阶段发展到产品设计阶段,还有些系统处在研究设计发展阶段,并已引起各国海军和舰艇设计部门的高度重视,集成上层建筑技术被看成是上层建筑设计的一次革命。

西方不少国家海军都已经开始集成上层建筑的研究。1997 年,美海军研究署(ONR)与休斯、雷声、洛克希德·马丁和诺斯罗普·格鲁曼公司签订合同,演示和建造一个先进的多功能射频系统试验台,并提出了先进的多功能射频系统七个方面的关键支撑技术,即辐射单元/天线结构;发射/接收隔离;固态模块和组件;直接数字式频率合成;模/数转换器;真时延;动态资源配置和管理最佳化。经过几年研究,美国已经取得突破性进展。

现役大型水面舰艇上层建筑集成度仍然不高,尤其是较早期的舰艇或者没经过改装之前的舰艇,给人的印象都是上层建筑上天线林立,电磁兼容问题严重,这样的上层建筑也影响了舰艇的隐身效果,就连美国海军最新的"阿利·伯克"级驱逐舰也是如此,尽管与"斯普鲁恩斯"级驱逐舰相比,其上层建筑已经明显改观,但较理想的上层建筑样式仍有很大的差距,天线数量仍然过百部,要想添加新的天线已经不可能。较小型的舰艇,如法国"拉斐特"级护卫舰和瑞典"维斯比"级轻护卫舰的上层建筑就比"阿利·伯克"级简洁得多。

(2)发展趋势

未来舰艇将需要很大的表面积用于安装平面阵列,这些阵列须根据机械尺寸和其他要求(如覆盖范围、水上高度、视角等)进行组合。SPY－1 是首套多功能平面阵列雷达系统,其下一阶段的产品是新型多功能雷达(MFR),该雷达系统将工作在 X 波段,平面阵列也将比 SPY－1 小，占用较小的上层建筑空间。MFR 将具有目标照射功能，这将取消四部大的盘形天线，空出大量的上层建筑空间。新型上层建筑的最终配置将是体监视雷达（VSR）。体监视雷达系统将工作在 L 波段，它将替代 SPS－48 三坐标对空搜索雷达和 SPS－49 双坐标对空搜索雷达。

总之，未来舰艇上层建筑天线的发展思路是从独立天线到联合天线，最终将实现多功能孔径天线。天线集成的最终目标是发展量少、高集成的多功能系统。其中，较具挑战性的多功能系统是现在正在设计的由海军研究署资助的先进多功能射频系统（AMRFS）。该系统将用于海军水面舰艇，它首次将雷达、电子战和通信功能集成到一套天线中。先进多功能射频系统的概念实验性验证将把四项分立的先进技术研究成果进行集成，这四项分立先进技术研究成果是洛克希德·马丁公司的高波段多功能接收阵列、雷声公司的低波段多功能接收阵列、诺斯罗普·格鲁曼公司的高波段发射阵列和低波段发射阵列。先进多功能射频系统通过采用易控接口和开放式系统结构概念，在无需对整个系统进行重新设计的情况下，就可对未来系统进行改进。

4. 自动化技术

（1）现状

大型驱逐舰和巡洋舰已经采用了“智能舰”计划中所开发出来的技术，较大幅度地提高了自动化程度。根据美国人的分析，在舰艇的全寿期费用中，运行与保障费用占 64%，而运行与维护费中，人员费用又占 27%，因此，如果能够大幅度降低舰艇的人员编制数量，就可以大幅度降低全寿期费用，从而提高系统的可承受性。在降低人员数量的措施中，自动化技术起主要作用。为此，美国海军从 1995 年开始实施“智能舰”计划，以“约克城”号巡洋舰（CG48）作为演示试验平台来验证减少船员和减少全寿期费用的革新技术。“智能舰”计划共在“约克城”号使用了 61 种新技术、新方法，包括作战系统、船体机械和电气设备、设备支持和人员训练与评估。到现在，美国海军已经在“蒙特里”号（CG61）巡洋舰上安装完毕第二套“智能舰”设施。2000 年，美国海军从 61 项革新技术中挑选出 7 项，进行综合舰艇控制（ISC）升级，这 7 个升级核心技术包括综合舰桥系统（IBS）、综合状态评估系统（ICAS）、损管系统（DCS）、机械控制系统（MCS、）燃油控制系统（FCS）、光纤局域网络（LAN）和无线内部通信系统（WICS）。另外，进行综合舰艇控制升级时还引入一种称为舰载训练器（OBT）的系统，允许单兵或作战分队在舰艇上进行训练，但不会影响到舰艇对自身的监控。

虽然“智能舰”计划最初是在巡洋舰上进行试验并首先在巡洋舰上进行安装，但在“智能舰”计划的效果得到认可后就应用到了“阿利·伯克”级驱逐舰上，因为“阿利·伯克”级驱逐舰还在建造中，新服役的该级舰艇都采用了“智能舰”计划开发的技术，一些“阿利·伯克”级驱逐舰还在改装或维修的过程中采用了这些技术，例如“科尔”号、“阿利·伯克”号和“霍华德”号驱逐舰，采用的技术包括先进供餐系统和无线局域网等。

(2)发展趋势

大型驱逐舰将革命性地提高自动化程度,大幅降低舰员数量。美国海军将在“智能舰”计划的基础上,进一步大幅提高舰艇的自动化程度,从美国海军对新一代驱逐舰 DDG－1000 人员编制的要求就可以看出来,美国海军规定,DDG－1000 首制舰的人员编制不能超过 175 人,这与当今最先进的“阿利·伯克”级驱逐舰相比,人员数量减少了近一半,而 DDG－1000 人员编制的最终目标是 125 人,其中包括直升机机组人员。目前,DDG－1000 驱逐舰采用的为人所知的技术除了“智能舰”开发的技术之外,还有自主灭火系统,这是一种高度自动化的灭火系统,能够自动隔离并扑灭舰内的火灾。

早在 DD21 计划中,美国海军就提出了更为惊人的目标,要将舰员减少到 95 名。当时提出要在 DD21 上采用现代化的人机系统集成(HSI)技术,使得每个舰员都成为一个决策者,而不是一个数据处理者。鼓励对舰上的运行和维护工作进行重组,让水兵们更多地去做作战方面的工作,减少维护工作量。很多传统上由水兵完成的一般性任务(如油漆、烹调和清洁工作)必须取消或实现自动化。美国海军认为这种对舰上人员的革命性改革将对海军产生深远的影响,需要文化上的重大改变。虽然 DDG－1000 在舰员数量上比原来的 DD21 计划宽松了不少,但仍是非常难以做到的,因此,以前准备在 DD21 上采用的技术和方法很可能会大部分用在 DDG－1000 上,尽管如此,对于 DDG－1000 最后能否实现其目标仍是非常值得关注的。

不仅美国这样,世界海军强国主力驱逐舰的发展都说明了这种趋势,无论英国的 45 型驱逐舰,法意的“地平线”,还是挪威的“南森”,舰艇人员编制都呈明显地减少趋势。

2.1.2　动力技术

1. 现状

世界各国海军目前 8 000 t 以上大型驱逐舰采用的动力装置,主要为燃气轮机动力装置,采用常规蒸汽动力装置的只有俄罗斯海军的“现代”级。俄罗斯海军的“勇敢”级和“勇敢Ⅱ”级,美国海军的“阿利·伯克”级和“斯普鲁恩斯”级,以及日本的“金刚”级导弹驱逐舰,它们都使用全燃联合动力装置。对于其他大型水面舰艇,除了航母之外,都采用全燃或者柴燃联合动力装置。

2. 发展趋势

未来满载排水量 8 000 t 以上的大型驱逐舰的动力装置除了继续采用燃气轮机动力装置和柴油机动力装置作机械推进的动力装置外,最具里程碑意义的发展趋势将是采用综合电力推进系统。有两类综合电力推进系统,一种是以燃气轮机为主发电机组原动机的综合电力推进系统;另一种是以柴油机为主发电机组原动机的综合电力推进系统。前者主要用于大型驱逐舰,以及稍小一些的排水量的护卫舰,后者用于两栖舰等。英国海军的45型“果敢”级驱逐舰已经采用了以燃气轮机为发电机组原动机的综合电力推进系统。另外,美国的DDG-1000驱逐舰也将采用综合电力推进。

大型驱逐舰动力推进系统以采用综合电力推进系统为发展趋势是因为这种系统能极大地提高工作效率、作战效能,在增加设计灵活性、降低费用和提高舰员生活质量的同时,提高舰的生命力,既有利于持续作战,又利于使用高能脉冲武器,如轨道电磁炮、激光武器。

(1)美、英、法、德综合电力推进系统的研制和发展

水面舰综合电力推进系统从20世纪80年代之后,一直蓬勃发展。现在全世界有13个国家的海军宣布要在水面舰上使用综合电力推进系统。其中以美、英、法、德等国海军研制这种推进系统最为积极。

英国是1997年第一个正式签署采用综合电力推进系统的国家。其方案规定系统研制以永磁推进电机为基础。由中间冷却回热循环燃气轮机WR-21作为原动机,用于英国未来护卫舰/水面战舰、未来航母及攻击潜艇等下一代舰艇。目前该方案已经取得很大进展,额定功率为20 MW的推进电机和变换器及其相关系统的设计工作已经完成,推进电机和变换器样机于1998年开始制造。还将以“海神”三体试验船作为推进试验和控制技术平台,进行综合电力推进系统的试验研究。

美国已经确定把综合电力推进系统作为其21世纪的发展战略,力图通过设备的通用性、实施的简易性和标准化,来实现未来水面舰队高性能与低成本的研制计划,发展一种具有综合优化性能、采用综合电力推进的可载机的水面主力战舰。1990年3月美国完成了新舰的方案设计,发电设备为2×22 187 kW燃气轮机发电机组,推进装置为2×25 000 hp的同步电动机,中间借助同步变换器与直接变换器进行调速。美国海军在远期还将发展超导直流电力推进系统。2000年1月6日,美国海军部向外宣布,其21世纪对攻击型驱逐舰(DD-21)将首次采用综合电力推进系统。

德国海军在国防研究试验舰上采用了柴油机综合电力推进系统。它装有永磁推进电机和发电机。德国海军更换现役F-122级护卫舰拟选择综合电力推进系统。北约其他国家也已开始对使用综合电力推进系统的舰艇进行可行性研究和开发。

(2)大型水面舰综合电力推进系统关键设备的研制和发展

①燃气轮机发电机组

使用于英海军45型“果敢”级驱逐舰和可能用于美、英海军其他水面舰的WR-21燃气轮机发电机组如图所示。它是一个模块,它对任何水面舰都能作为标准装置提供。它已设计完成。模块上除装有WR-21燃气轮机外,还装有交流发电机和自动电压调节器。WR-21燃气轮机发电机组模块的性能试验和陆上联试已分别在2001年和2002年初完成。

另外,由于 WR－21 燃气轮机动力涡轮的转速是 3 600 r/min,因此,交流发电机本身的设计是完全常规的,从设计和建造观点来看实际上没有风险。很多制造厂都能提供这种 25 MVA、3 600 r/min 的交流发电机。对此发电机组接入舰上的综合电力系统要考虑的主要问题是供电品质、系统的暂态稳定性,以及系统的保护。

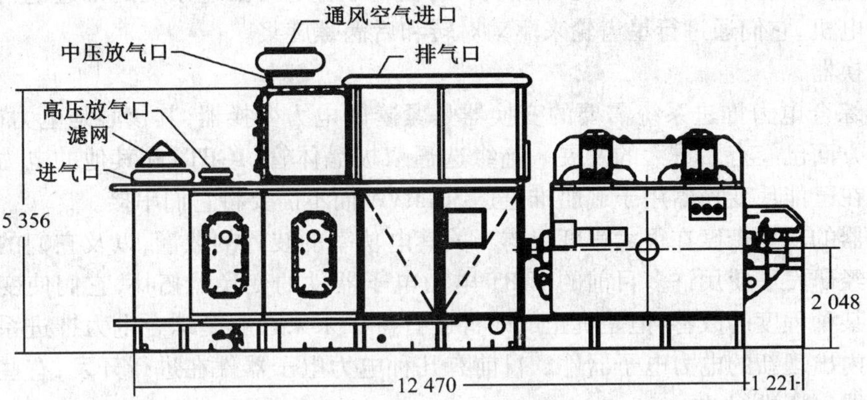

WR－21 燃气轮机发电机组

②推进电机

推进电机的尺寸和质量主要由要求产生的扭矩决定。因此,对水面综合电力推进系统所用的推进电机必须能解决高扭矩密度问题。目前,全世界范围内有几项推进电机计划正在积极进行,已解决推进电机的高扭矩密度。有三种拓扑类型的推进电机,即由英国国防部投资,由罗·罗公司设计、建造和试验的横向磁通永磁推进电机,法国热蒙公司为法国海军研制的轴向磁通永磁电机,以及采用径向磁通的永磁推进电机和感应电机(如根据美海军综合电力推进系统计划研制的鼠笼式感应电机)。

还有一些其他推进电机技术在发展中。这些推进电机技术既为舰艇研制,也可用于民船,如单极推进电机和超导推进电机。单极推进电机,既可由普通磁体励磁,也可由超导磁体励磁。只有超导磁体励磁而电枢部分仍然是常导的单极推进电机称为半超导电机,目前研制的多半为这种电机。低温超导单极电机,多年来已取得迅速的发展,并从试验模型发展到半工业应用阶段。英、美两国在进行长时间陆上试验的基础上,还分别进行了 1 000 kW和 3 000 kW 超导单极电机电力推进系统的实船试验。对万千瓦级电机亦已深入研究多年。其他一些国家也进行过大量的试验研究。但低温超导推进电机在水面舰综合电力推进系统中不一定是发展方向。

1986 年,当高温超导材料被发现后,在临界温度在液氮温区的高温超导材料进一步发展的同时,高温超导应用研究也取得了长足的进展,不用氦冷,使电机设计更为简单,热力特性更好，制造费用和使用费用降低，还提高了运行可靠性。因此，高温超导单极推进电机预计随着高温超导材料和超导应用技术的发展，会在21世纪初获得实际应用，特别应用在大功率、低噪声的舰艇综合电力推进系统的推进电机上。高、低温超导单极电机的区别主要表现在超导磁体、冷却方式和低温容器等方面。

除上述推进电机外，正在研究的用于水面舰艇综合电力推进系统的推进电机还有液冷同步推进电机，它们通过行星齿轮来驱动对转和后涡螺旋桨。

③变换器

舰艇综合电力推进系统需要的变换器是紧凑的电力变换器，其核心是电力电子器件，目前在这方面已经有了重大的发展。绝缘选通双极晶体管(IGBT)和其他的电力电子开关的发展现在已能使变换器用于舰船推进达30 MVA而不需要将它们串接。

变换器的功率密度在很大程度上与开关其电功率的装置的数量，以及它们的冷却要求有关。已经研发了使用许多目前的IGBT电力电子器件的变换器拓扑，它们使变换器的功率密度有某种程度的改善，但是真正的改善还有待于未来在舰艇综合电力推进系统要求的功率范围内出现新的电力电子器件。目前有几种电力电子器件在进行开发，有些是由美国海军研究署出资进行的：

a. 金属氧化硅(MOS)控制晶闸管矩阵变换器；

b. 超级矩形脉冲断开闸流晶体管(超级GTO)变换器；

c. 金属氧化硅关断闸流晶体管(MTO)变换器；

d. 硅动力公司(Silicon Power Corporation, SPCO)多级变换器(五级半软开关脉冲宽度调制变换器)；

e. 多通道变换器

变换器更深层次的发展需要在变换器的效率、可靠性、稳定性、功率密度、与环境噪声的相互作用、与电源的相互作用，以及与传统系统之间的相互作用取得进一步的突破。

④储能装置

大型水面舰综合电力系统还应考虑安装储能装置，以解决暂态稳性和各种使用脉冲功率装置的用电问题。有许多脉冲功率的产生和储能装置在考虑之中，它们是超导磁能量储存系统、电－热电池、再生燃料电池(氧化还原流电池)、开式循环燃气轮机发电机、由固态或液态推进剂驱动的磁流体发电机、炸药爆炸驱动的磁流体发电机、大电容器，以及飞轮等。当然，将上述几种技术合并成一套混合式能量贮存系统也不失为一种储存方式，而且还能更好地满足舰船的要求。

2.2 美国“阿利·伯克”级驱逐舰

2.2.1 特征

“阿利·伯克”级驱逐舰是美国海军的新型导弹驱逐舰，是装备有“宙斯盾”作战系统的导弹驱逐舰。用于舰队防空，防御从四面八方发射的导弹攻击，它具有反应速度快、抗干扰能力强、可靠性好等特点，具有强大的反击能力，该作战系统火力猛烈，可综合指挥舰上的各种武器，同时拦截来自空中、水面和水下的多个目标，还可对目标威胁进行自动评估，从而优先击毁对自身威胁最大的目标。所以，它可以成为海军舰队的坚固盾牌。

“阿利·伯克”级驱逐舰是至今世界上顶尖的驱逐舰，其质量和火力超过许多巡洋舰。“阿利·伯克”级约有“提康德罗加”级 75% 的防空能力，“阿利·伯克”级上纵向安装了 MK41 型导弹垂直发射装置（Ⅰ、Ⅱ型艏部 29 单元，艉部 61 单元，ⅡA 型艏部 32 单元，艉部 64 单元），发射“战斧”巡航导弹，“标准”SM－2MR 舰空导弹，“阿斯洛克”反潜导弹，2 座四联装“捕鲸叉”反舰导弹发射装置（Ⅰ、Ⅱ型），先进型“海麻雀”舰空导弹（从 MK41 系统发射，ⅡA 型）。“阿利·伯克”级采用较轻且较先进的 SPY－1D 平面阵列雷达，安装在其单一上层结构的四个转角处。

“阿利·伯克”级建造打破传统，舰身全用钢制，没有采用传统的钢铁船底和铝制上部混合法，但仍有如铝桅竿等部位以减低质量。之所以全采用钢材，是因为 1975 年 USS Belknap（CG－26）号失火导致铝制上半部全毁，以及观察了英国军舰在福克兰群岛战争的受损报

“阿利 · 伯克”级驱逐舰

告。1979 年国防科学委员会提出关于军舰弱点的研究报告,大幅影响"阿利·伯克"级的船舰设计。"阿利·伯克"级特别重视被动的防御,除了舰体大多为钢材外,在重要部分还使用了近 130 t 的凯夫拉装甲。而基于匿踪技术的考量,"阿利·伯克"级舰上结构平面处皆为倾斜构造,并尽量使舰体边缘圆滑。

"阿利·伯克"级也是第一艘有核生化空气过滤器的防护战舰,以及其舰体设计具有气密的效果,所有船舱皆可增加气压来防止核生化污染。舰船的战情中心(CIC)则设置于舰体中央,且周围被许多通道环绕,和过去美国海军的习惯不同。而"阿利·伯克"级将战术资料分至各舱室处理,如声呐室即位于战情中心前方,以避免"阿利·伯克"级因敌方的一击而丧失战力。

2.2.2 研制背景

"阿利·伯克"(Arleigh Burke)级亦称为 DDG51 级,是一级防空为主的驱逐舰,装备"宙斯盾"系统。DDG51 级策划于 20 世纪 70 年代中期,研制这级舰的目的有两个:一是用于替换 1959—1964 年服役的老导弹驱逐舰,20 世纪 60 年代初建成的 10 艘"孔兹"(Coonts)级和 23 艘"亚当斯"(Adams)级导弹驱逐舰 20 世纪 90 年代初都将退役;二是新研制的这级驱逐舰能够作为"提康德罗加"(Ticonderoga)级"宙斯盾"巡洋舰的补充力量。

新舰最初以 DDX 计划,于 1976 财政年度提出来进行概念设计研究,1979 年完成可行性研究,列入了美海军 1980—1984 财政年度的造舰计划。在审议 1980—1984 财政年度的造舰计划时,当时的国防部长布朗建议取消 DDX 计划,新建一种排水量 4 000 ~6 000 t,航速 29 kn,以对空作战为主的导弹驱逐舰。美海军的一项研究也表明,将来水面舰艇的替换中,最急需的是一种对空作战能力和攻击能力都很强的导弹驱逐舰。因此,最终美海军推荐了这样一种以防空为主的导弹驱逐舰,并把 DDX 计划正式更名为 DDGX 计划。

2.2.3 研制经历

DDGX 计划 1980 年进行概念设计;1981 财政年度批准概念设计;1981 财政年度开始初步设计;1982 财政年度开始作战系统的工程研究;1983 财政年度完成初步设计,开始合同设计;1984 年第二季度完成合同设计;1985 年开始详细设计。

1985 财政年度的预算中美海军得到了首舰 DDG51 的经费,总计 11.2 亿美元。巴斯钢铁公司、英格尔斯船厂和托德太平洋船厂三家参加了竞争投标。1985 年 4 月 2 日巴斯钢铁公司获得了建造 DDG51 首舰的建造合同。

首舰命名为"阿利·伯克"号,它于 1988 年 12 月开工,1989 年 9 月下水,1991 年 7 月完工交付海军。

"阿利·伯克"号(DDG51)的研制进度

概念设计	1980 年
初步设计完成	1982 年 9 月
开始作战系统工程设计	1982 财政年度
合同设计开始	1983 年 5 月
合同设计完成	1984 年 6 月
签订详细设计和建造合同	1985 年 3 月
开工准备	1986 年 7 月
开始分段制造	1987 年 5 月
下水	1989 年 9 月
开始作战系统试验	1990 年 3—6 月
完工服役	1991 年 7 月

2.2.4　建造经历

1980 年美国海军为了取代过去的"亚当斯"级和"昆兹"级驱逐舰,设立七个造舰合同,在计划中,"阿利·伯克"级被设计成具有战斗群攻击作战能力的通用驱逐舰。1983 年产生三个竞争者:巴斯钢铁、陶德船厂和殷格司造船公司。1985 年 4 月 3 日巴斯钢铁得到 3.22 亿美金的合约头期款,并授权建造"阿利·伯克"级首舰 USS Arleigh Burke (DDG51)号。其中船体预算约为 11 亿美金,另外 7.78 亿美金则是武器系统和神盾系统。然而,由于巴斯钢铁造船厂发生劳工问题,导致"阿利·伯克"级的工程遭到延误,直到 1991 年第一艘"阿利·伯克"级才完工,此时原先要由"阿利·伯克"级所替换的船只都早已退役。

完成伯克 Flight Ⅱ的规划之后,美国海军作战部长办公室在 1988 年 4 月 5 日启动"阿利·伯克"级的后续改良研究,为此海上系统司令部负责水面作战的第三部特别组成一个领导小组与一个工作小组,分别研究不同的舰体构型组合与战斗系统修改,升级的方案从小规模修改到大规模更动。经过通盘考量作战能力、成本与技术风险后,海上系统司令部于 1989 年正式提出伯克 Flight ⅡA 方案。在 Flight ⅡA 方案中,第一大变更重点就是增加直升机库设施。以往美国海军水面舰的反潜直升机均由反潜舰艇("史普鲁恩斯"级驱逐舰、"诺克斯"级巡防舰)或护航舰艇(如"派里"级巡防舰)搭载,因此在"提康德罗加"级巡洋舰之前,美国海军担负防空的导弹巡洋舰或驱逐舰都只负责替友军反潜直升机进行加油挂弹等后勤支援，故只配备直升机起降甲板与若干油弹储存/整补设施，并未配置机库与辅降设施。然而考虑到1970年代建造的“派里”级、“史普鲁恩斯”级等主要搭载反潜直升机的舰艇将从1990年代后期开始退役，势将严重影响舰队搭载直升机的能力。因此，伯克 Flight ⅡA 就把直升机库设施纳入重点要求之一。

2.2.5 造价

首舰 DDG51 的造价为14.63亿美元。Ⅱ型舰的估计造价为8.64亿美元(1993财政年度)，ⅡA型舰的估计造价为9.5亿美元(1995年)。

2.2.6 使命与任务

“阿利·伯克”级的使命是用于航母编队和其他机动编队的护航，它是一级以防空为主的多用途大型导弹驱逐舰。该级舰的具体任务如下：

①在高威胁海区担负航母编队的防空、反潜护卫和对海作战任务；

②在高威胁海区担负水面作战编队的防空、反潜护卫和对海作战任务；

③为两栖作战编队和海上补给编队担负防空、反潜护卫和对海作战任务；

④对岸上重要目标用“战斧”巡航导弹进行常规打击和核打击。

2.2.7 外观舰型

该级舰一改驱逐舰传统的瘦长舰型，采用了一种少见的宽短线型，长宽比只有7.5。这种线型具有极佳的适航性、抗风浪稳性和机动性，能在恶劣海况下保持高速航行，横摇和纵摇极小。它也是美国海军按隐身要求设计的第一型水面舰艇。首先，舰体和上层建筑均为倾斜面，以大幅减弱回波信号。其次在烟囱的排烟管末段安装红外抑制装置，以降低红外辐射量。再就是在机舱段的舰体外表装设气幕降噪管路，以降低辐射噪声。为了提高舰的生命力，在设计中充分考虑了减轻战损和在战损情况下保持战斗力的措施。它的作战和通信中心都在主舰体内，重要舱室都敷设了“凯芙拉”装甲；全舰装设了三防用的过滤通风系统，这在美国舰艇上是第一次。所有舱室都采取增压措施，重要系统均有抗冲击加固，能经受水下和空中爆炸的冲击效应。

2.2.8　总体性能与装备

满载排水量/t	8422(DDG51),9033(Ⅱ),9217(ⅡA)
全长/m	153.8,1553(ⅡA 型)
水线间长/m	142.0,143.6(ⅡA 型)
最大宽度/m	20.4
水线宽度/m	18.0
型深/m	12.7
满载吃水/m	6.3
动力装置	主动力系统:COGAG 联合使用全燃动力,4 台 LM2500 燃气轮机,74.24 MW (4×25 250 hp)双轴 ⅡA 型:4 台 LM2500-30,77.18 MW(105 000 hp) 螺旋桨:2 个五叶变距桨,直径 5.18 m 电站:2 500 kW 的"爱利生"501-K34 燃气轮机发电机组 4 台,10 500 hp
航速/kn	32
续航力/(n mile/kn)	4 400/20
舰员编制/名	303(22 名军官),33 个备用铺位 ⅡA 型 366(22 名军官)

2.2.9　武器装备

1. 对舰与对陆武器

由 MK-41 系统垂直发射的"战斧"巡航导弹,分为对地攻击型和反舰型。其中对地型又分为核装药型和常规弹头型。核装药型射程为 2 500 km,命中误差为 80 m;常规弹头型射程为 1 300 km,命中误差仅为 10 m。

反舰:主要为四联装"捕鲸叉"反舰导弹发射装置 2 座(ⅡA 型将取消该系统)。该弹 0.9*Ma* 时射程为 130 km,主动雷达寻的。另有 127 mm 全自动炮 1 座,射程 27 km。

2. 防空武器

由 MK-41 系统垂直发射的"标准Ⅱ"防空导弹。MK-41 系统艏艉各有 1 座,载弹量分别为29枚和61枚(ⅡA型为32枚和64枚)。该系统视作战任务决定“战斧”和“标准Ⅱ”和“阿斯洛克”的装弹量,但无疑以“标准Ⅱ”为主。该弹为指令加惯性制导,半主动雷达寻的,2Ma时射程73 km。末端防御为2座6管“密集阵”系统,射程2 km。另外,ⅡA型将增加用MK-41发射的改进型“海麻雀”近防导弹,该弹长3.7 m,重282 kg,射程30 km,机动过载50g,速度比原型提高1倍,可拦截超音速反舰导弹,在1个MK-41垂直发射系统的标准储运发射箱中可装载4枚导弹,这将使该级舰近程反导能力大为提高。

3. 反潜武器

在Ⅰ型和Ⅱ型中没有直升机机库,没有驻舰直升机,仅有降落平台和油、弹补给设施,这不能不损害其反潜能力。在ⅡA型舰上设双直升机库,使其可以携载2架SH-60B/F直升机,反潜能力得到极大提高。利用MK-41系统,该级舰还可发射“阿斯洛克”反潜导弹。值得一提的是,垂直发射的“阿斯洛克”射程增加到20 km。在自身防御方面,它采用2座MK-32-3型324 mm鱼雷发射装置,发射MK-46或MK-50型反潜鱼雷。

2.2.10 电子装备

1. 雷达设备

1部SPY-1D型相控阵雷达,ⅡA型为SPY-1D(V)型(带跟踪起始处理器),兼有对空搜索和火控任务。对海搜索为1部SPS-67(V)3型,火控为SPG-62型,用于“标准Ⅱ”防空导弹末制导。战术空中导航雷达为URN-25型。

2. 电子设备

作战数据系统为NTDS-5带4A、11、14号数据链,Ⅱ型和ⅡA型为TADI×B和战术数据交换或16号数据链。电子战为SLQ-32(V)2型,Ⅱ型和ⅡA型为SLQ-32(V)3型。三批舰均备有2座超速散射箔条发射器和1座“水精”鱼雷诱饵装置。

3. 声呐设备

SQS-53C型球艏声呐和SQR-19型被动式拖曳声呐。ⅡA型取消了SQR-19声呐。在这里还要特别介绍一下DDG-51ⅡA级。该级舰是在冷战结束后,美国海军战略调整的产物。由于其战略重点从“两强全球对抗”变化为“地区冲突”,从“海上决战”变为“沿海对陆支援”,所以要求新舰应具备远距离续航、浅海反水雷、对陆打击和联合作战能力。为此,该级舰取消了“捕鲸叉”反舰导弹,增设了双直升机库,增加了导弹载量,并采用了诸如抗爆炸气浪冲击舱壁、先进的推进器装置、区域式配电系统、综合生存能力管理系统和光纤数据多路传输系统等一系列高新技术。可以相信,堪称杰作的“阿利·伯克”级导弹驱逐舰将在21 世纪大展雄风。

2.2.11　综合述评

1.“阿利·伯克”级是西方国家中最先进并多方面处于领先地位的一级导弹驱逐舰

(1)“阿利·伯克”级是世界上第一级装备“宙斯盾”武器系统的驱逐舰

“宙斯盾”系统的核心是 SPY－1D 多功能相控阵雷达,该系统可同时高速搜索、跟踪处理多目标,并具有同时引导多枚导弹进行对空拦截的能力,为 DDG51 级应对 2000 年前后的空中饱和攻击创造了必要的技术前提。

(2)在西方国家海军驱逐舰中首次采用了导弹垂直发射技术

DDG51 级装备了两组 MK41 型导弹垂直发射系统,艏部装 4 个模块,艉部装 8 个模块,艏部备弹 29 枚,艉部备弹 61 枚,总备弹量 90 枚。“标准”舰空弹、“战斧”巡航导弹和垂直发射的“阿斯洛克”反潜导弹混合装载。“标准”导弹的备弹量足以应对 2 次空中饱和攻击。由于采用垂直发射技术,发射率可达到 1 发/s,与常规发射架相比,大大缩短了反应时间,并且同样的空间至少可多贮存 25% 的导弹。

SDY－1D 多功能相控阵雷达配合 3 部 SPG－62 目标照射雷达,再结合能全方位、高发射率的 MK41 型导弹垂直发射系统,使 DDG51 级成为世界上第一级能够应对空中饱和攻击的驱逐舰。

(3)具备了远程的核攻击能力和常规攻击能力

DDG51 级装备了“战斧”巡航导弹使驱逐舰的使命已远远超出了护卫防御的范围,“战斧”导弹使 DDG51 级驱逐舰具有强大的远程常规对陆攻击能力,也可以成为一种具有核攻击能力的舰种,它使驱逐舰的使命和使用价值获得了重大突破,其意义十分深远。

2. 设计思想主次分明

(1)突出以编队的防空作战能力为主

美海军从 20 世纪 70 年代初期以来就认识到迫切地需要解决将来反舰导弹的空中饱和攻击问题。为此,美海军开始以提高应对反舰导弹攻击为重点的“新威胁改进”计划,该计划是将舰上的全部雷达结合起来,使之能自动搜索、跟踪目标,并能自动进行威胁判断和开始攻击准备。这一计划虽然改进了对空作战能力,但是,由于使用一般雷达,因而在对空作战的反应时间上,低空目标的捕获能力上存在着不可克服的局限性。此外,对空弹的发射率还受到回转式发射架发射方式的限制;对空弹的制导还受舰上制导雷达数量的限制,每发射一枚导弹,自始至终需要一部制导雷达制导。这些固有的问题使一般雷达和发射架发射方式不可能解决应对空中饱和攻击问题。

“宙斯盾”系统和垂直发射系统就是为了解决应对空中饱和攻击问题而研制的,并且经过装备“提康德罗加”级巡洋舰得到了满意的证实。为了确保进入21世纪的“阿利·伯克”级驱逐舰能胜任为航母和其他大型机动编队担负防空护卫的主要任务。美海军认为该级舰必须装备“宙斯盾”系统和导弹垂直发射系统。在费用限额的前提下,美海军认为,该级舰其他方面的装备应服从于装备这两个系统,甚至作必要的牺牲,从而使DDG51级的排水量不致过大,造价不致超标。

(2)牺牲区域反潜能力

美海军的现役驱逐舰中,不管以反潜为主的DD963级,还是以防空为主的DDG993级,都具有很强的区域反潜能力,均设有完善的舰载反潜直升机系统,机库可带2架LAMPS Ⅰ或LAMPS Ⅱ系统的直升机。装备以反潜为主要用途的舰载直升机可以说是世界上20世纪70年代以来各国驱逐舰的标准装备。但是,目前世界上最大的驱逐舰之一,DDG51级的Ⅰ型、Ⅱ型舰都没有装备直升机,只设有直升机起降平台和加油设施,这是美海军在DDG51级费用限额的前提下,保证舰的编队防空能力,牺牲舰的区域反潜能力的不得已而为之的措施。不带直升机的配置使DDG51级Ⅰ型和Ⅱ型舰只具有区域反潜探测能力,而没有区域反潜攻击能力,这不能不说是个莫大的遗憾!不带直升机的Ⅰ、Ⅱ型始终是美国军内外多方面批评的重点,ⅡA型弥补了这一重大缺陷。

3. 注重效费比,追求经济性

注重效费比,追求经济性是贯穿在DDG51级研制中的又一个设计思想,具体表现在以下几个方面。

(1)严格控制舰的造价

1983年2月该级舰还处于初步设计时,当时的海军部长莱曼就规定了首制舰1983财政年度的限额造价为11亿美元,后续舰的造价限额为7亿美元。并提出该级舰的造价不超过“提康德罗加”级“宙斯盾”巡洋舰的75%。为此,在这级舰的设计中除了保证对空作战能力外,尽量压缩与限制其他方面的费用。

(2)尽量减少风险投资

DDG51级的主系统(“宙斯盾”系统)是经装备“提康德罗加”级巡洋舰考验过了的,用“宙斯盾”系统装备DDG51级只是作了一些简化,以减小体积、质量与费用,基本没风险,MK41型导弹垂直发射系统的选用也如此。

(3)尽力简化舰的一些设备

在基本不影响舰的主要作战功能的情况下,尽力简化舰的装备。以“宙斯盾”系统为例,与“提康德罗加”(CG47)级巡洋舰相比,DDG51级把相控阵雷达的发射机由CG47级的2部减为1部,不影响发射能力,只是降低了冗余度。又如像DDG51这样大的以防空为主的舰,按美国的惯例,除了装三坐标雷达以外,还会配备双坐标的远程对空警戒雷达,DDG51 级上都没有装这样的双坐标远程对空警戒雷达。

此外,还有 DDG51 级只装备 1 座 127 mm 舰炮,而以前的 DD963 级和 DD993 级都装备 2 座 127 mm 舰炮,而且 127 mm 舰炮没有设专用的火控雷达。DDG51 级电站的发电机组由 CG47 级舰的 4 台减为 3 台。Ⅰ型舰的电子战系统装的是 SLQ-32(V)I,只具备侦察不具备干扰能力。

这些简化措施无疑降低了舰的造价,但是不影响"宙斯盾"系统对空作战能力的发挥。

(4)牺牲续航力控制排水量

DDG51 级舰 20 kn 时的续航力为 4 400 n mile,比 DD963 级和 DDG993 级舰的续航力小 1 600 n mile。DDG51 级续航力的减小是由于燃油储备量的减少引起的。如果要保持 6 000 n mile 的续航力,必然会造成舰的排水量增大,随之舰的造价增长。为了控制舰的造价,只好控制排水量牺牲续航力。

4. 强调编队协同作战

强调编队协同作战也是美国驱逐舰设计中的一个重要思想,因此判断一级美国驱逐舰的作战能力的强弱不能孤立地看这级舰本身,还必须看它的编队。以 DDG51 级Ⅰ、Ⅱ型舰的反潜作战能力为例,如果孤立地看Ⅰ、Ⅱ型舰,它们不具备区域反潜能力。但是,从Ⅰ、Ⅱ型舰参加的航母编队来看,情况就不同了。以单航母编队为例:2 艘 CG-47 级、2 艘 DD963 级、2 艘 FFG-7 级、2 艘其他导弹巡洋舰和 2 艘 DDG51 级中的Ⅰ或Ⅱ型舰组成的护卫兵力中,至少前 6 艘舰,每艘带 2 架直升机。DDG51 级Ⅰ、Ⅱ型舰都装有 SQQ-89(V)6 综合反潜作战系统和 SQQ-28 舰载直升机数据链,因此,DDG51 级Ⅰ、Ⅱ型舰仍可协同进行编队区域反潜。这也许是Ⅰ、Ⅱ型舰不装备直升机但最终被接受的一个重要原因。

舰载直升机是"鱼叉"反舰导弹超视距探测和目标指示的重要手段之一,DDG51 级Ⅰ、Ⅱ型舰"鱼叉"导弹的超视距探测和目标指示的主要手段之一正是依靠编队内的直升机。

5. 重视可靠性、可维性和可用性

美国 GE 公司的 LM2500 燃气轮机从 1975 年 DD963 级首舰服役使用以来已有多年的历史。31 艘 DD93 级、4 艘 DDG993 级、27 艘 CG47 级和 DDG51 级先后均选用 4 台 LM2500 组成的联合使用的 COGAG 全燃动力,DDG51 级的动力装置从前三级舰的使用中积累了丰富的可靠性、可维性和可用性经验。4 级舰选用这种标准的动力装置,也为美国海军的使用、训练、维修、后勤保障带来了极大的方便。为了改进这种全燃联合方式在巡航低工况时的使用经济性,增大 DDG51 级的续航力,美国海军曾立项研究朗肯循环能量回收系统。该方案利用 LM2500 燃气轮机的高温排气生产饱和蒸汽,然后把饱和蒸汽送入轮流式蒸汽轮机,蒸汽轮机的输出功率传递给轴系的传动装置,作为辅助功率传送给螺旋桨。据报道,朗肯循环能量回收方案可使DDG51级最大输出功率下的油耗节省26%,巡航功率下的油耗降低29%,这就意味着巡航时的续航力可提高20%。美国国会军事委员会大力支持这一方案,要求从第9艘舰开始使用这种燃蒸复合动力装置。但是,美海军从动力装置的可靠性、可维性和可用性考虑,最终否定了这一方案。

6. 采用了新型船型

美海军从DD963级到DDG993级驱逐舰和CG47级巡洋舰,采用的都是DD963级的同一船体,其线型是典型的美国驱逐舰船型。DDG51级的船型设计改变了美国驱逐舰的传统线型,明显吸取了前苏联驱逐舰船型的优点,如加大了舰的宽度,采用了丰满的水线面,水线以上明显外飘,艏部采用V形剖面。这些船型特点改善了DDG51级的耐波性。DDG51级的船型设计,在外观上最引人注目的是船型显得肥胖,其水线处的长宽比从DD963级的9.6降为7.9。这种船型增加了舰内的容积,有利于舰的内部布置。

7. 加强了生命力的设计

现代化海战中,在高精度的制导武器的攻击下,尤其是在反舰导弹的攻击下,驱逐舰的生命力显得比较脆弱。马岛海战中,英国42型驱逐舰“谢菲尔德”号遭到“飞鱼”导弹的攻击而沉没,特别引起了各国海军对水面舰艇生命力的重视。美海军在DDG51级的设计中,十分重视生命力的设计,采取了下列措施:

(1)注意舰的隐身性设计

①尽力减小舰的雷达截面积

a. 降低了舰顶端至水线的高度、压低了上层建筑的高度,使舰的外形降低;

b. 与DD963、DDG993和CC47级舰相比,减小了上层建筑的总长度;

c. 消除上层建筑和水上部分舰体的雷达波强反射部位,上层建筑的侧壁都倾斜一定的角度;

d. 上层建筑和水上部分舰体使用了专用的雷达波吸波材料。

②注意降低舰的噪声辐射

采取了DD963级、DDG99级和CG47级舰上降低机舱机械设备结构噪声和螺旋桨流体动力噪声的一系列成熟的技术措施。

③重视降低舰的红外辐射

对舰上的热部位采用屏蔽和绝缘材料;燃气轮机排气道均装有空气引射器,以降低排气温度;每个排气道顶部装有“勃里斯”(BLISS)装置,用以屏蔽热辐射。

(2)提高作战系统的生命力

①采用了总线结构分布处理式的作战系统

DDG51级是美国海军中首次采用分布式作战系统的舰艇,采用这种方式的作战系统避免了一次命中丧失舰的全部作战效能的可能性。

②作战情报中心等重要舱室移至主船体内

DDG51 级的作战情报中心从美国传统的舰桥内移至主船体内，左右两舷设置过道，更增加了作战情报中心的安全性。通信中心也移至主船体内。与 CC47 级相比，重要舱室设在主船体内的比例更大。

(3)提高三防能力

①设置了集中防护系统

DDG51 级是美国海军首次采用集中防护系统的舰艇。DDG51 级全舰防护区按船长分布设为 4 个，机舱区列为局部防护区，全舰防护区内增压到 2. 0 ~ 2. 5 英寸水柱表压，外部空气通过三级滤器进入舱内，以消除外部空气的污染。

②上层建筑提高抗核爆的能力

上层建筑采用全钢结构，并且抗冲击波的承受压力为 48 kPa，它是美国海军标准值的 2. 3 倍，比 CC－47 级的承受压力高一倍多。此外，DDG51 级抗核爆电磁脉冲的能力也比美海军制定的标准有大幅度的提高。

③提高了防弹片碎片的能力

DDG51 级不同于 CG47 级和当前美海军的其他几型部分铝质上层建筑的舰艇，它采用的全钢质上层建筑提高了防弹片碎片的能力。

④要害部位设置"克夫拉"轻型装甲

DDG51 级的作战情报中心、通信舱、计算机舱、弹药库等要害舱室使用了 70 t"克夫拉"轻型复合装甲材料。

8. 采用了数据多路系统新技术

DDG51 级是美海军首次应用数据多路系统作为舰上数据传输新方法的舰艇。数据多路系统是一个将所有主要控制操纵台连接在一起，并向它们提供舰上信息的通信总线，数据以很高的速度在数据多路系统总线上顺次传输，每个控制操纵台利用这些信息提供状态报文、控制、报警等。数据多路系统是冗余系统，操纵台之间的通信分布在两条总线上进行，如果有一条总线失效，另一条总线就承担全部通信任务。数据多路系统降低了舰艇对战斗损伤的敏感性，并使 DDG51 级电缆的质量大为减轻（约 40 t），单独铺设的数英里长的电缆被 5 根每根沿舰的全长延伸的同轴电缆所代替，这使该舰与其分系统都能自由扩展或改变。

由于数据多路系统的冗余度和灵活易于扩展配置的优点，将对舰艇的高速数据传输、处理具有重大的意义。

综上所述，"阿利·伯克"级是一级以编队防空为主，并具有很强的对岸对海攻击能力的驱逐舰，"战斧"巡航导弹的远程对岸攻击能力对驱逐舰有深远的意义。ⅡA 型改进为设 2

个机库,携带2架"海鹰"直升机后,其编队区域反潜能力得到了显著的加强。2002年以后成为世界上首批具有战区弹道导弹防御能力的驱逐舰。"阿利·伯克"级成为美国海军进入21世纪的主力驱逐舰,在许多方面处于世界领先地位。

在费用限额的前提下,装备"宙斯盾"系统和导弹垂直发射系统是Ⅰ型舰设计的主线,在确保具有应对21世纪初的反舰导弹饱和攻击能力的前提下,再协调Ⅰ型舰的其他作战能力。设计中的这种主次分明的思想,以及追求经济性、强调编队的协同作战和舰艇生命力、重视可靠性、可维性和可用性的设计思想是非常正确的。Ⅱ型舰改进了对空作战能力、电子战能力和超视距目标的探测和跟踪能力。ⅡA型舰在Ⅱ型舰的基础上重点改进是反潜能力,并采用光纤等新技术。

2.3 俄罗斯主要驱逐舰

2.3.1 "现代"级驱逐舰

1. 研制背景

前苏联从1962年的古巴事件所蒙受的耻辱中深刻地认识到建立一支远洋海军的重要性,由此前苏联海军的战略从远洋防御向远洋进攻过渡,其海军实施全面"前沿展开",至20世纪70年代初,前苏联已在各大洋保持一支海军兵力。在此过程中,暴露了五六十年代驱逐舰小而紧凑,缺乏远洋持久作战能力的致命弱点。为此,前苏联在60年代末70年代初开始研制具有远洋持久作战能力的"现代"级和"勇敢"级大型导弹驱逐舰。"现代"级以反舰和对空为主,"勇敢"级以反潜为主,1艘"现代"和1艘"勇敢"配合使用时,反舰、反潜和对空作战能力都能得到兼顾。

2. 研制经历

"现代"级由圣彼得堡的北方设计局设计。1969年9月开始研制,1976年完成设计。首舰于1974年订购,1977年开工,1980年建成,1981年完成试验服役。

3. 建造经历

"现代"级自首舰服役以来俄罗斯建造了17艘,还有2艘出口我国。从"贝斯波柯尼"号开始为956A型。

956A型与基本型的不同是:装备了改进的"马斯基特"反舰导弹,导弹长度稍有增加,增大了射程;舰空导弹装改进的SA-N-17;改进了电子战装备。

俄罗斯“现代”级驱逐舰

4. 建造费用

根据 1994 年 3 月美国防务市场情报报告报道，北方设计局提出的“现代”级的报价为 4.5 ~ 8.0 亿美元。4.5 亿美元是指当时已在建造的“现代”级的报价，8.0 亿美元是指按用户提的规格要求设计建造的最高报价。

5. 使命任务

“现代”级是目前俄罗斯海军的以导弹巡洋舰为核心的水面作战编队的重要成员，也是航母编队的重要成员，还可以参加其他的作战编队，执行如下任务：

①用远程反舰导弹攻击敌方作战或运输编队的舰船；

②用中程舰对空导弹为编队担负小范围的区域防空；

③用近程舰对空导弹和多管小口径炮提供反导弹防御；

④登陆作战中用 130 mm 舰炮进行火力支援；

⑤布雷。

6. 总体性能与装备

(1)舰型

“现代”级是短艏楼船型，艏部舷弧变化和缓，艏部干舷较高，约 9 米；舯部和艉部一般约 4 米。艏部的折角线与主甲板边线重合，向艏部延伸至前主炮的位置。艏柱前倾 45°左右,且稍微向内弯曲。

主船体两侧有十分明显的折角线,折角钱从艏部约 1/4 舰长处连续延伸至舰尾。水线以上至折角线明显外飘。舰尾为切割式方尾。

(2)主尺度与总体性能

标准排水量/t	6 600
满载排水量/t	7 940
全长/m	156.0
垂线间长/m	145.7
最大宽度/m	17.4
水线宽度/m	16.5
满载吃水/m	6.5
动力装置	蒸汽动力,总功率 73.5 MW(10 万 hp)
航速/kn	32(最高航速),18(巡航速度)
续航力/(n mile/kn)	4 500 /18
自持力/d	30
适航性	可在任意海情下安全航行,设一对可收放式减摇鳍
抗沉性	保证任意相邻三舱进水不沉,三舱的总长不小于 20% 舰长
舰员编制/名	360

(3)动力装置

“现代”级采用蒸汽轮机动力装置。主机为 2 台从 TB－12 型改进的蒸汽轮机,4 个增压锅炉,蒸汽参数为:压力 6.27 MPa,温度 500 ℃。每台蒸汽轮机的功率为 36.75 MW(50 000 hp),总功率 73.5 MW(10 万 hp)。推进装置为双轴,2 个 5 叶定距桨。6 台发电机组分设在前后 2 个电站,总容量为 4 800 kW。

“现代”级还设有小功率的辅助推进装置,作为应急动力和低速安静航行时使用。

(4)武备

①SS－N－22“马斯基特”反舰导弹:2 座四联装的固定式发射装置位于舰桥下主甲板的两舷,导弹发射筒长约 10.5 m,固定仰角 13°左右。

②SA－N－7 舰空导弹:2 座单臂回转式发射装置分别位于艏部双 130 mm 主炮后的 02 甲板上和直升机起降平台与艉部主炮间的 01 甲板上。从外形上看,与美国海军的 MK13 型发射装置相似。2 座发射装置备弹 48 枚,每个弹库有 2 个储弹转盘,每个转盘储 12 枚导弹。

“现代”级驱逐舰导弹发射瞬间

③AK130型双130 mm主炮:2座双130 mm主炮分别位于艏艉甲板,射界开阔。

④六管AK630型30 mm小口径炮近程武器系统:4座六管30 mm炮成矩形布置于舰桥前方和直升机库的左右舷。

⑤533 mm鱼雷:2座双联533 mm鱼雷发射管布置在中部主甲板的左右舷,发射鱼雷时向外转动一角度,可发射反潜和反舰鱼雷。

⑥反潜火箭:2座六管RBU1000反潜火箭配置在位于直升机平台尾端的01甲板两舷。

⑦直升机:1架卡－25B或1架卡－27舰载直升机,直升机库设在紧靠烟囱后面的02甲板上,机库是伸缩式的,机库的固定部分长约6 m,可伸缩部分约为机库固定部分的长。

⑧干扰火箭:2座双管远程干扰火箭位于舰尾;8座10管近程干扰火箭,2座配置于艉部,6座配置中部上层建筑。

⑨水雷:可载水雷40枚。

(5)主要电子设备

①雷达

a. 对空警戒雷达:“顶板”三坐标雷达,D/E波段,装于前桅顶部。

b. 对海警戒/导航雷达:3部“棕榈叶”雷达,工波段,装于前桅的第一层平台上。

c. 火控雷达:1部“音乐台”SS－N－22反舰导弹火控雷达,D/E/F段,布置在驾驶室顶上,有一半球形雷达天线保护罩。6部“前圆顶”SA－N－7(或SA－N－17)舰空导弹火控雷达,F波段。2部配置在鱼雷发射管上方的01甲板两舷,2部布置在04甲板前桅底部稍靠前的左右舷,还有2部设在后桅底部03甲板的左右舷。1部“鸢鸣”双130 mm主炮炮瞄雷达,配置于首部上层建筑的顶层,“鸢鸣”炮瞄雷达工作在H/I/K波段。2部“歪椴树”

(Bass Tilt) H/I 波段六管 30 mm 小口径舰炮炮瞄雷达,布置在中部 02 甲板的左右舷平台上。

d. 空中战术导航雷达:2 部"轻球"。

②声呐

a. 1 部"公牛角"中频舰壳声呐:用于主动搜索与攻击。

b. 1 部"隐舵"声呐。

③光电设备

a. "压力箱"光电瞄准装置:可作为舰炮或对空弹的备用火控手段。

b. "弹罩"光学瞄准装置:作为对空导弹的备用火控手段。

c. 激光测距仪:估计作为舰炮的备用火控手段。

④电子战系统

后期舰装备的电子战系统如下:

a. "足球"电子战系统:配有电子侦察和电子干扰等多种设备。

b. "半杯"激光告警系统。

早期舰装备的电子战系统如下:

a. "罩钟"电子侦察系统:设 2 个天线,用于早期告警,侦察敌人的雷达和态势信息,送往"第二舰长"作战指挥控制系统。

b. "酒杯"电子侦察系统:设有 4 个大型"酒杯"天线,这是为 SS－N－22 反舰导弹提供超视距目标信息的电子侦察系统,具有高的分辨率。

c. "座钟 A"噪声干扰机:设有 2 个天线。

d. "座钟 B "欺骗干扰机:设有 2 个天线。

e. "＋字环"信号情报接收机 1 台。

f. 高频测向器 1 台。

g. 中频测向器 1 台。

h. 激光告警器 10 台。

⑤作战指挥系统

设置了 1 套能集中指挥分散火控的"第二舰长"作战指挥系统。设有"轻球"数据链 2 套,其功能与西方的 16 号链和 JTIDS 联合战术信息分配系统相当,它接收下属舰艇和舰队旗舰中继来的目标数据。还设有"皇冠钟"数据链 2 套,其功能与西方 11 号链相当,主要用于与飞机和直升机通信。

7. 作战能力

(1) 反舰作战能力

反舰作战是"现代"级的主要任务之一。由 SS－N－22 反舰导弹系统、双 130 mm 舰炮系统、鱼雷发射系统和六管30 mm舰炮系统组成了远、中、近程反舰作战系统，可以攻击远距离的敌重要编队，也可攻击近距离的快艇。

①SS－N－22反舰导弹系统

SS－N－22导弹是世界上首次实战用的掠海飞行的超音速反舰导弹，其射程为110 km，速度2.5*Ma*，战斗部为300 kg高能炸药，也可以是核弹头。从"贝斯波柯尼"号开始装改进的SS－N－22导弹，射程增大到160 km。SS－N－22导弹的超视距目标指示由"音乐台"火控雷达、卡－25B或卡－27舰载直升机、电子侦察系统和编队的数传等来完成。

②双130 mm舰炮系统

双130 mm舰炮是"现代"级在登陆作战中进行火力支援的主要武器，也是"现代"级中程对海作战的重要武器，其射程为29.5 km。

③533 mm鱼雷系统

533 mm鱼雷系统在反舰作战中可以发射SAET－60型反舰鱼雷，40 kn时航程15 km。

④六管30 mm舰炮系统

六管30 mm舰炮系统在反舰作战中主要用于应对小艇。

(2)对空作战能力

对空作战也是"现代"级的主要作战任务之一，在编队中担负中程防空任务。"现代"级由SA－N－7舰空导弹系统、双管130 mm舰炮系统和六管30 mm舰炮系统组成互相重叠的中程、近程和末端对空作战系统，可以应对在这些空域内的各种飞机和反舰导弹。此外，尚有应对反舰导弹的电子战系统。

①SA－N－7中程舰空导弹系统

SA－N－7导弹主要应对飞机和反舰导弹，完成编队的中程防空，SA－N－7导弹采用制令/半主动雷达或红外制导，射程25 km，射高15～14 000 m，速度3*Ma*，战斗部70 kg，性能大致与美国的"标准Ⅰ"导弹相当。"前圆顶"导弹火控雷达左右舷各配置3个，共6个，这意味着"现代"级能够同时应对6个空中目标。此外，"弹罩"光学瞄准装置在火控雷达受干扰的情况下，可作为对空弹的备用火控手段。

②双130 mm舰炮系统

双130 mm舰炮对空作战时主要应对中、近程的飞机，舰炮射程为29.5 km，发射率40发/min，高于美国和意大利的127 mm舰炮。除配有1部"鸢鸣"炮瞄雷达外，尚配有光电跟踪器作备用手段。

③六管30 mm舰炮系统

六管30 mm舰炮主要用于应对反舰导弹的末端防御，射程为2 000 m，发射率为4 000发/min。除2部"低音帐篷"炮瞄雷达外，还配有光电备用手段。

④应对反舰导弹的软杀伤武器

"现代"级配置有电子侦察干扰系统，还装有10座干扰火箭。

(3)反潜作战能力

反潜作战是“现代”级第三位的作战任务,由533 mm鱼雷系统和RBU1000反潜火箭系统组成中近程的反潜作战系统。

①533 mm鱼雷系统

533 mm鱼雷系统是“现代”级的主要反潜武器系统,发射SAET－60M型反潜鱼雷,40 kn时的航程为15 km。

②六管RBU1000反潜火箭系统

六管RBU1000反潜火箭用于近程反潜,主要用反拦截敌方潜艇发射的反舰鱼雷,其射程为1 000 m。

(4)水雷战作战能力

“现代”级尾部设2条雷轨,可携带40枚水雷执行布雷任务。

8. 综合述评

(1)船型优秀

“现代”级具有前苏联驱逐舰优秀船型的主要特点:水线面丰满,尤其是后体更丰满;从艏部约1/4舰长处至舰尾有十分显著的折角线;水线以上至折角线明显外飘。这种丰满的水线面船型有助于减小舰的运动,特别是升沉和纵摇,并增加了水线面的横向惯性矩,因此具有优良的耐波性和稳性。水线以上的明显外飘增加主甲板和露天甲板的面积,有利于舰的总布置和增加舰的内部空间,而且也利于改善舰的破损稳性。

(2)设计思想主次分明

“现代”级的设计思想主次分明,体现了以突出反舰和对空为主,反潜和对岸火力支援为辅的思想。

“现代”级是俄罗斯海军驱逐舰中首次装备超音速、超视距、掠海飞行的高性能反舰导弹的一级舰,也是世界上装备实战超音速(2.5*Ma*)反舰导弹的第一级驱逐舰。SS－N－22反舰导弹最终向目标攻击阶段的速度达到4.5*Ma*,再加之前期的掠海飞行,因此具有很强的突防能力,是一种极具威胁的反舰武器。为了充分发挥SS－N－22反舰导弹的攻击性威力,“现代”级在该导弹的超视距目标探测和目标指示上,在实现多目标的同时攻击上作了重点的实施和保证。如超视距目标的探测和指示由雷达、舰载直升机、舰载电子侦察系统和编队的数据传输等多种手段来完成。

完成编队的中程防空是“现代”级舰的第二位任务,为了确保完成这一任务的能力,在“现代”级的设计上,俄罗斯作出了独创性的努力。“现代”级设计中为SA－N－7舰空导弹配置了6个火控照射雷达,这就意味着设置了6个火控通道,能够同时抗击6个空中目标。“现代”级的这种创举是俄罗斯海军在没有美国SPY－1那样的多功能相控阵雷达和SA－N－7舰空导弹不具备垂直发射技术条件下,利用俄罗斯当时的技术条件所能实现的同时应对有限多目标(6个)的一个求实的独创性技术实施方案。

在突出反舰和对空为主的前提下，作为“现代”级这样一级大型导弹驱逐舰，需要兼顾反潜和对岸火力支援，应该说是十分自然和符合实际的；“现代”级在执行远洋作战活动时必然与有编队反潜能力的舰协同行动，因此“现代”级只装备了中频舰壳声呐、533 mm 反潜鱼雷和1 000 m 射程的反潜火箭，只具备一定的反潜能力。对岸火力支援装备了2座双130 mm舰炮，从射程、威力和发射率上均超过了美国和意大利的127 mm 舰炮。正如美国的DD963级和DDG993级一样，装备2座双130 mm 舰炮与“现代”级的排水量是比较相称的，而且也是对以前的“卡辛”级驱逐舰只装76 mm 舰炮的一种合理更正。

(3)作战系统生命力强

注重作战系统的生命力是战后前苏联水面舰艇发展中的显著特点，“现代”级的作战系统亦不例外，体现在以下几个方面：全舰的作战指挥控制系统采用相对集中指挥，分散火控的体制，这种体制是前苏联20世纪70年代以来在中型水面舰艇中常用的体制，其最大的优点是作战系统的生命力好。由于采用这种体制，全舰的指挥中心与相对集中的某一方面的指挥与控制部位往往分散在主船体和上层建筑内几个地方。

强调火控系统的备用能力，这点也是前苏联战后水面舰艇设计中的惯例，并以此著称于世。“现代”级体现这一点的有：SS－N－22 反舰导弹系统中的超视距目标指示具备多种手段；SA－N－7 舰空导弹系统、双130 mm 舰炮系统和六管30 mm 舰炮系统均设有光电备用火控通道，以便在火控雷达受到干扰不能工作时，这些武器系统仍能继续战斗；此外，有些武器系统设置了2套火控系统以达到增加这些武器系统的战斗力和生命力的双重目的。

(4)注重火力打击能力

注重火力历来是前苏联战后驱逐舰设计中首要考虑的因素，自“现代”级和“勇敢”级驱逐舰大型化以来，它们的远洋持久作战能力有了重大的提高。与西方同时代驱逐舰相比，注重火力仍然是俄罗斯驱逐舰的一个重要特色。

“现代”级的这一特色主要体现在：武器密度仍然高于西方国家的驱逐舰，从舰的舱面直觉上可以明显感到这一点。尽管“现代”级已是满载排水量近8 000 t 的大型导弹驱逐舰，从舱面布置的感觉上仍然留下了前苏联六七十年代驱逐舰武器布置紧凑、密集的风格。以直升机库的布置为例，在“现代”级这样大的驱逐舰上采用伸缩式机库，其他国家没有先例。可伸缩长度约6 m，约为机库长的一半。节省了6 m 的长度为在艉部配置双130 mm 舰炮和舰对空导弹发射装置留出了艉部甲板。

第二个体现是，“现代”级的有效载荷仍比美国的驱逐舰高得多。“现代”级的武备和电子设备的总重为680 t，占空载排水量的11.7%；美国 DDG993“基德”级的武备和电子设备的总重为505 t，占空载排水量的7.5%（DD963 级的百分比为7.6%）。可见“现代”级的有效载荷比值比相应的美舰大得多。

(5)采用蒸汽轮机动力装置

前苏联海军的"卡辛"级驱逐舰是世界上首次采用全燃动力的驱逐舰,自20世纪70年代以来,前苏联海军的巡洋舰、驱逐舰和护卫舰几乎都采用了全燃动力装置。10年以后为什么"现代"级又使用蒸汽轮机动力装置?有如下几个方面的原因:一是"现代"级实际上是由"克列斯塔Ⅱ"级导弹巡洋舰发展而来。"现代"与"克列斯塔Ⅱ"由同一设计局、同一船厂建造,"现代"级保留了"克列斯塔Ⅱ"的许多特点,采用蒸汽轮机动力就是其中最明显的一例。"克列斯塔Ⅱ"最后1艘舰完工之时正是"现代"级首舰开工的时候,这两级舰的设计建造正好衔接在一起。因此,"现代"级采用蒸汽动力装置,既有利于设计,又有利于建造,当然亦有利于降低"现代"级的费用。二是采用蒸汽轮机动力装置的费用比使用燃气轮机低,尤其是蒸汽动力的油料比燃气动力便宜得多。三是"现代"级的蒸汽动力装置的性能有改进提高,完全可满足"现代"级的使用要求。

(6)内部空间显著增大,居住性明显改善

20世纪六七十年代的苏联驱逐舰以其内部紧凑而著称。如"卡辛"级的内部空间约14 500 m^3,而"现代"级的内部空间约为27 000 m^3,几乎增加了一倍。如果以每吨满载排水量所占有的空间来计算,"卡辛"级改进型为2.92 m^3/t,"现代"级为3.39 m^3/t。内部空间增大的主要因素是"现代"级宽大的上层建筑。以更合理的每吨空载排水量所占有的空间计算,"现代"级为4.63 m^3/t,这一数字已接近美海军的同类舰的水平。

"现代"级曾于1989年7月访问过美国,西方对其良好的居住性感到惊讶!士兵的居住舱6~13人,军士的居住舱人更少,军官住舱每个2~3个铺位。娱乐场所及条件也较好,餐厅中的1个可以变为电影院,军官和士兵的娱乐场所均设有宽频电视接收系统。

综上所述,"现代"级是俄罗斯海军的一级现代化的世界知名的大型导弹驱逐舰,也是目前俄罗斯建造数量最多的水面舰艇骨干力量及21世纪初俄罗斯海军驱逐舰的主力。大的排水量、远的续航力、良好的居住性等使其具有远洋持久作战能力。"现代"级的对海作战能力有新的突破,它在世界上首次装备了具有实战能力的掠海飞行的超音速、超视距反舰导弹,具有很强的突防能力和作战威力。在对空作战能力上有独创,在编队的中程防空上实现了同时应对6个目标的多目标抗击能力。对岸火炮支援能力驱逐舰中属佼佼者。"现代"级的反潜能力比较薄弱。如在总体设计上再作统筹考虑和调整,在不影响反舰和对空作战能力的条件下,有可能使"现代"级的反潜作战能力有很大的提高。如牺牲艉部双130 mm主炮,可为设置固定机库创造条件,使直升机系统提高使用等级,为载反潜直升机创造条件。另一个不足之处是"现代"级只装备了1部三坐标雷达,按"现代"级的中程编队防空使命,这样的舰一般应配备1部远程对空警戒雷达和1部三坐标雷达才算合理。

2.3.2 “勇敢”级驱逐舰

1. 研制背景

“勇敢”级是前苏联海军为了建立真正的远洋全球海军的产物，它是一级能进行全球作战活动的性能卓越的大型导弹驱逐舰。研制“勇敢”级的目标：一是为了克服 20 世纪 50 年代紧凑型驱逐舰缺乏远洋持久作战能力的致命弱点；二是为了与美国海军竞争，研制一级与美国海军“斯普鲁恩斯”（DD963）级相当的大型导弹驱逐舰。“勇敢”级以反潜为主，完全与美国 DD963 级一样，因此，世界上也常常以这两级驱逐舰作对比。

2. 研制和建造经历

“勇敢”级是 20 世纪 60 年代末 70 年代初开始研制的，同时研制的还有“现代”级。该舰由圣彼得堡的北方设计，建造船厂为加里宁格勒的扬塔船厂。首舰于 1977 年开工，1980 年 2 月下水，1980 年建成，1981 年服役。

由于“勇敢”级的对海作战能力太薄弱，因此在原来基本型的基础上，发展了“勇敢”级Ⅱ型。Ⅱ型舰用 SS－N－22 超视距、超音速、掠海飞行的反舰导弹取代了基本型的 SS－N－14反潜导弹，并增加了从鱼雷管发射的 SS－N－15 反潜导弹，使Ⅱ型舰成为一级以反潜为主，并有很强的对海作战能力和防空自卫能力的多用途的大型导弹驱逐舰。

“勇敢”级Ⅱ型原计划首批建造 3 艘，但是后续舰后来取消了，只建造了首舰，1995 年服役。建造船厂为加里宁格勒的扬塔造船厂。

3. 使命任务

“勇敢”级是目前俄罗斯海军以导弹巡洋舰为核心的水面作战编队的重要成员，也是航母编队的重要护卫舰只，还可参加其他作战编队。执行任务：编队的反潜护卫任务及攻势反潜任务，用近程舰对空导弹和多管小口径炮提供反导弹防御，登陆作战中用 100 mm 舰炮进行火力支援，布雷等。

“勇敢”级一般与具有编队中程防空能力的“现代”级配合使用，互为补充。

4. 总体性能与装备

舰型：“勇敢”级为长艏楼型，上层建筑分艏、舯、艉不连续的三段。艏端的舷弧比较平坦，有利于艏端甲板人员的行动和操作。艏部和舯部干舷较高。艏柱首倾约 45°，且微微向内弯曲。主船体两侧设折角线，折角线从离艏端约 18 m 处开始延续至长艏楼后端，折角线与主甲板边线重合。水线以上至折角线明显外飘。水线面面积较大，艉部水线面较宽大。

标准排水量/t	6 700
满载排水量/t	8 500
全长/m	163.5
水线间长/m	150.0
最大宽度/m	19.3
水线宽度/m	16.5
型深/m	12.3
满载吃水/m	7.5
动力装置	采用 COGAG 联合使用的全燃动力装置。主机 4 台,2 台加速燃气轮机,功率为 40.79 MW(55 500 hp);2 台巡航燃气轮机,功率为 10 MW(13 600 hp)。总功率 50.79 MW(69 100 hp)。双轴,2 个定距桨
航速/kn	最高航速为 30,巡航 18
续航力/(n mile/kn)	4 000/18
舰员编制/名	300

5. 武器装备

SA－N－9 舰对空导弹:8 组垂直发射的 SA－N－9 舰对空导弹,4 组布置于前甲板 100 mm主炮前,2 组位于长首楼后的甲板室末端,左、右排列,2 组位于尾部的甲板室的前端,前后排列。每一组是一个圆柱形的垂直发射装置,发射装置盖板的直径约 1.83 m(6 英尺),每一组内贮弹 8 枚,总备弹量为 64 枚。

SS－N－14 反潜导弹:2 座四联装的箱式发射装置,布置于舰桥两侧的左右舷,固定仰角约 16°。

100 mm 舰炮:2 座单管 100 mm 舰炮成梯次布置于首部。

六管 30 mm 小口径近程武器系统:4 座 AK630 型六管 30 mm 炮成矩形布置于舯段上层建筑的左右舷四角。

533 mm 鱼雷:2 座四联装的 533 mm 鱼雷发射管布置于长艏楼后的甲板室两侧,潜射反潜或反舰鱼雷。

反潜火箭:2 座 12 管 RBU6000 反潜火箭,布置于艉部甲板室前端的左右舷。

直升机:2 架卡－27A“蜗牛”(Helix)直升机,设固定式升降机库 2 个,直升机指挥塔设在 2 个机库门之间,突出于外部,视野开阔。机库的右舷设有 1 部“飞屏”(Fly Screen)直升机进场引导雷达。直升机起降平台长约 20 m，宽约 18 m，平台上设 2 条导轨，设有绞车用来搬运直升机出入机库。平台上还备有直升机防滑网。

干扰火箭：8 座 10 管干扰火箭。

水雷：艉部主甲板左右舷设雷轨 2 条，可载水雷 30 枚。

6. 主要电子设备

(1)雷达

对空警戒雷达：1 号和 2 号舰装 2 部“双柱”(Strut Pair)雷达，位于前桅和后桅顶部。3 号舰开始装 1 部“双柱”(前桅顶部)和 1 部“顶板”三坐标雷达(后桅顶部)。

对海警戒/导航雷达：3 部“棕榈叶”雷达，装于前桅的第一层平台前端 1 部，第二层平台的左右舷各 1 部。

火控雷达：2 部“眼碗”SS－N－14 反潜导弹火控雷达，F 波段，布置于驾驶室顶前端左右舷；2 部“十字剑” K 波段 SA－N－9 舰空导弹火控雷达，布置于舰桥顶层和艉甲板室的直升机库顶平台上；1 部“鸢鸣”100 mm 舰炮炮瞄雷达，布置于艏段上层建筑顶部的塔式平台上；2 部“歪锻树”六管 30 mm 舰炮炮瞄雷达，布置在舯段上层建筑 03 甲板的左右舷。

空中战术导航雷达：2 部“圆屋”雷达，用于舰载直升机的战术导航，装于后桅第一层平台的左右舷。

直升机进场引导雷达：1 部“飞屏”雷达。

(2)声呐

舰壳声呐：1 部“马颚”(Horse Jaw)中低频搜索、攻击声呐。

变深声呐：1 部“马尾”(Horse Tail)变深拖曳声呐，用于主动搜索。

(3)电子战设备

“足球 B”电子战系统：设有 2 个“足球 B”天线，可含有电子侦察和干扰功能，不是全部“勇敢”级都配备有“足球 B”电子战系统。

“酒杯”(Wine Glass)电子侦察系统：设有 2 个“酒杯”天线，可进行超视距电子侦察，具有高分辨率。

“半杯”(Half Cup)激光告警系统：用于测定激光源的参数和坐标，并告警。

“座钟”干扰机：设有 2 个天线。

(4)光电设备

根据俄罗斯的惯例，“勇敢”级应用光电设备作为主要武器的火控备用通道，除报道有 MP145 雷达与光电火控系统外，其他光电设备配置尚不清楚。

(5)作战指挥系统

设置了 1 套能集中指挥分散火控的作战指挥系统。设有 2 套“皇冠钟”数据链，其功能与西方 11 号数据链相当，主要用于与飞机和直升机通信。“圆屋 C”(Round House)数据链

1 套。此外,还设有 MP145 型雷达与光电火控系统。

7. 作战能力

(1)反潜作战能力

反潜作战是“勇敢”级最主要的作战任务,因此由卡 - 27A 反潜直升机系统、SS - N - 14 反潜导弹系统、533 mm 反潜鱼雷系统和 12 管 RBU - 6000 反潜火箭系统组成了 4 层重叠的反潜火力,可为编队提供反潜护卫能力,亦可以与其他舰艇组成反潜编队执行攻势反潜。

卡 - 27A 反潜直升机系统:2 架卡 - 27A 反潜直升机作为“勇敢”级的最远程的反潜武器。卡 - 27A 的最大起飞质量为 12 t,最大飞行速度为 250 km/h,续航时间 4. 5h。直升机上装备搜索雷达、多普勒雷达、电子侦察设备、声呐浮标、吊放声呐、磁探仪等,携带鱼雷和深弹等。卡 - 27A 可以接受本舰或友舰声呐的目标指示去执行远程反潜任务,也可以由 2 架直升机协同执行远程反潜任务。一般在编队的前方执行远程反潜任务。

SS - N - 14 反潜导弹系统:SS - N - 14 反潜导弹为“勇敢”级的第二层远程反潜武器。SS - N - 14 反潜导弹指令制导,射程为 55 km,其战斗部为 E53 型鱼雷,40 kn 时的航程为 15 km;据报道反潜导弹的战斗部也可以是核弹头。SS - N - 14 反潜导弹的目标搜索由本舰首声呐或拖曳声呐完成,也可由编队提供目标指示。2 部“眼碗”火控雷达为 SS - N - 14 反潜导弹提供指令制导。

533 mm 反潜鱼雷系统:533 mm 反潜鱼雷为“勇敢”级的第三层中程反潜武器发射 ET80 - 67 型反潜电动鱼雷,40 kn 时航程 15 km。

12 管 RBU6000 反潜火箭系统:反潜火箭为“勇敢”级的第四层近程反潜武器,其射程为 6 000 m,主要用于自卫,拦截敌潜艇发射的反舰鱼雷或近程反潜。

(2)对空作战能力

“勇敢”级的对空作战能力主要是以近程防空为主的点防御能力。由 SA - N - 9 舰空导弹、单管 100 mm 舰炮和六管 30 mm 舰炮组成三层防空火力,并配置有电子战软杀伤武器。

SA - N - 9 舰空导弹系统:SA - N - 9 导弹主要应对飞机和反舰导弹,最大作战高度 12 km,速度 2*Ma*。据报道,有 4 个火控通道。SA - N - 9 导弹的对空目标搜索由“双柱”对空警戒雷达完成,目标指示由“顶板”三坐标雷达完成,火控由“十字剑”雷达完成。对空目标搜索和指示也可由 1 部“顶板”三坐标雷达完成。

100 mm 舰炮系统:100 mm 舰炮主要用于应对中空的飞机,炮的仰角为 85°,射高 10 000 m,发射率达到 60 发/min。除了“鸢鸣”炮瞄雷达外,估计 MP145 的光电火控可作为备用火控手段。

六管 30 mm 小口径舰炮系统:六管 30 mm 舰炮作为“勇敢”级反舰导弹的末端防御武器,射程为 2 000 m 以内,发射率为 4 000 发/min。除了 2 部炮瞄雷达外,估计 MP145 的光电火控可作为备用火控手段。

电子战系统:“足球”电子战系统对反舰导弹具有侦察与干扰功能,“酒杯”具有超视距电子侦察功能,8 座 10 管干扰火箭可进行近程干扰。

(3)对海作战能力

“勇敢”级原型舰的对海作战能力主要是以单管 100 mm 舰炮系统为主,其射程为 15 km。4 座六管 30 mm 舰炮系统可用于应对小艇,其射程在 2 000 m 以内。此外,2 座鱼雷发射管可发射 SAET－60 型反舰鱼雷,40 kn 时航程为 15 km。Ⅱ型舰装备 8 枚“马斯基特”反舰导弹。

(4)水雷战作战能力

“勇敢”级可携带 30 枚水雷执行布雷任务。

8. 综合述评

(1)船型耐波性好

“勇敢”级和“现代”级一样继承了前苏联驱逐舰优秀船型的主要特点:水线面丰满,尤其是后体水线面更丰满;水线以上明显外飘,并带有折角线;干舷较高等。这种船型具有优秀的耐波性。

这种船型的另一个优点是在速长比等于或高于 1. 3 时,兴波阻力较小,因此高速时的快速性好。这种船型的不足之处是相同排水量下的湿表面积较大,所以低速时的快速性差些。

(2)突出了以反潜为主的设计思想

配置了 4 个层次的完善反潜体系:可为编队提供反潜护卫能力,在反潜编队中可执行攻势反潜。

装备了俄罗斯的第三代舰载直升机:卡－7A 反潜直升机从总体性能上说,与西方国家最新的一代舰载反潜直升机相当,有效载荷大,反潜设备和武器齐全,续航时间长。“勇敢”级上设置相邻的 2 个机库,保证了同时装载和使用 2 架卡－7A 直升机,使“勇敢”级的远程反潜能力十分突出。

装备了目前世界上射程最远的反潜导弹:SS－N－14 反潜导弹的射程达 55 km。

配备了与编队反潜能力相适应的大功率低频球首声呐和变深拖曳声呐。

采取了广泛的降噪措施:为了提高反潜作战中攻与防的有效性,“勇敢”级采用了世界上目前广为应用的降噪技术,如机舱的气幕降噪系统及各种减振降噪措施。

(3)突出火力打击能力

突出火力仍然是俄罗斯驱逐舰大型化以后的一个重要特点,“勇敢”级驱逐舰主要体现在两个方面。

一是武器密度仍然高于西方国家的驱逐舰。以“勇敢”与美国对应的以反潜为主的DD963级的对比为例:对比以每千吨空载排水量的武器座数表示,武器的座数不计入机枪和干扰火箭发射器,则“勇敢”级每千吨空载排水量为3座武器,而DD963级每千吨空载排水量为2.35座武器。

二是“勇敢”级的有效载荷比对应的美国DD963级舰高得多。美国研究人员的研究对比结果表明:“勇敢”级的武器和电子设备的质量约占其空载排水量的10%,而DD963级的武器与电子设备的质量只约占空载排水量的7.6%。“勇敢”级的有效载荷明显高于DD963级。

(4)具有特色的全燃动力装置

“勇敢”级全燃动力装置的第一个特色是采用定距桨,没有像西方国家那样采用变距桨。分析其原因,主要是俄罗斯还不能制造这样大功率的变距桨。使用定距桨的好处是螺旋桨的效率可高于变距桨。第二个特色是“勇敢”级的巡航燃气轮机采用直接倒车叶轮装置,这种倒车方式是其他国家所没有的。这个特色是随着采用定距桨的特色而来的。

前苏联海军是世界上最先使用全燃动力装置驱逐舰的国家,对燃气轮机的研制和使用积累了丰富的经验,燃气轮机的可靠性已达到了较高的水平。但是其油耗较高,不如LM2500燃气轮机。由于“勇敢”级主机的油耗比LM2500主机高,因此,“勇敢”级的续航力比DD963级小得多。

(5)舰对空导弹采用了垂直发射技术

“勇敢”虽不是前苏联海军最早使用导弹垂直发射技术的水面舰艇,却是驱逐舰中最早使用这一技术的一级舰,SA-N-9导弹的垂直发射装置不同于美国的MK41型垂直发射系统,体现了俄罗斯海军自主发展,走自己路的特色。

(6)与众不同的直升机库设计

“勇敢”级设置了与众不同的直升机库,直升机的机库甲板在主甲板上,2架直升机进机库后,由2台升降机降至主甲板,出机库时,先由升降机升至01甲板,然后再有绞车牵引出机库。机库的高度低于直升机的高度,直升机旋翼折叠后进出机库时,两个机库的顶盖可向机库后方滑移,这种机库既不同于常用的普通机库,又不同于升降式的全舰内式机库。从使用的角度,这样的机库没有什么优越性。“勇敢”级为什么要采用这样的机库,很可能出于两方面的考虑:一是降低直升机库的高度,减少受风面积;二是直升机下降到主甲板后,降低舰的重心高度。

(7)注重生命力

注重生命力是俄罗斯驱逐舰设计的重要特点之一,已有的报道体现这一特点的例子有:全舰的作战指挥控制系统采用的是集中指挥分散火控的体制,设有MP145光电火控备用系统,1 号和 2 号舰装 2 部“双柱”对空警戒雷达,3 号舰装 1 部“双柱”和 1 部“顶板”三坐标雷达。从“勇敢”级装备的 SA－N－9 舰对空导弹系统的主要功能是近程防空来衡量,配备 1 部“顶板”三坐标雷达就可以满足 SA－N－9 导弹的作战要求了,装备 2 部对空雷达完全是从生命力考虑的。完全类似的例子还有“棕榈叶”对海警戒/导航雷达装 3 部,用于舰载直升机战术导航的“圆屋”雷达装 2 部等。

(8)内部空间显著增大

根据美国研究人员对“勇敢”级和 DD963 级的对比研究表明,“勇敢”级的舰内容积大于 DD963 级,就空载排水量的比容积而言,“勇敢”级为 5.5 m^3/t,而 DD963 级为 4.9 m^3/t。

综上所述,“勇敢”级是俄罗斯海军的一级现代化的世界知名大型导弹驱逐舰。“勇敢”级和“现代”级是俄罗斯海军第一批具有远洋持久作战能力的大型导弹驱逐舰。它是目前俄罗斯海军水面舰艇的骨干力量之一,也是俄罗斯海军 21 世纪初的驱逐舰主力。

“勇敢”级的不足是对海作战能力太薄弱,与这样一级大型驱逐舰不太相称。在反潜探测手段上没有拖曳线列阵声呐,影响了它的反潜探测能力。另外,“勇敢”级艉部的 4 组 SA－N－9舰对空导弹垂直发射装置不在主船体内,这种布置方式不够安全。

2.4　中国 052C 级驱逐舰

052C 型导弹驱逐,又称“兰州”级驱逐舰,是中国人民解放军海军的一种防空型驱逐舰。首舰“兰州”号(舷号:170)于 2005 年 9 月服役,同级共有六艘,使中国海军第一次拥有了远程区域防空能力。首艘舰于 2003 年中旬下水,为中国海军新一代防空型导弹驱逐舰,计划总共建造 6 艘,分别是 170 号、171 号、150 号、151 号、152 号、153 号,主要作战使命是负责作战编队的防空、反潜作战以及配合其他舰艇进行反舰攻击,舰上装备有我国自行设计建造的第一代垂直发射防空导弹系统及相控阵雷达,该型舰又被誉为“中华神盾”,总设计师为潘镜芙。

2.4.1　建造计划

在 2002 年两艘 052B 型(“广州”级)多任务导弹驱逐舰下水之后,位于上海的江南造船厂开始基于相同的船体设计建造两艘 052C 型驱逐舰,采用更先进的武器系统和传感器明确地用于舰队防空任务。新的 052C 型驱逐舰的第一艘 170“兰州”号在 2002 年后期铺设龙骨并且在 2003 年 4 月 29 日下水,在 2004 年 7 月服役。第二艘,171“海口”号在 2003 年 10 月 30 日下水并且在 2005 年进入服役。第三艘 150“长春”号于 2013 年 1 月服役。第四艘

151“郑州”号于2013年12月下水服役。

052C 型 171“海口”号

不同于组合装备俄罗斯和本国系统的052B型驱逐舰,052C型完全以本国自行发展的技术为基础(除了很少的传感器之外)。最值得注意的功能是四面排列多功能相控阵雷达(PAR),类似美国的AN/SPY-1“宙斯盾”系统。驱逐舰采用本国的HQ-9远程防空导弹系统和最新的配备有垂直发射系统(VLS)的YJ-85(C-805)反舰导弹。

2.4.2 设计特色

驱逐舰基于在同一个造船厂下水的052B型驱逐舰相同的舰体和动力装置,这种模块化方式将会节省建造时间和成本。和052B型对比,052C型有一个更高的舰桥,在四面安装使用四个固定相控阵雷达天线。在艉部有一个直升飞机飞行甲板和一个悬挂装置去容纳两架俄罗斯Ka-28Halix-ASW/SAR直升飞机。

驱逐舰最有特色的功能是它的相控阵雷达(PAR)系统,相似于美国AN/SPY-1“宙斯盾”系统的某一些功能和配置。

驱逐舰的舰体设计具有极强的隐身特点,包括流线型舰体和轻微倾斜侧边和上层建筑。大多数的雷达组隐藏在球形天线罩内。连同它的远程防空导弹和近防武器系统(CIWS)一起,052C型是具有真正舰队防空能力的第一艘中国制造的水面战舰。战斗系统将会确保舰艇能同多种空中目标交战,例如同时同掠海导弹和飞机交战。舰艇也能够通过数据链和卫星通信传送战斗信息到其他舰艇和飞机去构造一个海上战斗网络。

2.4.3　总体性能数据

标准排水量/t	5 950
满载排水量/t	7 500
全长/m	155.5
最大宽度/m	17.2
满载吃水/m	6
动力装置	柴燃联合动力(CODOG)推进系统,2 台乌克兰制造的 DA80/DN80 燃气轮机,48 600 hp,2 台陕西柴油发动机(MTU20 V956TB92 的中国仿造型)额定 8 840 hp,双轴,变距螺旋桨
航速/kn	30
续航力/(n mile/kn)	4 500/15
舰员编制/名	280

2.4.4　武器装备

1. 导弹

中国 052C 型安装 8 套六单元垂直发射系统(VLS),配备总数为 48 枚的 HQ－9 海军防空导弹。052C 型舰载 VLS 是一种中国自行发展的设计。不像俄罗斯风格转盘式 VLS,052C 型 VLS 每枚导弹发射单元都有自己的盖板。导弹系统利用所称的"冷发射",导弹从发射管被首先排出,然后在低高度点燃它的火箭引擎。这一种发射样式避免复杂的西方风格"热发射"VLS 上的火焰和气体排气管。

在 052C 型驱逐舰的船首甲板上的 HQ－9 防空导弹垂直发射系统,每一套发射单位有六个导弹单元,每个采用独立的发射装置,设计与俄罗斯风格转盘式 VLS 或西方设计显然存在差异。

052C 型的防空系统给人以深刻印象,其也以一种新的反舰导弹设计为特色。圆筒形发射装置暗示与 YJ－8X/C－80X 系列导弹相比有重大的修改。

驱逐舰携带的两套四单元 YJ－85(C－805)反舰导弹发射装置,安装在后桅杆和直升飞机悬挂装置之间。不像早先的 YJ－8X/C－80X 系列反舰导弹是从箱体形发射装置发射,导弹从一个新的圆筒形发射装置发射。导弹由安装在舰桥顶部"音乐台"雷达和悬挂装置前面的“谷灯”数据链制导。

2. 舰炮

中国052C型拥有两套(一套在前部,一套在后部)730型近防武器系统(CIWS)。9管30 mm 730型CIWS位于舰桥后面的两侧。武器系统最小射速4 600 ~5 800发/分钟。其他武器系统包括730型7管30 mm近防武器系统(CIWS)和18管多管火箭发射装置。

驱逐舰采用一门单管100 mm主舰炮,由中国713所以法国Creusot - Loire T100C设计为基础发展。舰炮能被用来对抗水面目标和空中目标,像是飞机和低速导弹,最大射速90发/分钟。主舰炮能在雷达控制系统下全自动模式、舰载光学瞄准系统或手动操作。炮塔设计采用隐形设计。

3. 反潜系统

驱逐舰配备有两具三管324 mm Yu - 7(Mk - 46 Mod1)反潜鱼雷管,另外,在前甲板安装四套18管多管火箭发射装置(MRLs),可利用来发射反潜火箭、对地攻击火箭或释放诱饵/箔条。

4. 自动化指挥系统

舰载C^3I系统网络包括舰船上指挥中心内部的局域网和指挥中心之间的互连网,普遍使用共享介质、总线形式的网络拓扑结构,总线使用的速率也从低速的1 Mbps到中低速的标准10 Mbps带宽发展。中国海军新型大中型水面舰艇普遍采用的是仿意式IPN - 10的作战系统。该系统用MHIDAS多路高级综合分布结构系统。该总线系统采用模块化结构,分为主线和支线,主线可达50 m,两个终端设备之间最远可达400 m。总线数据传输率可达10 Mb/s,用户数量最多可达256个,可满足中大型舰艇对于传输距离、传输速率和终端数目的要求。

052C配置了一套517型“八木天线阵”对空/对海远程预警雷达,还配置了新一代作战情报指挥系统,为中国第三代作战情报系统,和第二代相比,整体性能上有了很大的提高。该系统提速到100M快速以太网(交换式),在实时性能、网络容量、网络分析建模、可靠性等方面又有了相当的提高。052C采用中国海军首型海上编队战役、战术型自动化指挥系统。该新型指挥系统采用功能更强、速度更快的数据总线,更先进的旗舰数据显示中枢,采用以光纤数据总线为基础的以太网局部网络和开放系统互联结构。该系统结合支持战斗群各分队之间的综合通信、导航和敌我识别,用于交换联合战术数据链,对舰队直辖舰和岸基、空基侦测平台进行有效的指挥管理和协调。

5. 舰载直升飞机

舰艇尾部悬挂装置能容纳 1 ~ 2 架卡莫夫公司 Ka - 28(北约代号:螺旋)反潜战(ASW)直升飞机。携带各种不同的武器包括鱼雷和深水炸弹,直升飞机能全天候操作,最大活动距离可距主舰 200 km。

2.4.5　存在相关问题

主炮口径偏小:中国的早期主力驱逐舰,都装备了改良自前苏联的双 130 mm 主炮,虽说这型舰炮是人工操控射击,但是存在火力猛烈,近距对海对陆攻击威力大等优点。052C 型驱逐舰却装备了单管 100 毫米全自动高平两用火炮,虽说这款改良自法国同型的火炮自动化能力强,有专用火控雷达指挥射击,火炮射速和反应能力大大加强。但是,作为主力舰艇特别是未来中国航空母舰的护航舰艇,该型火炮的口径和火力却有些偏小。可以看一下世界先进主力舰艇的主炮,美国的“阿利·伯克”级“宙斯顿”驱逐舰的主炮是 Mk45Mod4 型 127 mm 火炮(日本、中国台湾的新型驱逐舰也用美国的同型舰炮),俄罗斯的“现代”级的主炮是 AK - 130 型 130 mm 火炮,英国的驱逐舰装备的是维克斯 114 mm 主炮,这些主炮的威力和口径都比 052C 型驱逐舰的主炮要大。从作战和防卫的角度来看,都要换装新型大口径火炮,换装的新型舰炮应该是我国新的全自动双 130 mm 隐形舰炮。这样,不但可以大大提高舰载主炮的火力,还可进一步提高主炮的打击密度。

防空导弹偏少:该型舰作为一款以防空为主的主力舰艇,主要作用是为整个航母编队提供远程防空能力。考虑到美国的航母舰载机一般都是 80 架左右,再加上美国航母编队护航舰艇和舰载机所携带的大量反舰导弹,防空型驱逐舰每艘至少也应该携带 70 ~ 90 枚防空导弹。如果 052C 真的要作为航母编队防空舰的话就没有必要具备直升机机库,因为航母上可以搭载反潜直升机,052C 可以直接将后机库取消,机库两侧干扰火箭发射器前移到烟囱两侧等位置,这样从反舰导弹发射架后到直升机甲板这一段全部可以作为红旗 9 发射井布置空间,增加四组发射井问题不大,这样就形成了搭载 72 枚红旗 9 的能力,不失为一个合适的改进。从世界舰载防空导弹发展的前景来看,中国和俄罗斯的这种圆筒型发射装置(冷发射型,这从该发射装置略微偏向舷外的角度就可以看出来,可以防止导弹在空中点火意外后掉落在甲板上引发连锁反应)显然不如美国的 MK - 41 方井型发射装置(热发射型,美国的“阿利 · 伯克”级可载导弹 96 枚、韩国的新型 KDX - 3“世宗大王”宙斯顿驱逐舰可载 128 枚导弹)载弹量多,结构紧凑。

2.4.6 意义

052C 级导弹驱逐舰是中国海军第一代具备相控阵雷达、垂直发射系统的防空型导弹驱逐舰,被誉为“中华神盾”。这是中国经过 20 年消化吸收国外造船技术,结合国内最新科技成果,自主创新制造的一种性能优良的世界级战舰。

2.5 日本“金刚”级驱逐舰

“金刚”级导弹驱逐舰是日本海上自卫队在二战后建造的吨位最大、火力最强、性能最优的驱逐舰,也是世界上第二个拥有先进的“宙斯盾”系统的水面舰艇。它出现的原因是日本海上自卫队急需加强其“八八舰队”的防空能力,在航母受到种种限制,一时无望到手的情况下,拥有出色防空能力的“宙斯盾”级驱逐舰自然是最好的选择。

该级舰是以美国海军的“阿利·伯克”级驱逐舰为蓝本建造的,在指挥系统和武器装备上大致相同,但舰体却采用了日本的设计,较后者吨位更重、航程更远,从而成为日本海上自卫队引以为荣的最新杰作。其首舰“金刚”号(DD173)于 1990 年 5 月开工,1991 年 9 月下水,1993 年 3 月正式服役。随后是“雾岛”号(DD174)、“妙高”号(DD175),1998 年 3 月,第 4 艘“鸟海”号(DD176)服役,标志着建造计划的全部完成。

日本“金刚”级驱逐舰

2.5.1　研制背景

日本海上自卫队经历了从近岸被动式国土防御到积极的前沿防御战略的转变，即从近海防御到远洋防御的转变。在海上自卫队战略的转变过程中，日本海上自卫队的兵力和装备水平获得了迅猛的扩张和发展，已经成功实现了从近海防御型转变为区域型的扩张。随着日本海上自卫队的防御范围扩大到 1 000 n mile，加强其水面兵力的核心——4 个护卫队群的编队防空能力成为首要考虑的问题。日本海上自卫队的 4 个“八八舰队”中，比较现代化的防空为主的驱逐舰只有 20 世纪 80 年代后期服役的“旗风”级驱逐舰，需要配备具有现代化编队防空能力的新型驱逐舰。

在冷战时代，日本由于各种能源及资源都依赖进口，因此确保海上运输路线的安全成为非常重要的课题。而在同一时期，由于美国处于随时可能与苏联之间爆发战争的状态，为了要确保以航空母舰为中心的海上战斗群在面对敌人的反舰导弹与攻击机进犯时，护航的“宙斯盾”舰拥有足够的防空能力。然而，当时的海上自卫队主力“旗风”级驱逐舰与“太刀风”级驱逐舰的防空能力有限，仅配备射程 46 km、每次只能应对一个目标的 SM－1 标准导弹，舰上配备两个照射雷达，意味每艘“旗风”/“太刀风”级每次只能以 SM－1 同时接战两个目标，因此每个护卫群最多只能用 SM－1 接战四个目标，这样的防空能力根本不足以应付来自苏联飞机、水面舰、潜艇的多方位导弹攻击。因此，如果护卫群欲在远离美/日岸基防空导弹与战机掩护范围以外有效作业，显然必须拥有更好的防空护卫能力。因此，“旗风”级在建造两艘之后，后续三艘在 1985 年取消，海上自卫队转而开始寻求性能更优越的选择——美国在 1980 年代开始实用化的“宙斯盾”舰载防空系统。身为与美国在西太平洋地区共同协防的友军，日本海上自卫队如果能够配置“宙斯盾”舰，将可以在发生战事时适时地提供防空火力的支援。

1988 年，日本海上自卫队正式决定建造配备“宙斯盾”系统的大型导弹驱逐舰(仿美国“阿利·伯克”级 Flight Ⅰ导弹驱逐舰)，并于 1990 年底提出的“次期中期防卫力整备计划”(1991 至 1995 年度)中正式列为军事装备采购项目。也因此，日本成为美国以外第一个拥有装备“宙斯盾”系统的舰艇的国家。四艘“金刚”级的正式服役，立刻成为亚洲地区除了美国海军以外的最强大舰艇，综合性能与科技水平远优于亚洲其他国家海军的任何舰艇。“金刚”级的加入为海上自卫队各护卫群撑起了更可靠的防空保护网，使之在远离本土防空支援之下的存活率提高，这在海上自卫队不断扩大作业海域范围的同时，显得格外具有意义。

日本海军“八八”舰队

2.5.2 发展经历

“金刚”级驱逐舰于1987财政年度提出申请，首舰1988财政年度批准，1990年5月开工，1991年9月下水，1993年3月服役。3艘后续舰分别于1995年、1996年和1998年服役，分别编入4个护卫舰群。

日本海上自卫队在消化吸收“金刚”级“宙斯盾”作战系统的基础上，积极开发国产化的“宙斯盾”系统。1998年日本决定与美国合作研究和部署战区导弹防御系统（TMD），1999年1月美日双方决定正式启动TMD的研究工作。TMD合作研究的主要内容是利用美国的“爱国者”防空导弹系统和“宙斯盾”防空系统，首先建成TMD的低层防御系统，然后改进“宙斯盾”系统用于高层的防御。日本正在积极进行这一计划的工作，一旦具有日本技术的“宙斯盾”系统研制成功，日本将建造国产化的第二批“金刚”级驱逐舰。

2.5.3 使命任务

主要使命是用于4个护卫队群的编队防空；执行护卫队群的反舰攻击任务；执行护卫队群的反潜任务。

2.5.4　造价

“金刚”级 1993 年的每艘造价为 11.2 亿美元。

2.5.5　总体性能与装备

标准排水量/t	7 250
满载排水量/t	9 485
全长/m	161
最大宽度/m	21
满载吃水/m	6.2
动力装置	全燃联合使用方式的 COGAG 动力装置,4 台 LM2500 型燃气轮机,持续总功率 75.09 MW,双轴,2 个变距桨
航速 8kn	30
续航力/(n mile/kn)	4 500/20
舰员编制/名	(军官 27 名)

1. 武备

舰对空导弹:装 2 组 MK－41 型导弹垂直发射装置,艏部的 1 组为 MK41－0 型,4 个模块组成,备弹 29 枚。艉部的 1 组为 MK41－1 型,8 个模块组成,备弹 41 枚。导弹为“标准”SM－2MR 型,将来准备换成“标准”SM－3 型。

反舰导弹:装 2 座四联装的“鱼叉”反舰导弹发射装置。

反潜导弹:“阿斯洛克”反潜导弹与“标准”导弹共库,垂直发射,反潜导弹的战斗部为 MK46－5 型反潜鱼雷。

舰炮:艏甲板装 1 座意大利的奥托·梅拉腊的 127 mm 口径主炮,艏艉各装 1 座美国六管 MK15 20 mm 口径的“密集阵”近程武器系统。

反潜鱼雷:装 2 座日本仿制的三联装 HOS－302 型鱼雷发射管,发射 MK46－5 型反潜鱼雷。

直升机设施:艉部设直升机平台和直升机加油设施,可供 SH－60J“海鹰”直升机升降和加油,无直升机库。

干扰火箭及诱饵：装美国的4 座六管 MK36 SRBOC 干扰火箭发射器和 SLQ－25 型“水精”鱼雷诱饵。

2. 电子设备

雷达：1 部 SPY－ID 型多功能相控阵雷达；1 部 OPS－28C 或 28D 对海警戒雷达；1 部 OPS－20 导航雷达；3 部 SPG－62 导弹火控雷达；1 部 MKZ2/21 炮瞄雷达。

声呐：1 部 NEC 的 OQS－102 球艏主动搜索/攻击声呐（仿美 SQS－53B/C）；1 部 OQR－2被动拖曳线列阵声呐（仿美 SQR－19A）。

电子战系统：NOLQ－2 宽带电子侦察设备，NOLR－8 窄带电子侦察设备，2 台 OLT－3 噪声干扰机，2 台 OLT－5 欺骗式干扰机，OPN－7B 和 OPN－11B 通信和信号情报设备，OPN－11B用于提供超视距目标指示。

火控系统：3 套 MK99－1 导弹火控系统；1 套 MKZ－21 火炮火控系统；1 套 MK116－7 反潜火控系统。

作战数据系统：NTDS 海军战术数据系统，设有 11 和 14 号链，将装 16 号链；WSC－3/OE－82C 卫星通信终端；SQQ－28 舰载直升机数据链等。

作战指挥系统：1 套 OqiQ－6 综合作战指挥系统。

2.5.6 综合述评

日本的“金刚”级是美国首次向盟国转让“宙斯盾”防空作战系统和“阿利·伯克”级驱逐舰的产物，因此它具有美国“阿利·伯克”级所具有的大多数技术特点。4 艘“金刚”级的服役对日本海上自卫队的意义是十分重大的，4 个护卫舰队的编队防空能力将得到质的提高，对远洋积极防御战略的实施和保卫两条1 000 海里航线具有重大的作用。

“金刚”级的主要技术都是从美国引进的，从总体的布局，重要装备的配置，基本上与“阿利·伯克”相似，但是也作了一些变动，有一些发展，具体归纳如下。

1. 舰体的大小不同

“金刚”级的主尺度和排水量比美国的“阿利·伯克”级Ⅰ型大，全长比“阿利·伯克”级Ⅰ型长 7.2 m，宽增加0.6 m，满载排水量大1 135 t。“金刚”级主尺度和排水量增大的原因是日本没有采用美国的海军标准，而是采用了日本的商船标准；另一个原因是增加了设备；再一原因是一些舱室作了重新布置，降低了空间的利用率。总的说来，美国“阿利·伯克”级的设计已经是一种内部空间很宽裕的标准，“金刚”级在动力装置、武器、电子设备基本相同的情况下主尺度和排水量的增长，只能说明“金刚”级的总体设计是不尽合理的。

2. 舰型设计上的差异

“阿利·伯克”级采用的是长艏楼船型，而“金刚”级采用的是高干舷的平甲板型。这种改动使艉部的直升机平台升高了一层甲板，有利于直升机的升降操作。

第二个差异是主桅的形式不同。“阿利·伯克”级采用的是向后倾斜的轻型三脚桅，“金刚”级改用了垂直的较笨重的桁架桅。主桅的不同是这两级舰外形上最明显的差别。“阿利·伯克”级倾斜轻型三脚桅的主要用心是为了减小“阿利·伯克”级的雷达反射截面积，“金刚”级的这种桅设计会破坏“阿利·伯克”级的雷达隐身性设计。

第三个差别是舰桥的不同。“金刚”级的舰桥比“阿利·伯克”级增高了一层，这样做的好处是驾驶室的视野更为开阔，并且把 SPY－1D 多功能相控阵雷达的 4 个阵面的布置提高了一层；缺点是使舰的受风面积增大，不利于“金刚”级的抗风能力。

3. 武备上的差异

主炮改为意大利的奥托·梅拉腊公司的 127 mm 舰炮，性能优于美国的 MK45 型。武备上的最大差异是，美国没有转让“战斧”巡航导弹，因此，“金刚”级不具备对岸和反舰的远程攻击能力。

4. 在引进的基础上有改进

日本在引进过程中把“阿利·伯克”级Ⅱ型舰的“宙斯盾”系统、SQQ－89 综合反潜作战系统和电子战系统全部综合起来组成了 OYQ－6 综合作战指挥系统，有利于提高全舰的作战效能。

第3章　两栖战舰艇解析

3.1　两栖战舰艇发展趋势

国外主要海军国家都很重视发展两栖战舰艇，美国海军一直保留着一支庞大的两栖战舰群，拥有17型近500艘性能先进的两栖战舰艇，俄、英、法、日、意等国也都拥有性能先进的两栖战舰艇，并还在开发新的两栖战舰艇。透视国外两栖战舰艇不难得出其主要发展特点。

3.1.1　一舰多用

由于一艘现代化的两栖战舰建造费用较高和现代登陆作战的需要，要求其能执行多种任务。目前新建的船坞登陆舰或两栖攻击舰，不再是功能单一的两栖战舰，而在突出其固有功能的同时多兼具其他功能。

美国"惠德贝岛"级船坞登陆舰，不仅能执行登陆作战任务，而且还能承担两栖运输、修理船的任务，并设有230张病床和手术室。美国的"黄蜂"级两栖攻击舰，除装载直升机、作战装备和运送登陆部队外，还加强了舰上医疗设施，成为仅次于海军医疗船的海上医院。美国新一代的LPD－17级船坞登陆舰所能承担的任务则更多。

美国"惠德贝岛"级船坞登陆舰

美、意、日等国海军的两栖攻击舰除了担负两栖作战任务外,还能搭载垂直/短距起降飞机,具有一定的对空作战能力。如美国“黄蜂”级两栖攻击舰可运载6~8架AV-8B鹞式垂直/短距起降飞机;日本海上自卫队新建造的两栖攻击舰“大隅”级采用了航母型船型,战时根据需要,可搭载垂直/短距起降飞机作为小型航空母舰使用;意大利海军拟发展的“路易吉·艾瑙迪”级两栖攻击舰也可装载垂直/短距起降飞机,执行空中支援任务。

两栖作战所需的两栖指挥舰,只有美国拥有,而法、英、俄、意等国的两栖指挥舰则由船坞登陆舰这类两栖战舰兼任。如法国的“闪电”级船坞登陆舰兼有两栖作战指挥舰任务,舰上设有最新指挥、通信设备;还有俄罗斯的“伊万·罗戈夫”级船坞登陆舰,意大利“圣·乔治奥”级船坞登陆舰都能兼作两栖作战指挥舰。

3.1.2　平战结合

两栖战舰艇是介于战斗舰艇与运输船之间的舰艇,它与驱逐舰、护卫舰等水面战斗舰艇相比,航速较低、武备较弱;它与运输船相比,有许多相似之处,如宽敞的车辆甲板、跳板、起重设施等,因此大多为“平战结合”型。如意大利“圣·乔治奥”级船坞登陆舰,战时能承担中小规模的两栖作战任务,平时可作为医疗救护、滚装船和后勤供应船使用;荷兰新发展的“鹿特丹”级船坞登陆舰战时可承担两栖作战任务,平时用来执行环境监测和救灾等任务;法国核试验局出资建造的“布干维尔”级船坞运输舰,平时作为核试验局的运输船,战时用作两栖作战的登陆舰。

3.1.3　攻防兼备

1. 提高突击能力

为了适应现代登陆作战的需要,两栖战舰进一步加强了突击威力。直升机引入两栖战舰是两栖战力量的革命性进展,它极大地增加了作战距离和灵活性,增强了海上突击的威力。如意大利的“圣·乔治奥”级船坞登陆舰设有一层连续的直升机甲板,可供更多的直升机,甚至是重型直升机昼夜起降。

偏转翼飞机是一种外型奇特的飞行器,它既具有直升机那样空中悬停和起降方便等特点,也具有固定翼飞机飞行速度快的特点。美国海军正在发展MV-22型偏转翼飞机,主要型号有MV-22A海军陆战队运输型、HV-22A海军救援型等,其速度和航程是同等直升机的2倍,与固定翼螺旋桨飞机相当。V-22型偏转翼飞机的出现,是世界航空史上又一次重大突破,美国海军已决定将它装载在LPD-17级舰上,作为21世纪两栖战舰艇的主力机种。

两栖战舰装载气垫登陆艇,进一步增强了登陆作战的机动性和突击能力。美国从20世纪70年代起,就着手研制能自由进出船坞登陆舰的气垫登陆艇,80年代初LCAC投入使用;俄罗斯在"伊万·罗戈夫"级船坞登陆舰装载了"天鹅"级气垫登陆艇;英国也为其陆战队研制气垫登陆艇。

2. 加强防御能力

由于两栖战舰的主要威胁来自空中飞机和反舰导弹,因此武器系统以自卫防御为主,主要武器为中、小口径舰炮系统,有的舰配有舰空导弹武器系统。如美国正在建造的LPD－17级船坞登陆舰,配备MK41舰空导弹垂直发射系统及改进型"海麻雀"舰空导弹、RAM近程舰空导弹。俄罗斯的"伊万·罗戈夫"级舰也配有舰空导弹。

新造和拟发展的两栖战舰,还装备了作战指挥控制系统,能处理多批目标,反应速度快,自动化程度高,如美国的LPD－17级船坞登陆舰,法国的"闪电"级船坞登陆舰等。也有个别的船坞登陆舰为了降低舰的造价只配少量小口径舰炮,而两栖舰的安全主要由护航兵力承担。

3. 提高隐身性和抗损能力

高技术兵器的日益发展和扩散,使更多的国家和地区拥有先进的制导武器。因此,新研制的两栖战舰在设计时十分重视隐身性和抗沉性。

美国LPD－17级船坞登陆舰是最先采用隐身设计的两栖战舰。据美国军方报道,该级舰的雷达反射截面积只是"惠德贝岛"级船坞登陆舰的1%,约3 000平方米,只相当于1 000 t以下的小型舰艇。LPD－17级舰采取多种措施提高抗沉性。加强水密舱等结构,提高舰的整体生命能力。提高易中弹部分防弹片破坏能力,改进抗冲击性,特别是容易被炮弹击中的部位,比过去有了更大的抗破坏余量。

4. 模块化设计

两栖战舰担负的任务较多,装载变化较大,为了能满足这种需求,在设计中一般采用通用化、模块化的设计方法。美国"惠德贝岛"级船坞登陆舰设有一个较大的坞舱和直升机起降甲板,在登陆作战中可满足不同装载的需要。该舰将坞舱分为干(前)、湿(后)两部分,既可使整个坞舱进水,以满足装较多通用登陆艇、机械化部队登陆艇、常规登陆艇的需要,又可用挡水板在坞舱中部将坞舱分为干坞和湿坞两部分,以满足同时装坦克、车辆和通用登陆、机械化部队登陆艇的需要。整个坞舱还可不进水,以满足装载较多坦克、车辆和LCAC级气垫登陆艇的需要。

5. 高性能地效翼登陆艇

俄、美、日等国海军都在发展地效翼登陆艇、两栖攻击艇。地效翼艇是以贴近水面运动时产生增压效应的理论为基础而发展的海上高速运载工具，它具有高速、两栖、续航力大、装载量大等突出优点，在两栖作战中可大显身手。地效翼艇的航速高，至少达到100节，最高可达300节。地效翼艇具有两栖性，可以根据自己需要，任意选择登陆地段，不受敌方抗登陆雷阵、水下障碍等限制。地效翼艇具有较大的航程，可发动超视距登陆作战，不仅可在前沿地段实行登陆，也可以超越前沿地段，在敌纵深地区实行登陆。

俄罗斯于1972年建成"雏鹰"级地效翼艇，可用于输送两栖作战部队，其后续艇则在此基础上派生出高速客运地效翼艇。该艇起飞质量为125 t，速度约400 km/h，续航力1 000 ~ 2 000 km，可在2 ~ 2.5 m波高安全起降，在2 ~ 3.5 m波高正常掠水飞行。该型艇曾与海军舰队、航空兵、陆战部队做过海上协同演习。地效翼艇集船舶载货能力与飞机高航速、平面登陆作战与垂直登陆作战于一身，成为21世纪新型两栖舰艇。

美海军正在研制的AAAV级两栖攻击艇（也有称其为两栖攻击车），将取代LCPL级人员登陆艇装在LPD－17级船坞登陆舰等舰上。该型艇的排水量37 t，装载18名登陆人员，具有两栖机动能力和较强的作战能力。该艇采用了适于海上高速行驶的"滑行"艇体，海上航速高达25 kn，陆上速度将超过73 km/h，近海作战距离可扩大到85 n mile。该艇能高速穿越敌岸火力控制区，并迅速突击上陆，快速形成战斗力。该型艇配备30 mm自动加农炮，选用陶瓷复合装甲。较强的火力与有效防护相结合，使该艇作战能力大幅度提高。

3.2　两栖作战

海上输送兵力古已有之，但专门用于运载登陆作战部队的人员、物资、装备，并能在海滩登陆的两栖战舰艇则是在二战中出现的。此后，两栖作战就成为现代战争中一个重要的研究课题，而两栖战舰艇在两栖作战中则占有举足轻重的位置。

3.2.1　两栖作战的概念

两栖作战为陆军、海军共同参加的军事战斗。无论多大规模的军事行动，缺了空军都无法开展，所以现在又提出了立体战（意指陆、海、空三军的共同作战）一词，不过立体战的使用还不普遍。要成功地对严密防守的海滩发动两栖军事进攻，需要统一的指挥、空间掌控和有效的补给系统。

一场典型的两栖进攻由空袭敌军飞机场、防御阵地和补给线拉开序幕。在空军炮火的掩护下，战舰往前推进、向岸炮和防御阵地开火，这一阶段叫做"削弱"阶段。有时用水下爆破队或蛙人,在夜间进入海底搜寻或拆除水下障碍物。

经过空军和海军几小时、几天,甚至数周的炮击后,便开始从搭载登陆艇、坦克、直升飞机、军队人员和补给品的大型两栖战舰发动两栖军事进攻。首批军队由直升飞机或登陆艇运送到岸上,有的登陆艇装有履带,可以在水上和陆上运行。有时候还空降伞兵,用直升飞机把军队运到内陆去夺取重要的敌方据点。军队登陆后,坦克和炮兵迅速加入。士兵尽力向内陆推进,以便更多人员、坦克、补给能比较安全地登陆。一些吃水浅的两栖船只直接靠岸或借助移动堤坝卸载,还有一些用登陆艇卸载。

随着内陆地区的占领,战斗从滩头阵地转移,由常规部队代替两栖战部队,两栖作战遂告结束。

3.2.2 两栖作战的历史

自从有战争就有了两栖战。两栖战造成了一些特别问题,这些问题直到较近的一段时期(大约16世纪),陆战和海战复杂化、高度专业化后才得以解决。

法印战争期间詹姆斯·伍尔夫夺取魁北克之战和美国独立战争期间的约克镇之战,是18世纪典型的两栖战。1801年英国在阿布基尔湾进攻拿破仑在埃及的军队,这次战争体现了使两栖战臻于完善的诸多原则和技巧。美国内战期间,北方的格兰特将军和海军上将大卫·狄克森·波特在密西西比河沿岸的战斗中配合密切。

20世纪最早的两栖战发生于一战期间,即1915年的加利波利的两栖战。英法两国海军为了打击德国的同盟国土耳其,于1915年4月25日在达达尼尔海峡的加利波利岛的南端赫利斯角、加巴泰佩等地区实施登陆作战,英法联军共投入8万多人。由于土耳其早有防御准备,这次长达一年的登陆战,英法两国以失败而告终。这是海军史上首次两栖战,其投入人员之多,规模之大,时间之长是空前的。这次失败使得大部分欧洲国家都相信,进攻现代武器防守的海滩是不可能取得成功的。不过美国海军陆战队则认为,只要英国军队少犯些错误,他们是会成功的。海军陆战队从全面研究加里波利之战入手,到1934年便勾画出了两栖战的原则,这些原则在第二次世界大战期间得到十分成功的应用。

第二次世界大战时期的各条战线都广泛进行两栖战。二战时期,两栖战的装备与战术已逐渐成型,配合轰炸机、空降兵、装甲部队与强力后勤的使用,得以进行战略性的两栖作战,包括使用大量舰艇进行的撤退行动:敦刻尔克大撤退、德军预计进攻英国的海狮计划、1942年的两栖突袭——迪耶普突击,虽然迪耶普突击是一个惨痛的失败行动,但它为往后的登陆行动打下非常重要的基础。英国训练专门士兵(名为"突击队")进行快速袭击。与此类似的还有美国陆军的游骑兵。美国海军陆战队是训练有素的两栖战专门战士,围绕他们建立的有大规模的军团组织。北非登陆、西西里登陆、意大利登陆和法国登陆都是大规模的两栖作战。在太平洋战场上,战争初期日军以南方作战对英美荷各属地纷纷登陆占领,美军反攻时对日军大量使用跳岛战术,只攻取重要的岛屿以获得最少的伤亡达到最大战略成效的结果。1944 年 6 月 6 日的诺曼底登陆可说是二战最知名的两栖攻击行动,英国、美国、加拿大的士兵在犹他、奥马哈、黄金与宝剑海滩等行动中登陆法国北岸。

二战后也发生了不少次两栖战,其中规模最大的有 1950 年的仁川登陆战、1982 年的马岛登陆战、1983 年的格林纳达登陆战,以及 1991 年海湾战争中的两栖战。

1. 诺曼底登陆战

诺曼底登陆战发生在二战后期,该战役既是世界海战史上规模最大的一次登陆战,也是美、英等盟国军队对法西斯德国带有战略性的进攻战役,它对加速法西斯德国的崩溃,决定欧洲的战后形势起着重要作用。

1944 年 6 月 6 日凌晨,美英三个空降师共 1.7 万人首先在科坦丁半岛南端空降登陆成功,为登陆部队上陆作战创造了有利条件。6 日上午 7 时,盟军登陆部队分别在 5 个登陆地段突击上陆,除奥马哈地段遭遇猛烈抵抗外,其他各地段登陆顺利,至第二天,上陆部队达到 25 万人,各种车辆 2 万辆。经过三天战斗,已在上陆地段建立了长达 145 km 的滩头阵地。经过一个多月的登陆作战,7 月 18 日盟军在登陆区建立了长 150 km、纵深 13 ~ 35 km 的前进基地,诺曼底登陆战胜利结束。

2. 马岛登陆战

英、阿两国关于马岛主权之争由来已久,持续了一个半世纪。谈判时断时续,争端始终未解决,终于在 1982 年 4 月爆发了为争夺马岛主权的战争。

英国为夺回马岛组织了一个特混舰队远征马岛。当特混舰队到达战区,双方经过数次海上作战后,英军终于掌握了马岛周围的制海、制空权,为登陆马岛作战创造了有利条件。英军选定马岛的圣卡洛斯为登陆点,登陆日期为 5 月 21 日。5 月 19 日英军两栖突击队乘船由南乔治亚岛进入马岛东北 20 海里水域待战。21 日凌晨两栖部队换乘登陆艇实施登陆作战,并迅速占领圣卡洛斯港,6 月 14 日,英军占领马岛,历时 20 余日,马岛登陆战结束。

3. 海湾战争中的两栖作战

美海军在海湾战争中做了登陆作战的准备。伊拉克为抵抗美军的登陆早做了准备,在东海沿海陈兵几十万,构筑了坚固的防御工事,在沿岸陆上和海上布设了大量地雷和水雷。部署在伊拉克东部海域的美军第 4、5 海军陆战队远征旅和 13 海军陆战队远征分队将承担这一突击任务。

在攻击样式上采取在登陆前一周内使用大口径火炮对岸炮击,并用航母和两栖作战舰上起飞的飞机对岸上军事目标进行轰炸;利用扫雷舰艇排除水雷,为登陆扫清障碍;寻找未遭石油污染的海域进行登陆等。

1991年1月17日凌晨,以"沙漠风暴"为代号的解放科威特的战斗开始了。由美军地面部队为主力的多国部队从海、陆、空同时展开攻击,海上两栖作战部队正等待由海上强行登陆。2月7日凌晨,美国利用"威斯康星"战列舰向科威特南部伊军阵地发起炮击,同日,美海军称一支两栖作战部队已经到位,随时准备登陆作战。虽然在海湾战争中没有实施由海上进攻的两栖登陆战,然而两栖战舰上部署18 000名海军陆战队,摆出随时登陆的姿态,却牵制了伊军的主力部队,对陆上作战的成功起了重要作用。

综观上述几个两栖作战战例可以看出,两栖作战不仅能改变战略形势,而且对取得整个战争的胜利也起到重要作用。

3.2.3　两栖作战的类型

1. 两栖佯攻

牵制并迷惑敌方。己方使用舰炮火力,将登陆舰艇放入水中并驶向敌方滩头阵地,出动直升机模拟登陆。己方部队不在滩头或登陆场登陆,而是返回舰队或在其他地区登陆。美国海军陆战队在二战期间几次使用过这种两栖作战方式。在1991年的海湾战争中,该军种也部分采用了这种战法,以牵制伊拉克的岸防力量。

2. 两栖包围

不需要出动任何舰艇的侧翼行动。登陆舰艇将部队输送上岸,并将部队部署于距敌数千米之外的地区,对敌形成包围之势。美国海军陆战队可运用其两栖装备实施这种战术。关键因素是己方登陆舰艇必须在距海洋或湖泊岸边较远的地方机动,以避免遭受敌方岸防炮火的攻击。这种作战可能要与大规模陆上进攻配合实施,登陆部队可能要依靠己方的岸基战机和火炮提供火力支援。在二战期间的太平洋战场上几次采用了这种作战方式。伊拉克曾试图在1991年的海湾战争中使用这种战术,但这种富有创意的战法在美军的空中优势面前无法展示威力。

3. 两栖袭击

由乘坐登陆舰船或直升机袭击部队从海上实施的攻击。这种战术主要用于迅速摧毁敌陆上设施和收集情报。袭击部队可由40人的排级直至5 000人的旅级部队组成,并在敌方组织反击之前撤退。

4. 两栖夺占

夺取一个孤立于敌主要增援力量的小型目标。这种作战的目标通常是一座岛屿,但有时也可能是一座与外界分离的机场或船舶锚地,如二战时期的瓜达尔卡纳尔岛。由于被攻击目标处于与外界隔绝的状态,因此进攻方没有必要迅速向目标纵深地带推进,或攻占一个港口用于大型运输舰船卸载重装地面部队。

5. 两栖试探

攻占敌防御较薄弱的地区并测试敌军反应。这是袭击、佯攻或攻占战法的结合,它主要取决于敌方如何做出反应。这种战术通常由一个轻装营的部队实施,从而能够在敌军发动反击的情况下迅速撤退。

6. 两栖进攻

打开港口通道,确保部队的迅速到达以及支援更大规模后续部队。这是规模最大且复杂程度最高的两栖作战方式,在这种战法中,进攻速度是关键因素,它可让迅速部署的大规模后续部队充分发挥战略作战的突然性效果。

7. 两栖撤退

由海路撤出地面部队。最著名的战例是英国陆军在敦刻尔克以及美国海军陆战队在朝鲜兴南的撤退。

3.2.4 两栖作战发展引导舰艇革命

近年来,世界领海争端日趋增多,世界海上强国的海军战略中心已从远洋移向濒海地带,由此两栖作战及理论框架建模,也进入了二战以来的又一个峰值发展期。同时,现代侦察手段和精确制导武器在海岸防御中的广泛使用,对两栖作战提出了严峻挑战。

现代两栖舰艇关键技术包括舰艇共性需求,也包含针对两栖作战的独特领域。而这些独特性,更是在超限战、非线性战、立体战等全新战局视野下现代两栖作战需求的直接反映。

在地缘政治上,美国是一个两洋国家,向海外投送军事力量是它夺取、扩大和保护其"全球利益"最重要的手段。因此,两栖作战是美国海军最核心的作战任务之一,同时,其两栖战力和水准基本代表了世界这一领域的最高水平。在美国海军 2006 年最新发布的 30 年造舰计划中,对 21 世纪中期前两栖舰艇的规划提出了以下要求:①总体化技术(通用性、多用途、模块化);②C4ISR 技术;③整体式上部结构技术;④隐身技术;⑤快速登陆技术;⑥综合电力系统技术;⑦自防卫系统技术。

现代两栖战的新特点,要求两栖舰艇能在第一时间实现最大化远程投放能力(包括多样化的投放手段),在海岸/海空/海上对抗中拥有更强的自防卫和生存能力,在非线性动态区域内实现视距外立体突击。

世界各国在21世纪两栖战舰发展思路中大都瞄准了坞式两栖战舰。这是一种设有船坞、吨位大、适航性好、续航力大、能运送大量兵力和武器装备的大型两栖战舰艇。按其用途不同,大致可分为船坞登陆舰、船坞运输舰和通用两栖攻击舰三类。

从目前典型的和正在建造的新型坞式两栖战舰来看,两栖战舰具有如下技术特点。

(1)多用途。"一舰多用,平战结合"。

(2)均衡装载。能成建制地把装备、人员、物资和登陆换乘工具装在一艘舰上,可独立执行两栖作战任务。

(3)排水量中型化。除美国外,世界其他国家坞式两栖战舰排水量通常在1~2万t之间。

(4)突击威力强。坞式两栖战舰普遍装载直升机、气垫登陆艇、两栖突击车等,以进一步加强突击威力。

(5)生存能力提高。新型坞式两栖战舰不仅配备中小口径舰炮武器系统,有些还配有舰空导弹。美国在"惠德贝岛"级船坞登陆舰上还试装了舰艇自防卫系统。

(6)设计通用化、模块化、高速化。两栖战舰担负任务较多,装载变化较大,为了满足这种需求,舰体结构和装备采用了通用化、模块化的思路。为达到快速投送兵力的目的,航速达到高速化。

结合现代两栖作战的发展要求,未来坞式两栖战舰装备技术还将进一步朝着航母化、通用化、高速化和隐身化方向发展,以提高其快速反应和作战能力。

登陆战在导弹等远程精确打击力量被运用越来越多的今天,成为了一个被排斥的军事概念,而这种被排斥的范围随着卫星制导、海空中继制导等技术手段进一步加入超视距打击而逐渐扩大。在这种条件下,完全不同于以往模式的登陆作战理论浮出了水面。

"超地平线突击登陆"作战样式,就是在机动战思想指导下,实施首次突击的登陆部队避开敌岸主要火力的有效射程,从敌视距范围之外,运用各种快速登陆输送工具,首先由空中和水面输送至敌海岸防御阵地侧后方,向敌发起突然攻击,同时后续作战力量由水面迅速向敌岸机动,与首次突击部队协同行动,及时扩张战果,夺取登陆海滩和登陆场,迅速达成登陆作战的目的。

"超地平线突击登陆"样式的先期作战任务艰巨,主要形式有海上作战、火力压制等。如果敌海军对联合两栖特遣部队在航渡航线上和登陆地域的威胁较大,需要专门组织海上作战,以夺取制海权。在坞式两栖战舰中,以美国"黄蜂"级为代表的通用两栖攻击舰集中反应了这一思路。它可根据不同使命,进行各种不同火力组合。在作为制海舰时,"黄蜂"级可以搭载20架AV-8B垂直起降战机和4~6架SH-60B式反潜直升机。基本相当于一个中型航母编队的制海和反潜能力。

在实现火力压制目标后，下一阶段是各种快速登（着）陆输送工具由空中和水面进行人员及装备近岸输送。其中，从空中投送登陆力量，机动性强，速度快，几乎不受复杂海区自然条件的影响，可超越在水际滩头设置的多种类、高密度、大纵深障碍物。因此，空降垂直突击登陆成为各国海军突击登陆阶段的首要手段，同时，为兼顾各种登陆和反打击能力的平衡性，一体化联合登陆的"均衡"思想也得到了重视。在这方面，两栖船坞运输舰扮演着十分重要的角色。与两栖攻击舰突出打击能力不同的是，两栖船坞运输舰的最大特点是实时、快速的力量投送能力，通过搭载大量登陆艇和直升机，可在极短时间释放大量兵力与装备在多个点、面区域，实现"平面登陆"和"垂直登陆"相结合的立体化运送。

在所有新型坞式两栖战舰中，都无一例外地强调了气垫登陆艇的大量装载和运用。在作战时，坞式两栖战舰不直接靠岸，大量释放气垫登陆艇。气垫登陆艇具有很好的两栖性，不但能在水面行驶还能直接上陆，把登陆兵连同武器车辆、物资一起投送至敌人防线的侧后方，从而省掉了从滩头涉水登陆这一困难阶段，大大加快了突击上陆的速度。同时，气垫登陆艇受岸滩地形和海域水文条件等的限制大大减少，使得利于登陆的范围更大、可供选择的地段更多、机动的速度更快，进一步增大了登陆方向和登陆地点的可变性以及达成登陆行动的突然性，实现了突击上陆的远距离和高速度，也有效减小了敌岸上火力摧毁运输舰的危险。

传统的线性作战中，一般的战法是将部队一线展开，尔后从前沿到纵深，逐次展开攻击，摧毁敌方的抵抗，因而战线比较连续。而现代特别是未来战场上，部队编制体制的改变和指挥关系的优化，使得作战单元一体化程度提高，独立遂行任务能力显著增强。同时，非线性作战，追求作战能量的同时或近似同时释放，各作战单元分别指向不同的敌方要害目标，执行不同的任务，从而使敌方失去整体关联性，以达到破敌体系的目的。现代作战条件下，秉承"一舰多用"、"均衡装载"等原则的两栖战舰完全可以实现独立作战理念。目前世界上综合战力最强的两栖战舰——"黄蜂"级两栖攻击舰已接近于中小型航母群的整体水平，其完整的防空、制海、登陆、反潜战力体系已构成了一个独立综合体，在C4ISR多功能综合对抗系统的应用下，可有效夺取陆、海、空、天、电磁等全维空间的制高点。

超视距打击和立体登陆突击力量，显示了非线性作战下的两栖战"如远又近"的特点。现代化两栖战舰通过点状化、集中化的两栖武力配比实现了局部火力上对陆、海、空的优势，通过"蛙跳作战"、"直达作战"的方式，彻底消除了以往前方与后方的界限。

3.3 典型两栖攻击舰

3.3.1 “美国”级两栖攻击舰

1. 简介

在一次“美国”号航母老兵协会的聚会上，美国海军部长唐纳德·云特表示，美国海军最新一级大甲板两栖攻击舰 LHA－6 被命名为“美国”级。该级舰将主要用于取代老化的“塔拉瓦”级两栖攻击舰，能够搭载数量更多的作战飞机，作战能力更加强大，是美国 21 世纪海上战略的重要支柱之一。

“美国”级两栖舰

2. 诞生背景

冷战结束后，美国对其海军战略进行了数次重大调整，先后于 1992 年和 1994 年公布了《由海向陆》和《前沿存在——由海向陆》两部战略白皮书：开始推行远洋前沿进攻型的由海向陆、以海制陆战略，将主要作战对象由前苏联转向威胁美国利益的地区性军事强国；强调以机动、灵活、多样的“前沿存在”代替“前沿部署”，采用联合作战的方式从海上采取军事行动，夺取制陆权。2002 年 7 月，美国海军出台《21 世纪海上力量》战略报告。强调未来美国海军要在现有基础上重新组合,成立37支独立的打击群,并提出了在“海上基地”、“海上盾牌”、“海上打击”三个方面加强海军建设。几份重要的战略文件清晰的勾勒出美国海军想要建立的机动灵活的兵力结构:第一是航母打击大队,这是美国海军作战力量的核心;第二是远征打击大队,由两栖戒备大队、水面作战舰艇和攻击型核潜艇组成,是美国海军作战力量的重要支柱;其次依次为水面舰艇战斗大队、经过改装的“俄亥俄”级导弹核潜艇、战斗后勤力量。其中以两栖攻击舰为中心的远征打击大队是这些组成力量中最为活跃、最为机动的部分,既可与航母打击大队一起组成“远征打击部队”,在战斗后勤力量的保障下应对大规模武装冲突和严重安全威胁,又可以单独出征应对规模较小的武装冲突。它是美国海军将其作战范围进一步向敌国内陆推进,实现其由海制陆战略重要的力量基础。

同时,为了满足“同时打赢两场局部战争”的战略需要,美国海军要求远征打击大队具有在未来作战中同时投送2.5~3个海军陆战队远征旅的能力,而美国海军现有的投送能力尚不超过2个远征旅。因此,在这样的战略背景下,美国海军高度重视两栖作战舰艇的发展,强调要建设并保持12个两栖戒备群。每个两栖戒备群至少由3艘舰组成,即1艘“黄蜂”级(或“塔拉瓦”级)两栖攻击舰、1艘“圣·安东尼奥”级两栖船坞运输舰和1艘“惠德贝岛”级(或“哈伯斯费里”级)船坞登陆舰。

然而,美国海军现有的两栖攻击舰序列中只有5艘1976—1980年服役的“塔拉瓦”级两栖攻击舰和8艘1989—2001年建造服役的“黄蜂”级通用两栖攻击舰。其中,“塔拉瓦”级舰经过近30年的风雨洗礼已渐显老态,虽然美国海军曾对其进行了大规模的现代化改装,并将其使用寿命延长至2011—2015年,但其舰体已经老化,最重要的是其设计思想已经远不能满足未来美国海军濒海作战,特别是搭载LCAC气垫登陆艇和V-22“鱼鹰”倾旋翼飞机等新型武器系统的要求。因此海军取消了再次进行中期延寿改装计划,转而寻求研制建造新一级两栖攻击舰。

3. 设计研制

自2001财政年度开始,美国海军专门成立了研究论证小组,对新一级两栖攻击舰的设计方案进行论证研究。这里需要特别指出的是,美国海军下一代两栖攻击舰有两个项目,一为LH(X)项目,一为LHA(R)项目(即目前的LHA-6)。前者是一种目前正处于概念阶段的新一代两栖攻击舰,采取全新船体结构设计和装备系统,而后者则计划采用现有舰体设计。对于LH(X)项目来说,作为全新设计的舰艇,其作战能力要比“黄蜂”级两栖攻击舰第8艘“马金岛”号(LHD-8)更加强悍,服役时间也要更长。而LHD-8是“黄蜂”级两栖攻击舰的最后1艘,其舰体设计与前7艘舰有较大改进,美国海军称之为LHD-1改进型。但是LH(X)项目的研制费用超过10亿美元,时间也要4~5年之久,且由于采用全新设计,研制过程中的风险非常大。美国海军综合考虑后,将该项目暂时终止,全力以赴进行LHA(R)项目。

最初关于 LHA－6 舰有三种设计方案：第一种是 LHD－8 的舰体设计，第二种是 LHD－8 设计的改进型，第三种是全新的航母型舰体设计。2001 年 3 月，美国海军和参谋长联席会议批准并宣布了 LHA(R)的任务需求声明，负责采购、技术和后勤的国防部副部长办公室批准了该项目的采购计划，并同意该项目在 2001 年 7 月进入概念实验阶段。

2002 年夏，美国海军研究论证小组完成了替代舰种分析研究，他们认为第一种设计方案过于保守且变化不大，难以满足未来数十年的作战需求；第三种设计方案的结果将诞生一种全新的两栖战舰，与 LH(X)项目相似，采用双起重吊车、双飞行甲板、舰体中部的舰桥能够指挥控制作战行动和飞机起降，F－35B 和 MV－22 飞机可以同时起降，听起来非常诱人，然而每艘舰造价高达 40 亿美元。而第二种设计方案只是在现有“黄蜂”级第 8 艘舰(LHD－8)的设计基础上进行一些改动，增加排水量，增大舰体，它比目前“黄蜂”级两栖攻击舰长 23.5 米，飞行甲板宽 3 米多，空间面积增加 22%，主要增加了 2 个分别长 6.4 米和 17.1 米的舰体区域，可以容纳 20 架 F－35B 联合攻击战斗机、MV－22 倾旋翼飞机和其他各型直升机，搭载各种登陆工具和超过 1 800 名海军陆战队队员。最重要的是，该方案每艘舰造价只有 30 亿美元，略高于目前“黄蜂”级，远低于第三种设计方案的造价，但是综合作战能力特别是空中支援作战能力与全新设计的战舰几乎相当。作为美国濒海作战的主力，海军陆战队非常青睐第二种设计方案，并将其视为一种能够服役到 2050 年的全新舰艇。

在这种情形下，美国海军的海上系统司令部先与诺斯罗普·格鲁曼船务系统公司签订一个单独的采购合同，该合同规定了建造商在 2003—2006 财政年度应开展的一系列研制工作，包括提高舰艇的机动性，提高机械装置的海上可维护性，通用水密舱的位置安排，推进、机械、武器、导航、信号控制和任务系统的设计布置，以及最重要的舰艇总体设计。

按照规划，LHA(R)项目 Flight 0 阶段将采用第二种设计方案，将建造 4 艘舰，并被命名为 LHA－6“美国”级。对于后续舰艇，美国国防部似乎还没有下定决心到底采用哪种设计方案，但是海军陆战队则倾向于全新设计。因为全新设计的两栖攻击舰机库面积要大很多，而且可以允许 F－35B 和 MV－22 飞机同时起降，使用效率要比第二种设计方案更高。尽管国防部依然没有最终确定采购和建造的时间表，但 LHA(R)后续舰的全新设计已经于 2007 财政年度开始，建造工作预计 2018 年开始，首艘将于 2021 年交付。

2005 年 2 月 11 日，美国国防部负责采购、技术和后勤的国防次长执行署批准了海军提交的 LHA(R)项目采购策略报告，基本确定了海军两栖攻击舰研制发展计划的总体框架，使得海军能够顺利与建造商进行具体的谈判。

2005 年 7 月 15 日，诺斯罗普·格鲁曼船务系统公司按照先前与海上系统司令部签订的采购合同，获得海军 1.099 亿美元的追加投资，用于采购建造材料、系统工程研究以及 Flight 0 阶段舰艇总体设计研究。2006 年 6 月 15 日，建造商又得到 2000 多万美元的追加款。2006 年 12 月，上述前期工作基本完成。整个 2005—2006 财政年度，海军都在为建造 LHA－6 两栖攻击舰做充足的前期准备，并计划于 2007 财年开始建造 LHA－6 两栖攻击舰。

尽管美海军 2006 财政年度预算仅包括建造 4 艘两栖攻击舰所需的资金,但是海军已将两栖攻击舰作为首要发展项目,向国会递交了一个 4.17 亿美元的预算议案来争取更多的资金,以加速 LHA－6 两栖攻击舰的建造进程。

2007 年 6 月 4 日,美国环球战略网报道称,美国海军与诺斯罗普·格鲁曼公司舰艇系统部正式签署 LHA－6“美国”级新型两栖攻击舰首舰的建造合同,合同金额 24 亿美元。按照合同安排,首舰“美国”号(舰身编号 LHA－6)在密西西比州的帕斯卡古拉船厂开工建造,2012 年左右建造完毕,交付美国海军。首舰开工建造后,每 3 年采购 1 艘。

2009 年 7 月 17 日,“美国”级两栖攻击舰龙骨铺设仪式在诺斯罗普·格鲁曼公司英格斯造船厂进行。前美军参谋长联席会议主席彼得·佩斯的夫人琳·佩斯对龙骨铺设进行了验证。2012 年 6 月 5 日,亨廷顿英格尔斯工业公司宣布“美国”级首舰“美国”号两栖攻击舰(LHA6)于 6 月 1 日在英格尔斯造船厂的浮动式干船坞下水。

4. 战技性能

作为美国下一代两栖攻击舰,也是有史以来吨位最大的两栖攻击舰,LHA－6“美国”级承袭了“塔拉瓦”和“黄蜂”级两栖攻击舰的强悍风格,同时在很大程度上吸取了 LPD－17 两栖船坞运输舰建造的经验做法,在配备大量先进装备、保持远洋投送能力和海上作战能力的同时,着重强调了隐身性能、自动化及人员舒适程度等方面。

由于在设计过程中参考了 LHD－8 的舰体结构,同时强调了增大载机数量和主要舱室面积,因此其总体布局、设计和 LHD－8 类似,即采用钢结构单体船型,全贯通飞行甲板。但是与 LHD－8 不同的是,LHA－6 去掉了登陆艇和井型甲板的设计。飞行甲板与舰体长度相当,甲板上设有两个飞机升降机,分别布置在上层建筑中部和舰艇处。飞行甲板下方设有机库、货舱和车辆甲板。

为了有效降低 LHA－6 两栖攻击舰被敌探测系统发现的概率,美国海军借鉴并采取了 LPD－17 两栖运输舰的成功经验,将其舰岛建筑的外形设计成大倾斜面,同时减少舰体外表面的附属装备和电子天线。在此基础上,还将主机、辅机、传动装置均装在减震隔音双缓冲弹性支架上,减小了水下声呐信号;并且在烟囱排气口、机舱等产生红外信号的主要热源地方设置了热敏式喷水冷却系统,有效减少了强烈的红外信号。

该级舰的动力系统与美国海军以往建造的“黄蜂”“塔拉瓦”“硫磺岛”等各级别两栖攻击舰不同,后三者采用了蒸汽轮机动力系统,而 LHA－6“美国”级则采用了技术先进的燃气轮机－全电推进方式。这种推进方式安静性能好、推进效率高、启动运转速度快,是未来大型水面舰艇动力的发展趋势。目前采用这种推进方式的还有新近服役的西班牙“胡安·卡洛斯一世”级。舰上装有 2 台通用电力公司生产的 LM2500$^+$ 型燃气轮机,功率达到 52 199 kW。此外还装有 2 台电动机,功率为 3 729 kW。最大航速 22 kn。该级舰采用双轴推进,2 个可调螺距螺旋桨。另外,一般大型两栖作战舰艇为了能更好地在复杂岸滩和近海海域遂行作战任务,除了主动力装置外,还会配备诸如艏推进器等辅助动力设施,但从目前美军官方公布的资料来看,该级舰并没有此类设备。

LHA-6"美国"级最值得称道的是其强大的航空作战能力和兵力投送能力。为了提高航空作战能力,增加飞机搭载数量,设计人员对机库甲板面积进行了扩大,设置了2个高帽区,每个高帽区安装了高架起重机用于舰载机维修;同时增加了航空燃油储量,可携带3 400 t航空燃油,几乎是LHD-8舰的2倍,并且储存了更多的飞机部件和保障设备。该级舰可有效搭载近38架舰载机,其典型搭载模式为:12架MV-22、4架CH-53K"海上种马"直升机、8架AH-1W"超眼镜蛇"武装直升机、4架MH-60S直升机以及10架F-35B联合作战飞机。此外,该级舰还增强了两栖运输能力特别是货物和车辆的运输能力,舰内货舱容积达3 965 m^3,车辆甲板面积为2 362 m^2,能够容纳先进两栖突击车(AAAV)、M1A2主战坦克等装甲车辆、1 800人的海军陆战队及其装备。

提供较强的远洋作战支援能力是该级舰设计的主要目标之一,因此在设计过程中设计师们强调注意改善舰员的居住性和医疗卫生条件。按照要求,该级舰配备了1家600张病床的医院、6个手术室、4个牙科治疗室、1个X射线室、1个血库和几个化验室。同时该级舰将内部舱室用防火墙隔开,安装固定的泡沫灭火系统,并采用非燃材料,改善了防爆防火能力,提高战舰的生命力。

与"塔拉瓦"、"黄蜂"和LHD-8这些现役的美国海军两栖攻击舰一样,自恃有强大水面舰艇编队护卫的LHA-6没有装备过多的攻击性武器,只配备了2座20 mm 6管MK-15 Block1B"密集阵"近防炮、2座21联装RIM-116"拉姆"近程舰空导弹发射器、2座RIM-162"先进型海麻雀"(ESSM)舰空导弹发射装置和7挺MZ机枪,显得相当精干简练。

其中"密集阵"Block1B在原型号的基础上进行了改进,除火炮架构不变外,安装了改进型波段搜索与跟踪雷达、新型炮内控制站和遥控站,对计算机火控系统进行了升级,并加装了前视红外(FLIR)摄像机,可进行24小时的被动搜索跟踪,具有多光谱探测和跟踪能力,提高了强电磁干扰环境下近程反导能力。同时,"密集阵"Block1B对火炮身管进行了改进,炮管比原来更长、更重。新系统通过简化炮弹的散射模式和使用新型炮口抑制系统提高了近防系统的射击精度。所使用的MK244"增强毁灭性弹药"是现在使用的MK149弹药的改进型,在发射初速不变的情况下,打击目标时提高了近50%的贯穿动能,对反舰导弹、快艇和飞机的杀伤力更大。该系统的最大射速为4 500发/分钟,最大射程3 km。

"拉姆"导弹是美国海军新一代防空盾牌,它采用了"响尾蛇"导弹的外形、战斗部与发动机,采用"尾刺"导弹的红外导引头。由于体积小,对舰艇雷达和电子系统要求低,可以广泛搭载于大型军舰和小型战斗艇以及商船上。经实弹拦截实验,成功率相当高,美军已经在最新建造的新型舰艇上普遍安装此型导弹,用以替代部分"密集阵"近防炮。"拉姆"导弹全长2.79 m,弹体直径127 mm,翼展262 mm,导弹重70.9 kg。导弹最大飞行速度超过2Ma,机动过载大于20 g,导弹作战半径为9.6 km。

“先进型海麻雀”是“海麻雀”导弹的最新改进型，是针对 RIM－7“北约海麻雀”进行改进的国际合作项目，官方编号 RIM－162。虽然该导弹是以 RIM－7P 为基础设计的，但是两者几乎没有什么相似的地方，是一种全新的导弹。它是一种尾控（即正常式布局，控制舵面在尾部）的导弹，采用了类似标准舰空导弹的小展弦比弹翼加控制尾翼的布局方式，代替了原来的旋转弹翼方式。采用推力矢量系统，可以使导弹的最大机动过载达到 50g。导弹还采用了全新的单级大直径（254 mm）高能固体火箭发动机，新型自动驾驶仪和钝感高爆炸药预制破片战斗部，有效射程与 RIM－7P 相比显著增强，达到了中程舰对空导弹的标准。ESSM 采用了大量现代导弹控制技术，惯性制导和中段制导，X 波段和 S 波段数据链，末端采用主动雷达制导。这种特殊的复合制导方式可以使舰艇面对最为严重的威胁。据悉，LHA－6 舰将装备采用 MK29 箱式发射系统的 RIM－163D 导弹。

鉴于该级舰将作为美国远征打击群的核心与主力，其作战指挥系统配置不会低于 LPD－17 级两栖船坞运输舰。舰上将装备海上全球指挥控制系统、海军战术指挥支援系统、JTIDS 联合战术信息系统、AN/USQ－119（V）27 联合海上指挥信息系统、AN/KSQ－1 两栖攻击指挥系统、Link16 号数据链等一系列先进的濒海两栖作战系统。

5. 意义和影响

2007 年 10 月 17 日，美国对其海上战略进行了冷战结束后最重大的一次调整，由海军、海军陆战队、海岸警卫队共同拟定统一的海上战略——《21 世纪海上力量合作战略》。该战略报告指出，美国目前面临的是遍布世界的各种威胁，美国的海上力量既要致力于打赢战争，又要增强防止战争的能力，重视将战争遏制在发生之前。美国的海上力量必须要拥有 6 种核心能力，即前沿存在、威慑、海上控制、力量投送、海上安全以及人道主义援助和灾难应对。其中最重要和最基础的就是前沿存在和力量投送能力，并且通过全球灵活机动部署来保卫美国的利益，并对敌人进行震摄和打击。

美国海军认为，与新海上战略的要求相比，其远程独立作战能力和前沿部署能力远远不足。因此，为适应新军事战略的调整和未来作战需求的变化，美国海军将会对现有部队重新进行编组，建设更多的远征打击群。根据美海军全球作战兵力构想，美国海军未来主战力量将由 12 支航母打击群、12 支远征打击群、9 支水面作战群和 4 艘经过改装的“俄亥俄”级核潜艇组成。远征打击群将在原来两栖戒备群力量的基础上增加 1 艘“提康德罗加”导弹巡洋舰、1 艘“阿利·伯克”级驱逐舰、1 艘护卫舰和 1 艘核攻击型潜艇。

随着能够搭载 F－35B、MV－22 和更多作战人员的 LHA－6“美国”级新型两栖攻击舰陆续服役，美国海军远征打击群将形成以 LHA－6 为核心、“圣安东尼奥”级两栖船坞运输舰和“惠德贝岛”级船坞登陆舰为中坚的兵力格局，整体的力量投送和前沿存在能力将会在现有基础上大幅增强，所担负的作战任务也会较现在有更大拓展，作战地域将会向对手陆地边界更加接近。

3.3.2 “西北风”级两栖攻击舰

“西北风”级两栖攻击舰是法国二战后开发的第四代两栖舰,能够搭载 16 架直升机、4 艘登陆艇、70 辆装甲车(包括 13 辆坦克)以及 450 名士兵。该舰还建有配备了 69 张床位的医院。据中国之声《新闻纵横》2009 年 11 月 25 日 7 时 52 分报道,法军一艘“西北风”级两栖攻击舰正在俄罗斯圣彼得堡进行访问,这种现代化的攻击舰也是俄罗斯想向法国购买的。2009 年 12 月 14 日,俄罗斯国防部消息称,俄罗斯和法国代表团本月底将举行会谈,商讨购买法国“西北风”级两栖攻击舰事宜。2013 年 1 月 26 日,俄罗斯副总理罗格辛称“西北风”级无法在低温下工作。

1. 基本信息

“西北风”级两栖攻击舰是法国第二次世界大战后开发的第四代两栖舰,用于替代 20 世纪 60 年代服役的“暴风”级船坞登陆舰,满足法国海军对于兵力投送和指挥的需求。

2. 建造背景

“西北风”级两栖攻击舰是法国为适应北约组织增强战略海上输送能力要求而建造。法国本已有一支较强的两栖舰队,装备有两艘“闪电”级和两艘“暴风”级大型两栖船坞登陆舰,其中“闪电”级还属于 20 世纪 90 年代服役的新型战舰。但法国海军认识到,法国只有

法国“西北风”级两栖攻击舰

一艘“戴高乐”号航母在役，假若“戴高乐”号航母需大修或修整时，便不能提供多国作战的指挥平台和有力支援垂直登陆的舰艇，这与它身列海上强国的地位太不相称。况且，“暴风”级年过四十，设备已陈旧，也难适应现代作战的需要。

2000 年法国海军与舰艇建造局签订 4.72 亿美元合同，以商业标准建造“西北风”级两栖攻击舰，2002 年完成设计。太平洋船厂负责建造舰首部分和舱室模块，布雷斯特船厂负责建造舰中、舰尾和全舰总装合拢任务。

3. 性能结构

(1) 联合作战区域

“西北风”级具有较强的指挥能力。舰上联合作战区域面积约为 850 m^2，该区域采用开放式结构，可自由安放移动式指挥设备以及相关终端和显示器，一共可配置 150 个操作员工作站。

(2) 作战管理系统

该舰还设有专用的通信航空控制和作战管理的作战区域。舰上安装的 SENIT 9 作战管理系统可以提供实时的指挥和控制。

(3) 飞行甲板

该舰的飞行甲板面积为 5 200 m^2，设有 6 个直升机停机点，可同时起降 6 架直升机。6 个直升机停机点中 5 个可停放 16 t 的直升机，最前端停机点可承受 CH－53“超级种马”直升机 33 t 的质量。

(4) 装载能力

“西北风”级两栖攻击舰装载能力很强。飞行甲板下是面积达 1 800 平方米的直升机库，可停放 16 架 NH90 或“虎”式直升机。舰上设有面积 1 000 平方米的车辆库，可装载 60 辆装甲车或 12 辆“勒克莱尔”坦克。舰后部有大型坞舱，坞舱尺寸为 57 m×5.4 m，能够容纳 4 艘通用登陆艇或 2 艘 LCAC 气垫登陆艇。

(5) 多元化任务能力

该舰还设有 69 张病床的医院，保障 45 天生活需要的生活用品舱。高新技术提高了“西北风”级舰的自动化程度。它可以遂行两栖作战任务，可以执行空降、维和、救援、打击海盗等任务，可以担当多国部队联合作战指挥舰任务，也可以承担各种支援任务。它是一种整体性能优良的新型多功能两栖攻击舰。

4. 性能参数

排水量/t	标准 16 500 t,满载 21 300 t
舰长/m	199
舰宽/m	32
吃水/m	6.3
动力系统	柴电动力,4 台柴油机(其中 1 台为辅助动力),2 台 Mermaid 推进电机,双轴
航速/kn	18.8
续航力/n mile/kn	11 000
航员编制/名	160 名(军官 20 名) +900 名

(1)武器装备

①武器系统:2 门 Breda - Mauser 30mm 舰炮,4 挺 12.7 mm M2 - HB 重机枪,2 座西北风 Mistral 防空导弹发射装置。

②运载能力:武装人员 450 人,60 辆装甲车,230 辆车,4 艘 LCM 通用登陆艇,2 艘气垫船。

③舰载机:16 架重型直升机或 35 架轻型直升机。

(2)电子信息系统

①DRBN - 38A Decca Bridgemaster E - 250 导航雷达;

②MRR3D - NG 对空/海警戒雷达;

③2 套 optronic 火控系统;

④"西尼特"作战数据管理系统;

⑤SIC - 21 指挥支援系统;

⑥1 套"锡拉库斯"3 卫星通信系统;

⑦1 套国际海事卫星通信系统;

⑧1 套舰队卫星通信系统;

⑨11 号和 16 号数据链;

⑩火控系统为两套光电系统,1 套 ARBR - 21 雷达告警装置,1 套侦听测向系统等。

5. 舰艇优势

(1)高性价比

法国海军给"西北风"级两栖攻击舰起的绰号是"好用不贵",它可以装载大量登陆作战部队和装备，也可以充当指挥舰执行海外干预任务，必要时还可以摇身一变成为一所“海上医院”。“西北风”级两栖攻击舰可完成一部分只有航母才能完成的任务，但其造价只有航母的10%。

(2)随时待命出航

除了容量大，西北风级两栖攻击舰还可以365天随时待命出航。舰上4台柴油交流发电机的大修间隔时间达1.2万小时，检修时间只需36小时，并可在航行中进行。这种优势使得“西北风”级两栖攻击舰能够随时应对全球各种突发事件。

(3)多用途性

此外，“西北风”级两栖攻击舰还可承担联合军事行动的准备和指挥工作。军舰上可设置一个“舰载操作级别”的指挥所，即在距最接近作战区域的海岸28 km的地方设置一个参谋部，为其配备指挥一次作战行动所必需的全部现代化装备，尤其是通信设施。

“西北风”级两栖攻击舰

(4)住宿条件良好

从行动中得出的教训表明，长时间保证舰上部队的正常生活是必要的。在“西北风”级两栖舰上，450人的部队拥有一个150 m^2 的体育馆，而且每4人或6人一间的舱室，足以与豪华邮轮的舱室相媲美。

“西北风”级两栖攻击舰是俄海军获得的第一艘外国军舰，同时也是俄罗斯国防部最大一笔海外军购。俄谋求采购法制军舰的计划折射出俄军工业界的处境。据悉，俄军方之所以打算从法国购买“西北风”，主要原因在于俄军缺少类似的舰船。与法国产品相比，俄罗斯产舰艇无论建造工艺还是兵力投放能力都有明显差距。长期以来,俄海军一直都没有真正意义上的两栖攻击舰。

3.3.3 韩国“独岛”号两栖攻击舰

“独岛”号两栖突击舰为“独岛”级两栖攻击舰首舰,也是韩国海军第一艘全通甲板式两栖攻击舰。2005 年 7 月 12 日下水,2007 年 7 月 3 日服役,直通式甲板设计,可起降直升机或短距/垂直起降战斗机,但没有装置协助飞机起飞的滑跃式甲板,“独岛”号暂未配置舰载机。

1. 设计特点

(1)舰体设计

“独岛”号拥有类似美国“塔拉瓦”级两栖突击舰、“黄蜂”级两栖攻击舰类似的构型,都采用类似航空母舰的长方形全通式飞行甲板以及位于侧舷的舰岛,并设有可装载登陆载具的舰内坞舱,登陆载具由舰尾的大型闸门进出;不过相较于前述两种美国突击舰,“独岛”号的尺寸与吨位明显小得多。“独岛”号拥有完善的机能,将两栖攻击舰、船坞登陆舰、大型运输舰、灾害救护船的机能结合于一身,能在全球任何水域作业。“独岛”号的水线面积颇大,舰首部位略带弧状,使其具备良好的压浪性,在恶劣海况下能减轻舰体的摇晃。“独岛”号采用钢质舰体,划分为 15 个甲板,舰体下部各舱房部位均互不相通,各自独立,以达到局限

韩国“独岛”号两栖攻击舰

战损的目的。为了提高生存性,“独岛”号在许多重要部位都加装钢质装甲,舰内并划分为五个火灾防护区域与三个核生化防护区域,即便有三个水密隔舱破裂也能不会沉没。虽然以军规的标准来达到高生存性,但“独岛”号在不少地方仍采用普通商船的标准建造,为了降低成本与复杂度,每艘“独岛”号的成本控制在与一艘“宙斯盾”驱逐舰相当的水平。舰岛前方设有一具出力 19 t 级的大型起重机,用来装卸登陆载具与物资。“独岛”号的外观具有一定程度的隐身设计,舰岛与舰体造型力求简洁,尽量减少开口与突出物,此外舰岛与其上的塔式桅杆也都采用倾斜表面以降低雷达截面积。

(2)动力系统

动力方面,最初外界推测“独岛”号应会配备四具柴油机,各可输出 8 000 匹轴马力,带动双轴 CRP 可变距螺桨;然而,实际上“独岛”号却不惜血本地使用高速性能较佳的复合燃气涡轮与燃气涡轮(COGAG)系统,使用四具美国通用电气公司授权三星集团生产的 LM－2500 燃气涡轮机,搭配两套十分耐用的 Franco Tosi 变速箱与齿轮组,驱动双轴五叶片可变距螺旋桨(符合 MIL－S－901D A 级标准以及美国海军可变距螺桨规范),最大航速 23 kn。

(3)电子系统

“独岛”号拥有完善的指管通情系统,能执行两栖、水面、空中乃至于反潜作战中,相关的指挥、管制、通信、情报搜集、监视侦察等作业。“独岛”号的飞行甲板与机库甲板之间设有一间面积达 1 000 平方米的大型资讯作战中心,作为两栖登陆作战、空中战管以及周边友军舰艇的指挥管理之用,而英国 BAE 提供的 KDCom1 作战管理系统便安装于此。KDCom1 负责统筹两栖作战、航空管制、海上作战以及舰艇本身的防空自卫,采用分散式架构,以美国军规的 ADA 语言撰写,拥有八个多功能显控台,由一组 FODMS 二余度光纤资料多路传输系统连接,总共有 100 个处理器。雷达方面,韩国选择了较为新型但也比较昂贵的 SMART－L。除此之外,LPX 的主桅杆顶端还装有一具 Thales 的 MW－08 3D C 频中程对空/平面搜索雷达,这是从 KDX－1/2 驱逐舰就开始沿用的装备,而舰上的电子战系统为 SLQ－200(V)5K SONATA。为了强化在近岸作战的视觉侦测能力,“独岛”号还配备一套光电日/夜间监视与目标追踪系统(TEOOS),与舰上的战斗系统连接,能全自动地在三度空间内搜索并追踪敌方目标,即便在恶劣气候下也有良好的效果。TEOOS 整合有两具日间用电视摄影机、一具微光电视摄影机、一具信天翁(Albatross)第三代焦平面凝视阵列红外线热影像仪、一具 Cilas 护眼激光测距仪,其影像透过 KDCom1 作战系统,能显示于作战资讯中心或舰桥的任何一个显控台上。

(4)舰载武装

武装方面,“独岛”号装备两种防空自卫装备,第一是同被 KDX 系列驱逐舰采用的荷兰守门员近迫武器系统,两门分别位于舰首以及舰岛末段;第二种则是一具位于舰岛顶端的美制 21 联装 MK－49 公羊(RAM)短程防空导弹发射器,此武装也已经被韩国 KDX－2 导弹驱逐舰采用。

（5）运输设计

“独岛”号舰体后段的舰内坞舱长26.5 m，宽14.8 m，可容纳两艘美国军规的LCAC气垫登陆艇或12辆美国新一代的AAAV两栖运兵车。“独岛”号编制320名船员，另可搭载600～830名全副武装的士兵（标准为720名），此外可携带登陆所需的装备与物资，包括战车、装甲车、炮兵武器与弹药等，例如舰内车辆甲板可搭载10辆主战坦克。连同舰上的两栖登陆载具与直升机，“独岛”号共可携带5 000 t的相关物资装备。

（6）舰载机设计

“独岛”号可搭载10架中/大型运输直升机，其飞行甲板长179 m，宽31 m，甲板的一侧共设有五个直升机起降点，可同时供五架直升机起降操作，舰岛后方另有两个直升机停放点。下甲板的机库挑高占两层甲板，长115 m，宽29.6 m，最低高度6.2 m，能容纳10架SH－60直升机或EH－101等级的直升机并进行各类维护作业，或者用来放置车辆与装备；此外，舰岛前、后方各有一个用来运送直升机往返于机库与飞行甲板间的大型升降机。现韩国海军与海军陆战队都没有装备运输直升机，因此韩国势必得采购一批新的中/大型运输直升机，可考虑的机种包括欧洲的EH－101、美国CH－47、CH－53等；而在想象图中，“独岛”号停放的则是韩国陆军现役的美制UH－60黑鹰式中型通用直升机，此外应该也会考虑美制MH－53之类的重型扫雷/运输直升机。根据韩国海军的设想，“独岛”号能以5至8架直升机，在30分钟内将登陆部队输送完毕，并担负登陆作战的空中警戒任务。

现尚无具体资料判定“独岛”号的原始设计是否可以操作F－35B这样的STOVL战斗机，不过其甲板、机库与起降机尺寸都足以容纳；韩国已经在考虑购入F－35战斗机系列，作为空军未来主力机种之一。

2. 主要参数

“独岛”号攻击舰主要参数

舰长/m	200
舷宽/m	30
吃水/m	7.0
排水量/t	标准13 500 t 满载19 000 t
动力系统/轴马力	4×LM－2500燃气涡轮/120 000 双轴CRP
续航力/n mile/kn	8 000
舰载武装	2×守门员近迫武器系统 1×21联装MK－49垂直发射系统
乘员/名	船员320名 搭载部队600～830名

3. 作战任务

空中、水面监视和目标探测，海上、空中和两栖作战指挥及控制、通信、电脑和情报搜集，对海和反潜作战。

4. 指挥控制系统

由于并非火力作战型舰艇，“独岛”号的武器系统偏重于自卫。其在岛型建筑的舰桥顶装备了一套“拉姆”近防导弹系统，以及两座30 mm“守门员”近防炮，一座在飞行甲板前部，1座在岛型建筑后。在两烟囱间安装了SMART－L三坐标雷达（下水时未安装雷达实机），像各种电子对抗系统、导航系统和通信系统等也是必不可少的。另外，在舰尾右舷处还可以看到SLQ－25鱼雷诱饵发射器。虽然武器谈不上强大，但登陆舰所执行的任务比较多元化，搭载的飞机、坦克、车辆等装备类型也非常多。因此“独岛”号的指挥控制系统复杂。除本舰的防御外，还要承担舰艇编队作战、登陆卸载、航空管制等多种指挥控制任务。因此其必须有先进的C4I系统作为保证。

“独岛”号是根据韩国新的舰队整备计划建造的。韩国海军预计到2020年可建立2～3支快速反应舰队，每支舰队包括一艘“独岛”级两栖攻击舰、一艘KDX－Ⅲ防空驱逐舰、2～3艘KDX－Ⅱ多用途驱逐舰、一定数量的FFX护卫舰及2艘AIP型潜艇。“独岛”级在编队中将扮演中枢指挥舰角色。

“独岛”号现在的主要问题是国产化不够彻底，搭载的动力、武器和电子系统基本都是引进自欧美或按许可证制造。

5. 甲板布局

“独岛”号主舰体由三层甲板构成。飞行甲板下面的2号甲板在除船坞和升降机部分外的空间设置了作战与指挥舱室，直升机飞行员和陆战队员（700名）的居住空间也在这里。下面的3号甲板是从前到后全通的车辆甲板兼机库，艉部是稍向下倾斜的船坞装卸机构。这层甲板占据了通常两层甲板的高度。

“独岛”号的坞舱内可收容两艘LSF－Ⅱ气垫登陆艇（LCAC），这需要有至少60 m的长度，但又有消息称该舰在距离舰尾50 m左右的位置上设置了升降机，因此“独岛”号能否保证60 m坞舱长度实际上还有疑问。另外，“独岛”号飞行甲板下部的舷侧开口很少，舰内LCAC运转时会释放出大量高温气体，因此其吸排气处理也令人困惑。需要指出的是，LSF－Ⅱ登陆艇长26.4 m，宽14.3 m，搭载量60～75 t，航速40 kn，该登陆艇由韩国公司在美国LCAC基础上改进而来，尺寸要大一些，但从其完成想象图来看外形与基本配置应该一样。“独岛”的3号甲板两舷可能设置有防水和吸排气机构。除车辆甲板下的动力室等区域，主舰体下大部分空间被压舱物箱和抽水机室占据。这是欠缺平舱和吃水调整的登陆舰所必需的东西,当然舰底部分的罐类平舱物配置与“日向”号肯定有很大不同。有消息显示该舰的车辆甲板可以容纳70辆坦克和200辆卡车,这个数字似乎有点夸张。不过车辆甲板面积很大确是事实,通常能够同时搭载10架直升机和2辆坦克。也可以设想在车辆甲板中满载登陆用两栖车辆的情形。飞行甲板右舷装备有航空指示灯,设计搭载的直升机为UH-60、NH-90或EH-101,这些飞机将主要用于垂直登陆或纵深补给,“独岛”号的岛式建筑也有两根烟囱。因为采用的是柴油机,所以吸排气空间并不那么必要,岛式建筑后部有增设直升机库的冗余空间。根据需要未来可搭载UH-60多用途直升机和AH-1攻击直升机。这种在岛式建筑中设置机库的方式实属罕见。舰桥为两层,上部用作舰队司令室,下部为本舰用。每个舰桥都向飞行甲板一侧突出,可能是航空控制室。

拥有“独岛”号之后,韩国海军的两栖武力投送能力有了相当大的质变与量变,因为先前韩国海军两栖舰队的主力只是几艘老旧的战车登陆舰而已,若想实行空中垂直机降作战,则非得靠美军的协助不可。单凭一艘“独岛”号,就能迫使朝鲜增加两个师的海岸警备兵力,牵制效果极大。然而,韩国海军的大洋化,绝非只是针对朝鲜,不仅要在黄海、东海与日本、中国一争长短,更是韩国积极参与国际事务(如人道、维和行动以及反索马里海盗等)的重要平台。韩国海军希望未来能拥有至少三艘“独岛”号,组建两个随时能出动的机动舰队,每个舰队以一艘“独岛”号为核心;其中一个舰队在韩国东、西海岸担负机动作战任务,另一个随时待命支援,这使韩国海军不仅能有效捍卫海运线与海上经济利益,遇到突发状况时也能迅速投送武力,对周边地区颇有影响力。

第4章　典型航空母舰解析

4.1　世界主要大国对航母的认识

4.1.1　航母诞生初期对航母的认识

在航空母舰的创生期,“大舰巨炮”的传统理论一直占统治地位。虽然航母已经编入舰队,但主要武器仍然是重炮。在两次世界大战之间的和平时期,各国竞相改建、建造航空母舰,并取得了辉煌的战绩。意大利和德国受“战略轰炸”理论占统治地位的影响没有发展航母和舰基航空兵,失去了对广大海洋的控制权,中远距离作战时,潜艇和水面舰队没有空中掩护,等到认识到这个问题时,海上的失败已经成定局。

4.1.2　美国对航母的认识

第二次世界大战后,“没有制空权就没有制海权”是美国和其他西方国家海军理论的基础,这是美国发展航空母舰的理论依据。美国的工业原料和战略物资多数需要从海上运输进口,而美国在国外的战争卷入和对盟国的战事支持,90% 以上的战争物资也需要依赖海上运输,因此保障海上交通线的畅通是美国海军最重要的任务之一。航空母舰是美国这个超级大国的重要工具,在与其他国家发生冲突以军事力量相威胁时,80% 以上动用了航空母舰。航空母舰还成为美国在全球争夺海洋霸权,支援两栖登陆舰作战,实施兵力投射,利用航空母舰舰载机对地攻击等的重要平台。因此,美国不惜耗费巨资建造航空母舰。但是,美国关于航空母舰的争论早在20世纪60年代初期就公开化了,从70年代初期以后,每当海军提出建造航空母舰时,都会在国会内外引起激烈的争论。

航母的反对者对航母的生存能力提出怀疑,把航母比作“易被击中的孵蛋的鸭子”,1978年参议员卡尔弗在国会辩论中认为:“建造20~30亿美元的航母,它在战争爆发后5分钟就可能被摧毁”。前美国中央情报局局长、退役海军上将特纳则认为“反舰导弹技术的发展已经超过航空母舰技术的发展,航母战是一种正在消亡的海战”,还有一种观点认为“敌人无需击沉航空母舰,只要把它的飞行甲板炸出一些坑穴或者击毁飞机升降机、弹射器或阻拦装置,9万t的航母就会成为高级技术废物”。

而美国海军则认为航母是不可取代的威力巨大的武器系统,航母的设计和建造可以使它在高威胁区作战。由于航母的被动式保护措施包括:三层装甲甲板,23 个水密横隔壁,2 000余个水密舱室,10 个防火舱壁,30 个管损站,具有受损后控制横倾和纵倾的抗倾覆注水能力,可在短时间内矫正 15°的横倾,要害部位又可利用装甲,因此生命力不存在那样令人担心的问题。例如 1969 年 1 月 4 日美国“企业”号航母着火引爆了舰上的 9 枚 500 磅炸弹爆炸,相当于被 6 枚导弹击中,但数小时后它就恢复了飞行作业。他们还举例说明:在越战中有 400 架陆基飞机被摧毁,4 000 架陆基飞机被击伤,但没有一架航母飞机被摧毁或击伤,因此海军作战部长黑沃德认为“真正容易被击中的目标是固定的陆基飞机而不是活动的海上机场”。

反对方对此并不认可,认为“企业”号航母的例子并不能说明问题,炸药在飞行甲板上爆炸使大部分动能无害地逸向空间,而苏联导弹将在穿透甲板后爆炸,因此不能相提并论。他们也举例子在二次世界大战中美、英、日三个交战国 30 艘航母被击沉,其中被潜艇击沉的航母占主要水面舰艇的 1/3,考虑到当时在役的战列舰和巡洋舰的数量比航母多得多,因此航母被击沉的机会更大。

由于大型航母的造价过高,有人主张建中小型航母,理由是大型航母再好也不能同时在两个地方作战,而美国需要更多的航母,一艘“尼米兹”级航母的费用可以建造 3 艘 4 万 t 级的中型航空母舰,因此只有发展中小型航母才能使美国海军航母的数量达到要求;海军把主要攻击力集中在少数航母,损失一两艘航母就会严重影响海军的战斗力;一艘“尼米兹”级航母的造价等于 16 艘“佩里”级护卫舰,建造了价格昂贵的大型航母就不能建更多的其他舰艇,会使海军的舰艇总数越来越少。但美国海军始终坚持建造大型航空母舰,反对建造中小型航母,理由是 3 艘中型航母和 2 艘大型航母装载的飞机数量相同(188 架),但攻击力并不相等。去掉每艘航母配备的预警机、加油机、侦察机等,2 艘大型航母的战斗机有 140 架,而 3 艘中型航母只有 120 架;较小的航母可能更需要较多的护航舰艇来补偿它的较弱的攻击力;新的中型航母 CVV 的造价可能超过“尼米兹”级航母后续舰的费用。按吨造价计算“佩里”级护航舰的造价是“企业”号的 18 倍。因此美国海军主张建造大型超级航母。

20 世纪 70 年代初,当时的美国海军作战部长埃尔莫 · 朱姆沃尔特海军上将提出了一个采购方案,即所谓“高低搭配”的概念,他建议海军建造的新型航母应该是中等性能的,费用也应该是低廉的小型紧凑的“制海舰”航母,这些新型的低档技术航母不是取代现有高技术航母,而是对其进行补充,可以在低威胁海区作战,以便高技术航母可以集中在高威胁海区作战,但此方案国会未批准建造,认为其不能完成设计使命。

第二次世界大战结束时,美国计划保持 24 艘航空母舰,1967 年的规划还将 1975 年拥有的现役航母定为 20 艘,但从麦克纳马拉时代起,美国国防部的文职分析人员一直认为空军的飞机可以参加多区海军作战,而路基飞机的费用只为舰载机的 1/2,主张要把航空母舰总数减少到 12 艘以下。1975 年海军提出的兵力规划中航空母舰的总数减少到 14 艘,后来被迫接受了 12 艘的计划。20 世纪 70 年代末期，美国卡特政府制定新战略，规定海军的任务将仅限于保护从美国本土至欧洲的海上通道，当时国防部根据新战略曾经计划将航空母舰的数量从 12 艘舰减少到 10 艘，而 1979 年海军曾经表示航母规划数量可以接受的下限是 12 艘。80 年代初期，里根政府的重振海军计划提出新海洋战略，强调海军战略的全球性和进入苏联附近海域消灭苏联舰队的“主动进攻”特点，这成为美国海军提出至少拥有 15 艘航空母舰计划的理论基础，海军提出 15 艘航母和平时期的部署为地中海 3 艘、大西洋 4 艘、西太平洋 4 艘、东太平洋 2 艘、印度洋/波斯湾 2 艘。但反对派认为实现新海洋战略进入苏联附近海域消灭前苏联舰队至少需要 24 艘航母，这在政治上和经济上都是不可实现的，因此新海洋战略是一个不可能实现的战略。

从太平洋战争到伊拉克战争，美国积累了丰富的航母实战经验，对航母的地位和作用体会最深，航母也因此成为战后历届美国政府干预别国内政、称霸世界的最佳利器。美国虽然也曾对航母在核战争中的地位和作用产生过激烈的争论，但最终还是认为即使爆发核战争，航母仍然大有用武之地。

冷战期间，航母为美军参与多场军事冲突提供了保障，为美国政府在政治和经济上赢得巨大利益，也更加巩固了航母在美国海军的核心地位。美国认为航母是一种纯粹的进攻性武器，既可进攻敌海上编队，又能攻击敌方内陆，其作战海域可不受限制地到达世界各地。前苏联解体后，美国没有了能与之在远洋争夺制海权的对手，特别是在提出“由海向陆”的新海军战略后，美国的作战地域一下扩展至敌方近海和陆上国土，海军职能也从舰队决战转向对陆打击，而航母也顺理成章地成为最理想的海上作战平台。

4.1.3　对苏/俄航空母舰的解读

作为前苏联海军的骄傲，一代名舰“基辅”号、“明斯克”号航空母舰，如今都已卸下武装，静静地躺在中国的港口里，改头换面走上了与建造初衷相去甚远的道路。提起前苏联/俄罗斯的航空母舰，似乎总有说不完的话题，但无论是西方国家的军事分析家、还是国内的媒体，对苏/俄航母大多是褒少贬多，甚至在西方国家还有“一文不值”的评论。下面从不同的视角客观地对前苏联海军发展航母的历程及其所取得的技术成就进行分析。

尽管在美、英、法等国海军设计建造航母之初，时任苏联海军人民委员的库兹涅佐夫将军就以其深邃的目光认识到航空母舰将在未来海战中发挥巨大作用，然而当时苏联国内战争连绵，海军奉行的是近海防御、配合陆军作战的指导思想，航空母舰当然也就并非不可或缺，因此没有引起当局最高统帅的重视。

第二次世界大战后，苏联海军得到长足发展，不过仍然只是“灰姑娘”的角色，直到 20 世纪 50 年代中期才提出“大海军”发展战略。在此推动下，被苏联称为反潜载机巡洋舰的“莫斯科”级直升机航母于 1967 年诞生了，但其总体性能及作战能力都很一般。

20世纪70年代,苏联海军开始转向远洋作战,目的是要航行在"五大洲、四大洋的任何角落",于是设计和建造了被称为战术航空巡洋舰的第二代航母——"基辅"级,共建造了4艘,首舰"基辅"号在1975年1月服役。"基辅"级真正具备了航空母舰的作战能力,但由于无法搭较大型战斗机,难以承载"远洋海军"的使命。20世纪80年代,苏联开工建造了第三代航母——"库兹涅佐夫"级重型航母,称重型载机巡洋舰,首舰"库兹涅佐夫"号于1983年2月开工,1991年1月在尚未完成舾装和海试的情况下就提前入役。而2号舰"瓦良格"号目睹了苏联的解体,自身也成为这一事件的牺牲品。

从国家安全的需要出发,可以说,来自美国海军的威胁是苏联航母诞生和发展的催化剂。二战结束后,苏联海军加快发展步伐,但航母之梦总是难以实现。面对美国等西方国家快速发展的航母舰队,1952年5月几度沉浮的苏联海军司令库兹涅佐夫向斯大林提交了发展航空母舰的建议报告,详细阐述了航母在未来战争中的地位和作用。这份报告打动了斯大林,因此决定最迟在1954年建造航母,可惜斯大林在1953年逝世。新任苏共中央总书记的赫鲁晓夫坚持"导弹致胜论",认为航母是"浮动的棺材",中看不中用。而与此同时,美国开始实施"北极星"计划,发展第一代潜射弹道导弹。1959年,装备"北极星"导弹的美国核潜艇抵近苏联近海海域巡逻,使苏联高层大为紧张。紧接着1962年的古巴导弹危机,更让苏联在世界面前丢尽了颜面,这直接促成了主要用于反潜作战的"莫斯科"级航母的出现。

但是到70年代,美苏对抗异常激烈的时候,"莫斯科"级航母在美国海军"尼米兹"级核动力航母面前显得不堪一击,"基辅"级航母就在这种背景下出现了。虽然它比"莫斯科"级进步了不少,然而无法起降重型战斗机,在与美国航母编队的抗衡中占不到丝毫优势。为打破美国海军在深海大洋上的垄断地位,苏联海军精心设计的"库兹涅佐夫"级重型航母便应运而生。

研究苏联海军航空母舰的发展进程,就不能不提到苏联造船工业对苏联海军航母的重大影响。如果把这两者结合起来考察,可以得出这样一个结论:如果造船技术成熟,苏联海军的第一艘航母在20世纪30年代就已经诞生了,而不必等到60年代才建成,而且其坎坷之路也与造船工业的发展缓慢相关。

苏联海军在1925、1927年两次提出改装航空母舰,1936年决定建造航空母舰,但都未能成功,其中技术因素占了相当大的比重。1945年,苏联曾俘获了纳粹德国海军尚未完工的"格拉夫·齐柏林"航空母舰,如获至宝准备拖回国内进行研究,但在拖航途中触雷沉没。之后再度捞起拖至列宁格勒,经详细研究后才将其解体。尽管如此,苏联海军在总结了意大利和法国海军的经验后,借鉴"维托里奥·维内托"号和"贞德"号轻型航母,才在60年代设计建造了"莫斯科"级航母。

苏联海军的航母都由乌克兰尼古拉耶夫的黑海造船厂建造,在建造"莫斯科"级之前经过专门的改扩建。有了"莫斯科"之后,"基辅"级航母的设计和建造工作就顺利得多。而

“库兹涅佐夫”级更被苏联造船业称为“30 年技术的结晶”。就这样,原打算为该级舰安装蒸汽弹射器的计划也因为技术不成熟而没能实现。而核动力航母“乌里扬诺夫斯克”号更成为了苏联海军圆不了的梦。

无论是早期的“莫斯科”级直升机母舰,还是后来的“基辅”级、“库兹涅佐夫”级航母,它们与美国等西方国家海军的航空母舰迥然不同。

设计理念独特:在美国海军中,航空母舰是不列入水面作战舰艇行列的,除舰载机外,它本身仅装备很少的武器装备用于防卫,其设计目的和作战使用无一例外是为争夺海上制空权。而苏联海军的航空母舰则是基于当时对国家面临的主要威胁的判断,有针对性发展而来的一种水面战斗舰艇,其设计理念是不仅要能够搭载飞机,用于制空,还必须装备足够强大的火力,包括比较完善的对舰、防空和反潜武器系统,直接参与海上战斗。

针对美国海军装备“北极星”潜射弹道导弹的核动力潜艇,前苏联在 60 年代研制的“莫斯科”级直升机航母的设计目的就是用于反潜作战,这可以从苏联海军给它取的“反潜载机巡洋舰”的名称中体现出来。其主要反潜武器为舰载卡 -25 型反潜直升机以及 1 座双联装“旋风”反潜导弹发射装置、2 座五联装 533 mm 鱼雷发射管和 2 座 RBU -6000 型反潜深弹发射系统,分别构成远、中、近三层反潜作战体系。此外该级舰还配备 SA - N - 3“酒杯”防空导弹系统,备弹 44 枚。

如果说“莫斯科”级直升机航母还不足以说明问题,那么上述设计理念在 70 年代建造的“基辅”级和 80 年代建造的“库兹涅佐夫”级航母上体现得淋漓尽致。“基辅”级装备的反舰武器有 4 座双联装 SS - N - 12“玄武岩”反舰导弹(西方称“沙箱”)发射系统,另备弹 16 枚。该型导弹射程 500 km 以上,飞行速度接近 $2Ma$,专门用于打击美国海军的航母战斗群,仅凭这种导弹就可控制方圆几百海里的海域。防空武器包括 2 座双联装 SA - N - 3“酒杯”和 2 座双联装 SA - N - 4“壁虎”防空导弹系统,总备弹 112 枚。

“库兹涅佐夫”级航母继续沿用了这一设计理念,它是冷战时期苏联赶超美国的关键海军装备项目,舰载武器装备更加先进,布置更加合理。反舰武器是 12 单元 SS - N - 19“花岗岩”远程超音速反舰导弹发射系统,位于舰首滑跃起飞跑道后端甲板下,导弹射程 550 km,西方国家将它称为“海难”,可见其不同寻常。它是世界上威力最大的反舰导弹,目标就是美国海军的航母作战群。防空武器有 4 组(每组 6 单元)SA - N - 9“长手套”近程舰空导弹系统,备弹 192 枚。另外还有 8 座“卡什坦”CADS - N - 1 弹炮合一近防武器系统及 8 座 6 管 AK -630 近防火炮系统。

外型独特:由于设计理念的不同,直接导致苏联海军航母的外型独具特色,只要把它与美国等西方国家的航母稍作比较就一目了然。苏联海军的航空母舰自身作战能力不亚于一艘先进的导弹巡洋舰,因此,其实质就是把航母的载机能力与巡洋舰的反舰、防空作战能力合而为一。无论在外型上还是在作战能力上,都可以用这样一个算式来描述苏联海军的航空母舰:普通航空母舰 + 导弹巡洋舰 = 苏联航空母舰。为完成这一整合,苏联为其航空母舰设计了与众不同的外观。而且早期的“莫斯科”级直升机航母与之后的“基辅”级、“库兹涅佐夫”级航空母舰之间的差别又非常大,三者各树一帜。

“莫斯科”级直升机航母是把巡洋舰与航母前后融合在一起。舰的前部类似导弹巡洋舰,像台阶一样的舰桥上布满导弹发射架和各种雷达、天线等装备,舰桥中部垂直切下;后部则是宽阔的直升机飞行甲板。“莫斯科”级标准排水量 11 200 t,满载排水量 19 000 t,舰长 189 m,宽 34 m,飞行甲板长 81 m,宽 34 m,最多可同时搭载 30 架直升机,一般情况下只搭载 15 至 20 架,也可携载数架垂直起降战斗机。

“基辅”级中型航母是把航母与导弹巡洋舰融合在一起。舰的左侧是平坦宽阔的飞行甲板,右侧怎么看都像一艘重型巡洋舰。舰体由飞剪式方艏、方艉,高耸的岛式上层建筑和斜角飞行甲板组成,两舰的尺寸、性能相同,全长为 273 m,宽 42. 7 m,吃水 10 m,飞行甲板长 189 m,宽 20. 7 m,标准排水量 36 000 t,满载排水量达 43 000 t。舰首甲板上密密麻麻地布置有火炮、反舰导弹、防空导弹、反潜武器等装备。飞行甲板为全通型,载机量为 33 架,分别为 12 架“雅克”-38“铁匠”短距/垂直起降飞机,19 架卡 -25“激素” -A 或卡 -27“蜗牛”反潜直升机,另外 2 架卡 -25“激素” -B 改进型直升机用于反舰导弹的超视距引导。

“库兹涅佐夫”级重型航母则把航母与导弹巡洋舰融合得更彻底,更显得“无形”,它把占据较大面积的反舰导弹发射装置置于甲板之下,防空导弹系统则分布于舰的四个角落,具备了超级航母的雏形。与前两级航母相比,最大的不同就是采用了 12°的滑跃式起飞甲板。飞行甲板面积 14 700 m^2,斜直甲板分明,斜甲板与舰体轴线呈 7°夹角,长 105 m 的直甲板前部 60 m 倾斜向上,可搭载 16 架雅克 -141 超音速短距/垂直起降战斗机、12 架苏 -33 或米格 -29K 战斗机以及 4 架卡 -27LD、18 架卡 -27PLO、2 架卡 -27S 直升机。

尽管苏联海军的航空母舰别具一格,火力强大,但毋庸置疑它们还远远没有达到能与美国海军的超级航空母舰相抗衡的地步,这也许是它永远的遗憾。可苏联航母也远非像西方国家所贬斥的“一无是处”,可以这样形容,苏联海军的航空母舰是一杯“伏特加”,也许不具备西方所喜爱的咖啡那样的浓香,但细细品味,就能发现它更适合苏联的“气候”和苏联人的“口味”。

首先是滑跃式起飞甲板开辟了航母舰载机助飞的新方式,为发展中国家海军设计和建造航母指出了新思路。众所周知,小型航母只能搭载直升机和垂直起降战斗机,美国海军的大型航母则一律采用蒸汽弹射器,苏联海军的“库兹涅佐夫”级航母则突破大型航母使用传统的蒸汽弹射器的思路,另辟蹊径地采用了 12°滑跃式助飞甲板,使重型固定翼战斗机上舰部署成为可能,堪称一项伟大的技术革命。

虽然这一设计首先出现在英国海军的轻型航空母舰上,然而它使用的战斗机主要是短距/垂直起降战斗机。苏联海军则将滑跃助飞甲板设计技术发扬光大,并成功运用到“库兹涅佐夫”号重型航空母舰上,使其成为世界上第一艘无需弹射器就能起降重型固定翼战斗机的航母。这种设计既避免了舰载机特殊设计上的复杂性,又减轻了舰载机弹射时所必须承载的重负。

在通常情况下，飞机通过弹射器起飞时不仅要冒纵向过载的风险，而且还有可能在风大浪高的恶劣气候条件下沿着倾向海里的甲板冲入大海的危险，所以舰载机飞行员在弹射起飞时心理压力都很大。苏联通过多年研究的岸基试验，把思考的角度从航母平台转向舰载机，通过加大载机的推力实现超短距起飞，仅仅依靠一段倾斜的滑跃式甲板而无需任何外力就可自主起飞。原计划第二艘使用这一设计的就是“瓦良格”号航母，它的滑跃式助飞甲板仰角从 12°增至 12.5°。这一改进的设计可在 10 min 内起飞 12 架次飞机，总重约 20 t 的苏 – 33“海侧卫”战斗机可轻易起飞。只可惜“瓦良格”号航母命运不济。当苏 – 33 战斗机部署到“库兹涅佐夫”号航母上后，由于其追踪目标的距离达 240 km，作战半径超过 1 500 km，因此连美国专家也承认它比美国海军的王牌舰载机 F – 14“雄猫”更胜一筹。而目前美国换装的 F/A – 18“大黄蜂”在某些方面还不及 F – 14“雄猫”。

弹射器技术复杂，只有美国等极少数国家掌握，成本较高，单价高达数亿美元。这两个因素是制约中小国家发展航母的瓶颈。苏联海军的滑跃式助飞甲板为航母舰载机起飞指出了另一条道路。法国海军曾在“福煦”号航母上安装了供“阵风” – M 战斗机起飞的小型滑跃式甲板。美国专家也曾建议在建造未来航母时综合使用滑跃式甲板与蒸汽弹射器。英国的 CVF 航母将采用这种设计。印度在获得“戈尔什科夫”号航母后也改装滑跃式甲板，以便起降米格 – 29K 战斗机。而这一设计更可能成为中等国家海军建造航母时解决舰载机起飞最有效的方法。

其次，把航母的载机能力与巡洋舰的攻击能力集成在一起，增强了航母自身的攻击能力和防卫能力，迄今仍有重要的指导意义。按照西方国家海军的标准，航母就是浮动的海上机场，其攻击能力体现在舰载机上。因此当苏联海军的“基辅”级航母问世后，便被西方国家称为不鸟不兽的蝙蝠，英国军方甚至嘲笑它“投错了胎”。然而这种设计的作用却是十分明显的。

70 年代末，当“明斯克”号航母在黑海之滨建成下水时，苏联海军相当引以为豪，因为该舰集苏联军事工业、造船工业及现代科技于一体，舰上的火炮、航空、导弹、鱼雷及作战指挥系统十分完善，尤其是专门用以打击航母等高威胁目标的 SS – N – 12“玄武岩”超音速反舰导弹令人生畏。因为即使载机能力有限，但其自身的火力对任何目标，包括美国航母作战群来讲都是一种有形无形的威慑。当该舰在 1979 年调至太平洋舰队充当旗舰后，连附近的日本及驻日美军都倍感压力。有一本书叫《“明斯克”号出击》，虚构的就是苏联海军以“明斯克”号为旗舰，跨海占领日本，最后与美国第七舰队决战太平洋的故事。虽然这只是作者的设想，但它却很好地反映了“明斯克”号强大的威力。“明斯克”号尚且如此，先进的“库兹涅佐夫”级更勿庸赘言。

尽管以牺牲舰载机的数量来装备强大的反舰和防空导弹系统与传统航空母舰的发展趋势似乎格格不入，但前苏联是根据当时的国情和技术实力拟定的这一策略，作用不言而喻。而这一思路至今仍具有一定的指导意义,特别是对于发展中国家发展中小型航空母舰而言,鉴于舰载机数量有限,质量跟不上,且不可能为航空母舰配备像美国航母战斗群那样的护航舰队,因此,适当增强航母自身的攻击能力就显得尤为重要。

4.1.4 务实自主的法国航母发展之路

在法国的军队建设中一向重视海军的作用,而航空母舰则作为海军装备的重点受到高度重视。近几年,法国的一些政界和军界的高级官员都在不同的场合表述了这样的观点:"航母是法国外交政策在全世界执行的工具""航母是一个国家力量和声望的象征,航母对海军来说,事关重大""法国跻身于大国行列是由于有了航母""由于独立于北约,而又希望保持能在世界各地介入的能力,我们将保证继续保留航空母舰"。

法国在为航母规定的使命中,非常明确的一条就是要有对地方海、陆目标实施攻击的能力,因此它非常注重航母的先进性,它的现役航母在一开始就配备了攻击机,"戴高乐"号核动力航母就可以搭载40架战斗攻击机。

另外,法国在二次大战后没有走美国和苏联的发展大型航母之路,也没有走英国发展轻型航母之路,而是根据需要和可能坚持发展中型航母。在发展航母的政策上,法国坚持独立自主发展的原则,它的航母,无论是设计、建造还是装备,基本上是利用本国的技术,包括核动力装置、舰载防御武器、各种电子设备,无一不是法国自己设计和生产的,在航空设备中,除了弹射器和预警机外,都是用自己的产品。

法国还注重学习国外的航母先进技术,引进一些必要的设备。例如,20世纪50年代建造的"克莱蒙梭"级航母时,从总体形式到一些关键技术大量地吸收了当时在英国和美国航母上刚刚采用不久的新技术,例如斜角甲板、封艏、采用喷气式飞机等,使得该航母达到了当时的先进水平。在"戴高乐"核动力航母设计时,法国认为美国的弹射器生产技术已经成熟,没有必要自己从头开始研制,因而直接采用了美国的C-13-3型蒸汽弹射器。

法国从20世纪20年代开始建造航母,至今已经走过90多年的历程。如今,法国是世界上除美国之外唯一拥有核动力航空母舰的国家,其海上大国地位也因此得到加强。

回顾法国航母发展之路,务实自主是其发展特色,法国海军坚持循序渐进、据实调整的方针,走出了一条适合自身国情的航母发展之路。

(1)由改建租赁到自主研制

法国航母的发展历程大致可以划分为改建、租赁和自主研制三个阶段。

二战前是法国改建航母阶段。始建于1914年并于1923年开始服役的"贝亚恩"号是法国第一艘航空母舰。该舰最初设计为战列舰,经过三年改造后成为轻型航母。1938年,法国曾决定建造两艘自行设计的航母,但因战争等原因未能付诸实践。

20世纪40年代中期开始,法国进入租赁航母阶段。1946年,法国曾向英国租用了一艘排水量为 11 000 t 的航母。该航母 1951 年正式转让给法国,更名为“阿罗芒什”号。法国在同时期向美国租用了后来被更名为“迪克斯缪得”号、“贝莱奥”号和“拉法耶特”号的几艘轻型航母。

20 世纪 50 年代后期始,法国进入自主研制航母阶段。两艘“克莱蒙梭”级航母“克莱蒙梭”号和“福煦”号分别于 1961 年和 1963 年开始服役。“克莱蒙梭”级航母考虑到新型喷气式飞机上舰和增加载机数量等问题,满载排水量达到 3 万多 t。该级舰在设计中大量吸取美英设计建造航母的先进经验和技术,使该舰达到当时先进水平。如“克莱蒙梭”号满载排水量 32 800 t,舰长 265 m,宽 51. 7 m,最大航速 32 kn。该级舰设计有蒸汽弹射器、斜角甲板、拦阻装置、飞机助降装置等先进设备,可搭载 40 架飞机。

20 世纪 70 年代后,法国海军开始论证替换“克莱蒙梭”级航母的方案,中型、轻型、常规动力、核动力、配备垂直起降或常规起降飞机等多种方案都曾被考虑。最终 1980 年决定建造能搭载高性能战斗机和固定翼预警机的中型核动力航空母舰,即后来的“戴高乐”号核动力航母。

(2)打破美国核动力垄断

1987 年开始建造、2001 年开始服役的“戴高乐”号是世界上唯一不属于美国海军的核动力航母,也是法国海上大国地位的象征。该舰长 261. 5 m,满载排水量 42 000 t,航速 27 kn,拥有两座核反应堆,两套舰首弹射器,可搭载 40 架飞机,全员编制 1 950 人,其中包括舰员 1 250 人,航空人员 700 人。

选用核动力的“戴高乐”号的优势显而易见。首先,航母消耗大量能量,常规动力往往难以满足需求,核动力可为航母节省大量空间和载重吨位。其次,核动力航母在连续高速航行能力上具有常规动力航母无法比拟的优势,并因此减少了航母对基地和后勤支援的依赖。

“戴高乐”号还具有卓越的攻击能力和空防能力。舰上搭载飞机主要包括海基版本的“阵风”战斗机与“超级军旗”攻击机两款法制战机,以及美制的 E-2C“鹰眼”空中预警机。“戴高乐”号配备有非常先进的电子设备与法国最新锐的“紫菀”15 型防空导弹与“萨德哈尔”轻型短程防空导弹系统,使得整体的攻击能力远远超过法国之前拥有过的几艘航母。

“戴高乐”号的特别之处还在于它所采用的隐形设计。该舰舰体上涂敷可吸收雷达波的涂料,使得“戴高乐”号的雷达反射面积比传统航母减少六成。

目前,除美国发展大型航母以外,英、意、西等国都选择建造轻型航母,而法国却独树一帜,根据国情和战略需要,选择了走中型航母之路。

在航母装备上,法国独立发展但又不排斥适当外援。如法国自主研制了“阵风”战斗机,但由于海军规模有限,如自主研制预警机产品难以形成批量,所以引进了美国 E-2C“鹰眼”预警机。这两型飞机加上“戴高乐”号的核动力平台和常规起降飞机,在作战能力上,已经远远超过了只搭载垂直短距起降飞机的英、意、西等国航母。

4.1.5 印度对航母的认识

随着工业化的不断深入,资源短缺逐渐成为全球性问题,海洋的重要性日益凸显,作为海洋开发的后盾,海军建设自然而然地受到越来越多国家的重视。在这一背景下,美英法等西方强国都在热火朝天地进行着一代又一代航母的发展,在关注这些传统海军强国的同时,一个上升中的发展中国家——印度,也引起了世界的高度关注。从外购到自建,印度在航母发展上已经走出了一串坚实的脚印。与传统的海军强国不同,印度的国力并不那么强大,它刚开始发展航母时甚至是很困难的,尽管如此,印度对航母的态度却始终没有动摇过,值得仔细寻味。

印度作为第三世界与中国、阿根廷、巴西、泰国一起拥有航母的其中一个代表,它对航空母舰的发展观具有一定的代表性。

(1)重视海军,发展航母,彰显战略眼光

印度是文明古国,也是一个饱经忧患的国家,16 世纪初开始遭受西方列强来自海上的入侵,沦为英国殖民地长达近三百年。1947 年,印度独立,鉴于历史的教训,其总理尼赫鲁指出:“在印度洋地区,从东南亚到中东,印度将会成为政治中心。从古至今,发展海上力量,建立海权,这是强盛国家的共同特点。”

印度的战略家认为,印度洋对印度的政治、经济和国防具有重大意义。其理由是:①印度洋位于太平洋与大西洋中间,是战略要冲。向印度洋发展,控制印度洋是印度成为 21 世纪强国的必由之路;②在经济上,未来世界各国将转向海洋寻找资源,印度洋也将成为各国争夺的对象,印度理应捷足先登。“决不能作为一名旁观者,而要当大国争夺中的参与者”。③在军事上,“谁能控制印度洋,谁就能支配印度洋沿岸国家”。基于上述原因,印度政界和军界领袖认为,印度洋是印度的“命运之洋”,印度的发展前途将取决于它有一支什么样的海军。

1974 年,印度在其西部海域的孟买盆地发现了大油田,同时又探明在戈达瓦里盆地、保克海峡、孟加拉湾及安达曼群岛等地区的海域,石油和天然气的储量十分可观,证明印度领导人的判断是英明的。

印度前海军参谋长恰特吉指出:印度要成为海权国家,要控制海洋,就必须有有效的空中掩护。因此,印度需要发展能载反潜直升机和垂直起降战斗机的大型水面舰艇——航空母舰。

现在看来,印度人对海洋的认识的确是高人一筹,在“开发太空”战略炒得火热之际,人类的真正的资源争夺战却将毫无疑问地在海洋展开,控制海洋者将拥有充足的发展后劲,为有朝一日在其他争夺战中取胜奠定坚实的基础。

正是由于印度领导人对海洋的高度重视,它在独立第二年制定的海军十年发展规划中提出,要在孟加拉湾和阿拉伯海湾各建立一支以轻型航母为核心的舰队,并逐渐将这两支舰队发展成为具备现代化作战能力的航母战斗群。

尽管国力十分有限,财政也非常吃紧,印度政府还是在 1957 年购进了英国“尊严”级轻型航母的第 5 艘“大力士”号,并将其更名为“维克兰特”号。该舰排水量 20 000 t,于 1943 年 10 月开始建造,1945 年 9 月下水,由于此时二战已经结束,英国于 1946 年 5 月停止建造该舰,此时该舰只完工 75%。印度购入该舰后,英国于 1957 年 4 月继续建造,并对其进行了大幅改装,加装了滑跃甲板。1961 年 3 月印度海军在北爱尔兰首府贝尔法斯特举行了“维克兰特”号的入役仪式,同年 11 月驶回孟买。至此,印度终于实现了拥有航母的梦想,成为战后亚洲第一个拥有航母的国家。

除了航母本身,还要考虑与之相适应的舰载机。当时,印度能为“维克兰特”号选择的舰载机却没有多大的余地。最终“维克兰特”号搭载的是英制“海鹰”(Sea Hawk)舰载机和法制“贸易风”(Alize)反潜机。1971 年该航母参加了印巴第三次战争。在这次战争中,“维克兰特”号航母上的 30 多架舰载机出动 4 000 多架次,控制了战区制空、制海权,共击沉巴海军舰只 8 艘、击伤数艘,击沉商船 42 艘,还成功地执行了海上封锁任务,共炸沉、俘获巴商船 43 艘。

为了进一步提升航母的战斗力,1979 年印度对“维克兰特”号航母进行了大规模改装,但在舰载机的更新换代方面却遇到了很大的困难。由于 1966 年英国工党政府取消了 CVA 计划(新一代攻击型航母计划),又在 1968 年宣布撤销航母编制,此后英国的航母及其舰载机遭到了退役并被拆毁的厄运。由于英国丧失了几乎全部的固定翼舰载机和航母,也使得印度打算采购英国舰载机的计划受阻。

1983 年,英阿马岛海战爆发,英国海军的“全通甲板巡洋舰”(实际上是轻型航母)“竞技神”号和“无敌”号为英军赢得战争发挥了关键性作用。印度海军看中了在这次战争中表现出色的短距/垂直起降的“海鹞”舰载机,1983 年 12 月,印度购进了“海鹞”式舰载机并以之替换了“维克兰特”号航母上的“海鹰”舰载机,1985 年,印度又在该航母上加装了 12°滑跃起飞甲板,完成了对该航母的重大改装升级。

20 世纪 80 年代,随着“维克兰特”号航母服役多年,印度海军制定出了详细的航母舰载机的战斗和战术条令。并以该航母为平台,培养出了一大批军官及士兵,积累了比较丰富的航母作战、使用和维护经验。此时印度已不满足于一个航母编队,迫切希望拥有更多的航母,印度海军总部甚至开始考虑设计、建造国产航母以满足长远需要。但是,此时其技术水平还远远不能自建航母,因此印度仍不得不依靠外购来更新航母。

1986 年,印度以 5 000 万英镑的低价购进了英国退役轻型航母“竞技神”号,将其更名为“维拉特”号,并出资在英国对其进行改装。改装的主要内容是:更新火控系统、导航雷达、助降设备;加装数据链、干扰箔条发射装置;加厚飞行甲板,将滑跃甲板增加到 12°;弹药库和动力舱加装 50 mm 装甲;换装“海猫”防空导弹发射架和 2 座 20 mm 单管炮;并增加了核生化三防设施。1987 年 5 月,“维拉特”号正式加入印度海军,成为驻孟买的西部舰队旗舰。该航母搭载有“海鹞”MK51 型舰载机、“海王”MK42 型反潜直升机和法国“小云雀 3”直升机的印度仿制型,还可根据需要临时搭载“卡 - 28”反潜直升机和“卡 - 31”预警直升机。

1997 年,“维克兰特”号终因舰况太差而退役,此时印度海军只剩下“维拉特”号一艘航母在役。于是印度海军开始寻求新的航母,2004 年 1 月印度与俄罗斯达成了购买俄罗斯“戈尔什科夫海军上将”号航母及其配套舰载机“米格 - 29K”的协议。购进该航母后,印度将其更名为“维克拉马蒂亚”号。该航母现在俄罗斯进行现代化改装,加长飞行甲板,以起降“米格 - 29K”舰载机。为此,拆除了原来的 SS - N - 12 反舰导弹发射管、舰首反潜深弹发射系统、SA - N - 9 垂直发射系统等,增加了飞行甲板面积,并采用了滑跃起飞甲板;位于上层建筑后部右舷的 1 座六联装防空导弹垂直发射系统和靠近舰尾左舷的一座垂直发射系统也被拆除,改为停机坪和布置阻拦索。原有的两部飞机升降机中,一部仍保留 20 t 的提升能力,而上层建筑左侧的一部提升能力则提高到 30 t。印度打算为“戈尔什科夫海军上将”号航空母舰购买 50 架“米格 - 29K”舰载机,以保持在航母服役后有 2 个可换防的舰载机联队。除“米格 - 29K”外,俄还要向印度提供“卡 - 28”舰载反潜直升机及“卡 - 31”预警直升机。

“维克拉马蒂亚”号航母搭载“米格 - 29K”舰载机,将使印度海军海上制空能力大幅提高,其作战能力已优于英、意等西方国家的现役轻型航母。

(2)酝酿国产,开始初步设计

除积极外购航母外,印度海军很早就开始酝酿航母的国产化问题。20 世纪 70 年代末 80 年代初,印度曾设想在大型游轮上加装一层平坦宽大的飞行甲板来充当航母,但试验并未成功。随着 20 世纪 80 年代后期印度“大国海洋战略”的确立,航母的重要性更加突显,航母国产的呼声更加高涨,于是,印度人从航母的设计入手,开始了航母国产的征程。

对于设计航母来说,除了机库、动力舱、燃料舱和弹药库等重要部位的布置外,最重要的关乎到航母实战能力的就是飞行甲板及与舰载机作业相关的设计,它们直接关系到航母能够起降什么样的舰载机。研究表明,若要能够起降常规高性能舰载机,航母的飞行甲板长度须达到 278 m,其标准排水量相应须达到约 6 万 t;如果不搭载像 F - 14 这样的重型舰载机,航母的飞行甲板长度可缩减到 248 m,其标准排水量则可相应缩减到 3.5 ~ 4 万 t;如果只要求能够起降短距/垂直起降舰载机,航母的飞行甲板长度可进一度缩减到 198 m 至 213 m,其标准排水量则可缩减到最少 2 万 t。

在 20 世纪 80 年代印度海军开始考虑自行建造航母时,印度就为飞行甲板及相关设计大伤脑筋。当时,美国的航母舰载机是性能最好的,限于当时的美印关系,印度不可能从美国进口航母舰载机。而印度的老军火供应国——前苏联——当时仅有一种固定翼舰载机,即垂直起降舰载机“雅克 - 36”,但其性能还明显不如英制“海鹞”舰载机。这样留给印度的只有两个选择，即法制“阵风－M”舰载机和印度于 20 世纪 80 年代初开始自行研制的轻型战斗机（LCA）的海军型，但是这两种舰载机当时都还处于研发中。不仅如此，法制“阵风－M”舰载机需要用弹射器弹射起飞，而弹射器只有美国可以生产，当时的印度不可能从美国进口弹射器，因此其国产航母搭载法制“阵风－M”舰载机的方案也行不通。这样一来，印度基本上无合适的舰载机可选，因此印度国产航母的飞行甲板设计方案也很难确定下来。

20 世纪 80 年代末期，“头脑灵活”的俄罗斯人帮助印度解决了舰载机这个大难题。当时，前苏联开始发展带滑跃起飞甲板的中型航母。这时有一个很大的问题亟待解决，那就是开发与中型航母相适应的高性能固定翼舰载机，前苏联为此选择了三种陆基战斗机（“苏－25”、“苏－27”和“米格－29”）改装成舰载型，后来均研制成功。为了解决无弹射器条件下常规固定翼舰载机在航母上的起降问题，前苏联又别出心裁地发明了一种全新的舰载机起降方式，即“短距起飞、阻拦降落”（STOBAR）。苏联的成功使印度看到了曙光，决定仿照苏联的模式，其国产航母采用滑跃起飞甲板，并设置阻拦索。

但此时印度选择何种舰载机仍没有具体落实，印度海军设计局只好将其国产航母的标准排水量暂时设计为 2 万 t，并初步计划让国产航母搭载英制“海鹞”舰载机并在未来搭载轻型战斗机的海军型，至于苏制舰载机，印度此时还没有正式将其纳入规划中。印度海军设计局对国产航母搭载轻型战斗机进行了详细的可行性研究之后发现，尽管轻型战斗机将安装数字飞控系统，但其无尾三角翼布局却要求更大的起飞和降落速度。于是印度海军设计局将国产航母的滑跃起飞甲板增长约 15 米，其标准排水量也因而达到了 2.4 万 t。

1989 年，印度与法国舰艇建造局（DCN）签定了 2.5 万 t 的海上制空舰的设计合同。按照当时的设计要求，该舰可搭载最大起飞重量为 15 t 的舰载机。其舰载机起降方式有两种：一种是常规的弹射起飞、阻拦降落；另一种采用滑跃式飞行甲板短距起飞/垂直降落。该舰计划由印度柯钦船厂建造，但由于当时财政非常吃紧，印度政府不得不将该计划搁置。虽然该计划最终流产，但是印度海军设计局却从中学到了不少宝贵的设计经验。

至此，印度海军设计局的舰艇设计能力得到了很大的提高，为以后印度设计更大吨位的航母打下了坚实的基础。

（3）正式开始国产

1999 年，印度议会正式批准自行建造轻型航母的计划，印度海军自称为“防空舰”（ADS），该舰被命名为“蓝天卫士”号。几乎与此同时，印度决定购进俄罗斯的“戈尔什科夫海军上将”号航母，同时打算购买“米格－29K”舰载机。这也影响了其国产航母计划，印度海军设计局立即对国产航母采用滑跃起飞和阻拦降落的设计方案以及搭载“米格－29K”舰载机的可行性进行了评估，评估认为该方案切实可行。于是，印度海军决定其国产航母入役后的舰载机联队将由“米格－29K”舰载机、轻型战斗机的海军型和多种直升机组成，在国产轻型战斗机的海军型服役前，该舰还可能搭载英国“海鹞”舰载机的改进型。为了满足这些要求，印度海军设计局对国产航母的修理舱、飞行甲板、弹药库、升降机和人员住舱进行了重新设计。

设计经过修改后,印度国产航母最终的标准排水量增加到了3.7万t,飞行甲板长约253 m,艏部为14°滑跃起飞甲板。斜角甲板尾部设有3根阻拦索,可阻拦回收最大质量22 t的舰载机。其动力装置采用4台通用电气公司的LM2500燃气轮机,最高航速可达28 kn。人员编制为1 400人左右,最多能够搭载30架舰载机和直升机。

虽然印度人最终完成了国产航母的基础设计,但是在航母主推进系统集成和舰上航空设施的安装等方面印度却不得不寻求意大利和俄罗斯的帮助。意大利顶级舰艇设计建造商泛安科纳造船公司将帮助印度集成其航母的主推进系统,而俄罗斯将帮助印度进行与其舰载机有关的设计工作,包括航空设施,如飞行甲板、机库、飞机升降机、弹药升降机、飞机起飞与回收系统等。

印度的国产航母于2003年1月正式得到拨款,2005年4月11日,印度海军在柯钦船厂举行了轻型航母第一块钢板的切割仪式,标志着其航母国产化进入了实质性阶段。首次自建航母对印度的舰艇设计机构和建造商来说无疑是一个很大的挑战,但是印度也通过自造航母向世界证明了其谋求成为海洋大国的坚定决心。

2013年8月12日,印度首艘国产航空母舰“维克兰特”号在南部港口柯钦正式下水。使印度成为继美、俄、英、法之后,第五个具备自主建造航母的国家,引起国际舆论的广泛关注。

当地观察人士说,“维克兰特”号下水只是该航母完成建造的第一阶段。2016年,该航母将进行海上试航,2018年正式服役,届时将装备导弹等先进武器。

印度国防部长安东尼在下水典礼上说,“维克兰特”号的下水是一个重要里程碑,为今后印度发展国产军事装备开了一个很好的先例。他说,印度将继续发展海上军事装备以“保证本国海上安全”。

按照印度海军的中长期规划,印度将长期保持至少两艘航母,分别部署在孟加拉湾和阿拉伯海湾。目前印度有一艘“维拉特”号航母在役,不久,印度从俄罗斯购进的“维克拉马蒂亚”号航母也将入役,再加上印度自建的“维克兰特”号航母,即便“维拉特”号届时退役,印度仍拥有2艘航母。

印度一直致力于成为印度洋的霸主是一个不争的事实,而直接造就这一事实的是拥有航母的印度海军。印度的航母已经在第三次印巴战争中成功地封锁了东巴,切断了巴基斯坦东西两边的海上通道,成为印度实现肢解巴基斯坦战略的功臣,印度对航母始终如此钟爱与其航母在实战中证明了自身价值不无关系。

4.2 美国“尼米兹”级航空母舰

4.2.1 “尼米兹”级航母的概况

“尼米兹”级是目前世界上排水量最大,载机最多,现代化程度最高的一级航空母舰,也是继“企业”号核航母之后,美国第二代核动力航空母舰。该级舰的舰体和甲板采用高强度钢,可抵御半穿甲弹的攻击,弹药库和机舱装有 63.5 mm 厚的“凯夫拉”装甲,舰内设有 23 道水密横舱壁和 10 道防火隔壁,消防、损管和抗冲击等防护措施完备。能够承受 3 倍于二战时美国埃塞克斯级航空母舰受到的打击,是目前世界上生命力最强的军舰,它能够进行远洋作战,夺取制空和制海权,攻击敌海上或陆上目标,支援登陆作战及反潜等。该级舰现有 10 艘在役,是美国海军跨世纪航空母舰的中坚。它是目前世界上吨位最大、在役数量最多的一级核动力航空母舰,其首制舰于 1975 年服役,最后一艘舰“布什号”航母于 2009 年 1 月 10 号服役,该级航空母舰满载排水量在 91 000 t 以上。

“尼米兹”航母在建造过程中不断采用新技术,从第 3 艘“卡尔文森”号起采用了改进的自防卫系统,从第 4 艘“罗斯福”号起采用了带 UYK－43 计算机的先进作战指挥系统和弹库边缘警戒系统,从第 5 艘“林肯”号起由于加装了几千吨重的装甲防护板,使其满载排水

“尼米兹”级核动力航母

量增至102 000 t,成为世界有史以来最大的舰船,从第5艘"林肯"号和第6艘"华盛顿"号起采用了低烟低毒电缆、低压蒸汽弹射器、反应堆控制的数字式仪表、固体电路的飞机着舰系统,改进了电子战的能力。

4.2.2 "尼米兹"级航母的研制背景

美国现代航母始于"福莱斯特"级航母,其采用了众多最新技术,如斜角飞行甲板,蒸汽弹射器,助降镜,并安装了"海麻雀"防空导弹和"密集阵"火炮系统。运用这些技术的"福莱斯特"级及随后的"小鹰"级使常规动力航母达到了技术最成熟,吨位最庞大,战斗力最强大的顶峰。之后在"小鹰"级舰体的基础上改建而成的第一艘核动力航空母舰"企业"号在20世纪60年代问世,标志着航母核动力时代的到来。20世纪60年代,美国建成第一艘核动力航母"企业"号以后引起全世界的关注。同时,美国军界和国会围绕是否建造下一代核动力航母展开了激烈的争论,主要争论点为:关于航空母舰生存能力问题的争论,关于建造大型航母与中小型航母的争论,关于建造航空母舰数量多与少的争论,关于是否全部建造核动力航母的争论等。当时反对派占了上风,以至于原计划作为核动力航母建造的"肯尼迪"号不得不改为常规动力。

1964年的越南战争,使得美国军界和国会认识到大型核动力航母确实具有更强的作战威力和更大的效费比,因而主张建造大型核动力航母的一派最终得到了美国国会的多数支持,美国海军开始了"尼米兹"级核动力航母的可行性研究。

在1967财政年度中,美海军提出了"尼米兹"号(CVN68)核动力超级航空母舰建造计划,以后在1970和1974财政年度中提出了"艾森豪威尔"号(CVN69)、"卡尔文森"(CVN70)号2艘后续舰建造计划。该3艘舰均由美国目前唯一能够建造大型核动力军舰的纽波特纽斯造船厂与干船坞公司承建。由于核动力装置交付与试验时间的延迟,使首批两艘舰的交船时间均推迟2年。

由于美海军首批3艘"尼米兹"级航母造价高昂、尺寸大、建造周期长,遭到国内反对派的指责,原计划再订购CVAN71和CVAN72两艘舰时,被美国卡特总统于1978年8月否决,但大型航母的支持者始终认为,大型核动力航母是美国实现全球战略的支柱。后来这种观点得到了美国国会的支持,1979年决定继续建造"尼米兹"级后续舰。

4.2.3 "尼米兹"级航母的服役状况

"尼米兹"级航母共建造了10艘,服役状况如下表所示。

舰名	编号	主尺度/m	满载排水量/t	开工时间	下水时间	服役时间
尼米兹	CVN68	335.6×77.1×11.3	91 487	1968.6.22	1972.5.13	1975.5
艾森豪威尔	CVN69	335.6×77.1×11.3	91 487	1970.8.15	1975.10.11	1977.10
卡尔文森	CVN70	335.6×77.1×11.3	91 487	1975.10.11	1980.3.15	1982.3
罗斯福	CVN71	335.6×77.4×11.9	97 000	1981.10.31	1984.10.27	1986.10
林肯	CVN72	335.6×77.4×11.9	102 000	1984.11.3	1988.2.13	1989.11
华盛顿	CVN73	335.6×77.4×11.9	102 000	1986.8.25	1990.7.21	1992.7
斯坦尼斯	CVN74	332.9×77.8×11.9	105 500	1991.3.13	1993.11.11	1995.12
杜鲁门	CVN75	332.9×77.4×11.9	105 500	1993.11.29	1996.9.13	1998.7
里根	CVN76	332.9×76.8×11.9	105 500	1998.2.12	2001.3.4	2003.7
布什	CVN77	335.3×76.2×11.8	105 500	2003.9.6	2006.10.9	2009.1

CVN70“卡尔文森”号在最初的设计思想上与前两艘不同，前者原是作为攻击性航母设计的，不具备反潜能力，只是在设计定型、建成服役后才增设反潜设施，搭载反潜飞机，改装成多用途航母（“尼米兹”号是 1975 年 6 月改成多用途航母的），而“卡尔文森”号从一开始就是按照多用途航母设计的，设置了专门的反潜飞机检修设施，建立了反潜控制中心，增加了反潜作战人员。加之装甲防护等方面的改进，因此又被称为改进型“尼米兹”级航母。

CVN71“罗斯福”号在建造时对原有设计进行了新的改进，采用了带 UYK－43 计算机的先进作战指挥系统和弹库边缘警戒系统，性能略有提高，满载排水量增至 97 000 t。

CVN72“林肯”号前 4 艘较“尼米兹”级航母的性能有进一步的改进，由于加装了几千吨重的防弹装甲防护板和搭载的设备增多，满载排水量达 102 000 t，是世界上第一艘超过 10 万 t 的航空母舰。从“林肯”号起，采用了低烟低毒电缆、低压蒸汽弹射器、反应堆控制的数字式仪表、固体电路的飞机着舰系统，改进了电子战的能力。

CVN74“斯坦尼斯”号是“尼米兹”级的第 7 艘，1995 年 12 月服役，是美海军第一艘装备“21 世纪信息技术”（IT－21）系统，实现网络化的现代航空母舰，核动力装置也得到进一步改进，一次加注核燃料可连续运行 23 年。

CVN76“里根”号航母的设计发生了一些变化，舰桥更大，主桅安装了三根横杆并与后桅连成一体，去除了后部独立桅杆（在岛型建筑后部新增了一个较小的桅杆），腾出了更多的甲板面积。弹药升降机与舰岛相连，采用球艏以减小航行阻力，为了两部弹射器在弹射飞机起飞时不影响其他飞机着舰将斜角甲板与飞行甲板的角度作了 0.1°的调整等。

美国军方于 90 年代中期决定启动新一代航母的研制和建造计划，但考虑到科学技术的迅猛发展、未来战争的全新模式和新一代航母的成功推出会拖长研制周期并承担一定的风险，美国海军又提出了一个“三舰”战略计划，旨在确保在不冒太大风险的条件下对新一代航母的技术战术和舰载系统进行逐步改进，这就使得 CVN－77“布什”号成为一艘承上启下的、为新一代航母积累经验的实验平台型过渡型航母。作为一艘过渡型航母和引领美国未来航母技术的实验平台，“布什”号的基本设计和外观虽然和“尼米兹”级的其他姊妹舰差别不是很大，但在建造技术和舰上系统方面却有着极大的变化。

4.2.4 “尼米兹”级航母的作战使命

“尼米兹”级舰承担下列战斗任务：夺取并保持制海权，对海上、岸上目标实施核攻击，封锁海区，保护海上交通线，支援海军陆战队登陆，支援濒海陆地上陆军作战，炫耀武力。

4.2.5 “尼米兹”级航母的主要性能数据

标准排水量/t	78 000～91 000
满载排水量/t	91 000～105 500
水线长/m	317
水线宽/m	40.8
吃水/m	11.3～11.9
飞行甲板长/m	332.9～335.6
飞行甲板宽/m	76.8～78.4
斜角甲板长/m	237.7
机库高/m	8
机库长/m	208
机库宽/m	33
航速/kn	30～35
动力装置	核动力，2 座通用动力公司的 A4W/AIG 压水堆，4 台汽轮机；每座反应堆驱动 2 台主汽轮机
推进功率	194 MW
应急柴油机	4 台
应急柴油机功率	8 MW
人员编制	舰员 3 200 人，航空联队 2 480 人，编队司令部 70 人

“尼米兹”号航母总长332.9 m，垂线间长317 m，水线长317 m，舰宽40.85 m，带斜坡的飞行甲板长338.85 m，斜角甲板长237.7 m，飞行甲板宽76.80 m、型深30.63 m，吃水11.3 m、菱形系数0.613、舯剖面系数0.991。水线长宽比为7.76，比“小鹰”号的7.62大，说明更细长，这是为了弥补排水量的增加对航速的不利影响，以保证航速满足舰载机起飞的要求。

“尼米兹”号舰的主尺度与“企业”号核动力航空母舰差不多，但它比战后50年代美海军建造的各型航空母舰的船宽和水线长有所增大，而吃水仍保持在11.30 m，这主要是考虑到港湾水深和修理船坞方面的要求。“尼米兹”号航母标准排水量82 900 t，轻载排水量72 700 t，满载排水量92 860 t，标准状态吃水11.3 m，满载状态吃水11.9 m。

“尼米兹”号航母的船体的绝对运动幅值一般包括横摇角、纵摇角、垂荡、甲板上某点的垂直位移和船底的某点的垂直位移。其中对于航母来说，横摇角、纵摇角、垂荡直接影响船员的舒适性和船舶的设备能否正常工作，横摇角过大直接影响航母的安全。纵摇对航母来说，是最重要的一个指标，它直接影响到航母的舰载机起降安全。

为了改善耐波性，“尼米兹”级航母上采用前倾艏柱，切去前踵。艏部水线平直，水线以上适度外飘，采用了V型剖面，减小纵摇。而且艉部形状采取巡洋舰尾，减少尾波，也可以减小纵摇。水线面形状较为瘦削，有助于减小纵摇与垂荡。此外在舭部还加装了舭龙骨，减小横摇。

4.2.6　“尼米兹”级航母的动力装备

“尼米兹”级CVN68～CVN76共9艘采用A4W型压水堆，每舰2堆，每堆推进功率140 000 hp，U235铀浓缩度97.3%，排水量91 500～102 000 t，4台蒸汽轮机。CVN-77采用A5W型压水堆，双堆，每堆推进功率140 000 hp，U235铀浓缩度97.3%。这个主机能使该航母最大航速33 kn，巡航速度30 kn，续航力71万海里，自持力90天。

为保障进水不沉，连续三舱进水仍有50%的动力，使航母具有20 kn以上的航速和飞机能够顺利起降。该级舰上装有2台A4W型冷却压水反应堆，分别设在前后反应堆舱内。前反应堆舱后面是前机舱，舱内设置两套由高低压汽轮机组成的汽轮机组。后反应堆舱和后机舱位于前机舱后面。后机舱也设置两套由高低压汽轮机组成的汽轮机组。

舰上共设有四台蒸汽轮机组。前机舱内的两台机组驱动舷侧两根推进轴、后机舱内的两台机组驱动舷内两根推进轴，均由减速齿轮装置传动。除此之外，还要蒸汽输送的合理性，以及要有足够的蒸汽输出裕量等，因为“尼米兹”级两个核反应堆不仅要提供推进动力和满足电力需求，还需要为弹射机提供足够的中压过热蒸汽以起降飞机。

此外航母上的发电站发电量高达4×16 000 kW+4×2 000 kW，可为全舰提供足够的电量。

航母螺旋桨，主要有可变螺距螺旋桨和固定螺距螺旋桨。可变螺旋桨的优势在于轮机可以按照原来的方式运行,只需改变螺旋桨的倾角就可以直接完成前进、停止、倒退的舵令,而不需要轮机具备可逆转的结构,就可以达到既高效运转又节省燃料的目的。当年对于大型航母来说,这些优点却难以发挥出来,相反,其机械结构较复杂,可靠性较低,因而通常用于轻型航母上。“尼米兹”级采用的是四桨四轴双舵核动力推进系统,推进器为四个三叶定螺距螺旋桨,每个重11 t。右舷两个桨为右旋,左舷两个桨为左旋。“尼米兹”级采用了半平衡舵,这种类型的舵转动的位置是作用于船的水压中心位置。特别是对于航母这种大型舰船来说,可大大减少驱动舵所需要的动力。

4.2.7 “尼米兹”级航母的电子设备

航母电子设备是航母的核心设备,在作战中发挥了不可取代的作用。由于电子系统的技术发展很快,“尼米兹”级航母的电子系统更新速度也很快。“尼米兹”级航母换装了许多用于防御、C^4ISR 等功能的电子设备,并特别添加了能够适应未来网络中心战环境的设备,例如海军火力网(NFN)所需要的设备、协同作战能力(CEC)系统等。“里根”号航母上增加了约20万米的光纤电缆,进一步增强了通讯和信号搜索性能。美国原计划在“布什”号上使用体搜索雷达和多功能雷达,由于这两型雷达的研发进度落后,决定暂不使用,待研制成功后再进行替换。

航母的电子设备主要分为作战指挥系统、归航着舰引导系统、通信系统、导航系统、预警探测系统、电子对抗系统、水声系统等。

“尼米兹”级航母采用了 NTDS 海军战术数据系统作战指挥系统。作战指挥舱直接位于飞行甲板下面的艉部下甲板,是该级舰的中枢部分,集中布置着航空方面各个工作舱室,这里设置舰长室、航空司令室、航空方面的工作舱室以及大部分情报指挥系统。

“尼米兹”级航母的归航着舰引导系统是“尼米兹”级航母的最重要的电子设备,主要由“塔康”战术空中导航装置、SPN-43 航空管制雷达、SPN-44 速度测定雷达等构成。“塔康”是舰载机的主要归航引导设备,通过舰载机上设备发射询问脉冲,塔台收到询问脉冲后,发射应答脉冲,由发射与应答脉冲间的时间间隔,求得机舰距离;舰台发射天线以一定转速旋转发射高频信号,舰载机上可由相位角求得方位,以航母为中心将飞机的方位和距离标示飞机显示屏上。“尼米兹”级航母上配置的“塔康”型号为 AN/URN-25,最大作用距离为500 km,能同时为100架装有机载台的舰载机提供归航引导信息。“尼米兹”级航母配置 AN/SPN-43A(或43B)型空管雷达,对9 140 m 高度范围内的飞机最大探测距离约为93 km,对低空飞机的最小探测距离为230 m,能同时对空管空域内100架飞机实施空中交通管制。“尼米兹”级航母配置有 AN/SPN-41 型进场引导雷达,AN/SPN-46 型着舰引导雷达,两者能在距航母舰尾15~7.5 km 的空域内形成一个水平张角25度、垂向张角1.5度、纵深360 m 的“捕获窗口”。“尼米兹”级航母配置的测速雷达的型号是 AN/SPN-44

型,其测速范围为 40 ~ 200 kn,测速精度 ±2.5 kn,测速距离范围 90 ~ 3 600 m。在天气恶劣时,可使用 SPN - 42,进行自动降落,也即 PALS。它通过一个精确的跟踪雷达 SPN - 10 测出飞机在降落于航母的相对位置和飞机的运动数据,将这些数据输入计算机进行处理从而求出飞机正确的下滑坡面位置及其与飞机实际位置的误差,将误差信号发送到飞机上可自动校正飞机上的自动驾驶仪修正飞机的下滑面,这样可以确保在任何恶劣的天气和海况时,安全地将 6 km 范围的飞机正确引导着舰。至 1966 年,该系统成功地引导飞机进行了 5 000 次安全降落,并通过使用鉴定。该系统可以在白天、黑夜以及下列各种条件下引导舰载机安全着舰。

"尼米兹"级航空母舰舰队卫星通信系统 FLT - SATCOM 的 AN/SSQ - 1A 终端以接收通播信息,WSC - 3(UHF)收发终端以进行通信;还安装 WSC - 6(SHF)终端,通过国防卫星通信系统进行通信;安装海军极高频卫星通信项目的抗干扰、低截获率 USC - 38EHF 终端进行通信。战术数据链是舰舰、舰机间传输战术数据的专用通信线路,Link4A 用于舰载机的精密全天侯着舰,Linkti 供特混舰队成员间通信,Link14 半自动数据链用于与不装海军战术数据链的舰艇通信,Link16 是美第二代三军通用数据链,以 JTIDS 通信协议为基础提高通信通用性和协同能力。美航母从 JM - CIS 联合海上指挥信息系统获取数据信息,从 20 世纪 90 年代开始,美启动和发展 GCCS 全球指挥控制系统,GCCS - M 将代替 JMCIS 系统。

在预警雷达方面,"尼米兹"级航母装有对空的 SPS - 48E 三坐标雷达、SPS - 49(V)5 雷达、MK 23 目标捕获雷达(TAS), SPS - 67V 对海雷达。

美国的"尼米兹"级航母采用的 SLQ - 32 电子战系统,具有侦察、有源干扰、无源干扰全部功能,其侦察机采用电子扫描技术。"尼米兹"级还配备有电子战舰载机配合舰载电子战系统,俄罗斯的"库兹涅佐夫"号航母采用"足球"干扰机和"酒瓶"侦察机,也已采用电子扫描技术,但电子战水平远不如"尼米兹"级航母,这也与俄罗斯海军崇尚导弹忽视电子战设备的原因有关。

为防止敌潜艇鱼雷攻击,航母装有舰壳声呐和鱼雷告警声呐。俄罗斯的"库兹涅佐夫"号装有舰壳声呐,法"戴高乐"号航母装有鱼雷告警声呐。"尼米兹"级因具有潜艇护航并拥有大量的反潜巡逻机,并未装备这些设备。

此外,"尼米兹"级航母还配备有 MK - 73 火控雷达和 MK - 91 火控雷达为其舰载导弹发射系统进行引导。

4.2.8 "尼米兹"级航母的舰载机

对于航母来说,舰载机性能直接决定了航母的作战性能,此外,飞机的数量和类型对确定航母的大小起重要作用。机型影响着飞行甲板的长度、机库甲板的高度和面积,以及作为航空联队一部分的舰上人员的数量和对航空支援、作业以及控制舱室的各种要求。此外，飞机类型和数量与航空联队人员数量间有十分密切的内部联系，这对航空母舰用于各项舱室的面积和容积有重要影响。由于海军的设计标准是以每人占据多少平方英尺来表示舒适性指标，故舰上人员编制就成了进行舱室布置、重量和容积的计算的重要依据。

"尼米兹"级舰上共携载各型作战飞机约94架，组成一个航空联队，是该级舰的主要攻击和防御武器。

"尼米兹"级航母在近40年的发展过程中，舰载机配置方案（见下表）也发生了多次变换。

"尼米兹"号(1984年以前)	"罗斯福"号(CVN71)	"里根"号(CVN77)
91架	86架	78架
F－4J型"鬼怪"式战斗机24架 A－7E"海盗"攻击机24架 A－6E"入侵者"攻击机9架 E－2B"鹰眼"早期预警机4架 EA－6B"徘徊者"电子战飞机8架 S－3A"北欧海盗"反潜机10架 SH－3D"海王"反潜直升机8架 KA－6D"入侵者"空中加油机4架	F－14A"雄猫"舰载战斗机20架 F/A－18"大黄蜂"战斗攻击机20架 A－6E"入侵者"攻击机20架 E－2C"鹰眼"预警机5架 EA－6B"徘徊者"电子战飞机5架 S－3A"北欧海盗"反潜机10架 SH－3G/H"海王"反潜直升机6架	F－14A"雄猫"舰载战斗机20架 F/A－18E/F"超级大黄蜂"36架 E－2C"鹰眼"预警机4架 EA－6B"徘徊者"4架 S－3A"北欧海盗"6架 SH－3G/H"海王"、SH－60F"海鹰"反潜直升机8架

"尼米兹"号航母现在主要搭载的舰载机性能如下：

（1）F/A－18E/F"超级大黄蜂"。F/A－18E/F是最新改型，采用了隐身外形设计，包括原来的圆形进气道改为方形进气道，涂漆含有吸收雷达辐射的材料。F/A－18E/F"超级大黄蜂"比早期大黄蜂长1.3 m，机翼区大25%，内燃料多33%，F414－GE－400发动机提供的推进力提高35%，任务范围大41%，续航时间长50%，所增加的两个武器站可携带更多的弹药，增加了混合空对空或空对地武器的灵活性，对"智能"武器（如联合直接攻击弹药(JDAM)和联合防区外武器(JSOW)）的完美补充，增强了负载能力：外部荷载为8 032 kg，增加了两个翼尖站、四个内侧机翼站，用于携带其他燃料箱或空对地武器、两个机舱机身站，用于携带传感器舱、全天候空对空雷达和一个控制系统，用于精确发射传统或制导武器，一个中心线站，用于携带额外的燃料或空对地武器。F/A－18E主要性能数据如下：

F/A－18E机长18.31 m，机高4.88 m，翼展（含翼尖导弹）13.62 m，（折叠机翼）9.32 m，机翼面积46.45 m^2，展弦比4.00。F/A－18E空重13 387 kg，最大内部燃油6 531 kg，最大外部燃油4 436 kg，最大外挂载荷8 051 kg，起飞质量（攻击任务）29 937 kg。F/A－18E最大平飞速度M1.8＋，最大速度（中等推力）M1.0＋，实用升限15 240 m，空中巡逻时间(带 6 枚中距导弹,3 个 1 818 升副油箱,距航空母舰 278 km)2 h 15 min。

(2)A－6E“入侵者”攻击机。机内装 2 台 J52－P－8A 发动机。机载设备有 APQ－148 型多功能雷达,能同时进行地形测绘,对固定和活动目标进行识别、跟踪和测距,以及地形跟踪;ASQ－133 型晶体数字计算机及接口装置(数－模和模－数转换器),能与雷达、惯性和多普勒导航设备、通信设备和自动飞行控制系统配合工作;新型武器投放控制装置。该型机的主要性能数据如下:

翼展 16.15 m,机长 16.64 m,机高 4.95 m,机翼面积 49.15 m^2,机翼后掠角(1/4 弦线)25°,主轮距 3.32 m,最大起飞质量 27.397 t,空重 11.784 t,最大着陆质量 20.411 t,载弹量 6 800 kg,巡航速 773 km(10 000 m),实用升限 13.600 m,作战航程 3 735 km,起飞滑跑距离 497 m,着陆滑跑距离 457 m。

(3)S－3A 型“北欧海盗”式反潜机。机载设备装有 Univac 1832A 型通用数字计算机,能快速地集中处理各种搜潜设备所采集的信息;APS－116 型 X 波段高分辨率前视雷达,用于搜索目标并进行导航;前视红外探测器(OR－89A)装在机身下的可收放转台上,能自动跟踪目标,在浓雾中也能工作;MAD AN/ASQ－81 型磁探仪,用于对潜实行主动定位和分类;机翼两端装电子对抗设备天线,尾翼上装通信天线。此外,机上还设有各种主动声呐和被动声呐,其中有 AN/SSQ－50“卡斯”声呐浮标系统和 AN/SSQ－53“迪发”声呐浮标系统,浮标共有 60 个。应急时,10 秒钟内投放出 59 个,留下一个作求救信标用。其他机载设备有 KB－18 全景相机光学照相设备、ASN－92(N)型舰载机惯性导航仪、APN－200 型多普勒地速系统、SPN－41 全天候着陆系统等。弹舱内装 4 枚 MK46 反潜鱼雷、4 枚 MK36 爆破弹、4 枚 MK82 炸弹、或 2 个 MK57 深弹或 4 个 MK54 深弹、4 个 MK53 水雷。翼下可挂载各种火箭弹和闪光弹等。该机主要性能数据如下:

翼展 20.93 m (外翼上折时 8.99 m),机长 16.26 m(垂尾下折时 15.06 m),机高6.93 m (垂尾下折时4.65 m),平尾展长8.15 m,机翼面积55.74 m,机翼后掠角(1/4 弦线) 15°,最大起飞总重 19.25 t,最大着陆质量 17.15 t,空重 11.83 t,最大平飞真空速 742~806 km/小时,最大巡航真空速 649 km/h,实用升限 10.670 m,转场航程 5 558 km。

(4)SH－3D 型“海王”反潜直升机。电子设备有搜索探测宽度为 180°的 Bendix 公司 AQS－13 型声呐、APN－130 型多普勒雷达和高度雷达。声呐与后两种雷达联用可自动保持高度。其他设备有承载能力为 272 kg 的救援用铰车,可搬运 3 630 kg 年自动投放与低反应的外部挂载设备。可装反潜自导鱼雷 381 kg。该机的主要性能数据如下:

旋翼直径 18.9 m,尾桨直径 3.15 m,旋翼尾桨间距 11.1 m,总长 22.15 m,机身长 16.69 m,尾梁折叠后机长 14.4 m,旋翼折叠后机宽 4.98 m,机高(到旋翼桨毂顶端)4.72 m,机身高 5.13 m,主轮距 3.96 m,前后轮距 7.18 m,旋翼桨叶面积(单片)4.14 m^2,尾桨桨叶面积(单片)0.23 m^2,平尾面积 1.86 m^2,空重 5.382 t,正常起飞质量 8.449 t,最大起飞质量 9.3 t,最大平飞速度(海平面)267 km,巡航速 219 km,最大爬升率(海平面)670 m/min,实用升限4 480 m,有地效悬停升限3 200 m,无地效悬停升限2 500 m,航程(最大载油量,余油10%)1 005 km。

舰上除上述舰载机以外,还携载8架EA-6B型"徘徊者"式电子对抗机,组成1个小队;4架E-2B型"鹰眼"式早期预警飞行,组成1个中队;4架KA-6D型"入侵者"式空中加油机,组成1个小队。

"尼米兹"级航母舰载机的完好率为75%。根据美国海军公布的海湾战争总结,航母舰载战斗机平均的完好率(能执行任务的在航率)大约为90%,攻击机为85%,平均为87%,其中72%的飞机能全面完成各种任务。

4.2.9 "尼米兹"级航母的主动防御和舰载武器

"尼米兹"级航母以编队形式投入作战使用。航母战斗群通常由1艘航母、1~2艘导弹巡洋舰、2~4艘导弹驱逐舰和导弹护卫舰、1~2艘攻击型核潜艇、1~2艘快速支援舰(补给舰)组成。

"尼米兹"级的防空网由三层组成;最外层为外防区(又称纵深防御区),主要由战斗机构成,进行空中巡逻;中间一层为中防区(又称区域防御区),主要由舰对空导弹构成,进行区域性防御,最里面一层为内防区(又称点防御区),主要由舰上的点防御武器和近防武器系统构成,以确保舰艇自身的安全。三层防御区的具体部署如下:

外防区:通常距航空母舰185~400 km或更远。主要探测设备是军用侦察卫星、侦察机和1个舰载空中预警中队(4~5架E-2C"鹰眼"预警机)。外防区的主要作战兵力是航空母舰上的2个战斗机中队24架F-14A"雄猫"战斗机或20架F-14A型战斗机加上20架F/A-18A型战斗攻击机。这些战斗机一般部署在航空母舰前方约300 km处,主要携载射程为110 km的"不死鸟"导弹或射程为15 km的空对空导弹,执行驱歼敌战斗机,夺取并保持舰队制空权的任务,并可截击敌轰炸机或拦截来袭的巡航导弹。在战斗机巡逻的过程中,E-2C型预警机可通过数据链将情报传递给航空母舰和战斗机,指引战斗机对敌目标实施截击。

中防区:通常距航空母舰90~185 km。主要探测手段为预警机、侦察机和舰载远程对空搜索雷达。航母战斗群中的"提康德罗加"级导弹巡洋舰装备有SPY-1A型多功能相控阵雷达,能进行全空域搜索、多目标跟踪,为指控中心和火控系统提供目标参数和导弹拦截、跟踪数据,并为舰对空导弹提供中继制导指令等。SPY-1A型相控阵雷达对飞行高度为10 000 m的敌目标(飞机或导弹)的最大探测距离约为400 km。中防区的主要作战兵力是舰载对空导弹。航母战斗群中的警戒舰艇携载"标准"舰对空导弹,它们主要用于对来袭敌机和导弹进行中空拦截。中程的"标准"(RIM 6G)舰对空导弹的射程为37 km,远程的"标准"Ⅱ型(EIM-67B)舰对空导弹的射程可达120 km。

内防区：通常距航空母舰0.1~90 km。主要探测设备是舰载雷达，主要作战兵力是舰载点防御武器和近防武器系统。当目标接近至航母战斗群约15 km处时可使用舰上的北约"海麻雀"舰对空导弹（飞行速度为3.5*Ma*，射程12.9 km）进行拦截。若目标继续向前飞行，并接近战斗群的最后一道防空反导防线时，则使用舰上的近防武器系统，对低空掠海飞行的目标进行末端拦截。

在外、中、内三层防区内进行空防过程中，均可采用干扰武器和装置，对目标实施有效的干扰。在外防区，可使用航母舰载机联队中的4架EA-6B"徘徊者"电子战飞机，配合攻击机和战斗机作战，实施电子侦察和压制。在中防区，EA-6B型电子战飞机（可部署在距航空母舰200~250 km处），可对来袭的飞机或导弹实施电子干扰。在内防区，则使用舰上的SLQ-29等电子干扰系统和MK36SRBOC诱饵弹发射装置，对目标进行干扰和诱骗。

"尼米兹"级航空母舰战斗群的对潜防御基本上分为两层：即外层防御和内层防御。其主要兵力是舰载反潜飞机（固定翼飞机和直升机）、水面舰艇、核潜艇和岸基巡逻飞机。

外层防御：通常距航空母舰50~350 km，主要反潜兵力是航母舰载机联队中的10架S-3A"北欧海盗"反潜飞机，P-3C猎户座"岸基大型反潜巡逻机和航母战斗群中的核动力攻击潜艇。改装后的S-3B型反潜飞机装备射程为193 km的"鱼叉"空对舰导弹。

内层防御：通常距航空母舰50 km以内。主要反潜兵力是航母舰载机联队中的6架SH-3H"海王"反潜直升机和护卫舰的"兰普斯"系统。SH-3H反潜直升机能长时间地定点悬停探测，并能在潜艇躲避之前一直与之保持接触，较长时间地跟踪快速目标。反潜直升机每小时能搜索100 km长，10 km宽的海区。此外，当敌潜艇突入内层接近航空母舰时，航母战斗群中的各警戒舰所携载的MK 46和MK44鱼雷以及"阿斯洛克"反潜导弹可对10 km以内的敌潜艇实施攻击。

综上所述，"尼米兹"级航母的舰载武器配置得相当精练，舰载武器系统主要分为近程防御系统、防空导弹系统和SRBOC近程干扰系统。

美国"尼米兹"级航母的舰空导弹系统为"海麻雀"舰空导弹，型号分别有RIM-7P和RIM-7M两种。这两型导弹都既可利用MK29发射装置发射。这两型导弹采用全动弹翼控制方式，导弹的弹翼可折叠。RIM-7P导弹采用雷声公司研制的倒置单脉冲半主动雷达导引头，具有较强的抗海杂波能力和抗电子干扰能力。该导弹采用美国海军武器中心研制的38.6 kg重的WAU-17/B型破片杀伤战斗部，该战斗部的引信为碰撞两用引信。RIM-7M导弹的战斗部重为39 kg，据报道这两型导弹均具有拦截掠海飞行的反舰导弹的能力。

RIM-7P导弹的部分性能参数：有效射程14.5 km，弹长3.05 m，弹径0.203 m，翼展1.02 m，弹重231.5 kg。RIM-7M导弹比RIM-7P要轻，约为226.8 kg，全弹长为3.91 m，其他弹体参数与RIM-7P相同。

"海麻雀"采用Mk29导弹发射架发射，其由一个8联装发射装置、一个甲板发射装置控制单元、一个发射装置控制舱以及有关的电源和线路组成。8 联装发射装置分成两个 4 联装组，安装在可调整高低角和方位的一个旋座上。导弹在发射管内保持待发状态，发射管用易碎的盖子加以保护；密闭的发射管还安装有防备寒冷天气和结冰的加热器。

对于近程防御，实施电子干扰对抗来袭的反舰导弹无法保证 100% 的成功率，近程舰空导弹不能理想地应对低空、超低空、高速突防的来袭反舰导弹，而近程防御武器系统可以弥补这一弱点。

"尼米兹"级舰上主要采用的是 MK15"火神"密集阵系统，它使用 6 管 20 mm M61A1 加特林炮，射速大致在 3 000 ~ 4 500 发/分钟可调，射程 1 500 m 左右，整个系统重 5 625 kg。它包括警戒雷达、跟踪雷达、火炮、电子计算机和控制盘。两部雷达配合使用，搜索跟踪雷达工作于 Ku 波段，并采用"闭环多点技术"，使"密集阵"可在 5 000 m 内确定反射面积为 0.1 m^2 的目标位置，并算出其运动参数，同时还可以监视己方炮弹的飞行轨迹，自动校正射击参数。该系统在五级海情下可正常工作，既可由本系统控制台控制，也可以遥控方式使用，不需要炮手。发射脱壳穿甲弹（APDS），炮弹由弹体、弹芯和推出器组成。弹芯是其破坏部分，以贫铀物质制成，密度为钢的 2.5 倍。为了消除跟踪雷达和舰炮分散布置造成的视差和船体变形造成的误差，"密集阵"系统进一步将跟踪雷达、搜索雷达和火炮综合为一体，形成"三位一体"结构。早期"尼米兹"级航母的"尼米兹"号和"艾森豪威尔"号上受船体设计的影响安装了 3 座"密集阵"近程防御武器系统（分别重 5.5 t），随着不对称威胁程度的提高，"尼米兹"级航母也逐渐提高自己的舰上自卫武器的能力。"尼米兹"号和"艾森豪威尔"号上的 1 座"北约海麻雀"（MK29）舰对空导弹发射装置和所有的"密集阵"近程防御系统由"拉姆"滚动弹体导弹系统代替。2005 年，"斯坦尼斯"号同样把 1 座"北约海麻雀"（MK29）舰对空导弹发射装置替换成了"拉姆"滚动弹体导弹系统，但是保留布置了 4 座"密集阵"近程防御系统，以确保可拦截各个方向来袭的导弹。使航母的反导防御范围从 1 500 m 扩大到 9 100 m，并使近程反导成功率得到大大提高。"拉姆"block1 型舰空导弹武器具有以下优点：

（1）反应速度快，火力密度大。

（2）"发射后不管"，使多联装发射装置具有拦截连续袭来的多枚掠海反舰导弹的能力。

（3）借助发射筒内的 4 条膛线使导弹具有一个初始的滚动速度，采用单通道旋转极坐标控制技术，导弹只需一对控制翼和一个信号处理单元就具有高达 20G 的高机动性。

（4）导弹除配有碰炸引信外还配有激光引信，对空中目标的毁伤概率更高。

（5）由于大量采用成熟技术和现成硬件，使得导弹价格低廉，效费比高。

"尼米兹"级航母上的 MK36 - SRBOC 系统由 SRBOC 发射架、发射架控制器、诱饵弹、储弹箱和 SRBOC 电源组成。发射出去的干扰丝火箭中放有填入铝箔和镀铝玻璃纤维的弹筒，利用火药引爆并以 75 度角发出去，就可以展开一个高度 150 m，宽 80 m 的干扰丝云，导弹就会朝向那个方向飞去,从而使之失效。

在干扰丝系统上,装备航母的箔条和红外弹发射系统主要有美国的 MK36－SRBOC 系统、俄罗斯的双联旋转式发射系统(PK－2 系统)、法国“萨盖”系统、英国“乌鸦座”系统和意大利 SCLAR 系统。MK36－SRBOC 系统与上述国家的同类系统相比,有两个优点:

(1)诱饵弹的发射控制技术处于世界领先地位。MK36－SRBOC 是高新技术含量比较高的新一代诱饵发射控制系统。该发射控制系统能对空中目标的攻击自动响应,从诸多种类的诱饵中自动选择最佳诱饵类型,自动选择最佳发射架(有 4 座发射架安装在甲板上的不同位置,发射管对准不同方向),自动执行最佳战术发射顺序,自动建议最佳舰艇机动航行。它还能自动发现哑弹并采取最佳替代措施。它可以自动检查、识别诱饵弹。发射控制系统能自动查出任何发射管里的任何类型诱饵弹有没有装填好,并利用诱饵弹自动识别系统(利用内部传感器系统来识别)自动识别各种诱饵弹的类型。该系统可识别 16 种不同类型的诱饵弹。

(2)诱饵弹性能比较先进,目前“尼米兹”级航母用箔条弹的性能已超过下述水平:干扰频率 2～20 GHz,留空时间 >10 min,发射后爬升高度 >244 m,单发箔条弹 RCS >4 000 m^2。

但是 MK36－SRBOC 系统与上述国家的同类系统相比,也有不足之处。据报道,SRBOC 系统在干扰样式上只有“质心”和“冲淡”两种,而缺少“转移”和“迷惑”样式。因而在干扰手段上,不如法国“萨盖”系统、意大利 SCLAR 系统和英国“盾牌”系统。缺少“冲淡”和“迷惑”两种干扰方式时,舰载无源干扰系统只具备有限的单舰自卫能力,而不具备对整个舰队的区域防护能力。

这与美海军战略原则有关,对美国航母及其编队来说,即使 MK36－ SRBOC 系统只具有点防御能力,也不会影响整个战斗群的反导能力。这是因为在舰载 CIC 系统统一控制下,与硬武器一道组成综合性点防御系统,这是战斗群的最后一道防线。

4.2.10 “尼米兹”级航母的舰型及船体结构特点

“尼米兹”级舰同以前的航母一样,因其自身发展的要求,选择了不利于阻力的肥大船型。就其内部居住性标准而言也不高。重量分配是航母设计师颇费心计的问题。从“福莱斯特”号以后的超级航母虽然排水量不断增大,但吃水变化很小,而是在长度和宽度上增加。这种变化一是受港口和船坞水深条件的限制,二是获得了有利飞行作业的尽可能长的甲板长度和宽度,即扩大了飞行甲板的面积。“尼米兹”级航空母舰的基本舰型和总的结构,是建“造福莱斯特”级航空母舰以来美国海军一直采用的形式,即封闭式飞行甲板,机库甲板以下的舰体是整体的水密结构,机库甲板以上是按上层建筑形式建造。“尼米兹”级比 50 年代以后美海军建造的各型常规动力航空母舰的主尺度均有所增大。同“企业”号核动力航空母舰相比,“尼米兹”级舰的水线长度虽然与“企业”号相同(317 m),但“尼米兹”级舰满载排水量却比“企业”号大近 2 000 t。排水量的增加是由于舰的宽度和吃水增大(宽度增大 0.3 m,吃水增加 0.1 m)。因此,“尼米兹”级舰的舰体变得庞大,体内容积也有较大增加。

该舰为封闭式飞机甲板,机库甲板以下的船体是整体的水密结构,由内外两层壳体组成。除外壳体由船壳板满足其强度和防御要求外,内壳体由防护装甲板组成一个装甲壳体,保护着动力舱、油舱、弹药舱等重要部位。飞行甲板、吊舱甲板和机库甲板都有约 50 mm 厚的装甲钢板防护。机库甲板以下为水密结构,共分 8 层甲板(含双层底)。其型深为 19.51 m,两舷侧由底至机库甲板都采用古老的防雷隔舱结构,在内外两舰体之间有 4 道纵向隔壁。这种防护形式在二战中被证明是行之有效的,只不过现在进一步发展了,将其延伸至水线以上,使机库两侧也形成双层防御结构。沿舰长每隔 12 ~ 13 m 便设一道水密横隔壁,共 23 道,并设有 10 道防火隔壁。从而形成了 2 000 多个水密隔舱,就是这 2 000 多个水密隔舱保证了舰的不沉性。在这些舱中采用空、实相间的措施,增强了舰的抗损能力。二战时,这些舱中就装淡水和舰用燃油。现今,由于 JP - 5 的性能较温和,是一种相对安全的燃料,所以在核动力航母的翼舱中也设有航空燃料舱,从而大大提高了航空燃油的装载量。两侧多层设置空、实相间隔舱和 X 形吸能支撑结构,以及 HY - 80 以上的高强度结构钢,形成了航空母舰的坚固的被动防御体系。

“尼米兹”上使用斜角甲板设计,其将飞行甲板的最大宽度比水线面宽度扩大了一倍。它的水线面宽为 40.8 m,而飞行甲板的最大宽度达 72.8 m。这种两舷极度外飘的外形就形成了航母特有的舷台结构,加上设置在中线面的升降机改放在舷侧,使飞行甲板结构变得更为复杂、更为重要了。舷台的甲板是飞行甲板的延伸部分,舷台的外板斜撑在机库甲板下面的 6 甲板上。舷台结构设计要计及舷台的自重、甲板面所受的飞机载荷以及外飘舷台所受的波浪抨击载荷。舷台在机库大门区段布置有升降平台大开口,开口的角隅处也需要作专门的加强。因为升降平台的传动装置就安装在平台的两侧,所以会引起该处的结构会有很大的平台提升载荷。

由于大量的航空舱室需要布置在飞行甲板附近,也考虑到飞行甲板结构的强度,其在飞行甲板下面设置了一层称为“吊舱甲板”的结构,这种双层组合结构为大跨度的机库提供了坚固的顶棚。“尼米兹”级舰的舰面下方略靠右舷处则是宽敞的机库,机库略偏右舷,左舷其余部分布置办公室、控制室、通道等,并设有 6 个飞机加油站,以便为机库内的飞机加油。机库的前方是士兵住舱和锚甲板,机库的后方与机库由一道防火消音隔壁相隔,飞机发动机维修车间机库的舷侧设有 4 部升降机,供舰载机在机库甲板和飞行甲板之间调度之用。机库左侧是办公室、控制室和通道。机库甲板以上分为 9 层甲板(其中 5 层是在舰桥上层建筑内),机库甲板以下除了双层底外还分成 8 层。机库前方是士兵舱和锚甲板。直接位于飞行甲板下面的艉部下甲板,是该级舰的中枢部分,设置有舰长室、航空司令室以及大部分情报指挥系统。机舱顶层的甲板到双层底有 3 层甲板的高度,由顶层的 8 甲板上部所传下的 8 层甲板的合力是巨大的,要顶住这么大的合力,也只能采用诸多粗大的支柱或特殊隔壁给以支撑。舰岛布置于右舷的舷台上。舰桥甲板室在飞行甲板上的最低层舱室,是专供舰载机飞行人员待机和休息之用。

4.2.11 “尼米兹”级航母的飞行甲板

航母飞行甲板为航母最重要的作战部件。美国“尼米兹”航母的飞行甲板总面积可达2万平方米,划分为起飞区,降落区,停机区。由于3个区域的功能不同,所受的载荷也各不相同,同样的结构设计也要求各有其特点。起飞区安装有近百米的弹射汽缸,所以起飞甲板就得开有特长槽口,槽口的箱体下面有连续的支撑结构。降落区的甲板要受到飞机的着舰冲击,在降落跑道允许的范围内必须要加大甲板的厚度和构架的密度。在停机区内要考虑飞机调运时的轮载作用力。飞行甲板还要作为机库的防护装甲层,所以飞行甲板需要成倍的加强。按常规设计飞行甲板时,还得计算风浪和雨雪等的作用力。

“尼米兹”级航母使用了斜角甲板,这种设计始于“福莱斯特”号航母,并在美国所有的航母上广泛使用。右舷伸出部分的前端构成斜角甲板前端的斜边。为了增加斜角甲板的有效长度,从左舷端前半部再向外伸出了一点。

着舰区就是斜角甲板部分,斜角部分长237.7 m,布置在舰的左舷,飞机就降落在斜角甲板这个区域。着舰区内包括降落、制动和转向三个区段。上面设有4根阻拦索和1道阻拦网。其斜度是以它与飞行甲板中线的夹角来表示,该舰是10度左右。有了这个角度,飞机降落就可与停驻的飞机和起飞作业区分流,同时还可实现弹射和回收作业。回收区的角度相当重要,角度愈大,对驾驶员着舰的难度就愈大。斜角甲板降落区段是从舰尾至第四道拦机索。舰载飞机尾钩钩住拦机索后,滑行一段距离就慢慢停止,此段称“制动段”。舰载机长度(从尾钩到前轮的距离)加回转半径,再加前轮决定了“转向段”长度。飞行甲板起飞区位于飞行甲板正前端部分。

起飞区的甲板长度由弹射器性能决定,“尼米兹”级航空母舰上其长度一般为100 m左右。飞行甲板最前端设有两个突出于舰外的回收角。其周围设有尼龙网,用于回收飞机弹射后所抛下的拖索。此外,斜角甲板的设计还可使降落区免遭起飞飞机尾部发出的热气流,从而降低空气紊流的干扰。

斜角式甲板上又分为接挂段、滑跑段、调度段。接挂段又称为阻拦段即由舰尾段到前后阻拦索之间距离的中点处。由此点往前到飞机停止处为滑跑段。再往前就是把停稳了的飞机拖出着舰区,在“尼米兹”级航空母舰上定为200 m。

要使舰载机易于着舰和安全着舰,降落甲板应与起飞甲板平行,或两者之间夹角应尽可能小。因为航母在进行回收舰载机时,必须逆风航行。舰载机着舰时,由于降落甲板为飞行甲板上的斜向甲板,与航母的航向存在着角度,因此舰载机降落于甲板时会受到侧风的影响。而该角度越小,则所受侧风影响愈小,将能大幅降低舰载机着舰的难度,进而降低事故发生率,但增加该角度将减少飞机起降之间的干扰,保证着舰区和左前部弹射器的喷气偏流板不互相干扰。“尼米兹”级航母的“里根”号斜角甲板的度数从之前的9.05°增加到9.15°,使更多的舰载机可以同时起降。

要充分利用母舰的载机能力,就应该在机库和飞行甲板上两处同时停机,仅依靠机库的载机量很难保证正常任务的要求。在保证航母舰载机起、降作业同时进行的条件下。在飞行甲板上规划出一块足够大的区域用作飞机勤务保障安全作业区域,这就是安全停机区。从而保证了航母作战能力的需求。

“尼米兹”级航母上设有14个飞机加油点。考虑到防火原因,航空燃料油舱隔离并分散地配置在舰艇底部,将燃料送到飞行甲板机库的输油管,一律不通过舰艇内部而是从船舷外侧通到上面的飞行甲板上。

在甲板上有飞机牵引车:共14辆(甲板7辆,机库7辆),航母的MD-3A牵引车是一种充气轮胎、柴油动力的牵引车,用于牵引航母上所有的舰载机。其柴油发动机的功率为100 hp,有一根牵引杆,在干燥的水泥表面上速度为1.6 km/h时,牵引能力为3 900 kg,转弯半径为12.4 m,质量为5 500 kg。它包括一个可快速拆卸的装置,具有启动常规飞机和冲压式空气启动飞机的能力,而且在牵引时还可以向飞机提供交、直流电能。这种牵引车由液压动力操纵,可以允许它在狭窄的区域机动,而且它的外廓很低,可以允许在停泊飞机的机翼下操作。

舰面飞行甲板上设有18台喷淋/泡沫喷射装置,供消防和三防之用。还有MB-1A型消防车。飞行甲板上有一台NS-50起重吊车。供起吊飞机和物资用。

4.2.12 “尼米兹”级航母的机库

“尼米兹”级航母的机库是存放和保养飞机的地方。机库长208.48 m,约占舰长的三分之二,宽32.92 m,约占船宽的四分之三;机库高为8.07 m,占三层甲板高。其中用防火门将机库分成3个分机库。

由于飞机出入机库要进行调运,所以这么大的机库不能有任何支柱阻挡。没有柱子的支撑,那就得依靠顶部的大跨度结构支持。另外,由于机库顶部是强力甲板,它必须承受船体的总纵弯曲所产生的拉压作用力。所以在飞行甲板下的吊舱甲板可与飞行甲板组成双层组合结构,它与机库两侧的双层纵壁形成巨大的箱形结构。机库与飞行甲板之间通常隔着一层吊舱甲板也有利于保证飞行甲板中弹时机库内舰载机的安全。机库宽度不延伸到两舷,在机库侧壁与舰舷之间留出一定宽度的空间,供布置舰船纵向通道以及服务于舰载机维护维修的舱室和航空备件库等。

机库的高度根据舰载机的高度及机库应具备的维修能力的要求而定,在舰载机牵引过程中,其顶部与机库天花板下面的设施之间应留有必要的安全距离,此外还需考虑发展中的高性能飞机换装的问题。但是机库过高则会导致型深和质量增加，而且抬高了飞行甲板的重心。因此机库高度选择中既要利于飞机在机库内的移动和维修作业又要考虑节省舰的质量。

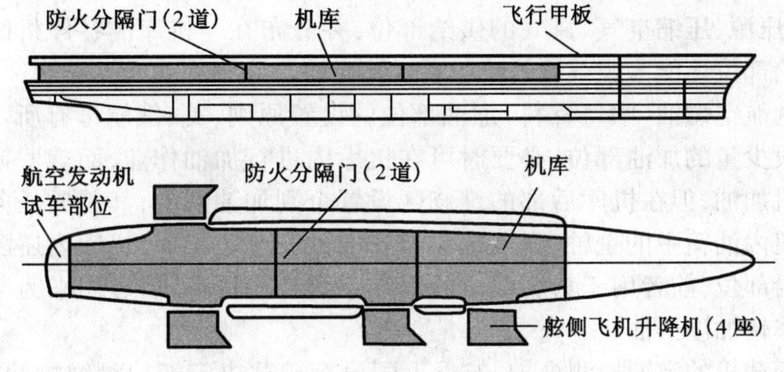

美国“尼米兹”级航母的机库结构图

机库的指挥部位设置在机库中部上层的侧壁外侧，朝向机库的一面设置有视野开阔的观察窗，借助观察窗以及分布于机库内的电视摄像装置提供的信息，机库指挥员随时掌握机库内舰载机的停放布列、调运和维护维修作业状况，以便进行指挥调度。机库甲板后端用防火隔音壁隔开，构成飞机发动机维修间。在维修间后面的隔壁间内，设有电喷发动机试验台。

机库内用防火门分成了三个停机区。舰载机在机库内以停机区为单位进行停放布列，按同一机种相对集中的原则停放，以利于管理和维护。为保证在空间有限的机库内停放的架数尽可能多，舰载机按机翼折叠状态以纵向中心线与舰的中线面平行的取向进行多排、多列的紧凑型停放布列和系留，但在与舷侧飞机升降机相对的区域内，舰载机的停放位置将与舰的中线面成一定角度，使之能方便地往升降平台调运。相邻舰载机之间保持有一定间距，供人员通行和进行航空保障作业。舰载机与机库四壁及防火分隔设施之间也留有适当的安全距离。不允许将舰载机布列在相邻两个停机区的界面处，以避免机库内发生火灾时妨碍防火分隔设施有效地发挥作用。

舰载机的系留设施包括机库甲板上的埋入式系留座和用来将舰载机系留在机库甲板上的系留索具。为保证对不同的舰载机具有良好适应性，“尼米兹”级航母的系留索具的长度能作大幅度调节和微调收紧，以调整每架飞机在机库内的系留方案和系留设施的承载能力，可保证在航母安全航行的最恶劣海况下可靠地对舰载机实施系留固定。

在“尼米兹”级航母上主要借助配有动力的飞机牵引车，而俄罗斯的“库兹涅佐夫”级除可使用牵引车外，还设有纵贯整个机库长度的轨道式电动牵引装置。同时，为使飞机从舰的纵向转为机尾朝向舰舷,以便于向舷侧飞机升降机转运,或是从舷侧飞机升降机逆向调运到机库内的停放位置,在机库甲板上与舷侧飞机升降机相对的位置还设置有埋入式的调向转盘。

"尼米兹"级航母在机库左右侧壁外沿纵向设置若干个用于向舰载机供给航空用直流和中频电源、液压源、压缩空气、氮气的供给部位,并分布在与机库的各停机区相对应的位置。液压源供给部位还能为舰载机的液压系统补充航空液压油。

关于机库内航空燃油(喷气燃料)加油部位的设置原则,美、俄航母有所不同。美国的航母为机库配设少量的加油部位,必要时可在机库内进行加油作业,而俄罗斯的航母不在机库内为舰载机加油,但在机库后部的维修区设置个别加油部位,其首要任务是为待维修的舰载机抽排机内油箱中的余油,以保证维修作业的安全。此外,机库内还配设有航空滑油和柴油的供给部位,前者用于为舰载机的滑油系统补充滑油,后者用来为柴油机驱动的牵引车等地勤车辆加注柴油。

为实施对舰载机的定期检测维护,航母上配设有舰载机定期检测维护舱室(以下简称"定检舱室"),包括机体和发动机定检舱室,雷达、无线电电子设备定检舱室,航空仪表特设定检舱室,航空武器定检舱室等。还配设有舰载机导航系统的航向校准设施和飞行记录器信息判读设备。前面提到的航空电源、航空液压源、压缩空气、氮气的供给设施,以及舰载机机体和发动机的冲洗设备等也都是用于为舰载机的检测维护服务。

航母上还配设有用于舰载机和航空保障设施进行维修的舱室以及各类航空贮藏舱和备件库。这些舱室总数有数十个,多设置在机库左右侧壁的外侧,并设有与机库相通的舱门。机库后部停机区还兼作舰载机的修理区,天花板上配设有用来吊运舰载机的大型部件和大型备件的起吊装置。

关于舰载机的发动机维修后的试车问题,"尼米兹"级采用了与"库兹涅佐夫"级不同的设计。由上图可见,美国航母将机库甲板的尾端区域作为航空发动机的试车部位,其后缘为敞开式,与外界相通,以便在进行发动机试车时喷气流能直接排出舰外。在俄罗斯航母的飞行甲板上,专门指定一个停机位置,用于飞机更换发动机后进行甲板系留状态下的发动机试车。此时飞机须采用较之平时停放系留更加强固的系留设施。试车除检验维修后的发动机的运行工况外,还可检验发动机在飞机上安装的正确性和可靠性。

机库是航母上用于停放舰载机的空间最大的航空舱室,舰载机装载的航空燃油又属于易燃易爆液体,不论是由于舰载机故障、舰员进行航空作业中出现失误,还是由于航母在战斗中遭受敌方炮火攻击,一旦引发机库内的火灾、爆炸事故,不仅会导致航母丧失部分或全部战斗力,而且可能危及航母自身的安全。因而,航母机库配备需有充分有效的安全、消防设施,主要有:

(1)用于监测机库内喷气燃料挥发气体浓度的可燃气体监测报警仪。当浓度达到危险值时,除在相关监控部位发出声光报警外,还将自动启动防爆通风系统投入工作。

(2)用于监测火灾的报警装置和将发生火灾的停机区与相邻停机区隔离开来的防火分隔设施。一旦机库内某一停机区发生火灾,在机库内报警装置的控制下,该停机区两端的防火分隔设施会自动关闭,一方面防止火灾向邻近停机区蔓延,另一方面也使得消防系统的灭火作业更加有效。“尼米兹”级航母上采用金属结构的移动式防火分隔门,俄“库兹涅佐夫”则采用了安装在机库天花板上、由耐火石棉制成的卷帘式防火帘。

(3)用于扑灭机库内一般火灾和油类火灾的消防系统,包括适量的手提式灭火器。

(4)为舰载机提供接地装置,消除静电。

航母的机库长约 210 m,宽约 32 m,高约 8.1 m。机库的大门布置在右,航母设有 4 个机库门,相应的门都配有 1 台飞机升降机。由于 1 个升降平台需同时升降 2 架飞机,所以机库大门的宽度在 20 m 左右,大门的高度比折叠后的飞机要高。机库大门的开口尺寸为 20 m×7.0 m。机库的开口位于吊舱甲板附近,该区域的内力分布十分复杂,尤其是在开口的角隅处,为减小该处的内力大小,开口的长边做成半圆形,成为椭圆开口。椭圆的半圆形处用加厚板和加大构架的方法进行加强。

航母的舷侧在比飞行甲板低一些的位置上,设有露天甲板。在此设有需要在海上加油的航空燃料加油装置、物资补给移送装置、货物吊运起重机等。在海上加油时,先让补给舰和航母并排航行,在两者之间用缆绳相连,并将输油管挂接在缆绳上。

“尼米兹”级航母是一艘设计思想非常优秀的航空母舰,主要表现在:

(1)“尼米兹”级航母的设计重心在于舰载机的使用,在整体设计上,优先考虑舰载机的使用环境,给舰载机提供了现役航母里最好的起降环境和停机固定及维护修理设备。在武器配备上,提出舰队联防策略,布置了较少的武器,而且均放置在飞行甲板下的狭窄通道上,飞行甲板上除舰岛外没有阻拦物,甲板面积较大。

(2)在舾装设备布置上,优先布置与舰载机起降直接相关的设备,将航母设计中与航空联队直接有关的系统布置在水线上和船首等工作环境相对较好的部位,并保证其有充足的工作空间和缓冲区间。

(3)拥有完善的被动防御和损管措施,航母舰体抗打击性较强。

(4)在作战性价比和建造周期上较为优秀,采用核动力和模块化设计,虽然整舰较“库兹涅佐夫”号航母多了近 30% 的建造费用,但作战能力达到后者的近两倍,性价比较高。而且模块化设计,不仅缩短了建造周期,而且日后的维护保养和升级改造也较为方便,从而变相提高了航母的寿命周期。

4.3 法国“戴高乐”号航空母舰

4.3.1 “戴高乐”号航母简介

“戴高乐”号航空母舰是核动力航空母舰，在“克莱蒙梭”级退役后，不仅是法国目前正在操作中的唯一一艘航空母舰，也是法国海军的旗舰，于2001年5月18日正式入役。“戴高乐”号是法国史上拥有的第十艘航空母舰，其命名源自于法国著名的军事将领与政治家夏尔·戴高乐。“戴高乐”号不只是法国第一艘核动力航空母舰，也是唯一一艘不属于美国海军的在役核动力航空母舰。

20世纪70年代，“克莱蒙梭”级航母已经寿命过半，法国需要设计并建造新的航母来接替“克莱蒙梭”级，以保持法国海军的作战能力。起初，法国海军对英国“无敌“级垂直/短距起降航母表现出了浓厚的兴趣，并制订了一个代号为PA－75的航母计划。这是一个2万t级的小型核动力航母的设计方案。但鉴于法国的经济利益在全球范围内广泛分布，小型航母难以完成远程兵力快速投送的作战任务、垂直/短距起降飞机搭载的武备和作战半径无法满足作战要求等种种原因，一直遭受来自各界的抨击，计划一改再改，最终取消了新航母搭载短距/垂直起降飞机的计划，只保留了核动力推进方案。

1980年9月，法国国防委员会批准了2艘核动力航母的建造计划。1983年，法国海军在经过多方论证之后，确定了新航母的“概念设计”。1986年2月法比尤斯政府同意以17世纪法国海军的缔造者黎塞留来命名这艘新的航母，新航母的建造合同正式签订。同年5月雅克·希拉克成为政府总理，一年后他宣布将这艘航母改名为“戴高乐”号。1987年4月正式动工兴建。前后经过六年半的建造，于1994年5月下水。当时的法国总统密特朗亲自主持开工仪式，足见法国政府对法国第一艘核动力航母的重视。1997年进行武器装备试验，1999年2月进行海上试验，2000年11月进行远航试验，于2001年5月18日，宣布正式服役。

由于是法国第一艘核动力航母，“戴高乐”级航母首舰从计划建造，到最后正式服役，历经种种艰难，并创造了一项世界纪录——从决定建造到最后交付海军，前后历时20多年，耗资超过了110亿美元。而美国建造世界上第一艘核动力航母“企业”号只用了两年多的时间。就是法国本国，建造“克莱蒙梭”级航母时，从铺设龙骨到建成下水也没超过三年。

法国“戴高乐”号航空母舰

4.3.2 “戴高乐”号航母的建造

由于冷战时代的结束再加上经济不景气导致的国家财政困难，原订 1996 年服役的“戴高乐”号工期一再延误，直到 1994 年 5 月才完工下水，以致连服役日程也往后延至 1999 年。但之后由于又陆续发现核反应堆强度不足进行补强，与斜向飞行甲板（angled deck）长度不足无法安全起降美制 E－2C 鹰眼式空中预警机（Hawkeye）而在 2000 年时又进行了甲板延长改造工程，将斜向甲板的长度增加了 4 公尺，也使得正式启用的日程一延再延。

“戴高乐”号在建造过程中，确实也走了不少弯路。先是蒸汽弹射器的问题，目前世界上只有美国可以提供这种航母必备的装置，法国在 1991 年提出购买 4 套美制 C－13－3 型蒸汽弹射器的要求，该弹射器可以将重达 32 t 的飞机加速到 100 kn 以上的起飞速度，能够每隔 30 s 弹射一架飞机起飞。但美国早就对法国妄自尊大的习惯忌恨在心，一上来便是漫天要价，每套弹射器的售价高达 1 200 万美元，比国内报价翻了好几个跟头。法国政府则不信邪，给国内以制造幻影战斗机闻名的达索公司下达“死命令”，要他们在 2 年内拿出国产蒸汽弹射器，但达索公司正处于研制“戴高乐”号航母使用的“阵风”战斗机的冲刺阶段，根本没有力量“另起炉灶”。几番较量下来，高傲的“法兰西公鸡”不得不向“山姆大叔”低头。

接着是美国出售 4 架 E－2C“鹰眼”预警机来装备“戴高乐”号航母，法国又是以每架 2.5 亿美元的“天价”领受。但麻烦并没有完，当法国海军于 1998 年 7 月 6 日在“戴高乐”号上进行第一次舰载机起飞降落试验时，工程人员发现原设计长 261.5 m，宽 64.4 m 的飞行甲板需要增加 4 m 长度以适应 E－2C“鹰眼”预警机，于是进度本已落下许多的“戴高乐”号又不得不回到船厂，进行飞行甲板的加长和加固焊接。

2000 年 11 月，“戴高乐”号在北大西洋进行首次远洋试验时，一部螺旋桨的桨叶突然断裂，沉入大西洋洋底。螺旋桨事故让法国政府难堪不已，经过一个月的调查，法国国防部在调查报告中指出，法国大西洋铸造实业公司 1997 年在为“戴高乐”号制造和安装螺旋桨过程中，存在严重的质量问题，特别是最后的精加工质量低劣，导致产品出现缺陷，致使螺旋桨叶在航行中断裂。此外，还有更为离奇的问题，在试航中“戴高乐”号的冷却系统线路和核反应堆没有任何接触，丝毫起不到冷却作用。就连水兵们用的洗衣机也出了毛病，所有滚筒若是全速运转起来，整个舰体都会出现难以忍受的震动。

此外，法国为了筹措不断超支的建造费用，最后以 1 400 万美元的低价提前向巴西出售“福煦”号航母，而按原计划它应该是到 2004 年才退役。于是巴西平白捡了个便宜，其海军也因此成为南美地区海上制空能力最强的力量。2001 年 6 月 18 日“戴高乐”号正式就役，比原本预计的就役时间足足晚了五年。

4.3.3 “戴高乐”号航母的核动力系统

安装在“戴高乐”号航空母舰上的反应堆和“凯旋”级导弹核潜艇上的动力推进核反应堆相同，是 K15 一体化自然循环压水堆，一共装有两座，每座热功率 150 MW，与美国“尼米兹”级航母的核反应堆功率相比差距较大(“尼米兹”级功率 194 MW，26 万马力)。共有 5 个动力隔舱，中间的为反应堆控制舱，对称两边依次为 2 个反应堆舱和 2 个汽轮机舱。反应堆被用来提供热量，它有两个回路。其堆芯被置于一个钢制压力壳中，堆芯寿命在 20 年以上。两个反应堆都配备了若干台水泵来负责反应堆回路中水的循环流动，每台水泵配备若干个电源供电。汽轮机舱设置有 2 台通用电气公司的奥斯瑟姆汽轮机，83 000 马力，双轴双桨。

由于“戴高乐”号航母不经常以最高航速航行，所以核反应堆常常只是发出一部分功率。当反应堆运行时，人员可从外面进行操纵。任何人不能进入到反应堆的安全壳里去。所有的操纵都集中到控制室里。为了检查安全壳的密封性，例如在每次起动反应堆之前，都要把安全壳减压至少 24 小时，然后检查它是否能保持真空。此外还必须对钢制压力壳的密封性进行定期检查，并按相关操作规程对反应堆操纵人员进行培训和定期进行技能检查。

“戴高乐”号航母的推进系统由两个独立的发动机组构成，从推进涡轮机的输出端开始，每个机组都包括减速器、联轴器等部件。轴系为空心圆柱体，左舷传动轴全长 65.40 m，而右舷传动轴全长 114.80 m。最大转速 175 r/min，轴向最大推力 2×10^6 N，整个推进装置由前后两个机械控制室的控制台监控。“戴高乐”号航母的螺旋桨直径 5 m，4 个桨叶，其中一个曾因质量问题在一次试航中掉落于大西洋,使当时的法国政府颇为尴尬。后曾一度装上“克莱蒙梭”级航母的备用桨,使得本来的 27 kn 航速降至 25 kn,且螺旋桨还存在噪声过大的问题。

“戴高乐”号航母螺旋桨

在“戴高乐”号航母早期论证时,建造计划几经修改,但核动力推进的方案最终被保留,说明核动力航母对于法国维护其国际大国地位的作用是巨大的。该航母的核动力反应堆为法国海军“凯旋”级核潜艇的核反应堆,经过一些改装后安装到“戴高乐”号航母上,这样节省了研制经费,缩短了建造周期。但由此带来了该航母动力不足导致航速偏低的问题。这样的低航速和动力系统的糟糕表现,严重影响了舰载机的起降和全舰的在航率,进而制约了全舰整体作战能力的发挥。

4.3.4 “戴高乐”号航母的基本参数和型线设计

基本参数

标准排水量/t	35 000
满载排水量/t	42 500
水线宽/m	31.4
吃水/m	8.5
飞行甲板长/m	261.5

飞行甲板宽/m	64.3
机库长/m	138.5
机库宽/m	29.4
动力装置	2座K－15加压水冷却反应堆
推进功率/hp	84 000
航速/kn	>27
续航能力	5年
自持力	45天
人员编制	舰员1300名，航空人员620名，旗舰指挥人员40名

“戴高乐”级航母的船型要素：

垂向菱形系数0.56；

初稳心高 $GM=1.5$ m（固有横摇周期24 s）；

方形系数：0.53；

横剖面系数：0.94；

纵向棱形系数：0.56。

水线长宽比：$L_{bw}/B_{bw}=7.556$；

排水量长度系数：$L/\nabla1/3=7.168$；

宽度吃水比：$B/T=3.689$（标准排水量状态）；

弗劳德数：$Fr=0.287$（最大航速状态）。

由于最大航速状态时航母的 Fr 值在0.3附近，此时，V型横剖面对阻力和纵摇性能都不利，故依据拥有的图片资料推测“戴高乐”级航母的主船体首部横剖面型线在设计水线以下可能采用U型剖面或者UV型剖面。“戴高乐”级航母首部设计水线以上设计成很大的外飘，有效地增加了航母飞行甲板的面积，对航母的快速作战反应能力十分有利。但过大的外飘会产生较严重的飞溅和局部砰击。舷端飞行甲板距水面比较高，故位于舷部飞行甲板上的舰载机在起飞作业时，受波浪影响较小。船体在6级海情下，舷部不存在淹没现象。

由于“戴高乐”级航母是双轴双桨推进，故舰体尾部宽度比采用四轴四桨的美国“尼米兹”级和俄罗斯“库兹涅佐夫”级等大型航母有适当减小，但保证了船体有足够的稳性和舱容，且保证了螺旋桨处于较好的流场中。其尾部设计水线以上水线设计成了方尾，水下部分型线与水上部分有良好的过渡。

“戴高乐”级航母飞行甲板前端和后端在型线设计时充分保证了舰载机起降所要求的气流场，避免了气流涡旋的产生。舰尾着舰区视野宽阔，舰岛靠前，在一定程度上减缓了飞行员着舰时的错觉效应。

“戴高乐”号航母的船尾

航母耐波性是航母生命力的重要内容之一。航母的纵摇、横摇、垂荡等运动对航母的舰体结构,舰载机的结构强度以及舰载机的起降有着极为重大的影响。在“戴高乐”级航母的设计任务书中要求其舰体性能可与美国海军大型航母媲美,即在 6 级海情下舰载机能进行正常的起降。而美国航母的良好耐波性是依靠其庞大的吨位来保证的。法国当时最大的船坞只有 270 m,这就决定了新航母的吨位不可能太大。由于“戴高乐”级航母的满载排水量不到 5 万 t,为了在海情恶劣时缓和船体的横摇运动,保证舰载机正常起降,“戴高乐”级航母采取了许多创新的设计。“戴高乐”级航母由于加装了一套快速调整横倾系统,固有横摇周期从 16 s 变为 24 s,有效避开了 6 级海况下 11、12 s 的海浪固有周期。这套叫做“SATRAP”的系统由法国海军舰艇建造局设计和制造。SATRAP 可以提高“戴高乐”级航母的 20% ~30% 作战可利用率。

SATRAP 由以下几部分组成:一台有两个舵板的舵机,可减缓首摇和横荡现象;一个减摇装置,包括 4 个独立主动式减摇鳍,它们受计算机控制,可减小和消除横摇效应;一个横倾补偿装置,由 12 个各为 22 t 的铅制滑块组成,产生一个补偿横倾的恢复力矩;一个计算机控制系统,指挥并协调上面所有装置的运行。横倾补偿装置,由两组各 6 个的滑块组组成。位于飞行甲板下面第二个通道内的隧道内,最大位移速度为 0.8 m/s。这些滑块可根据需要在轨道上移动,其横向位移可以补偿横倾 8°,保证航母在 6 级海情下的横摇角不超过 0.5°。

该舰在减小横摇、偏航和纵摇方面采取的措施,除创新设计的“SATRAP”稳定系统外,与“克莱蒙梭”级航母相比,“戴高乐”级航母的舰首、舰尾容积增大了不少，有效减小了横摇和纵摇幅值。

“戴高乐”级航母增强了防护与抗爆能力,其舰体为由 1 300 多个水密舱室形成的整体箱型结构,水下部分采用多层或双层结构,并增强了船底板强度。舱内保持正压,故有着极强的抗水下爆炸能力(兼备具有三防能力)。舰载电子和电气设备,具有承受核爆炸电磁脉冲的能力,通信功能在爆炸产生电磁脉冲后基本不受影响,仍能快速弹射和回收一个由 6 ~ 8 架舰载机组成的攻击波。

飞行甲板和船体都是用超强钢板建造,可以降低穿甲炸弹的威力。全舰的关键部位均有装甲防护，弹药库、机舱等重要的舱室除在四周采用装甲防护外，为防止引起链锁式爆炸反应，将其前后分散布置，相邻舱之间采用装甲隔壁隔开。备用弹药均放在水线以下的弹药舱中。在任何时刻,舰上随时有 30 个损管抢修小组待命,以应付不测。

航母由于体积庞大,极易被敌方雷达探测到。而“戴高乐”级航母特别注意降低雷达的反射面,舰体上层建筑表面统统设计成倾斜 10°,并涂敷能吸收雷达波的涂料,大大提高了舰体的隐身性能。

4.3.5 “戴高乐”号航母的电子设备

“戴高乐”号航母的各种电子雷达系统主要具备以下功能:收集来自卫星、岸基、航母编队等所获取的各种作战情报,进行分析和处理;识别敌我目标,进行威胁判断;显示各类战术数据、图形图像,得出综合战术态势,传送给编队内各舰或报送上级指挥部门;指挥并引导舰载机作战;负责“戴高乐”号航母辖区空域内舰载机的空中交通管制,引导舰载机正常起降;指挥“紫菀”舰空导弹等近程防卫武器,进行近程防空和反导作战;及时提供航母的运动参数、位置参数等;提供舰载机和武器作战需要的各种气象保障条件;指挥本舰战术机动;监视作战过程,评估作战效果;系统检测和管理等。

1. 探测系统

“戴高乐”号航母上的探测设备十分齐全,主要有:1 部 DRBV - 26D 远程两坐标对空搜索雷达;1 部 DRBV - 15C 中程两坐标对空对海搜索雷达;1 部 DRBJ - 11B 远程三坐标多功能雷达;1 部 ARABEL 中程多功能相控阵雷达;2 部 DRBN - 34 导航雷达,以及第三代双波段模块式 DIBV10“旺皮尔”(VAMPIR)MB 红外搜索和跟踪(JRST)系统,VRBP - 2A”塔康”(TACAN)战术空中导航设备。除此之外,该航母还装有 VHF 天线,HF 鞭状天线,国际航海卫星系统(INMARSAT),Syracuse 法国卫星系统,舰队卫星通信系统,TV 卫星,全球定位系统(GPS),VHF 测向器、风速计等。上述这些设备全部架设于上层建筑以及上层建筑上的航母主桅杆上。除导航雷达外,上述其他雷达都具有抗干扰能力。“戴高乐”航母上不设声呐。

(1)三坐标火控雷达

ARABEL(“阿拉贝尔”)雷达是法国汤姆逊 - CSF 公司设计的新型多功能相控阵雷达,能引导“紫菀 15”舰空导弹进行近程防御。该雷达能够对末端主动制导的导弹起保障和支援作用,可完成立体监视,精密跟踪和中段制导等任务。它能够在严酷的电磁干扰环境和恶劣气象条件下进行正常工作。

(2)远程对空警戒雷达

DRBV - 26(“朱比特”)用于“戴高乐”号航母的远程对空警戒。该雷达可在非常恶劣的环境中工作,抗干扰能力强。同时,处理系统实现了空中航迹启始和跟踪的自动化。

(3)对海搜索雷达

DRBV - 15C(“海虎”)对海搜索雷达是汤姆逊 - CSF 公司的一种稳定天线海空雷达和目标指示雷达。该雷达采用先进技术保证中远程空中和海上警戒、导弹探测及恶劣环境下的目标指示,天线横摇稳定,并配有 IFF 询问器(敌我识别器),探测和信号质量非常高,能实现航迹启始和处理的自动化。

(4)红外搜索跟踪系统

为了应对掠海反舰导弹,同时为了保证航母在雷达静默或电子战情况下继续对敌方的监视,“戴高乐”航母上装备了 VAMPIR(“旺皮尔”)双波段红外搜索跟踪系统。该系统质量轻,尺寸小,信号处理和跟踪设备技术先进,能进行 360°搜索,双波段为 4.6 μm 和 10.6 μm 两个波长。该系统可提供距舰约 12 km 的海区内精确的方位和高度轨迹。此外,“萨德拉尔”近程防空导弹还装有“海鳝”红外热像仪等光电设备。

ARABEL 三坐标火控雷达

DRBV - 26 远程对空警戒雷达

DRBV－15C 对海搜索雷达

VAMPIR 红外搜索跟踪系统

（5）三坐标远程对空警戒雷达

DRBJ－11B 三坐标多功能雷达对大型空中目标最大探测距离为 360 km，可同时应对多批目标。它还能承担对距离为 180 km、高度为 20 km 和仰角 45°的舰载机的管制任务。其电子扫描旋转平面阵天线能控制中程导弹。法国海军的“卡萨尔”和“让·巴尔”号防空护卫舰均装备有该型雷达。这对于法国海军“戴高乐”航母编队增强在广阔区域的制空权具有重要的意义。

2. 导航及通讯系统

（1）塔康系统

NRBP－20A“塔康”（TACAN）系统可向飞行中的飞机提供精确的位置和方位导航信息。NRBP－20A“塔康”信标由一个应答机柜、一个电子旋转天线，一个遥控盒组成。该天线工作频率范围为 962～1 212 MHz，峰值功率为 1 kW，作用距离为 180 n mile。

（2）导航雷达

“戴高乐”号航空母舰上装有 2 部 DRBN－34A 导航雷达，其中装在上层建筑的一台主要用于飞机进场的引导。设备从英国引进。工作频率为 9 380～9 440 Hz，峰值功率为 25 kW，作用距离为 25～60 km。

（3）通信系统

利用卫星，通过 Link11 和 Link16 数据链建网，让所有安装相应终端的参战单元进行相互间的语音或计算机通信，非常方便。Link16 数据链能提供大容量、安全保密的数据传输，非常适用于复杂信息条件下的网络中心战。RIFAN IP 网络是泰利斯公司为法国海军开发的,用以联结海军的各舰艇实现作战态势的全面共享。

"戴高乐"号航空母舰及其所有的舰载机与卫星保持着不间断联络。通过舰队卫星通信系统、国际海事卫星通信系统以及 OE－82(U)卫星通信天线,可以进行远距离通信。"戴高乐"号航空母舰还能通过安装在"海豚"AS365F 直升机和其他舰载机上的应急信标对作战飞机进行定位。通信联络的高度可靠性提高了航母编队的作战能力。

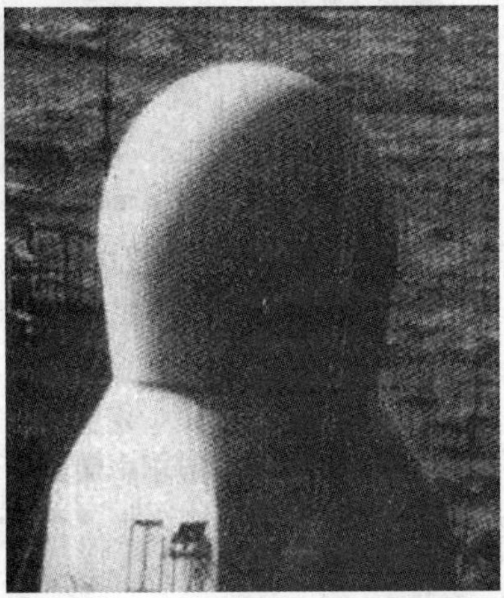

DRBJ－11B 三坐标远程对空警戒雷达

NRBP 20A 塔康系统

DRBN34A 导航雷达

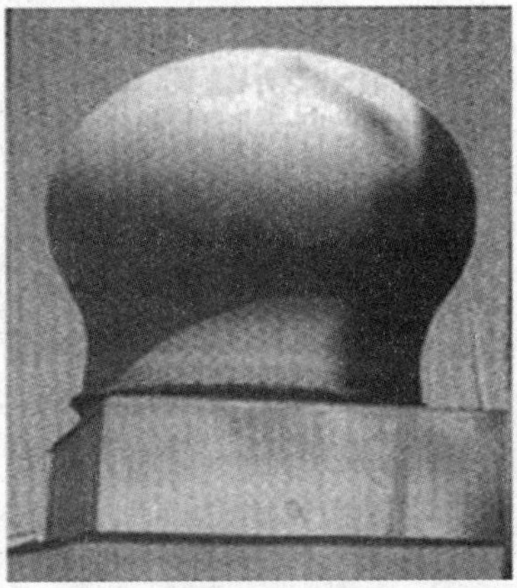

舰队卫星通信系统

OE－82(U)卫星通信天线

海事卫星通信组织的应急信标

3. 作战指挥系统

“戴高乐”号航母作战指挥舱室包括:舰队作战指挥中心,本舰作战指挥中心,航母空中管制中心(CCA),作战中心(CC)。装备的主要作战系统有海军辅助指挥系统,“SENIT－8”海上战术信息系统等。

“戴高乐”号航母是法国海军第一艘安装最新发展的SENIT－8战术数据处理系统和Link16数据链的舰艇。SENIT－8系统是这艘核动力航母构成防空作战指挥系统的核心。在作战情报中心(CC)由30名舰员操作SENIT－8,系统使用22个作战工作台,其中12个工作台是双屏幕系统操作员显控台,而其他10个工作台是单屏幕图像汇编显示器。该系统具有下列功能:作战任务准备,作战任务管理,外部和内部通信及导航的协调。另外,该系统能够实时处理2 000条航迹。但早期的SENIT－2(装备于“克莱蒙梭”级航母)只能处理128条航迹,即使是SENIT－6(装备于防空型C70AA级驱逐舰)也只能处理400条航迹,相比之下,SENIT－8的处理能力大大提高了。系统具有对多威胁源的毁伤能力,并且在45天内无需维护而应有95%的可用性。

SENIT－8的主要作用是充当航母的“大脑”,它搜索、比较、处理和显示来自航母的各种传感器设备的输入信息。同时,SENIT－8还与SADRAL等舰空导弹系统、干扰机以及诱饵发射装置相连接,从而控制硬摧毁和软摧毁两种防御系统。

4.3.6 “戴高乐”号航母的武器装备

“戴高乐”级航母上装载的武器都是近程防御武器,用于自卫,这种设计思想与美国相同,但与俄罗斯航母则大相径庭。俄航母不仅装备有各式防空导弹,还装备有声呐和远程反舰导弹,具备独立作战的能力。

“戴高乐”级航母武器配备如下:两座 SAAM“萨姆”中程舰空导弹发射系统,两座 SADRAL“萨德拉尔”近程舰空导弹系统,八座“盖特”自动炮,四座“萨盖”诱饵发射系统和两台 ARBB-33 干扰机,SLAT 鱼雷攻击告警装置等水下自卫系统。以上武器系统都通过“SENIT-8”系统与探测和通讯系统相连,可有效应对各种反舰导弹、飞机、鱼雷等威胁。

SAAM“萨姆”舰空反导系统是一种舰载点防御系统,主要用于航母自卫。该系统包括:基于多功能电子扫描能力的火控系统;“阿拉贝尔”雷达;四座八联装“席尔瓦”(SYLVER)垂直发射装置和 32 枚“紫菀 15”导弹;实时多个处理器的 Mara 计算机和图形界面的 Magics 作战指挥与武器控制系统。

“阿拉贝尔”雷达可跟踪多达 100 个目标,同时捕捉 10 个不同方位的目标。“紫菀”导弹与“标准”系列导弹有些类似。“紫菀”导弹分两段制导,初段采用惯性加上行数据链制导,末段采用主动雷达制导。“紫菀 15”导弹是该系列中的近程型号,加速时间 25 s,最终速度 3*Ma*,主弹体末段飞行时的最大过载大于 50 g,有效射高为 1.7~13 km,射程是 30 km。

“席尔瓦”垂直发射系统

“紫菀”导弹

SADRAL“萨德拉尔”近程舰空导弹是法国先进的超近程舰空点防御系统,是原“西北风”导弹地空型的舰载型。可应对低空飞机、直升机和掠海反舰导弹。系统包括六联装发射架(带有稳定平台)、用于捕获目标的闭路电视摄像机等。

发射架方向可 360°旋转,仰角为 -15°~+85°可调,发射架配有稳定系统,不受舰摇影响,只需一名射手在显控台操作。导弹为“西北风”导弹,射程 300~6 000 m,射高 5~3 000 m。弹长 1.8 m,直径 90 mm,弹重 17 kg。采用红外寻的制导,最大速度 2.5*Ma*,毁伤能力强。

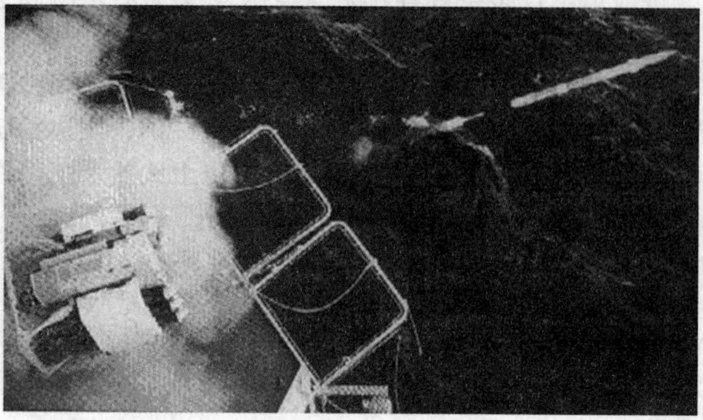

已发射的"西北风"导弹

"萨德拉尔"导弹系统

ARBB－33 干扰机由以下几部分组成:2 个半圆柱形天线罩,1 个技术机柜,1 个显控台。其中,2 个天线罩分别布置于"戴高乐"号航母上层建筑的左舷和右舷,由于其功率较大,为避免其他电子设备和舰载机受到干扰,对其进行了电磁防护。ARBB－33 干扰机主要用于干扰威胁目标指示雷达、脉冲火控雷达和导弹有源寻的雷达。

ARBB－33 干扰机

ARBB－33 干扰机的位置

"萨盖"(SAGAIE)诱饵发射系统是用于阻止反舰导弹攻击的一种全自动远程无源干扰系统,系统有四座 10 管发射架,可装 10 枚诱饵火箭弹。它将保护舰只免遭电磁制导、红外制导或电磁/红外制导的导弹攻击。该系统可以与"达盖"系统配合使用,应对敌人的目标指示雷达和导弹跟踪系统,实现远程防卫。"萨盖"系统能接收来自监视系统发出的导弹威胁告警信号，反应时间极短。

“萨盖”诱饵发射系统

此外，航空母舰上还装备有 8 座“盖特”20 ~ 22 mm 自动炮，发射率 720 发/分，射程 8 km。

4.3.7　“戴高乐”号航母的舰载机

一流的航空母舰一定要有一流的舰载机。“戴高乐”号航母上搭载各式飞机 40 多架，其舰载机联队组成为：第 4 预警机中队、第 12 战斗机中队、第 17 攻击机中队和第 35 直升机中队。第 4 预警机中队拥有 3 架 E－2C“鹰眼”预警机，第 12、17 中队拥有“阵风”M 战斗机 10－12 架，“超军旗”攻击机 20 余架，第 35 中队拥有直升机 4 架，曾经搭载的型号包括“黑豹”“美洲狮”“超黄蜂”“海豚”“云雀Ⅲ”等。从 2005 年开始陆续由先进的 NH90 直升机替换。原有的“超军旗”攻击机逐渐被“阵风”MF2 和 F3 型陆续取代，预计到 2015 年，“戴高乐”航母上将只保留“阵风”M(32 架)、E－2C(3 架)和直升机(5 架)。

第 17 攻击中队装备了“超军旗”的现代化改进型。“超军旗”现代化改进型(SEM)是法国舰载机部队的标准攻击机，第 11 攻击中队和第 17 攻击中队装备该型战机。第 17 攻击中队装备“超军旗”现代化改进型服役至 2010 年，以后该中队将全部换装“阵风”M 多用途战斗机。

“超军旗”是一种轻型舰载攻击机，只有 5 个外挂点，其最大载弹量也只有 2 100 kg。可挂载一枚 AM39“飞鱼”反舰导弹。机翼可以折叠，适合于在航母上停放。为了适应现代化战争的要求，“超军旗”不断进行升级，发展了从标准 1 到标准 5 五种升级型号。通过加装激光指示吊舱，使其具备了夜战的能力；挂载了“魔术”系列导弹后，该战机具备了对空作战的能力等。

弹射起飞的“超军旗”攻击机

“阵风”M 战斗机

第 12 战斗机中队装备达索公司的“阵风”战斗机。“阵风”M 型战斗机是该型飞机的海军型(M 代表海军型),有 F1(对空),F2(对空/对海)和 F3(对空/对海兼具侦察能力)三种标准。于 1999 年 7 月服役。2001 年 5 月 18 日,装备型号老旧的 F－8P“十字军战士”的第 12 战斗中队全部换装“阵风”M 舰载机。

“阵风”M 战斗机可携带多种武器,能满足航母对舰载机的多任务多用途要求。它有 13 个外挂点,载弹量超过 9 000 kg 配备 30 mm 机炮,可携带“魔术”“米卡”空空格斗导弹、AM39“飞鱼”反舰导弹等。更重要的是它还可携带带有核弹头的改进型的 ASMP－A 导弹,这种导弹射程超过了 500 km,具备了空中核打击的能力。“阵风”M 战斗机装备的 2 台斯奈克玛 M88 涡扇发动机使其具有极其良好的空中机动性和低空性能。机头前部设置有一根固定式受油管，经过空中加油后，其作战半径有了极大的扩展。

该机机身广泛使用复合材料，有效减轻了质量，防止产生腐蚀。“阵风”的全寿命飞行在 7 000 小时以上，即“阵风”M 能可靠使用 30 年。

“阵风”M 舰载机上装备有 RBE2 火控雷达，能同时跟踪 40 个目标。此外还装备有光学传感器、专用电子战系统、Link16 数据链等。其机身装备的“达摩克里斯”激光指示吊舱，以及飞行员使用的夜视头盔，使其具备了全天候作战能力和夜间作战能力。“阵风”M 的性能已经全面超过了美国 F－14“雄猫”舰载机，但是与 F/A－18“大黄蜂”战斗/攻击机还是有一些差距，在某些性能上也稍逊于俄制的 Su－33 舰载机。

马岛海战使各国海军充分认识到掠海反舰导弹已经成为大型舰船的致命威胁。而最有效的解决途径是对携带机载反舰导弹的飞机进行早期预警。法国海军认为像英国或俄罗斯那样让舰载直升机来承担航母舰载机群的预警任务是行不通的。最有效也是最经济的方法是装备固定翼式的预警机。但法国当时现有的飞机大都不适合安装机载预警雷达和进行航母上的起降。因此，法国海军前后共购买了 3 架美制 E－2C“鹰眼”预警机。

E－2C“鹰眼”是美国格鲁曼公司研制的舰载预警机，用于舰队防空和空战导引指挥，E－2C采用上单翼双发动机悬臂式四立尾布局。在机身背部的支架上有直径 4.11 m 的雷达天线罩。动力装置 2 台涡桨发动机，单台最大功率 4 910 kW(6 676 hp)，平均功率 4 508 kW(6 129 hp)，驱动 4 叶螺旋桨。主要机载设备包括雷达、电子对抗、通信、数据显示与控制台等分系统，由 QL－77/ASQ 中央处理机控制接合为一个整体。雷达天线装在转速 6 转/分的天线罩内，背面是敌我识别天线。电子对抗设备为被动探测系统，能通过对比装在飞机头、尾，平尾两端的四组天线的接收信号精确地测定辐射源。通信系统包括 ARQ－34 高频数据链、ARC－158 超高频数据链、ARC－51A 超高频通信电台，装有三台 AN/APA－172 数据显示与控制台，其主显示器能显示目标的平面位置、速度向量与其他数据。

相关参数：翼展 24.56 m(机翼折叠 8.94 m)，机长 17.54 m，机高 5.58 m，机翼面积 65.03 m^2，展弦比 9.3，雷达天线罩直径 7.32 m，雷达天线罩厚度 0.79 m。空重 17 265 kg，最大起飞总重 23 356 kg。最大平飞速度 598 km/小时，最大巡航速度 576 km/h，实用升限 9 390 m，执勤续航时间 3～4 小时(离航空母舰 370 km)。

第 35 直升机中队担负的主要任务为：海上搜救、警备和反潜。配备有 4 架 NH90 多用途直升机。可担负反潜、反舰、搜救、布雷、补给等任务。机身由复合材料制成，具有隐身性能，具备全天候执勤能力，可在 6 级海况下工作。

在 2005 年以前第 35 直升机中队下辖 2 架“海豚”SA365F 直升机和 1 架“云雀”3 直升机。“海豚”SA365 装备了允许在复杂条件下执行搜救任务的设备。它的雷达和驾驶系统

E－2C“鹰眼”预警机

能监视 147 个可疑目标,其中包括像舰艇这样的移动目标多达 40 个。“海豚”SA365 能依靠其自动驾驶系统中的盘旋功能自动维持适当的高度。SA319“云雀”3 是一款性能优异的直升机,它和“海豚”SA365 一样,都曾经在“克莱蒙梭”号和“福煦”号航母上服役,它们的任务是在舰载机起降时升空,并搭载救生员,当出现意外时负责营救飞行员。“戴高乐”航母上搭载过其他直升机还有“美洲狮”“超黄蜂”“黑豹”等。

先进的 NH 90 直升机

法国海军“美洲狮”直升机

4.3.8 “戴高乐”号航母的总体性能

法国海军新建的“戴高乐”级航空母舰的综合作战能力将比其前任的航空母舰提高6倍。法国是继美国之后惟一拥有核动力大甲板攻击型航空母舰的国家。因此,法国海军的核动力航空母舰编队是其保持在欧盟军事大国的重要象征之一。“戴高乐”号航空母舰编队将拥有多种打击手段,特别是搭载的“阵风”M型战斗/攻击机,属于“三代半”舰载机,其综合作战能力远优于美国的F-14“雄猫”舰载机,部分性能超过了美国的F/A-18“大黄蜂”舰载机。其作战半径大于1 000 km,同时具有对海、对空作战能力和精确制导武器。该编队还装备有美国E-2C型预警机。“戴高乐”号航空母舰是法国海上舰艇编队的指挥舰,其作战系统有以SENIT-8为核心的C^3I系统,其中包括有海上舰艇编队指挥辅助系统和本舰指挥辅助系统。借此通过Link11、Link14和Link16战术数据链可与编队中的各舰艇、空中飞机、岸基指挥中心和水下潜艇进行联系,从而大大地扩大和加强了法国海上舰艇编队的防空、反舰、反潜范围和能力。

“戴高乐”号是史上第一艘在设计时加入了隐身性能考虑的航空母舰。然而由于吨位只有美国的同类舰只一半,因此“戴高乐”号只配备了两具舰首弹射器,而舰载机的上限也只有一般约为40架上下,主要包括海基版本的阵风式战斗机(Rafale 即阵风M型)与超级军旗攻击机(Super Étendard)两款法制战机,以及美制的E-2C鹰眼式空中预警机。“戴高乐”号配备有非常先进的电子设备与法国最新锐的紫苑-15型防空飞弹(Aster 15)与萨德拉尔(SADRAL)轻型短程防空飞弹系统,使得整体的攻击能力远远超过过去法国拥有过的几艘航母。

传统上法国海军向来会采取同时拥有两艘航空母舰的编制,以确保纵使在其中一艘进厂维修时,也还有一艘可以值勤的配置方式。因此,除了目前拥有的“戴高乐”号外,法国海军仍然需要建造另一艘航空母舰,才能完成理想的编制。然而,由于“戴高乐”号的建造过分昂贵,法国政府并没有打算建造另一艘同级舰,再加上近年来欧洲逐渐在政经军事方面趋向统合,因此与其他国家采取相同标准以节省建造成本已是主流趋势。

法国舰载航空兵使用的主要反潜装备有:NH90 等反潜直升机、声呐浮标系统、磁异探测器、搜索雷达、自导鱼雷和深水炸弹。配合核潜艇负责编队外围反潜。编队的水面舰艇(主要为“乔治莱格”级驱逐舰和“拉菲特”级护卫舰)主要担负舰队的中进程反潜作战,遂行以下作战任务:

①作为反潜搜索或反潜突击力量,进行区域搜索,实施机动反潜;

②担任防潜封锁任务,在防潜封锁区内搜索和攻击敌方潜艇;

③为护航运输队或登陆输送队担任直接警戒或支援掩护兵力;

④担任基地、港口的近程反潜巡逻警戒任务;

⑤为己方战略弹道导弹潜艇的展开和遂行突击任务提供战斗保障。

美海军认为,应对敌方潜艇最好的办法是使用己方的核动力攻击潜艇。而“戴高乐”航母编队一般配备有一艘“红宝石”级核动力攻击潜艇。该级潜艇排水量只有 3 000 t,是世界上排水量最小的核潜艇。由于吨位小,故特别擅长于在地中海等浅水水域作战。“红宝石”级在艇首装有 4 具 533 mm 鱼雷发射管,可发射鱼雷和 SM－39“飞鱼”潜射反舰导弹,装备有主被动式声呐,负责编队的外围反潜。一般舰队的反潜作战会得到岸基反潜巡逻机的配合。

“戴高乐”航空母舰编队的对空防御体系主要由远、中、近三道对空警戒拦截幕组成。在距离“戴高乐”号航母 70 km 以外的距离为远程防空幕,主要由航母上的 E－2C 预警机和“阵风”M 组成的飞行编队负责,武器为“魔术”“米卡”等机载空空导弹和机载航炮。舰载航空兵的防空作战基本原则是:早期发现敌目标、掌握战区制电磁权、积极打击。每架预警机升空巡逻,一般都有 2 架舰载战斗机与其一起遂行战斗空中巡逻任务。战斗队形舰载战斗机一般为双机编队,进行拦截时,以战斗疏开队形、背向太阳接敌,在距离航母 70 ~ 15 km 范围内的防空任务主要由舰队中的驱护舰负责,武器包括舰载“米斯特拉尔”舰空导弹和美制“标准”舰空导弹,通过各种对空雷达警戒。在距离航母 15 km 以内的防空作战依靠航母本身的近程防御武器,包括“紫菀”舰空导弹和“西北风”导弹以及 20 mm 速射炮。

法国海军航空母舰编队反水面舰艇作战由航空母舰舰载机、护航水面舰艇作战舰艇及潜艇担任,反水面舰艇作战行动由航空母舰编队作战指挥部统一组织实施。航空兵突击水面舰艇由舰载航空兵担负较远距离对舰攻击任务。航空母舰编队所属的攻击机、战斗/攻击机上装备有空对舰导弹,其中"超军旗"攻击机可携带数枚"飞鱼"反舰导弹,"阵风"M 战斗/攻击机也可携带"飞鱼"反舰导弹。另外,在可能时,岸基战斗/攻击机也可协同航空母舰编队实施反舰作战。

"戴高乐"航空母舰编队除航母外的所有水面舰艇均可担负反舰作战任务,使用兵器为"飞鱼"反舰导弹。其中"飞鱼"导弹最大射程为 70 km。用 2 枚可击毁对方大中型舰只。在著名的马岛海战中,英国皇家海军的"大刀"级护卫舰"谢菲尔德"号被阿根廷的"超军旗"攻击机仅用一枚法制"飞鱼"导弹击中,便迅即沉没,其威力可见一斑。

法国海军航母编队中的"红宝石"级核潜艇具有对水面目标实施打击的能力,其主要打击兵器是"飞鱼"潜射反舰导弹及鱼雷,并可携带水雷进行水雷战,封锁敌方舰艇。

"戴高乐"航母编队对敌方岸上目标实施的作战行动主要有两种:封锁与轰炸。其航母实施封锁的距离根据不同的战区和不同的敌人而有所区别,还可采用水雷战对敌方重要港口进行封锁。轰炸任务根据要达到的目标不同分为战略性质和战役性质,主要由舰载机承担。特别要说明的是"阵风"M 舰载战斗/攻击机可携带装有核弹头的 ASMP 导弹,可执行战略核打击任务。

此外,"戴高乐"航母编队还可承担支援两栖作战,撤退居民等任务,这里不再赘述。

建设航空母舰的母港,让航空母舰有一个可靠的后勤保障基地,具有与研制和建造航空母舰本身同等重要的意义。航空母舰的母港应该是大型化、深水化的军港,而且设施配套,功能齐全,同时还是航空母舰军人家属生活的场所。作为"戴高乐"航母的母港,土伦位于法国东南部地中海沿岸,现有居民约 18 万人,是一座军港城市。环境优美,风平浪静,锚地优良。土伦现在是法国最强大的海军基地,这里有地中海沿岸最重要的船坞,还有兵工厂和造船厂。法国海军航空兵司令部和地中海战区司令部就驻扎在这里。土伦港内拥有航空母舰 1 艘、驱逐舰 9 艘和其他舰艇。

"戴高乐"核动力航母为反应堆重装核燃料要在特定的大型舰船修造厂里进行。当在低威胁海域作战时,实施就地补给,主要由随编队航行的"迪朗斯河"级补给船进行横向补给(有时也会采用直升机进行垂向补给,但不进行纵向补给)。而当在高威胁海域作战时,撤离至安全海区接受补给。

4.3.9　研发教训及启示

法国作为欧洲传统的海军强国,历来注重海军建设与发展,特别是对研发航空母舰这一"海战利器"尤为重视,始终走在欧洲各国前列。法国最具代表性的"戴高乐"号航空母舰,是世界上唯一的核动力中型航空母舰,它既是法国人保守与创新交织的结晶,又是法国人傲骨与短视的产物;既是法兰西海军的王冠,又是法国人心头的痛。

据法国《巴黎竞赛画报》报道,在研发制造"戴高乐"号的数十年中,军方和承包商已习惯于分散、隐藏其经费,通过成千项预算,将它们分散在更多的巧立名目之下,造成了大量的资金浪费和成本失控。同时,法国尽管是世界屈指可数的工业强国,但在航空母舰这样的大系统面前,其制造水平仍显得力不从心。

例如,航母核心动力装置,法国原计划设计全新的舰用核反应堆,但整个项目千头万绪,制造商水平实在难以达到,再加上1992年欧洲金融危机和法郎急剧贬值的压力,使工作处于停摆状态。无奈之下,生产商只能将刚下水的导弹核潜艇“凯旋”号的动力装置K-15压水式核反应堆做细节修改、提升功率后装在航空母舰上。

法国“戴高乐”号航空母舰研发的曲折历程带给人们诸多启示,其经验与教训值得深刻汲取:

要紧贴实际做好顶层设计,强化决策的刚性执行。对于研发航空母舰这样的大型装备,要注重抓好项目的顶层设计,紧贴自身基础工业制造水平和具体任务目标需求,且不可脱离实际,人为加码,尤其是在没有研发和使用航空母舰经验的前提下,更要处理好借鉴与创新的关系。同时要针对维护国家海洋权益的目标,从战略层面上科学严谨地做好整体设计,在吨位、动力模式、舰载机等多个子系统研发上做好总体规划,做到科学决策、系统配套、结构合理、形成合力。要充分认识到航空母舰研发的复杂性、困难性,强化项目决策的刚性执行,防止出现朝令夕改、前后矛盾和搞变通、走捷径的问题,以坚韧的毅力、无畏的决心,坚持发展,一以贯之。

要科学合理地做好项目预算,确保效费比达到最优。做好预算管理和成本控制,是研发航空母舰这样的大型装备采办项目的关键环节。要坚持和运用好装备全寿命费用管理的理念,科学系统地建立费用估算模型,总体把握制定预算,确保经费使用效益。对于核心系统研发要有足够的投资强度,对于那些可利用现有成熟技术的应适量投资,对需外购引进设备应货比三家、区分良莠,防止质次价高。只有经过综合权衡,牢固树立“勤俭持家”的意识才能使效费比达到最优。

要全面细致地做好项目预研,抓好核心技术的突破。强化核心技术与装备的研发,是实现航空母舰从无到有的重中之重。这些核心技术与装备的研发,对于一国基础工业水平和综合国力是一个巨大的考验,要想突破上述瓶颈难点,就必须发扬“两弹一星”的科研攻关精神,坚持独立自主抓重点、科学创新求突破,注重消化吸收国内外先进技术,创新集成具有我国特色、实在管用的武器系统。尤其要确保关键技术的自主研发,核心装备不受制于人。应科学筹划各子系统的研发,防止因单个系统研发滞后造成整体计划的拖延。应统筹规划配属舰艇的装备研发进度,确保航空母舰整体作战能力的发挥。

4.4 俄罗斯“库兹涅佐夫”级航空母舰

4.4.1 “库兹涅佐夫”级航母设计背景

“库兹涅佐夫”级航母的设计是苏联海军从 70 年代在“基辅”级航母第三号舰“新罗西斯克”号的设计尚未结束之际就开始论证建造可搭载常规起降飞机的大型航母。也是继“莫斯科”级(1123 型),“基辅”级(1143,1143.4 型)之后的第三代航空母舰(1143.5 型)。1970 苏联对航母作用和地位的认识发生了根本性的变化,认同“没有制空权就没有制海权”的观点,认为除由战略导弹核潜艇完成的任务外,航空母舰几乎能够完成其他一切作战任务,但第一代“莫斯科”级航母主要担任反潜任务,第二代“基辅”级虽加强了反潜、防空能力,但仍不能满足海上编队反潜防空作战要求,不能有效应对美国日益强大的威胁。航母上还需要装备机动性更好、活动半径更大的超音速常规起降飞机,而不是像雅克-38 那样只能完成简单的对舰对地攻击和侦察任务的垂直/短距起降飞机。因此,水面舰艇的发展重点开始转向多用途中型航母。“库兹涅佐夫”级就在这样的情况下应运而生了。该级航母原计划建造 2 艘,首舰为“库兹涅佐夫”号;2 号舰“瓦良格”号与“库兹涅佐夫”号相比作了某些改进,虽已经开工,但随着苏联的解体而停建,只完成了 68% 的工作量。“库兹涅佐夫”级航母均由列宁格勒涅瓦设计局设计,参与首舰“库兹涅佐夫”号研制工作的有 800 个学科的专家,7 000 多家工厂为其提供材料和设备,可以说苏联下了大功夫。

“库兹涅佐夫”级航母最初是由海军和空军研究所和涅瓦设计局共同协商的航母战术技术任务书,并于 1977 年 11 月提出批准。该任务书在改进中共有 5 种方案。1978 年 4 月,选择了第 5 套方案,该方案的主发动机与 1143 型“基辅”级相同,搭载两部弹射器,舰载机主要为米格-29K、苏-25-K、苏-27K,但由于苏联国防部长乌斯季诺夫和苏军副总参谋长阿麦利克海军上将的反对,设计工作经常受到阻碍。按阿麦利克的观点是,建造载机巡洋舰(航母)无疑是浪费人民的财富和把巨大的努力集中到了不需要的方向。

经过一段时间的酝酿,1979 年 9 月,海军司令戈尔什科夫同意了涅瓦设计局新的 11435 型舰的草图设计。该设计采用弹射起飞,并且舰载机总数可达到 52 架,排水量达到 65 000 t。但负责海军事务的副总参谋长阿麦利科上将立刻反对戈尔什科夫的海军远景发展规划。要求压缩 11435 型重型载机巡洋舰的排水量,重新定位其舰载机的组成,主要用垂直/短距起降飞机。设置滑跃甲板以代替弹射装置。就这样经过了数次的设计修改和苏联上层的“掰手劲”后。1982 年造船工业部、航空工业部、海军和空军才批准了 11435 型舰的最终技术设计,决定该级舰标准排水量为 4.5 万 t,并取消了弹射方案,而改用滑跃起飞,常规动力推进,但仍装备舷侧升降机和斜角甲板,在外形上与西方航母接近。并于 1982 年 9 月在尼古拉耶夫船厂开工建造,这便是“库兹涅佐夫”级航母的首舰。

而与舰的设计工作平行进行的还有一系列准备措施,其中包括在尼古拉耶夫造船厂建造船台,在克里木建造陆上的航空技术装备实验训练基地,其上装有滑跃甲板、阻拦装置和弹射装置(一般来说应该装2套弹射装置,但最终只保留了一套,而且这一套之所以能够保留下来,是因为没有它就无法进行阻拦装置的试验,因为在陆地上只有它能对模拟载重后的飞机赋予必要的速度)。

1983年决定建造该级的第二艘航母,但需要做某些改进,1985年按该设计开始建造,它曾经用名“里加”号,后改用现名“瓦良格”号。

1986年春任命索科洛夫为11435型舰的总设计师(在此以前曾担任1153型和1143重型载机舰的副总设计师)。

俄罗斯“库兹涅佐夫”号航空母舰

4.4.2 “库兹涅佐夫”级航母的建造与服役

该型舰首舰原来定为“基辅”级5号舰或“巴库”型2号舰1143.4-2型舰,1982年4月1日在位于黑海之滨、久负盛名的乌克兰尼古拉耶夫船厂开工,舰名为“苏联”号,同年5月7日决定将其改型为11435型舰,建造工作随之中断。

为了加快大型航母的研制,1976年4月苏联领导层决定建立海军航空兵陆上试验与训练基地，代号“尼特卡”（HNTKA），其使命任务为：A. 舰载技术装备的试验；B. 试验舰载机的适用性；C. 在模拟时间状态条件下培养训练飞行员及海军航空技术人员。1977 年春确定该试验基地建在克里米亚半岛萨基市的海军机场，总概算 2.3 亿美元（不包括航空工业有关部门的投入），1982 年建成交付使用。1982 年 8 月，米格 -29 第一次在有滑跃首的 140 米甲板跑道上成功起飞，继而苏 -27 也试飞成功，后又借助阻拦装置，在 90 m 的跑道上完成了“着舰”试验。海军司令据此于当年 9 月 5 日签署命令，决定 11435 舰开工。）

1982 年 9 月 1 日，11435 型舰重新命名为“里加”号，在黑海船厂重新举行了上船台仪式。两个月以后新舰被命名为“勃列日涅夫”号，更名后于 1983 年 2 月 22 日重新举行上船台仪式。

1982 年 10 月，在船台旁平台开始安装成第 1 个总段（由工厂船体装配车间建造的立体和平面分段组成），该总段于 1983 年 2 月 23 日用 2 台龙门吊起重机吊上船台。

1982 年 12 月，苏联开始进行“库兹涅佐夫”航母的舰体组装工作，“库兹涅佐夫”航母在建造时被分为 21 个模块，后又增加上层建筑为第 22 个分段，建造时工厂又划出右舷结构和左舷结构，共 24 个分段。每个模块长 32 m，宽度相当于船体全宽，高约 13 m，重达 1 400 t；巨大的舰岛作为第 22 个特别的模块进行组装，突出部也被包括在总段之内。舰体由 11 个防水舱壁分开，整个舰体均采用双层底结构。

从总段划分草图编制的施工设计文件中，涅瓦设计局广泛采用了现代计算机技术（自动化程度达到整个设计工作的 55%，而计算达到工作量的 75%），在舰上最拥挤的舱室进行立体设计和设备的组装化设计。

主船体被分为两层，上下两层的分界是第六甲板。在上下层总段对第六甲板封舱之前，先将主锅炉、主汽轮齿轮机组、机炉舱其他设备、电站舱和制冷机舱设备、系统机械等吊入舱内。上层建筑总段中也将设备和装置吊入舱内。

1985 年 3 月船体完全合拢，12 月 4 日，11435 舰以 35.8% 的完工率举行了下水仪式（下水重量 32 000 t）并开始舾装，武备（除“花岗岩”反舰导弹系统发射装置区域总段外）、航空技术设备、电气设备、通风和空气调节系统，以及舱室设备等的吊装和安装是在下水后，在黑海造船厂大渠北码头进行舾装时完成的。

从舰的建造开始就在工厂组织了涅瓦设计局的实际监督组，由产品副总设计师轮流领导，在尼古拉耶夫船厂设计师组成的涅瓦设计局技术支援参与下，完成舱室完整件在绝缘前的综合划线，并根据建造经验修改了职工设计文件。

1989 年 6 月 8 日到 1990 年 5 月 25 日期间进行了系泊试验，共签署 1 596 个系泊试验证书。1989 年秋季开始进行了在舰上的航空装备协同飞行的结构试验，1989 年 11 月 1 日是苏联航空兵和海军历史上在航母上首次完成了苏 -27K 和米格 29 -K 舰载歼击机、苏 -25 教练机飞行甲板上的降落和随后的米格 -29K 的起飞试验。因当时苏联经济上的原因及相当数量的配件没有赶上建造进度，到 1990 年 2 月 1 日，舰的技术完成程度为 86.95%，

1985 年 12 月 4 日"库兹涅佐夫"号正在下水

3 006 份建造证书已经完工 2 809 项,电气建造技术完成 87%,,895 份建造证书完成 835 项。1990 年 5 月 28 日开始到 7 月 31 日完成了工厂航行试验,拖到 1990 年 12 月 27 日才签字交付海军,1991 年 1 月服役。

该舰建造完成,结算造价 5 亿卢布,约合 8 亿美元(不含武器系统、设备的研制试验费)。

4.4.3 "库兹涅佐夫"级航母的主要性能数据

标准排水量/t	46 540
满载排水量/t	61 390
水线长/m	270
水线宽/m	33.4
吃水/m	9.1
飞行甲板长/m	306.45
飞行甲板宽/m	72
飞行甲板斜角/度	8
机库高/m	7
机库长/m	152
机库宽/m	26
动力装置	8 锅炉,4 台蒸汽轮机

推进功率/kW	14.9 万
最大航速/kn	29
续航力/(n mile/kn)	8 500/18,3 800/29
自持力	45 天
人员编制	舰员 1 300 名,航空人员 620 名,旗舰指挥人员 40 名

“库兹涅佐夫”号的艏部水上部分有较大外飘,舰首较尖,具有较强的破浪性能。干舷较高,可以改善其适航性,甲板舷角圆弧连接。首端水下部分设球鼻首,用于安装声呐换能器。尾部采用方艉,尾板较宽,舭部为圆形。主船体从飞行甲板往下有 7 层甲板、2 层平台和双层底,共 10 层甲板。“库兹涅佐夫”级与“基辅”级采用同一基本线型,只是在“基辅”级中部加入 30 m 长的平行中体。船体两侧增加了防雷隔舱使船宽增加了 7 m。干舷比“基辅”级增加了 3 m,达到 16.5 m。这两次改进纠正了“基辅”级的纵倾问题,并且增加的内部容积可以安装更多的指挥控制设备。防雷隔舱内可用来装燃油,提高油料储备。从结构上看,舰体设 11 个防水舱壁,主横舱壁将主舰体分为 22 个舱,任何相邻 4 舱破损后可保持不沉且有足够的稳性。舷侧防雷区域宽 4.5 ~ 5 m,内部为空腔或淡水舱,能够吸收爆炸的能量,因此即使 5 个区域进水舰体仍能维持浮力。为了加强抗打击力,舰体采用了高强度钢(俄国 AK 系列合金钢),舰的干舷采用了复合装甲作为内部保护层。

“库兹涅佐夫”号的舰首部为上翘式滑跃甲板,并采用了航母典型的斜直两段式飞行甲板,左舷设斜角甲板,斜角甲板与舰中线的夹角为 7°。这样的设计可以将起飞和着舰跑道分开,使两个作业区互不干扰,缩短了飞行甲板循环作业周期。右舷中部设岛式上层建筑。全舰共设 2 条起飞跑道,3 个起飞点,在左跑道的中点处,与右跑道起跑端线对称位置上,也设置了燃气偏流板,可以进行起飞,所以左跑道的长度可以是 195 m 也可是 105 m。

上层建筑与“基辅”级航母相比舰岛大大缩小,并且向右舷偏移了 16 m,布置在舷台上。为此,新舰的飞行甲板要比“基辅”级大 1.5 倍,达到 14 800 m^2,上层建筑底部尺寸为 64 m×8.5 m,高 32 m,共 13 层甲板,布置有指挥部位、高级住舱、电子设备和工作舱室。原上层建筑设计用铝合金材料,后改为钢 - 玻璃纤维 - 钢的夹层结构。

“库兹涅佐夫”号的岛式上层建筑上布满了各式各样的雷达,包括对海雷达、对空雷达、三坐标雷达、导航雷达、炮瞄雷达、导弹攻击雷达、飞机交通管制雷达和飞机着舰雷达等,以及其他电子对抗。甲板上也布置有强大的舰面武器,该舰不仅具备中型航空母舰的功能,还拥有巡洋舰的战斗力。舰上共有 25 个弹药舱。按弹库分布位置可分为首、中、尾三个区域,首区包括 16 个弹药舱,中区 6 个,尾区 3 个。“库兹涅佐夫”可航行在除极区外的任何海域。

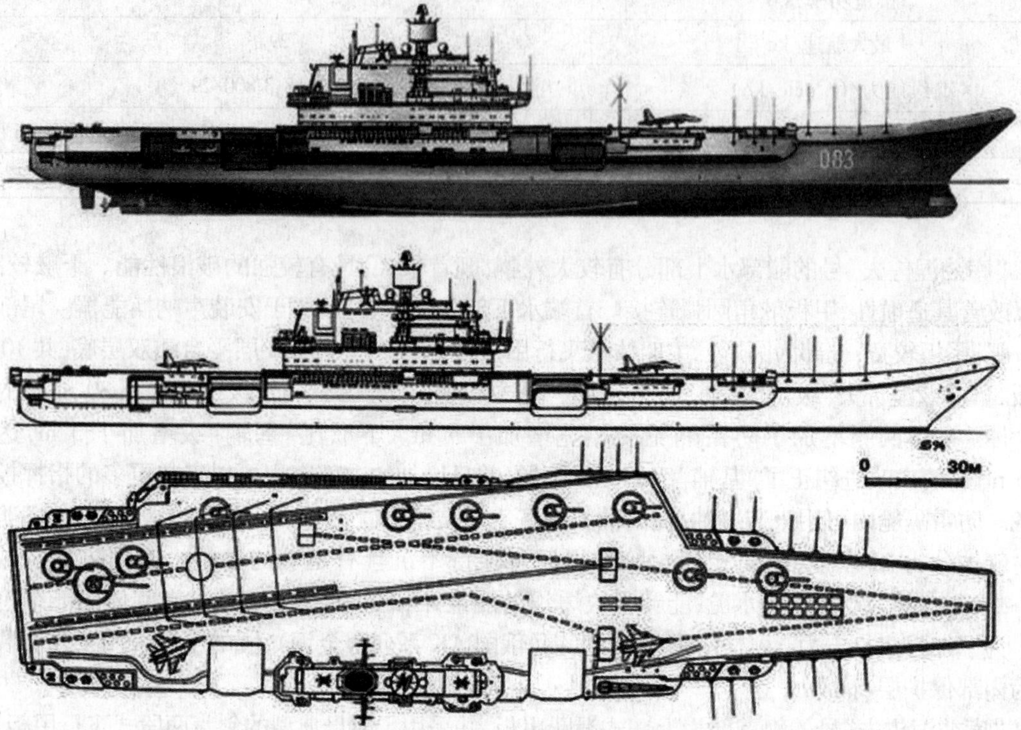

"库兹涅佐夫"号航母布置图

4.4.4 "库兹涅佐夫"级航母的飞行甲板

"库兹涅佐夫"的飞行甲板长304.5 m,宽73 m,总面积约14 800 m^2,分为起飞区、降落区、停机区三部分。"库兹涅佐夫"号设计了长60 m,上升角为14°的滑跃起飞甲板,这个倾斜的14°斜角,是由飞机的推重比来决定的,并通过计算认为是最佳的。同时,这样一个倾斜的角度也成为了"库兹涅佐夫"级两艘航母最显著的外形特征。虽然前苏联在设计初始可以采购英国的C-13型弹射器,但是最终并没有采用弹射方式,一方面是由于政治方面的影响,另一方面也有地理因素的影响,因为北方舰队地处高纬度海区,寒冷的气候会影响蒸汽弹射器无法正常工作,同时弹射器配件的保证不一定能完成。所以造就了世界上第一艘无需弹射便能起飞常规固定翼飞机的航母。

起飞区:为了能使舰上搭载的固定翼飞机滑跃起飞,俄罗斯"库兹涅佐夫"航母的起飞区跑道左右各一条,左跑道总长205 m,可分成长195 m和105 m的两段跑道使用,右跑道总长120 m,起飞滑跑距离为 105 m。195 m 跑道起飞点在斜甲板中部，可用于苏－33 飞机、苏－25UTG 或重量在 27 t 到 32.6 t 之间的飞机起飞，另外两条左右起飞跑道在 1 号飞机升降机的正前方，相距 24 m，分别长 105 m，滑跃斜坡部分长 60 m。甲板上每个起飞阵位都有一个大的燃气偏流板，其长为 8 m、宽为 4 m。喷气偏流板能挡住全功率起飞的飞机喷出的燃气流，避免对其后的飞机和人员构成伤害。这两条跑道专门用于米格－29K 飞机和重量在 27 t 以下的苏－33 飞机起飞。但是在"库兹涅佐夫"号的滑跃起飞甲板上无法起飞推重比小的大型固定翼预警机。"库兹涅佐夫"号的这种斜直两段式飞行甲板巧妙地利用每一平方米的面积，紧凑地将飞机起飞跑道、降落跑道、停机区、升降机、阻拦装置、舰桥等合理地安排在甲板上。

降落区：长 205 m、宽 23 m 的斜角甲板为降落区，可供 8 架苏－33 飞机机群在间隔为 1 min 的情况下着舰。其中后部有 4 条阻拦索和 1 道阻拦网（基本不用），与美国航母不同的是，"库兹涅佐夫"号的阻拦网与第 4 根阻拦索共用一个阻拦装置。由于"库兹涅佐夫"航母的舰载机着舰时的下滑角为 3.5°～4°，舰载机的尾钩可钩住第 2 道阻拦索，所以在第 2 根阻拦索的甲板上有一个直径 9 m 的白色圆形标志，供飞行员着舰时作为操纵的基准，在该飞行甲板上有 9 个供直升飞机使用的起降标志圈，标志圈中心的最小距离为 24 m，标志圈中心直径 9 m，可供 3 组 3 机编队的直升机同时待命，甲板后端有一个直径 14 m 的大圆圈（内标有 M 字）是雅克－38 垂直起降机的标志，在这个标志区采用耐高温的材料以承受垂直降落时的高温气流。

停机区：位于岛式上层建筑的左侧和降落区的右侧，航行中可停放 15～20 架舰载机（包括升降机上的舰载机）。

"库兹涅佐夫"号的甲板上有四台柴油牵引车，用于在飞行甲板上牵引舰载机以及从升降机牵入和牵出。甲板上的舰载机移动方式有两种，一种是牵引车牵引移动，另一种是舰载机自行开车移动，起飞时，飞机要驶入跑道起飞点，后 1 架飞机必须在前 1 架飞机开始起跑后才能从等候位置转向到起飞位置。然后飞机还需略微准备一下，看看周围没有问题，才能打手势，加油门起跑，这整个过程至少要 1 分钟，因此"库兹涅佐夫"号的舰载机出动时间大概为 1 分钟 1 架。并且单波起飞舰载机数量最多为 15 架次，回收时分两组回收，平均每 1 分钟回收一架，在夜间时间可能更长一些。每回收 8 架后，甲板上的地勤人员需要对飞机进行重新布列和调运，间隔一段时间后再回收另外一组飞机。

"库兹涅佐夫"号甲板上有三个长 8 m，宽 4 m 的喷气偏流板。采用这种装置是因为飞机起飞时的喷焰是相当厉害的，能达 10～20 m 长，并且这种高温高速燃气流对后面的飞机和人员危害很大。当飞机后方竖起喷气偏流板后，可使燃气流向上偏转，不会喷向后面的甲板，保护甲板上的人员和其他飞机。喷气偏流板由 3 个部分组成，每部分宽约 3 m，高 5 m，宽度视飞机情况可以调整。中间设有夹层，夹层中有冷却水流过，保证第二架飞机轮子经过时其温度降到 60°～90°，偏流板竖起以后与地面成 60°角。

"库兹涅佐夫"号甲板上的阻拦装置是在恶劣环境下工作的大型复杂机构，装置在设计上包括 4 道阻拦索和 1 道阻拦网两部分，阻拦索是在正常情况下缩短舰载机着舰滑跑距离的装置。

与美国航空母舰不同的是,“库兹涅佐夫”号的阻拦网与第 4 根阻拦索共用一个控制系统。4 根阻拦索之间的间距各为 10 ~ 12 m。

使用阻拦装置着舰的过程一般是:飞机即将降落时,首先放下起落架和襟翼,同时,将装在舰载机上的尾钩放下,下滑角一般为 3.5° ~ 4°,并且阻拦索抬高到离甲板 20 cm 的高度左右,做好这些准备工作后,飞机俯冲着舰,以高速在甲板上滑跑。飞机的尾钩就可能钩住间隔布置在甲板上的 4 根阻拦索。飞机因本身的巨大动能而拖拉着阻拦索继续向前滑跑。阻拦索连着的滑车组系统带动了主活塞支柱,将制动液由制动液压缸中压出,通过控制阀压入气动液压储液器,使气动液压储液器内的空气被压缩,产生阻尼力。阻拦索拉得越长,空气压力将越大,产生的阻尼力也将越大,从而使飞机的速度越来越小。通常,飞机尾钩挂上阻拦索后,还将向前滑跑 90 m 左右,之后即可安全停在甲板上。这时,航母甲板上的专职人员将立即跑上前去,将阻拦索从飞机的尾钩上脱下来。在蓄压器内的空气膨胀下,失去拉力的阻拦索恢复到原来的位置,为下一架飞机的降落作好准备 。至此,一架飞机在阻拦索的帮助下完成降落。

由于飞机在降落时会造成阻拦索的磨损,一旦损坏,影响飞机着舰。所以“库兹涅佐夫”号上每段阻拦索要配备 12 根备用,主要存放在飞行甲板下阻拦机舱或者甲板边上。阻拦索很容易拆下来,一般只需要 2 ~3 分钟时间。

如果着舰时没有钩上阻拦索,飞机可打开全部发动机沿飞行甲板再次起飞,在空中低空飞行后重新着舰。而一旦舰载飞机因尾钩放不下或尾钩损伤或舰载机驾驶员受伤、燃油不多而无法复飞及其他原因时,就需采用迫降的方法使飞机降落。此时,阻拦索已失去作用,阻拦网开始派上用场。但是俄罗斯“库兹涅佐夫”号在阻拦方面有一个不足就是第四道阻拦索和阻拦网共用一个控制系统,从阻拦索状态转换到阻拦网状态需要 40 多个小时,由于时间过长,阻拦网根本没有投入使用,可以说根本达不到紧急状态下的使用目的。而美国的航母一旦飞行员着舰需要,甲板人员在 20 分钟内即可支起阻拦网,阻拦网高约 4.5 m,宽略大于阻拦索,成竖向,坚固的尼龙网可承受的冲力大于阻拦索。飞机冲进阻拦网后,沿机翼两边均匀受阻。此时飞机的动能被阻拦网的阻拦机全部吸收。阻拦网的阻拦机可和阻拦索的阻拦机共用,使用方法也一样。飞机冲进网后,一般连机带网冲出 40 ~50 m 后停下来。阻拦网在每阻拦一次后就会受到很大损伤,所以,阻拦网每次使用后都要重新更换,绝不允许重复使用。

“库兹涅佐夫”号上配备的是“月光”透镜光学助降系统,安装在航空母舰左舷中部一个稳定平台上,以保证透镜射出的光束不受航空母舰摇摆的影响。“月光”助降系统与英国人发明的“菲涅耳”透镜光学助降系统的工作原理是一样的,由 4 组灯光、电源和控制装置组成。4 组灯光包括:中央竖排的透镜灯箱、禁降灯、切断灯和基准灯。中央灯箱发出 5 层光束,光束与降落跑道平行,与海面保持一定角度,形成 5 层坡面。正中间是橙色光束、上一层为黄色、下一层为红色。当绿色切断灯亮时,代表准许着舰,当舰载机高度和下滑角正确时,飞行员可以看到橙色光束在基准灯中央,保持这个角度可以安全着舰。如果飞行员看到的是黄色光束且在基准灯之上,说明飞机高了,要降低高度;同样飞行员看到的是红色光束,并且在基准灯之下,就要马上升高飞机。当不允许着舰时，禁降灯亮，告诉飞行员停止下降，立即复飞。所以，禁降灯也称为复飞灯。

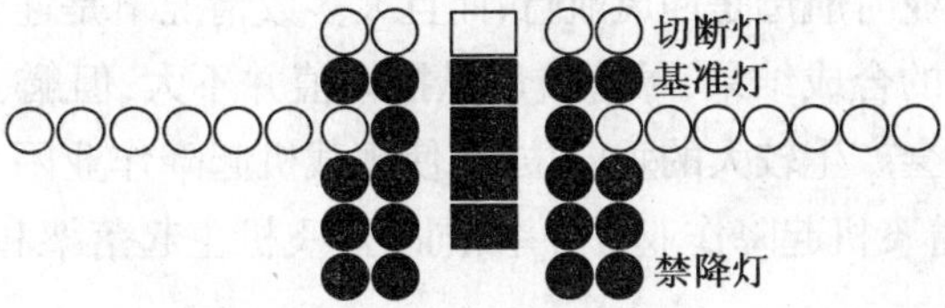

光学助降系统示意图

"库兹涅佐夫"号上有两个大的飞机升降机位于右舷，长为 20 m，宽 15 m。升降平台下限高度设计在水线以上 6.5 ~7 m 处，与机库甲板在一个高度上。可以使舰载机在机库和飞行甲板间转运。升降机每部提升能力为 35 ~40 t，上升下降速度为 20 m/min，升降作业周期约为 60 s。升降机有两个控制部位，一个在机库，一个在飞行甲板上。在海上补给时，从补给舰上向航母装载的粮食和弹药也都用飞机升降机。

"库兹涅佐夫"号机库上看到的升降机

升降机通过液压设备进行工作，上升时通过先后启动几个油泵使平台加速到上升速度，下降时是通过溢流管将油放出来实现。在升降机工作时，围绕升降平台的栏杆将自动升起，防止舰员掉下去，当升降机平台到位时，栏杆装置会自动放下。升降机是用钢索起吊的，钢索带着平台上下移动。为防止航母摇摆时升降机晃动，在起降的隔壁上安装有导轨，导轨中使用轮子在轨道内滑动，升降机平台可以沿着导轨上下移动。

航母要求能在除极区以外的任何海区、任何风浪条件下安全航行，并能在五至六级海情下安全起降飞机。舰载机的起飞和降落安全与舰体运动特性和瞬时航行姿态关系甚大,好的运动特性能提高飞机的起降作业率,决定着飞机进行起降作业的三个阶段:甲板上展开、起飞、降落的可能性和限度。由于飞机作业时航母是迎风航行,而且大多数情况下是迎着波浪航行,垂直平面内的垂向位置是纵摇和垂荡的合成结果,尽管航母纵摇幅值并不大,但艏、艉飞行甲板作业区远离舰的摇摆中心而使该区域会产生较大的垂向位移,使舰载机起降作业困难,因此垂直平面内的运动尤为重要,它不仅决定着飞机起降作业百分率,同时对飞机主起落架和尾钩的强度设计也有很大影响。

纵摇对降落和起飞都有影响,但是飞机降落作业与起飞作业相比更加紧急和危险。起飞时,纵摇过大可能使起飞滑跑困难,也可能使离舰后的飞机增加最大下沉量。航母最严重的危险因素存在于飞机着舰时的耐波性。如果着舰时纵摇过大而周期又很小,这时纵摇会对飞机的安全着舰带来以下不利影响:一是存在起落架撞击尾板尾切面的危险性;二是在舰体向上运动期间着舰产生的冲击使起落架承受不允许的过载;三是纵摇会使所预报的飞机着舰点引起很大的垂向位移,且会减少飞机尾钩钩挂阻拦索的机会。

航母横摇运动对舰载机起飞没有明显的影响,这是因为横摇运动作用在飞机上的加速度量级远比起飞时飞机自身加速度小。横摇运动影响飞机的降落和飞机在飞行甲板或机库内展开,如装卸、移动、定位、升降等作业,因舰体横摇引起的加速度与飞机移动加速度量级差不多,这就可能会造成飞机移动轨迹的危险和偏差。横摇对飞机降落着舰的影响决定着起落架超载的可能性和接触甲板的不对称性。

航母舰体运动随舰的排水量增大而减小,为改善排水量较小的航母因舰体运动较大而不易适应舰载机起降作业并保证其安全,现代有些航母上还配备了由运动传感器、计算机和舵鳍联合执行机构组成的减摇稳定系统(减摇鳍),来控制和改善横摇运动。如法国的“戴高乐”号航母上就采用了这种减摇装置来有效改善舰的耐波性能。但排水量大的航母舰体运动缓和,因此像美国、俄罗斯等拥有重型航母的国家就认为没有必要采用这种稳定系统。对纵摇和升沉运动目前尚缺乏有效控制手段,只能采取提前对航母瞬时航态进行短期预报,供驾驶员操纵飞机着舰时参考。

4.4.5 “库兹涅佐夫”级航母的武器装备

该舰不仅具有中型航空母舰的功能,还拥有巡洋舰的战斗力,装备有任何国家航空母舰所不能比拟的强大武器系统(导弹及武器能正常使用的最大海况为 7 级)。舰面武器布置如下图所示:

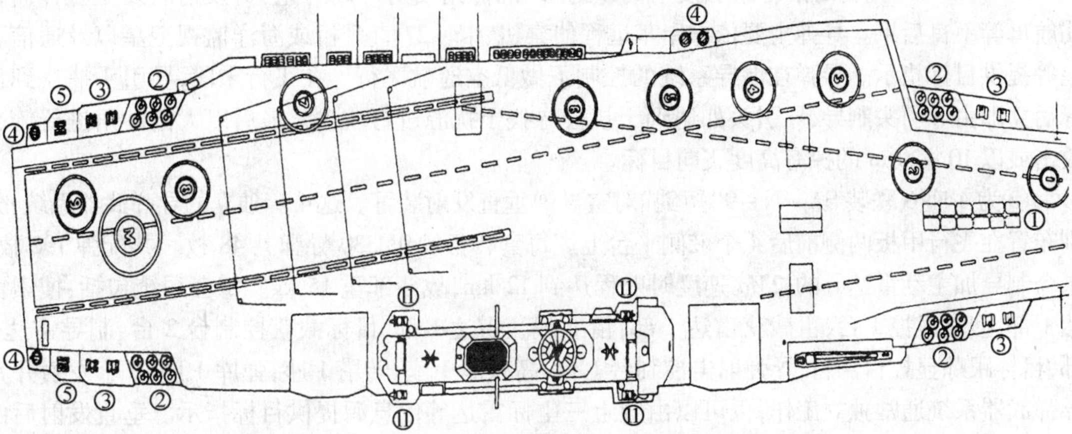

"库兹涅佐夫"号的舰面武器分布

其中①为 12 单元 SS－N－19"花岗岩"反舰导弹发射装置。该武器是苏联于 20 世纪 70 年代初开始研制的第 3 代远程超音速反舰导弹,是以航母和大型水面舰艇为打击目标的,惯导加指令修正,主动雷达寻的,2.8*Ma* 时射程 550 km,战斗部 500 千 t 当量核装药或 750 kg 高能炸药。该反舰导弹 1979 年开始服役,现已停止生产,总计生产了约 300 枚导弹。

SS－N－19 采用阵列式倾斜发射井发射,共配弹 12 枚,其发射筒埋藏在舰首飞行甲板下,飞行甲板上留有 12 个发射口,发射装置由两扇左右对开的盖板覆盖,其上表面与飞行甲板齐平,每个弹舱开口尺寸约为 4 m×2.62 m,纵向间距为 0.1 m,横向间距为 0.65 m,沿中心线面对称,6 个 1 列,共 2 列。位于首部斜角甲板起始处的中心线上,处在左右两条起飞跑道标志线之间。

SS－N－19"花岗岩"反舰导弹

SS－N－19 导弹采用冷发射，发射筒以约 45°的仰角发射可以防止 90°发射时发生哑弹而砸伤航母等不良后果。导弹主要依靠岸基远程侦察机、卡－27 直升机或海洋监视卫星以及通信卫星等提供目标指示。导弹在惯导系统的控制下做低空巡航飞行。在飞行末段，导引头捕获到目标后立即由导引头制导，导引头如遇到干扰会寻找干扰源进行攻击。最后以大俯冲角进行俯冲攻击或以 10～20 m 的掠海高度飞向目标。

②为 4 座 6 联装 SA－N－9"短剑"对空导弹垂直发射装置。这 4 套独立的导弹武器系统，分别布置在飞行甲板两侧前后 4 个舷侧平台上。每套装备的 9M330 导弹共 48 枚。共配弹 192 枚，指令制导加主动雷达寻的，2*Ma* 速度时射程达到 12 km，战斗部重 15 kg。每套系统包括：搜索雷达 1 部，搜索显控 1 台，粗截获雷达 1 部，精准截获雷达 1 部，目标截获控制台 2 台，制导雷达 1 部，目标跟踪显控台 4 台，导弹射击控制台 1 台，高频舱 1 座，转塔 1 座，弹库 1 座（6 个发射井），导弹武器系统通常独立工作，也可以由舰上三坐标雷达等信息源提供目标指示。垂直发射后由"十字剑"制导雷达对其飞行轨迹进行指令指导，在接近目标阶段，弹上的雷达或红外寻的装置进行自导，可以应对来自多方位、多批次的掠海飞行导弹。

SA－N－9 防空导弹

③为 8 座 CADS－N－1"卡什坦"导弹、火炮合一发射装置。每座装 8 枚 SA－N－11 对空导弹、2 门 6 管 30 mm"格林"炮（Gatling）以及"热闪"/"热点"火控雷达/光电指挥仪组成。导弹由激光束制导，射程 8 km，战斗部重 9 kg，单管火炮发射率 4 500 发/分，射程 2 km。机关炮分别安装在旋转式炮塔的两边，导弹发射筒则分别装在两门火炮上方。该武器 1988 年开始正式装备苏联海军。能够以全自动方式一次拦截 10 枚以上各类反舰导弹、打击各种来袭飞机并对海上小型目标和有生力量进行打击。

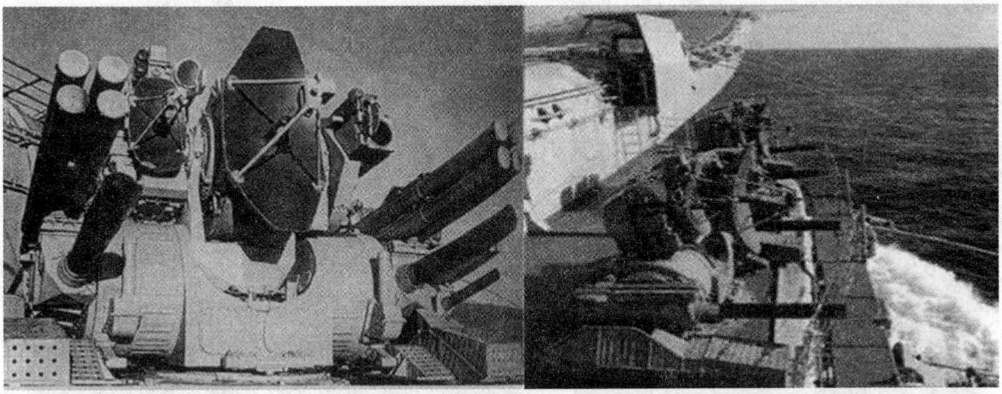

“卡什坦”导弹/火炮合一发射装置

“卡什坦”系统是世界上唯一一种将大威力火炮、多用途导弹和一体式雷达/光电火控系统集成在一个炮塔上的近程反导武器系统。系统由指挥单元和战斗单元两部分组成。指挥单元主要包括搜索雷达系统、指挥员操作台、副操作员台、数据处理、交换机柜、控制机柜、电源及配电系统等。舰上共配置 4 个指挥单元,每个指挥单元可控制 2 个战斗单元。在炮塔下方装有一个弹药储存系统,可储存和再装填 32 枚导弹。

战斗单元主要包括弹炮装置转塔(包括两座 4 联装 9M311 - 1 防空导弹,2 门 6 管 30 mm 火炮、跟踪雷达天线),控制站(跟踪雷达系统、计算机系统、光电控制系统和电源系统),导弹制导雷达等。

“卡什坦”系统的主要功能是:搜索并发现目标,进行敌我识别和威胁判断,进行目标分配和目标指示,对目标参数进行滤波、估计、预测、计算,控制导弹(火炮)的发射时机,对防空导弹进行制导,自动对系统进行故障检测和显示。

④为 6 座 AK630 6 管 30 mm 炮。该舰炮是由俄罗斯图拉设计院从 60 年代初期开始研制的,从 70 年代初期开始装备苏联海军,主要用于防空反导、对海攻击和反水雷。发射率3 000 发/分,最大射程 3 km,有效射程 2. 5 km,该型舰炮由于计划使用的 2 座 MP - 123 - 20 舰载“歪脖树”火控雷达系统一直没有安装,所以与 CADS - N - 1 共用一个火控系统。整个系统由“热闪”/“热点”火控雷达、6 座 AK630M 型 6 管 30 mm 舰炮和 30 mm 弹药组成。系统具有两种工作方式:在遥控状态下,由火控系统带动舰炮对目标实施跟踪射击;在本机控制状态下,由舰炮控制系统的显控台带动舰炮进行操作训练和设备检查。

该舰炮是全自动遥控舰炮,采用全封闭炮塔,具有全天候作战能力。布置在尾端的两舷各 1 座,飞行甲板左右舷各 2 座。分开布置的优点是 1 部雷达可控制 1 个方位的火炮,缺点是信息传递复杂,影响到反应速度,同时,由于雷达和火炮不在同一位置上,它们存在着视差,数据处理也

6 管 30 mmAK630 火炮

比较困难,影响射击精度。

⑤为 2 座 RBU12000 反潜火箭发射装置。虽然“库兹涅佐夫”号航母配备了卡 -27 反潜直升机,但是还在舰的尾部左右舷各装备了一座 RBU12000 型反潜深弹发射装置。它是原苏联最新一型十联装火箭深弹发射器,这种十联装火箭深弹发射器最大射程 12 000 m,战斗部重 80 kg,UDAV -1M 鱼雷对抗系统。它攻击时采用十管齐射,十枚火箭弹的落点形成一个椭圆形弹着区,覆盖水下目标的投影点。

该反潜火箭根据来自声呐的目标参数,由火控系统控制发射器的旋转、俯仰进行发射瞄准,同时自动装定深弹的深度。火箭装有触发和非触发复合引信,当有一枚深弹命中目标触发爆炸时,其压力场能够引爆其他各弹,以形成强大的水下冲击波,扩大战果。一旦十枚深弹无一命中,他们下沉到设定的深度时由于水压的作用也将起爆,这种非接触爆炸产生的冲击波压力场同样可以给敌方的潜艇以致命的打击。

这种深弹还可以拦截敌方来袭的鱼雷。航空母舰配备深水炸弹也是世界上唯一的,这是因为苏联海军的反潜技术与西方海军还有一定的差距,而且“库兹涅佐夫”航母上没有配备美国航母上像样的先进反潜巡逻机,因此在作战中可能会出现敌方潜艇突破编队的反潜网的情况。

与美国航母相比,“库兹涅佐夫”航母的一个显著特点就是舰面火力十分强大,其反舰导弹的打击纵深为 550 km,防空导弹的打击纵深为 60 多千米,而美国航母则不然,它只装有少量的防空导弹,其打击纵深只有俄罗斯航母的一半距离。

分析原因:

(1)“库兹涅佐夫”航母的舰载战斗机数量少且不配套。其固定翼战斗机的数量仅相当

RBU12000 反潜火箭

于美国海军同吨位的“中途岛”级航母搭载固定翼舰载战斗机数量的1/3，而且它没有专门执行空中预警、电子对抗和空中加油的特种飞机，因此其航空兵的战斗力比较薄弱。

（2）“库兹涅佐夫”航母的舰载战斗机的出动能力差。由于该航母未装备弹射起飞装置，采用的是舰首滑跃起飞方式，舰首设计得比较窄，所以全舰只能同时起飞1架固定翼战斗机，而美国的航母由于安装有飞机起飞弹射器，一般可以短时起飞4架舰载固定翼战斗机。

（3）“库兹涅佐夫”航母的机动性较差。该航母是常规的蒸汽动力装置，因而其耗油量大，补给任务相对于美国的核动力航母更繁重，这在一定程度上势必影响其机动性。

因此总的来看，“库兹涅佐夫”航母的攻击力仍明显落后于美国海军航母。

4.4.6　“库兹涅佐夫”级航母的电子设备

“库兹涅佐夫”号装备的探测设备主要是：1部四面阵“天空哨兵”相控阵对空搜索雷达，1部“顶板”三坐标对空对海搜索雷达，2部“双支柱”对海搜索雷达，2部“飞行警察B”空中管制雷达，1部“饼架”飞机归航引导雷达，3部“棕榈叶”导航雷达，4部“十字剑”导弹制导雷达，8部“热闪”火控雷达，4部“观察哨”敌我识别器等；“公牛角”和“马颚”中/低频舰壳声呐。详细布置见下图：

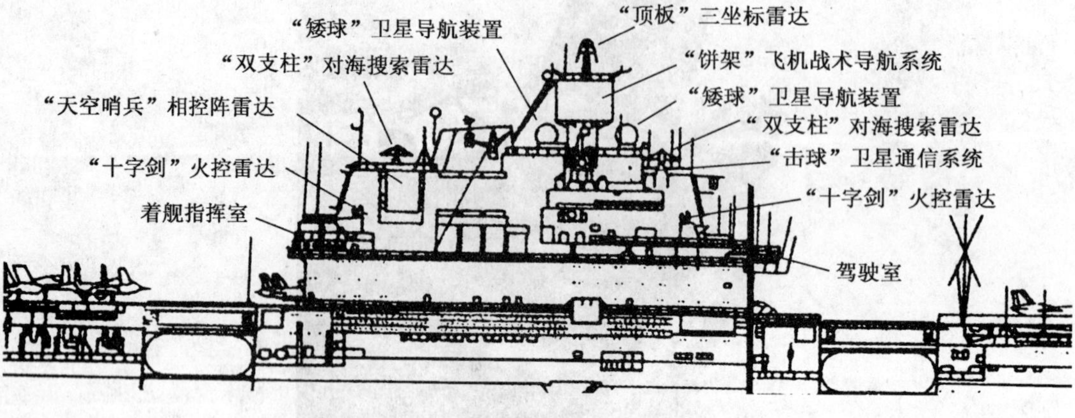

“库兹涅佐夫”号的电子设备

“天空哨兵”相控阵对空搜索雷达是一部四面阵多功能搜索雷达，是由 4 块边长各为 5 m 的相控阵天线布置在上层建筑的前后左右四个侧面。具有目标探测、截获、分类、和跟踪等功能，并能向舰载导弹提供指示制导、指挥和控制对空交战。该雷达的作用距离为 300 ~ 350 km。测量精度：方位和仰角为三千分之一距离（指弧长）。天线尺寸为 6.5 m×6.5 m，单阵面单元数为 8 000 个，可跟踪 80 批目标。

该舰顶部有一部“顶板”三坐标对空对海搜索雷达，是块背靠背的双板状天线。仰角采用频扫，方位角采用机械转动。工作频段有两个，即 12 cm 和 15 cm。探测距离约 30 km。测量精度：方位为六千分之一距离（指弧长），仰角为八千分之一距离。天线转速为 12 转/分和 6 转/分。

“饼架”航空引导雷达系统位于上层建筑的顶部、“顶板”三坐标对空警戒雷达的下方，呈大型圆柱体，西方认为它的圆柱形罩内有相当于西方“塔康”的飞机归航引导系统，西方又称为“饼架”。“矮球”卫星通信天线罩布置在“饼架”下方前后各一个，是卫星导航天线。

“十字剑”导弹制导雷达主要用于完成对 SA－N－9 导弹的末段制导。该雷达 80 年代初服役，天线由一个主脉冲天线和两个小型封闭式天线组成。装在锥形基座上，天线上部为背靠背的网状结构，下部为用三角架支撑的喇叭馈源的圆盘型反射体。该雷达可同时制导两枚导弹拦截一个目标。

“双支柱”双支撑对海警戒雷达位于上层建筑顶甲板的前后处各装一部，天线采用背靠背的两个形状相同的辐射天线，共轴旋转，每转动一圈可以获得同一目标两次搜索数据，改善了测量精度。

4.4.7　“库兹涅佐夫”级航母的舰载飞机

“库兹涅佐夫”级舰上的舰载机配置为 20 架苏 – 33 重型喷气战斗机、15 架卡 – 27 反潜直升机、4 架苏 25UTG 舰载教练/攻击机、2 架卡 – 29RLD 舰载预警直升机。9 个直升飞机的起降点分别布置在甲板的左舷，三个喷气偏流板位于三条跑道的飞机起跑点。

苏 – 33 舰载歼击机是俄罗斯海军集歼击轰炸功能于一身的多用途舰载战斗机，原称苏 – 27K 型歼击机。该型机 1989 年完成着舰试飞，1992 年首次露面，目前主要部署于俄北方舰队。

俄海军苏 – 33 舰载机

该机空机重量 16.0 t，正常起飞重量 22.5 t，最大起飞重量 33.0 t，最大时速 M2.35（2 500 km/h），作战半径 700 ~ 1 500 km，最大航程 3 000 km，实用升限 17 000 m，能外挂 10 枚 AA—10 空空导弹实施近距或中距空中战斗，也能挂 MOSKIT 超音速远程空舰导弹或换装航空炸弹，打击敌舰船和对陆攻击，最大外挂重量达 6.5 t。该机电子设备非常先进，主要有用于水陆目标搜索跟踪任务的高效能脉冲多普勒雷达、用于目标指示的光学电子测位仪、多波道通信系统和抗电子干扰系统以及空中受油装置等。此外，该机自动化程度和作战使用性能相当高，从起飞、搜索目标、导弹攻击直至撤出战斗和返航降落，几乎全部自动化操作，只需一名乘员，而美国和西欧等国同类型机均为两名乘员。该机使用水平前尾翼等先进技术，不仅稳性好，而且采用滑跃起飞，阻拦着舰方式，能在全载重情况下从长仅 105 m 的甲板上起降。

"库兹涅佐夫"号上的舰载直升机

苏－25UTG 舰载教练机

4.4.8 "库兹涅佐夫"级航母的总体性能特点

滑跃式起飞方式存在一些缺点，舰载机是依靠自身动力，通过甲板滑行起飞，但此举要求飞机必须逆风起飞，而且滑跑距离很长，天气情况稍差一点，就不能正常起飞。另外舰载机在滑跃起飞过程中会消耗大量燃料，导致滞空时间缩短和携带武器的减少，严重影响战斗力发挥。

它的舰载机型号虽少却性能优。苏－33 战斗机是苏－27 的舰载型，原叫苏－27K 战斗机。它既保留了苏－27 的全部优点，又作了多方面的适应舰载的重大改进。它首次使用了水平全动式鸭翼，大大提高了飞机的机动性以及从甲板上短距起飞的可控性和稳定性。机上装有驾驶导航系统，可以保证飞机自动完成从降落到着舰整个过程。机上还装有边跟踪、边扫描的相干脉冲多普勒雷达和其他先进电子系统，具有下视下射能力，可担负各种作战任务。它既能挂空空导弹进行近距格斗，又能挂空舰导弹打击敌方水面战舰，还能挂航空炸弹对陆实施攻击。卡－27 反潜直升机也具有相当强的反潜能力。

它自身防御火力超过了美国"尼米兹"级航母。一般来说，航母仅配备少量的防御自卫武器，防御任务主要靠航母编队的驱护舰和航母上的舰载机来担负。可是，"库兹涅佐夫"号航母除舰载机外，还拥有大量的武器装备，其战斗力比普通巡洋舰都强。如前述各舰载武器，该舰的防空火力已远远超过美国"尼米兹"级航空母舰，足以有效地抗击对方大数量、多批次、多方向的"饱和攻击"。此外，该舰的反潜能力同样十分强悍，除配有反潜直升机外，还有两座 10 管 RBU－12000 火箭深弹发射装置。为了最大限度地增强作战能力，该舰也配备了众多的俄罗斯最先进的电子装备，如十分引人注目的"天空哨兵"多功能相控阵雷达。这种雷达与大名鼎鼎的美国"宙斯盾"舰载雷达极为相似，具有跟踪精度高、抗干扰能力强、可靠性高等优点，能对多批次目标进行探测、识别和跟踪。

第5章 大型水面舰船关键技术

5.1 大型水面舰船重大技术领域发展趋势

5.1.1 舰艇总体技术领域

1. 水面舰艇综合隐身技术

现代战场要求舰艇必须具备电磁、红外、声、磁、光、水压及尾流等综合隐身能力。隐身性能已成为现代新型舰艇研制中优先权最高的重要战斗技术指标之一。2000 年瑞典全隐身近海护卫舰建成,标志着一个新的开端。多数国家准备建造的新一代战舰大多是隐身舰。美、俄、英、德等不少国家推出了以雷达波隐身为主要特点的新型水面舰艇设计方案或构想,出现了集成上层建筑、综合天线桅杆、X 型桅杆,以及武器、电子设备和舰艇上部结构的拱形设计等一系列新的隐身措施。从各国新型舰艇研制和科研计划的发展趋势来看,水面舰艇隐身已经从雷达隐身为主,发展到要求控制舰船的声、电、磁等众多物理场特性,形成全谱舰船目标特性控制。

隐身作为一种复杂的属性,采用单项技术是无法实现的,它涉及基础理论和机理、应用技术、系统综合和集成等方面,只有从设计之初开始,通过总体、系统和设备的每个层次、每个环节协调地优化,舰艇目标特性控制、综合集成的效果才是最好的,否则可能会恶化目标特性控制的整体效果。当前,国外正利用系统工程方法,采用舰船全谱物理特性控制技术体系,控制舰船主动和被动产生的物理场,实现舰船的综合隐身。

2. 集成上层建筑

舰艇上层建筑部分是影响全舰作战性能和舰艇隐身性能的最主要方面。信息时代对舰艇不断增长的信息能力需求要求在舰艇上不断增加新的装备与能力。在以往的上层建筑状态与设计方法下,舰艇每增加一个新系统,而且要使新系统性能最佳,都会引发一系列问题。由于舰上装载的系统数量多、种类多,复杂性高,实际上无法真正做到在加装新系统后使整舰性能最佳。这已成为现代舰艇设计中的主要矛盾之一。

集成上层建筑技术采用系统工程方法,综合运用多功能结构设计技术、复合材料技术、平面阵天线技术、联合孔径技术、系统集成技术等,同时提高全舰性能和舰艇的隐身性能,并降低舰艇全寿期费用,使隐身设计与舰艇上部结构设计技术有机地统一起来,是水面舰艇发展历史上一项划时代的技术突破,将改变21世纪水面舰艇的面貌。

美国于90年代中期开始相关概念与技术研究,英国也随后开展了相关领域的研究。以美国DDG1000驱逐舰为代表的新一代水面舰艇将采用光滑、多面塔式结构上层建筑取消传统桅杆式上层建筑,基本消除了角反射、边缘和各种腔体反射效应,同时综合采用了红外抑制、降噪等技术。

3. 平台信息化

舰艇平台信息化是在平台自动化技术的基础上发展起来的,旨在对舰艇进行一体化综合监控与管理,以预测、实时发现和控制事故与故障,提高应对突发事件的能力和舰艇的生存能力,对平台实施自动化、智能化管理;为舰艇本舰及远程信息交互提供信息基础平台,改善适居性,支持灵活训练和远程保障能力,为新的作战使用提供基础;降低平台对人员数量的需求,大幅降低平台的全寿期费用。美国、英国、意大利、法国、西班牙等国一直都在致力于提高舰艇平台的信息化。美国海军从20世纪90年代中期就开始"智能舰"技术研究,共采用了61项创新性技术,其中7项被称为"核心"技术,分别为光纤局域网络(LAN)、机械控制系统(MCS)、综合舰桥系统(IBS)、综合状态评估系统(ICAS)、损管系统(DCS)、燃油控制系统(FCS)、无线通信系统(WICS)。经过信息化改造的"提康德罗加"级巡洋舰已基本实现平台管理自动化,舰上每周工作量减少30%。美国海军已决定在新一代驱逐舰和航母上采用最新的"智能舰"技术。预计DDG1000的首舰将降为175人的编制,后续舰最终将减少到125人编制。

平台信息化的进一步发展将能够获得舰上所有必须控制的各级各点的信息,并实施控制。当前平台机动、导航定位、动力装置控制、能源输配、航行姿态实时控制和显示、平台综合隐身控制、损管等都已纳入平台信息化及综合管理范畴,正处于不断改进监测与信息采集技术的阶段,信息管理和控制还采用集中的方式,真正意义上的分布式自动监测、判断、反应是下一步发展的目标。平台信息化的发展还将为新的作战应用提供高信息容量、灵活的基础信息平台,为在水下战、侦察和监视、战斗空域控制等方面提供新的作战使用能力。

4. 船型多样化

在未来较长的时期内,大型水面舰艇仍将采用单体船型。但采用新型球鼻艏、水线以上部分内倾、采用小水线面等复合船型将会大大改善单体船型的适航性,提高作战性能。

多体船型的研究是21世纪海洋水面平台技术中最有活力与明显的战略发展前景的部分,全系统创新的多体船将有可能改变21世纪水面船舶的面貌。经过几十年的发展,多体、复合船型正从小型、实验型向大型化、实用型发展。英国、美国、澳大利亚等国都正在从事新型多体复合船型在军用领域中的实用化研究与设计工作,预计2015年前后将有多种多体复合船型进入实际军事应用。

5. 提高生命力

提高舰艇的生命力需要在多个技术领域采取综合措施,包括损管、防弹抗沉结构、抗冲击结构、分布式系统结构、主被动装甲,以及隐身性、主被动防御技术等。以美国为代表的先进国家正在研究新一代舰艇生命力设计、评估与试验方法。

6. 电磁飞机弹射系统

电磁飞机弹射系统(EMALS)是一种利用电磁力将飞机加速到起飞速度的弹射系统,是航母电气化的重要内容之一。

电磁飞机弹射系统可弹射各种各样的飞机,扩展了航母使用飞机的能力范围,并且很容易简化为满足短距起降飞机起飞的助跑系统,并能很好地与滑跃跑道形状配合,可用于轻型航母或两栖攻击舰上,甚至能够用在任何采用综合电力系统的舰艇上。应用电磁弹射系统占用空间小,航母对动力装置没有要求,使航母的设计更灵活,便于舱室布置。

电磁飞机弹射系统另一个重大优势是可以充分依靠并带动相关的民船工业基础,涉及关键技术主要有直线感应电动机技术、电力调节系统技术、舰载储能装置技术、控制系统技术等,可以大范围借用民用技术。在民用领域相关技术的推动下,电磁飞机弹射系统将迅速变得廉价。目前美国已决定在其新型航母上采用电磁飞机弹射系统,预计未来将在英国、法国等更多国家在航母及两栖舰等更大范围内得到使用。

5.1.2 舰艇动力技术领域

1. 综合电力系统

舰艇综合电力系统是最近15年来新发展起来的一种舰艇动力技术。与过去舰艇采用的电子力推进系统相比,其最大不同之处是综合电力系统不仅为舰艇推进提供电力,而且也为舰艇提供日用用电,包括为各种传感器、电磁武器和航空母舰的电磁弹射系统和电磁飞机回收系统提供用电。

舰艇采用综合电力系统具有:①布置灵活;②电力能综合调配使用;③功率密度高;④有效负载大;⑤舰艇安静性好等优点。

国外舰艇综合电力系统的研究已取得明显进展,美国海军已经决定在未来驱逐舰、巡洋舰和濒海战斗舰上使用综合电力系统。英国海军已在新建45型驱逐舰上使用综合电力系统。法国海军已原则决定在未来舰艇上使用综合电力系统。德国海军已3 000 t小水线面双体试验舰上作综合电力系统的设计研究。美国海军核动力潜艇也有今后采用综合电力系统的明确计划。

综合电力系统是21世纪海军舰船技术的重大变革之一,有利于舰船的电气化,不仅会使舰船推进方式产生重大变化,更重要的是为一些新概念武器或新技术上舰铺平了道路,例如激光武器、电热化学超高速炮、电磁炮、电力轨道炮、粒子束武器、射频武器等新武器和电磁弹射器技术等。

2. 不依赖空气的动力装置(AIP)

国外正在开发或已应用的常规潜艇AIP技术有:斯特林发动机、燃料电池、闭循环蒸汽轮机、闭循环柴油机等。从目前发展情况看,最有前景的AIP技术是燃料电池和斯特林发动机。目前,德国拥有燃料电池AIP潜艇,瑞典拥有斯特林AIP潜艇,巴基斯坦拥有闭循环蒸汽轮机AIP潜艇。闭循环柴油AIP系统只在意大利的水下运载艇和蛙人艇上使用。

5.1.3 电子信息装备技术

1. 装备综合一体化

为满足多军种联合作战的需要,世界各主要海军国家海军武器装备正走向综合一体化,而电子信息系统的综合一体化则是贯穿其他武器装备系统并将其联系成为一体化系统的关键。

实现电子信息系统综合一体化的关键是开发和使用一体化的体系结构,并从三军顶层开始设计和实施。为此,美国国防部在《C^4ISR体系结构框架》(2.0版)的基础上制定了《国防部体系结构框架》(1.0版),并在2004年实施。该框架将体系结构方法从C^4ISR系统扩展到所有与信息系统相关的领域,从根本上保证了电子信息系统建设的一体化。

全球信息栅格建设是美军从顶层上推行的网络中心基础设施建设,是保证美军实现武器系统全面一体化,实施网络中心战的物质基础。美军在2010年前后初步建成适应网络中心战需要的共用通信和计算环境,使美军具备按需分配带宽、自动信息管理、端对端全面互操作性能力。

美国海军在上述顶层需求与措施的指导下,制定了《哥白尼-前进》、《海军联合技术体系结构》、《海军部信息基础设施标准》等一系列顶层指导性文件,以21世纪信息技术计划(IT-21)和基地级信息基础设施计划(BLⅡ)为基础,在其转型思路与转型规划中提出了为获取和利用信息优势而进行的信息化建设顶层框架与体系设想"部队网(FORCEnet)"概念。"部队网"主要由C4栅格、武器栅格和传感器栅格组成,其主要建设内容包括具备持久而全面的情报、侦察、监视能力的传感器系统;具备容错、自适应、自组织、自监控、自恢复和连续可用能力的快速网络;提供保障快速决策与指挥能力的精确的战役与战术图像。其体系结构与标准和国防部统一的结构与标准相一致。

在这种思想指导下，美国海军电子信息系统在综合一体化方面呈现许多新的重大动向，例如分步实现各种数据的全面融合；逐步完成IP协议的更新换代，构建以IP为中心的通信基础设施；数据链路走向通用化；情报信息处理系统将由现在17种主要系统向未来的6种主要系统转变；电子战系统趋向综合一体化；反潜探测网络化；电子装备多功能化等。

2. 天线联合孔径化与平面化

舰载天线的联合孔径化与平面化是舰艇集成上层建筑、综合天线桅杆的核心技术之一，将改变作战舰艇上部传统的天线林立的状态，实现各种雷达、通信系统、电子侦察天线的联合与隐身。

许多国家正在着手联合孔径天线系统的研发工作且取得了重大突破，如德国EADS公司的“集成多传感器桅杆”（IMSEM）、泰利斯荷兰分公司与荷兰TNO研究所共同进行的舰艇未来集成上层建筑技术研究等。除DDG1000计划的联合孔径天线项目外，美国海军还启动了一系列相关的先期技术演示计划，包括先进封闭式桅杆/传感器系统（AEM/S）演示计划、多功能电磁辐射系统（MERS）演示计划、低可探测性的多功能烟囱（LMS）演示计划，以及先进的多功能射频系统（AMRFS）演示计划。

这些天线系统通过设计为拱形和拱轴天线，能够将舰艇上频率从几MHz到40 GHz的通信、导航、雷达、电子侦察、电子对抗等几十部天线，嵌入舰艇的上层建筑，在达到天线发射和接收等电磁性能要求的同时，保证舰艇的电磁兼容性并减少舰艇信号特征。

3. 软件定义化

软件定义化主要是指当前正在发展中的软件无线电通信技术和软件定义的相控阵雷达技术（又可称作数字雷达技术）。

数字雷达与软件无线电虽然分属不同专业，但它们的主旨思想相似，即都是构造一个具有标准化、模块化、开放性的硬件平台，将各种功能用软件来完成，同时使宽带A/D和D/A转换器尽可能靠近天线，以充分实现数字化，提高可编程性。

软件定义化技术对雷达和通信产生的影响将是革命性的。数字雷达技术将使雷达性能的提升以及尺寸与质量的减小产生质的变化。例如数字雷达的接收机尺寸将比目前接收机尺寸减小100倍。软件无线电技术将解决三军无线电台多工作频段、多工作方式的互通问题。同时，软件定义化技术将可能成为各类电子信息系统普遍使用的重大技术，将使电子信息系统的升级变得更容易，全寿期成本更低，性能提升的潜力更大。

软件定义化技术当前在雷达中的应用主要是数字波束形成技术。对于相控阵体制来说，数字波束形成还只限于零中频（很窄的带宽）级别上。而对于软件无电线技术来说，美国军方的Speakeasy和JTRS计划已经实现中频可编程，甚至有民用通信机构已开发出了接近理想“软件无线电”的概念样机。

实现数字雷达与软件无线电所遇到的瓶颈基本相同，即主要是没有相应的高速、高位数的模－数转换器和强大运算能力的数字信号处理器(DSP)。美国的国防高级研究计划局(DARPA)和海军研究局(ONR)目前正在研究2种新的高速模－数转换技术，一种是采用SiGe材料的技术，一种采用是光子并行技术，希望能够开发出高速模－数转换器以满足数字雷达和软件无线电的高速采样要求。

5.1.4 结构材料技术

现代水面舰艇建筑结构主要划分为主体结构和副体结构两大部分。主体结构指的是上甲板以下的船体部分，它将是船舶设计时参与强度、耐波、稳定等性能指标计算的主要考虑对象。对于大型驱逐舰，它主要采用高强度结构材料；例如，美国HSLA65、HSLA80、HSLA100。副体结构指的是船内甲板、底基、滑道(坡)、舱盖、舱壁、舱室、烟囱、桅杆等结构，它们的用材种类较多，例如，不锈钢、金属合金、金属泡沫或金属多孔材料、聚合物复合材料等。

1. 主船体结构钢材的发展

长期以来，水面舰艇主体结构用材始终以高强度、高韧性、耐高温、易焊接、廉价等性能作为衡量结构材料优劣必不可少的重要指标。20世纪80年代以后，在国外，对海军舰艇结构钢的改进更加注重减少建造成本、降低质量、延长寿命等方面。美海军80年代后期，研究成功了高强度低合金钢(HSLA)系列，不久就开始应用于许多大中型水面舰艇船体结构中，并逐渐取代自第二次世界大战以来一直作为美海军水面舰艇及潜艇壳体的主要钢材料HY钢系列。

HSLA系统钢的碳含量均较低，改善了它们抗拉伸性能、冲击韧性及焊接性能。就HSLA80和HSLA100而言，铜和镍是主要合金元素，它们经过工艺处理后能使HSLA系列钢达到较高的屈服强度，产生沉淀硬化。而镍除可充分防止由铜引起的热脆性外，还可提高淬透性。铌是重要的晶粒细化元素，它所产生的细晶粒组织有利于HSLA的强韧性。

从应用实践中，HSLA钢在减少预热，降低对层间温度控制的要求，简化建造工艺，提高生产率及降低成本等方面较之所替代的HY系列钢有了一定的改善。但仍存在尚待改善的地方，例如，有些合金含量较高(HSLA100中的镍含量高达3.65%，造成了钢本身价格仍较高)以及还不能完全取消焊接时的预热工序等。于是，20世纪90年代之后美国海军继续对HSLA钢材进行各种性能的优化改进，采用了热机械控制(TMCP)、加速冷却(AC)、直接淬火(DQ)等工艺，使HSLA钢材在保持高强度和韧性的同时，继续降低焊接预热温度和价格等。经TMCP AC/DQ工艺处理后出炉的TMCP AC/DQ HSLA钢，就其化学成分而言，其中的合金元素例如 Ni，Cr，Mo，Cu 的含量均有所降低，尤其是 Ni 的含量大大降低了。同时杂质 P 和 S 的含量也降低了。

2. 副体结构材料

现代水面舰艇副体结构材料种类越来越多，例如，合金金属材料、聚合物基复合材料等。它们共同的特点是质轻、强度高、耐蚀/火性好、隐身性好等。

（1）合金金属材料

夹层金属结构由两片薄平金属板材借助层间波形芯填充物被结合在一起而构成的复合结构，这种金属结构复合材料具有在质量减少的情况下表现出较高的抗弯刚度。LASCOR 不锈钢板材属于这类。

这种板材已在海军大中型舰艇上使用了多年，主要用于机库门、围壁等副体结构中，使这些部位的质量较之使用普通强度钢时大大减少。经过多年的实践，人们认为 LASCOR 板材是内层甲板、滑道（坡）、舱盖、舱壁、舱室的理想材料，它能使质量减少 20% ~50%。此外，这种材料还具有以下优点：

减少制造和安装成本 20%；

取消了甲板和舱壁上用的加强构件，从而增加了全舰内的可用空间；

可改善耐热/火性能，因为夹层空间能够防止热和火的漫延；

层状板材硬度高，隔音和隔振性好。

金属泡沫或金属多孔材料是 80 年代后期国际上迅速发展起来的一种物理功能与结构一体化的新型工程材料，人们在研究探讨中发现，金属泡沫材料质轻、隔音、阻燃，又有很强的吸能本领和电磁屏蔽作用，因而受到关注，特别受到国防工业领域中的高度重视。90 年代起，它首先在民用工业尤其是建筑业开始应用。而国防工业领域的发展更加注重它在消

LASCOR 不锈钢板材

声、减震、屏蔽防护、吸能缓冲方面的潜力。

稀有金属合金：

①钛合金

从钛金属本身来说，它的屈服强度要比大多数普通高强度钢都大，而它的密度仅有钢的57%。用钛代替钢后其质量减少程度要超过使用铝，而它有更好的耐火性能(强于铝)。美国、俄罗斯等国海军的潜艇中已使用了金属钛。但用量不大，其限制因素主要来源于其价格和焊接质量。但钛合金的应用却越来越广泛，主要用在潜艇上。

②镁金属合金

镁是比钛还要稀有的稀有金属，目前尚未应用于舰体结构建造中，但它属于超轻质金属(组成的镁合金的密度极小，是铝的2/3，钢的1/5)，它在阻尼性、可铸造性、加工性、电磁兼容屏蔽性等方面具有许多独特优点，应用潜力很大。但镁合金在环境恶劣时，有些性能有所降低，限制了它的应用。例如，现有工业镁合金的高温强度、蠕变性能较低，限制了镁合金在高温(150 ~ 350 ℃)场合的应用，因此难以作为关键零件(如发动机零件)材料，它的耐蚀性、塑韧性等还有待于进一步提高。20世纪80年代以来，国外正在这些方面开展一系列研究，目前已研制出耐热镁合金、耐蚀镁合金、阻燃镁合金、高强高韧镁合金、变形镁合金。

(2)聚合物基复合材料

在现代水面舰艇上使用的复合材料主要有纤维复合型(玻璃、石墨等)、加芯复合型(轻木等)和树脂复合型(环氧、酚类等)，但实际应用的材料通常制成纤维增强聚合物(Fiber Reinford polymer，简称FRP)结构，即在树脂材料中夹杂有纤维增强材料而构成的混合物材料。迄今生产和应用的纤维主要是玻璃纤维、碳纤维和聚酰氨纤维；树脂为聚酯、乙烯基脂和环氧树脂等。FRP按所用纤维分别命名为玻璃纤维增强聚合物(GFRP)、碳纤维增强聚合物(CFRP)和芳族聚酰氨增强聚合物(AFRP)。这些材料有些已在舰艇副体结构中得到应用。它们可建筑成单壳型、加强型、夹层型板材。这些板材已应用于小型舰艇主体结构中，它们还应用于大中型水面舰艇副体结构中，例如，甲板、底基、门、舱盖、舱壁、甲板室、烟囱和桅杆。

复合材料在高比强度、高比模量、耐热、耐磨、耐腐蚀及热膨胀系数等性能上体现出许多优势。如果在舰艇副体结构中得到应用，与普通金属结构材料相比，复合材料还具有许多优点：

质轻。与钢相比，质量可减少35% ~50%，对于800 m长的舰艇，如果在副体结构中得到使用，可使全舰质量减少8%左右。

隔声和隔振。复合材料具有阻尼性和可塑性的固有优势，它们还具有制成灵巧结构的潜力，例如，使用中监测或改变结构特性。

低的热导性。在复合结构中，火灾不易被漫延。这种特性通常是在复合压层板材中夹进绝热芯来实现。

设计灵活。可根据复合结构的特殊要求进行设计，设计成多元化的几何结构以达到强度最大、硬度最大，通过结合定位点最简单化及接合点数量最小化来提高可生产性。

经济性好。由于复合结构材料具有耐腐和抗疲劳性，相比钢结构而言，它具有更低的寿命期内维护成本。

目前，欧美国家海军研究的用碳纤维和玻璃纤维（例如，E－玻璃）材料制成的封闭式综合传感器桅杆已达成熟阶段，将大量应用在研究或建造中的新一代作战舰艇。这种桅杆系统设计成能让各种不同的雷达波束和通信信号相互之间不受干扰地通过，而且信号损耗极低，又能抵抗外来干扰，它将在 21 世纪的海上信息化战争中具有明显的优势。

3. 隐身材料

低可视性是海军未来作战舰艇设计最重要指标之一，而材料科技高速发展及新型材料的大量使用是保证达到舰体低可视性设计要求，实现舰艇隐身不可或缺的关键一环。目前，用于舰艇隐身目的的材料通常是对雷达、红外、声、光、磁等各种目标特征信号通过反射和吸收作用进行有效控制，故称为隐身材料。

雷达隐身　材料能吸收雷达波，使反射波减弱甚至不反射雷达波，从而达到隐身的目的。如日本研制的一种由阻抗变换层和低阻抗谐振层组成的宽频带高效吸波涂料，其中变换层由铁氧体和树脂混合组成，谐振层由铁氧体导电纤维和树脂组成。雷达隐身材料已在水面舰艇及其舰上设备（上层建筑、炮塔、导弹发射架）普遍采用，例如，凯夫拉复合吸波材料、软磁性铁氧体材料、PVC 材料等。意大利“奥托－布雷达”公司的 127 mm、76 mm 舰炮炮塔和舰上导弹发射架采用的雷达隐身复合结构以纤维玻璃为材料设计成的蜂窝夹层结构。

红外隐身　可针对舰体上发热部位（烟囱）采用热绝缘材料和玻璃钢材料，在发动机排气装置中注入红外接收剂，辐射源利用耐高温而不需冷却的仿生智能材料，在燃料中加入添加剂来减小排气中烟雾粒子含量等措施可以减小红外特征信号，目前，国外科学家正在研究将含有金属化合物微粒的环氧树脂、聚乙烯树脂等高分子物质注入到发动机排气装置中，随其排热气流一起喷出，在空气中遇冷雾化形成悬浮状气溶胶；或将含有钨、钠、钾、铯等易电离金属粉末的物质喷入发动机热气中，达到屏蔽发动机废气的目的。

声隐身　主要针对来自于机械噪声、螺旋桨噪声、水动力、空泡等声源噪声而进行的。从声隐身机理看，声隐身材料包括消声材料、隔声材料，吸声材料及消声、隔声、吸声的复合体。对于以机械噪声和螺旋桨噪声占主要噪声源的隐身，目前普遍采用各种降噪减振措施。采用阻尼材料成为其中的一项隐身措施。例如橡胶型阻尼材料、聚合型阻尼材料、纤维复合阻尼材料、吸声隔声阻尼材料、金属复合阻尼材料。

隐身材料经过 20 多年的发展，已在海军舰艇应用中显现出明显的隐身效果，这些隐身材料多以吸收或渗透为隐身目标。但是未来军事装备使用频带更宽,米波、厘米波、毫米波、红外、激光交织在一起,形成错综复杂的战场环境。因此,新隐身材料则应满足多频谱隐身(实现四个或五个波段以上的多功能隐身材料一体化设计)、环境自适应、耐高温、耐海洋气候、抗核辐射等更高要求,以适应日趋恶劣的未来战场。为此,些许新隐身材料开始脱颖而出:

手性材料 手性是指一种物体与其镜像不存在几何对称性且不能通过任何操作使物体与镜像相重合的现象。研究表明,具有手性特性材料,能够减少入射电磁波的反射并能吸收电磁波。与其他雷达吸收材料相比,手性材料具有两个优势:一是调整手性参数比调节介电常数和磁导率更容易,绝大多数雷达吸收材料的介电常数和磁导率很难满足宽频带的低反射要求;二是手性材料的频率敏感性比介电参数和磁导率小,易于拓宽频带。由于手性材料的研究尚处于初始阶段,还有很多技术难点有待于突破,因此目前还不能用于实际中。

纳米隐身技术 纳米材料具有极好的吸波特性,因此引起研究人员的极大兴趣。目前,美、法、德、日、俄等国家把纳米材料作为新一代隐身材料进行探索和研究。美国在1999年已研制出超黑粉纳米吸波材料,这种材料对雷达波的吸收率大于99%。法国成功研制出由钴镍纳米材料与绝缘层构成的复合材料。这种由多层薄膜叠合而成的结构具有很好的磁导率和吸波性能。其他国外科学家在研究的具有纳米结构的材料还有铝钛、碳化钨、氧化铬、钇定氧化锆、铝基和镍基合金等。

导电高聚物材料 这种材料是近几年才发展起来的,由于其结构多样化、密度低、独特的物理特性,化学特性,因而引起科学界的广泛重视。将导电高聚物与无机磁损耗物质或超微粒子复合,可望发展成为一种新型轻质宽频带微波吸收材料。因为高聚物的导电率接近半导体态时所产生的介电损耗效应可以衰减90%以上的电磁波。高聚物的比重很低,因而可以作轻质、薄层吸波材料。

多晶铁纤维吸收材料 多晶铁纤维具有独特的形状各向异性,黏结剂中多晶铁纤维层状取向排列所形成的多晶铁纤维吸波涂层,可在很宽的频带内实现高吸收率,质量比传统金属微粉吸波材料减轻40% ~60%。克服了大多数磁性吸波材料存在的严重缺陷,这是一种轻质磁性雷达吸波材料。

智能型隐身材料 一种具有感知功能、信息处理功能、自我指令并对信号作出最佳响应功能的材料和结构,变色材料就是其中一种。目前,美国佛罗里达大学已经研制出一种电致变色聚合物材料,并制成薄板覆盖在目标上面。这种薄板在充电时能发光并改变颜色,在不同电压的控制下会发出蓝、灰、白等不同颜色的光,必要时还可以产生浓淡不同的色调,以便与天空的色调相一致,来消除目标与背景的色差。此外,形状记忆合金(SMA)也属此类,它是制备仿生材料、智能蒙皮材料的基础。它所具有的超弹性,使其具有承受强度高、刚度大、无磁性、耐腐蚀、生物相容性好及低温柔韧等优良性能,固在军事上应用潜力极大。这种材料已在飞机某部件及穿甲弹上得到应用。目前,美海军研究办公室正在从事着一项在水下无人潜器中使用SMA 材料,使该装置能够形似鱼那样在水中自由自在地航行。它将采用鱼尾摆动作为动力推进器,已达到大幅度减小推进系统的复杂性,实现水下装置小型化。一旦得到应用,相比目前传统的水下运载器,其速度、隐蔽性、灵活性等方面都将发生质的飞跃。

5.2　航空母舰舰载机技术

舰载机是以航空母舰或其他军舰为基地的海军飞机。用于攻击空中、水面、水下和地面目标,并遂行预警、侦察、巡逻、护航、布雷、扫雷和垂直登陆等任务。它是海军航空兵的主要作战手段之一,是在海洋战场上夺取和保持制空权、制海权的重要力量。

舰载机能适应海洋环境。普通舰载机一般在 6 级风、4 ~ 5 级浪的海况下,仍能在航空母舰上起落。舰载机能远在舰炮和战术导弹射程以外进行活动;借助母舰的续航力,可远离本国领土,进入各海洋活动。舰载歼击机多兼有攻击水面、地面目标的能力,舰载强击机(攻击机)多兼有空战能力,以充分发挥有限数量舰载机的最大效能。舰载机在母舰出海时上舰,母舰返回基地时飞回岸上机场。一艘航空母舰可搭载数十至百余架舰载机。通常是多机种同时搭载,以形成综合作战能力。

5.2.1　舰载机设计相关技术

舰载机在航母上的起降简单地讲就是:起飞难,着舰险。喷气式舰载机在航母上的起飞和降落要受很多条件的制约,天气、海况的影响就是一例。尽管航空母舰个大体硕,但抗风浪能力还是有一定限度的。美国海军明确规定:航母只有在 8 级风、6 级海浪以下,纵倾小于 2°,横摇小于 4°度的情况下,才能起降舰载机。而在风浪较大的夜间,对舰载机起降的规定就更严格了。

航母的起飞和着舰甲板长度都很短,需要为舰载机提供必备的辅助起飞和降落的设施。除此之外,还需要采取两项缩短舰载机起降距离的基本措施。一是逆风起飞和着舰,二是在航母起降方向高速航行。

舰载机在航母上起飞固然不易,而采用常规的方法降落则更为困难。可以说,安全可靠的着舰,是航母及其舰载机技术中的关键之关键。

常规的航母舰载机与陆基飞机之间在技术上的最大差别是:前者必须能在面积很小的飞行甲板上安全起飞和着舰,必须能在有限的空间内停放;必须具备良好的抗腐蚀性和电磁兼容性。这些基本要求,就构成了舰载机不同于陆基飞机的独特的研制和生产标准。

气动外形　在飞机设计万面,高速飞行与短距起降曾是一对很难调和的矛盾,研制喷气式舰载战斗机、攻击机时，这一问题就更为突出了，因此舰载机的外形设计有一些特殊要求。舰载机的视界是一条重要指标。因为舰载机在航母上着舰时，下降速度很快，环境条件恶劣，而飞机的操纵、联络又相当复杂，情况瞬息万变。因此，舰载机飞行员对外观察的视界必须良好，以保证能及时找到航母编队、准确对正航母的着舰区、在下滑时能目视到光学助降系统的灯光以及由舰上人员发出的各种指挥和警示信号。一般情况下，航母舰载机应以8°迎角下滑进场，对前下方的视场角，大约需要15°～17°。为保证飞行员有足够的视界，设计师们在研制舰载机时采取了下垂机头、加高座舱的方法。

为了保证安全，当舰载作战飞机的高速指标与短距起降指标发生矛盾时，设计师优先考虑的是飞机对起降的要求。喷气式舰载机气动外形的设计原则，第一位的是增升，第二位的才是降阻。体现在飞机设计上的就是采用中等偏小的后掠角(20°～45°)、中等偏大的展弦比(3.5左右)、面积较大的机翼。舰载战斗机的起飞翼载一般控制在350 kg/m^{2}以下，这方面的典型代表有美国F/A－18，法国的“超军旗”，俄罗斯的米格－29K、苏－33等。为了进一步降低着舰速度，有些飞机还需要在机翼上采用高效率的襟翼增升系统，如全翼展机动前缘襟翼、双开缝襟翼、襟副翼、吹气襟翼等。

随着气动力技术和发动机技术的进步，现代战斗机的飞行包线不断扩大，完全能够满足军方对高速范围和低速领域的不同要求。像F/A－18、苏－33、“阵风”、中国的歼－15等舰载机，就既具备良好的超音速飞行特性，也拥有优异的低速起降能力。这几种舰载机都配备了高推重比的涡扇发动机，并利用涡升力增升，从而成为新一代舰载战斗机的典范。

飞行品质 舰载机要想在面积很小的飞行甲板上安全起降，必须具备优良的飞行品质。当设计师千方百计改善了舰载机的低速机动性和起降性能后，还需注意解决随之而来的另一个矛盾——舰载机在小速度飞行时的安定性和可操纵性问题。舰载机的飞行性能固然主要取决于外形和动力，而其操纵性和稳性亦同样与气动设计密切相联。如垂尾的形状、方向舵的面积、副翼的位置、水平尾翼的尾容量等参数，都会对飞行品质产生重要影响。在舰上起飞和“着陆”过程中，飞机的速度较小，由于受到环境条件(如阵风、甲板风、舰尾涡流)的影响，其迎尾、姿态角的变化却可能较大，如果此时飞机的安定性以及各种活动翼面的操纵能力不足，无法保证精确的、稳定的飞行，将是非常危险的。然而，矛盾的是，飞机的舵面操纵效率又偏偏与飞行速度有关。在不同速度条件下，各活动翼面偏转相同的角度，所产生的力矩，当然会不一样。舵面效率随速度的增大而提高，随速度的减小而降低。这对起飞、降落和小速度机动飞行都非常不利。

如何保证常规舰载机在起降状态下，具有良好的操稳品质呢？适当调整安定面的形状和关系位置；增大操纵面的面积；将主要的操纵面设在距离飞机重心较远的地方；相应地加大操纵面的舵偏量；采用下表面开缝式平尾；利用弦向吹气或展向吹气等方法提高翼面的效率；利用推力矢量技术帮助操纵，依靠飞控计算机和电传操纵系统实施自动增稳和控制等，均是可供选择的措施。

机翼折叠　航母甲板面积有限(约在 4 000 ~ 20 000 m^2 之间)。为了保证安全,合理、有效地使用甲板,一般还将其严格划分为起飞区、降落区和待飞区。起飞和着舰都需要占用一二百米长、几十米宽的甲板,这样,留给待飞区的面积很少。为了减小舰载机在舰面和机库内的停放空间,便于在甲板上牵引和用升降机搬动,几乎所有的固定翼舰载机的外翼段都需要折叠(或折转),有些大型飞机的机头、尾翼也可以折转。机翼是飞机承力和实施操纵的主要部件之一,结构复杂,且内部设有许多导管、导线,机翼折叠给设计工作带来不少麻烦,一方面,要增大折转处的结构强度,另一方面,需采取措施保证翼内的各种系统在复位后仍能可靠地工作。此外,还要让机翼折叠和恢复的时间尽量缩短。减少停机面积的另一种办法是使机翼的后掠角可变,美国的 F-14 舰载战斗机就采用了该项设计。

起落装置　起落装置是飞机的重要部件之一,其作用是供飞机在地面或甲板上运动、起降时吸收撞击能量、停放时支承飞机质量。由于起飞和降落的方式不同,舰载机与陆基飞机在起落装置的设计方面存在着许多差异,例如,某些舰载机在弹射起飞时,其前起落架需要伸长以增加机头上仰角度。总的来说,舰载机的起降装置更为复杂,减震能力和承载能力更强,强度和质量更大,主轮距也更宽。在采用弹射起飞的现代舰载机的前起落架上,设有供弹射用的牵引杆和牵制杆。弹射时,用牵引杆钩住往复车,在往复车的带动下,一架二三十吨重的飞机就可在很短的时间内,从静止状态达到 230 ~ 350 km/h 的离舰速度。此时,飞机承载的加速度达 $4g \sim 4.5g$。而如此巨大的力量,全部要通过前起落架传给飞机。所以,采用此法弹射起飞的舰载机,其前起落架必须加强。有些舰载机选择滑跃起飞的方式离舰,前起落架受到的外力似乎要小一些。但在高速滑行到舰舷的上翘部分时,作用在起落架上的支反力会骤然增大,为了应对这一附加过载,飞机的前起落架也要加强。

舰载机在航母上着舰,不像在陆地机场降落那样,有个"拉飘"段,而是采取按预定轨迹,定点、定速、直线下滑,直接触地的方式。着舰速度在 180 ~ 320 km/h。加之在恶劣的海况条件下,航母在风浪中会剧烈地俯仰、摇摆、升沉,飞机着舰瞬间产生的撞击力会很大。一般情况下,舰载机着舰时的下沉速度要比陆基飞机接地时大一倍以上。例如,F/A-18C/D 舰载机降落在航母甲板上的一刹那,其下沉速度可达 7.32 m/s,而陆基型的 F-16C 在跑道上着陆时的下沉率,只有 3 m/s 多一点。在质量不变的前提下,大的下沉速度会产生更高的撞击力,这完全要由起落装置的机轮、缓冲支柱以及起落架与机身、机翼的连接机构等来负担。如此一来,主起落架的结构也不得不加强,质量自然随之增加。舰载型 F/A-18 的起落架质量,要比外形相当的岸基型 AF-18、CF-18 的起落架重一倍左右。

为了满足在舰上起降、牵引、移动、停放的要求,有的舰载机的起落装置还采取了一些特殊的技术措施,如加长主起落架缓冲支柱的行程,以减小飞机着舰时的冲击力;加大主轮距,以防止飞机在起降和停放时遇到风浪而侧翻;前轮设转弯机构,以便于在小面积的甲板上牵引和迅速将飞机移出着舰区,在前起落架内增设突升机构(即采用双腔设计),在弹射时,使前起落架伸长,以保证飞机能以最佳的迎角起飞等。

着舰钩(亦称尾钩)是舰载机着舰必备的装置。别小看了这个“尾巴”,它可是保证舰载机安全返回航母甲板的关键。尾钩一般安装在舰载机后机身的下方,空中飞行时收起,降落前放下。着舰时,用它钩住布设在飞行甲板降落跑道上的拦阻索。

大中型航母斜甲板着舰区的长度不过 150 ~ 200 m,喷气式舰载机仅仅依靠刹车,无法在如此短的距离内停下来。但只要它的尾钩挂住了 3 ~ 4 根钢索中的一条,便会在几秒钟的时间内将速度减为零。直径 35 mm 左右的拦阻索能够承受极大的拉力,通过它以及整个滑轮组和液压阻尼装置的作用,可以使一架重 23 t、速度 250 ~ 300 km/h 的舰载机,在 50 ~ 95 m 的距离内停住。

另外,在拦阻着舰过程中,尾钩会与甲板发生剧烈摩擦,钩头的耐磨性和抗拉强度必须满足指标要求,否则有可能将着舰钩拉坏,引发重大事故,例如飞机拦阻减速后突然挣脱钢索的羁绊,将使其无法在剩余的跑道内达到复飞所要求的速度。

加强机体结构 尾钩和起落架都需要加强,那么与之相连的机体也必须加强,这会对全机质量产生影响。现代航母上使用的液压式拦阻装置,能迅速把舰载机前冲滑跑的巨大动能吸收掉。据估算,它可在一瞬间吸收将近 6 000 t·m 的功。根据作用力与反作用力的原理,拦阻索承受多大的拉力,着舰钩也要负担多大的拉力,而且这个力是要传给机身的。因此,在尾钩与后机身的结合部位,需要进行加强。如果机体结构不结实,就有可能被尾钩拉坏。一般情况下,在飞机着舰过程中,拦阻索和着舰钩承受的瞬间拉力,大约为舰载机着舰重力的 4.5 ~5 倍,即着舰时的纵向过载可达 $4.5g \sim 5g$。因此,舰载机后机身受力点结构的加强,要按照这一标准来设计。

在外形基本不变的情况下,由于舰载战斗机许多部位的结构都需要加固,导致其质量比陆基到大幅度增加。以“大黄蜂”战斗机为例,舰载型 F/A - 18A 的空重要较陆基型 CF - 18A 高出 1 360 kg 左右。不过,有些部位无论怎么加强,仍会存在问题。腹部进气道就是一例。采用这种进气方式的陆基战斗机,具有发动机进气效率高、大迎角机动性能好、迫降时比较安全等优点,但将其用在舰载机上就遇到麻烦了。腹部进气道是个空壳结构,下唇口很薄,受力后容易变形。而前起落架又恰恰位于进气道唇口下方,上舰后前起落架一会儿要把弹射时负担的 $4g \sim 5g$ 的轴向过载传给进气道,一会儿又要把着舰时所承接的法向力传给进气道。很明显,腹部进气方式不太适合舰载机(除非大大加强该处的结构强度,或将前起落架穿过进气道,直接与机身相连。但这样做,要付出较高的质量代价,而且还会带来其他问题)。因此,美国海军航空兵没有购买起降性能好的 F - 16 作为舰载机,而是选择了在竞标中败给 F - 16 的 YF - 17(后发展为 F/A - 18 舰载机)。同样,英国皇家海军也未考虑使用本国参与研制的、采用腹部进气方式的 EF2000 战斗机,却将目光瞄上了美国的 F - 35 联合攻击战斗机。

舰载机动力装置 舰载机对发动机要求非常严格,发动机是飞机的“心脏”。心脏机能的好坏,关系到人的生命与活力。发动机的作用与之类似,对于舰载机来说更是如此,一颗强劲有力的“心”至关重要。与普通陆基飞机相比，喷气式舰载机在某些方面对动力装置的要求更为苛刻：其可靠性和加速性必须更高。

舰载机的着舰过程是极其紧张又相当短暂的，一旦由于机上或舰面人员操作失误，尾钩没能挂上钢索，飞行员就要果断地实施复飞。此时，剩下的跑道长度已然很短，在这段距离内，舰载机若想很快地增速至起飞离舰速度避免冲入海里，就只有仰仗发动机良好的加速性。所谓发动机的加速性，是指发动机从慢车转速安全状态迅速地过渡到最大状态或加力状态的能力。衡量发动机加速性好坏的指标，主要用加速时间来表示。猛抓油门杆（这一过程大约为 0.5 s 或更短），使发动机从慢车转速增至最大转速所需的时间，称为加速时间。

飞机降落时，为了减小接地速度，一般要将发动机油门收至慢车状态。而起飞时为了缩短滑跑距离，往往用最大状态或加力状态。在飞机复飞的过程中，飞行员需要猛推油门杆，使发动机的转速迅速上升，推力骤然增加。由于航母的飞行甲板长度有限，因此要求这一过程尽量缩短。涡轮喷气发动机的加速时间，大约为 8 s 左右，而现代舰载机希望这一时间间隔缩短至 4 s 以下。因此，在研制舰载机时，发动机的选择举足轻重。实践证明，单转子发动机的加速性要比双转子和三转子的发动机差。所以，现役舰载机多采用双转子喷气发动机。

为了保证舰载机能有足够的时间和推力安全复飞，以防因处置不及时，而一头扎进大海，它们在着舰时，不能像陆基飞机那样收油门，把发动机转速减小至慢车，而是相反，在下滑“接地”段，需将发动机功率保持在军用功率的 85% 左右以缩短复飞加速的时间。另外，飞行员在着舰时往往还要采取一项保险的措施：在舰载机“触地”前的一刻迅速将油门一推到底。当判断尾钩已确实钩住拦阻索后，才将油门收回。

舰载机对动力装置可靠性指标的要求相当高，否则，一旦飞机在海面上空出现发动机熄火或其他的系统故障，将很难返回母舰，也不容易找到合适的地方迫降，往往只有跳伞逃生。由此可见，为舰载机选择和配备故障率低、可靠性好的发动机极其重要。

5.2.2　舰载机的特点

航空母舰舰载机和陆基飞机的主要区别：

（1）舰载机的性能指标必须满足海军航空母舰编队海上作战为达到一定的战略和战术目标所提出的最低限度要求，例如需要配备飞机的类型、飞机执行任务的能力、飞行速度、作战半径以及维修性能要求等。

（2）舰载机必须满足在航空母舰平台上短距离起降的要求，现代常规起降舰载机上应该装有用于前轮弹射起飞的弹射钩或用于拖索弹射起飞的弹射钩，可以在几十米的起飞跑道上将飞机弹射加速到起飞速度而离舰，滑跃起飞的舰载机应该具有短距起飞性能，可以在滑跃甲板上起飞;常规着舰的舰载机还应该装有尾钩,降落时可以钩住航空母舰甲板上的阻拦索,在几十米的缓冲距离内被减速到零而着舰。它们的机体结构都需要作相应的加强,以便承受弹射和阻拦所产生的约 $4g \sim 5g$ 的过载力。

(3)由于航空母舰飞行甲板着舰点处的升沉运动,飞机着舰时相对于飞行甲板的下沉速度可能是其着舰速度的垂直分量和甲板升沉速度的叠加,达到 6 m/s 左右,(陆基飞机通常只有 3.6 m/s),因而舰载机起落架承受的载荷将大大增加,需要作相应的增强。

(4)飞机在航空母舰上起降时的飞行速度不能太快,尤其是着舰速度太高就会引起不安全的因素。根据统计,飞机着舰时发生的事故几乎占事故总数的 80%。因此,为安全起见,舰载机还应该具有优良的低速性能。这与现代飞机追求高航速的趋势形成了矛盾。舰载机解决这个矛盾的方法很多,例如:采取前缘和后缘吹气襟翼的高效增升装置;采用可变后掠角机翼,如美国海军 F14-A 舰载超音速战斗机,为便于起落,机翼后掠角最小可减少到 20°,而为了利于作战,最大又可增达 68°改变机翼的安装角,降落时使安装角加大,飞机机翼冲角增大,升力增加从而减小了着舰速度;此外还可以在舰载机上采用垂直起降技术等。

(5)航空母舰上存放飞机的空间非常有限。为了能够存放更多的飞机,增强航空母舰的作战能力,航空母舰要求舰载机占据的容积尽可能小。为此,舰载机的机翼往往做成可折叠的形式,以减小机宽。有些比较高的飞机,其垂直尾翼也是可折叠的,以适应机库高度的限制。这样,舰载机一般都可以把机宽控制在 8 m 以内,高度控制在 5 m 以内。美国海军的 E-2C 预警机雷达天线罩也可以降下,使机高从 5.58 m 减少至 4.94 m。航空母舰上的各种大型直升飞机也都采取了折叠主旋翼桨叶和尾斜梁的措施,使停放时的外形尺寸大大减小。

(6)航空母舰常年在海上活动,由于海洋及其气候的影响,航空母舰的环境条件要比陆上恶劣,甚至严酷得多。舰载机一方面必须适应海上十分潮湿、含有盐雾、霉菌的大气环境,飞机的机体、发动机、武器装备、电子和电气设备等都应经过三防处理,具有抵御侵蚀的能力,而另一方面又要适应航空母舰在风浪中航行引起的振动、冲击、摇摆和升沉运动。飞机要避免和航空母舰发生共振,并能耐受长期的振动环境,其强度应能承受冲击、摇摆、升沉运动引起的惯性力。

由以上特点可以看出,航空母舰上的舰载机是要经过严格的论证,并进行专门设计或经过舰用化改装才能上舰的。要使航空母舰舰载机的研制顺利进行,并很快形成战斗力,有 3 个基础条件是十分重要的:首先要有充分的作战任务和战术技术论证的基础,能够恰当地确定舰载机的各种要求;其次要有雄厚的航空工业基础,能够按时研制出真正满足要求的舰载机;第三是海军航空兵实战使用的经验和基础,能够密切地配合航空母舰的研制速度。舰载机研制的成功与否是发展航空母舰最重要的保障条件之一。

5.2.3　舰载机的维修

现代舰船装备的维修通常分为 3 个等级:原位维修、离位维修和后方维修。舰载机的维修一般也分为 3 类:第一类是直接在飞机上原位维修。通常是局部零件的修理和更换,日常的保养、检查、小修、定期试验等;第二类是中级维修。包括一些需要将零部件拆卸并送至航空母舰上简易车间进行修理的设备,如发动机、电子设备、武器装备等。为此,航空母舰上通常设有航空军械车间、金工车间、发动机车间、液压和气压车间、轮胎车间、飞机救生设备车间、电瓶车间、无破坏性试验车间、流动支援设备车间、航空电子车间、照相试验室、照片晒印车间等。大型航空母舰的舰尾还设有飞机发动机试验室,可以在舰上进行喷气发动机试验等;第三类是后方维修。一般是送回基地和工厂进行大修。前两类维修均可在航空母舰上进行,而后一类则在陆上进行。航空母舰航空设备的设计也应该包括舰载机的各种维修支援设备的配置。上面所列的一些车间和其他的附带维修设备、专用工具就需要占据很大的甲板面积。据统计,有的攻击型航空母舰上航空车间和航空军械车间占用了 1 500 多平方米的面积。同时,因为舰载机及其武器系统近年来均大量采用先进的技术,需要占据的甲板面积还有继续迅速上升的趋势。

在航空母舰设计时,舰载机及其维修设施的配置和总体布置需要很好的协调和权衡。原则上,航空母舰配备舰载机的数量和航空母舰维修设施所能达到的维护和修理能力相互适应。换句话说,航空母舰所配备的维修设施必须保障它所配置的所有舰载机(包括飞机数量和类型)能够按时间和质量要求完成各种维修任务,以保证舰载机达到规定的出航率。这是航空母舰总体设计人员必须密切注意的。

为了充分发挥这些维修车间和设备的作用,使飞机的维护和修理有一个合理的流程,以提高维修工作的效率,缩短维修占用的周期时间,总体布置需要经过周密考虑,为各种车间和设备作出最妥善的安置。在航空母舰狭窄的空间里,既要保证维修流程的合理性,满足作战使用的需要,又要提高航空母舰甲板的利用率,节省航空母舰十分珍贵的空间,这就要进行统筹规划,必要时还应该请对飞机使用和维修有经验的专家参加研究设计工作。

舰载机的维修是分级进行的,通常维修的组织和管理也是分层次的。一般原位的维修可以由飞行中队的维修保养部门来完成。若干维修保养部门可以组成一个航空工作中心,为飞行中队的维修保养人员保管和储存维修保养所需的专用工具、说明书和资料文件、维修记录以及其他保养设备。中级维修以及相关的车间设施应该由航空母舰的中级维修部门来组织和管理。作为行政部门,航空母舰上应该有一个保养控制中心。航空联队和飞行中队应该有相应的保养和器材办公室。这些舱室和相应部位之间应该有专用电话联系,以便迅速传递全舰非常分散和繁琐的保养工作的有关信息。此外,航空母舰上飞机多,维护保养工作量大,维修器材的需要量是很大的。零部件的快速提供就能加强航空母舰的维修能力,缩短维修的周期。故航空母舰上应该有舰载机维修的补给支援部门,如补给批准和部件控制办公室,通用和特种航空电子器材调拨办公室,航空发动机和部件调拨、装运和接收办公室,自动数据程序处理室等。

现代舰船的维修主张用简单的部件更换来代替费工费时的就地修理。这是舰船装备维修原则的一个重大的改革。舰载机的维修在可能条件下也是这样做的。例如航空母舰上通常有存放飞机备用新发动机的仓库。飞机发动机有较大的故障时可以直接更换,保证飞机更快地恢复使用。更换下来的发动机如果没有超过规定的时限,经过修复,并试验合格后还可以储存起来供以后使用。近年来舰载机大量采用双发动机。后备发动机的数量成倍增长,发动机仓库的容积也要求增加,这是一种新的发展趋势。

5.2.4 舰载机保障系统的建立

舰载机是航空母舰战斗群的主战装备,它的作战能力将直接影响整个战斗群的战斗力,或者说,它的战斗力决定着现代海战的胜负,而舰载飞机要形成较强的战斗力,保障是很关键的因素。因此,舰载机保障系统的建立是非常重要的。

舰载机的保障系统是一个非常庞大的系统,航空母舰平台对舰载机的各种支援和保障设施,主要包括以下几方面的工作:

(1)配置舰载机的加油设施

在作战条件下,一架舰载机每昼夜可能从舰上起飞数次,每次都要补充燃油,再加上航空母舰的舰载机很多,加油任务是很艰巨的。为此,总体设计应该在前面分析舰载机运行过程的基础上,于最适合的部位设置飞机加油站,既保证加油方便又确保各种状态下的安全,为航空母舰配置必要的压力注油设备,恰当地确定各部分供油管路的截面积,缩短油料补充和飞机准备的时间。

(2)配置舰载机发动机的启动和冷却设备

过去大多数航空母舰上采用装有燃气轮机启动设备的小型牵引车来满足舰载机发动机启动和冷却的要求。这种牵引车也可同时用来拖拽飞机,有一定的优点。但数量一多,占地面积大,故较近期的航空母舰设置了一些固定在甲板上的启动和冷却系统。设计时可以根据实际情况把两种方法结合起来。

(3)配置舰载机轮胎的充气设备

航空母舰平台应该在适当的部位设置若干充气站为舰载机轮胎充气。这些充气站应该配备一定压力的压缩空气系统,并附有轮胎充气的防护笼栅,以保证舰员在充气时万一轮胎爆裂免受伤害。

(4)配置舰载机武器弹药的输送设施

在航空设施设计时就应该具体落实各种配置设施。可以根据舰载机运行过程的分析以及升降机、门、舱口盖几何尺寸等各种总体限制条件作出航空武器搬运的全面的规划来指导输送设施的设计。真正做到严密和有条不紊,安全和迅速。

(5)配置舰载机的维修保养设施

为了保证舰载机的日常维护保养和各种等级的修理,航空母舰上需要配置车间和设施。这些车间和设施的种类繁多,从舰载机本身到各种设备部件,从发动机、机械到电气、电子设备,甚至包括仪表和照相器材,五花八门,应有尽有。因此,舰载机维修保养设施的配置也要进行很好的规划,要确定一个合理的流程,提高维修的效率。通常,不同等级的维修设施应该适当分开,而联系比较多的修理车间就应该尽量靠近。修理的频繁程度不同的设置也应该不一样。同时还应减少修理对于航空母舰正常工作的影响,例如飞机发动机试验台应该安置在舰尾的隔音密封舱室中,配备各种操纵设备和数据输出监视设备,以便实验人员可以在密封舱室外,通过观察窗和监视操纵设备进行操作。试验台还应具有很高的通用性,可以满足各种飞机发动机的试验要求。

(6)配置舰面通信设备

为飞机甲板和机库的舰面操作配置各种必要的通信联络设备,并为舰载机配置网络信息接口。随着通信技术的发展,舰面通信将朝着简便和小型化的方向发展。

此外,还要设置舰载机所需各种类型电源的供电设备,保证航空母舰各种航空设施的供电,还要为舰载机和飞行甲板、机库的各种航空设施采取最安全可靠的消防措施。

由以上分析可以看出,研究舰载机的保障性,是适应现代海战发展以及新时期装备质量建设和新装备形成战斗力的需要,也是适应当前军事斗争准备的需要。舰载机保障系统的建立,能为实现航空母舰及舰载机全寿命管理提供工程方法,以保证航空母舰及舰载机全寿命管理的顺利实施。

舰载机的后勤支援问题非常重要。航母的内部空间和甲板面积有限,不能使用太多的维修保障人员,也不可能容纳太多的油料和航材、弹药。因此,要求舰载机必须体积小、用油省、可靠性高、维修简单、器材消耗少。例如,舰载机在更换发动机时,一般不采用陆上飞机常用的“脱尾部”的方法,而是从飞机的腹部或侧部拆装发动机,以节省空间和时间。舰载机长时间在海上使用,其抗腐蚀问题是保障工作需关注的一个重点。海上盐雾重,湿度大,海水和空气中的成分复杂,从而构成一个高腐蚀的环境。这对舰载机的影响很大,给飞机发动机、机载电子系统的设计、生产、使用、维修等带来许多问题。舰载机常常因为腐蚀问题,而导致发动机寿命缩短、机体结构裂纹、通信联络中断、操纵系统失灵、液压系统漏油、橡胶件和塑料件老化等故障。为了增强飞机的抗腐蚀能力,需要选择一些新的材料和特殊的设计,而部分常用的航空材料、工艺和结构则不得不放弃或限制使用。例如,镁合金是一种比重很轻的金属材料，在飞机、直升机、导弹上应用很广。但它的抗腐蚀性能较差，基本上不能用于舰载机。蜂窝结构也是现代飞机上采用得较多的一种减重技术措施，但在海上，潮气容易侵入"蜂窝"内，将其排干则很难，久而久之，结构便会受到严重腐蚀。因此，它们的应用部位必须有所限制。在舰载机设计上采取的防腐手段主要有：加强对关键部位、重要机件的密封和防潮；经常为机件（特别是一些平时看不到、摸不到的结构件和活动件）涂敷防腐剂和防锈涂料；采用多余度系统；选用那些抗腐蚀性好的金属材料和非金属材料，如铝锂合金、钛合金、不锈钢、陶瓷基复合材料、碳纤维复合材料、聚芳酰胺纤维复合材料、硼复合材料等。舰载机的电磁兼容性问题，这一条比陆基飞机的要求更严格、更复杂。为了保证舰载机在白天、夜间和复杂气象条件下，都能够安全地在航母着舰区降落，机上一般都配备有特殊的无线电着舰助降引导系统。总体上讲，与陆基飞机相比，舰载机配备的航电设备要更多一些。为避免因机载设备之间的相互干扰而危及飞行安全，有必要做好电磁兼容性的工作。另外，航母平台本身也是一个电子系统极为密集的所在，舰上设置有搜索雷达、自动着舰导引雷达、综合通信系统等大量的指挥控制、导航、探测、通信设备，其电磁环境非常复杂。舰载机位于舰面上时，离这些大功率的电磁辐射源很近，机上的电子系统极易受到外界的干扰，并因此而引发故障或导致误差。所以，进行舰载机的设计、试验、试飞时，应认真研究、严格测试机载电子设备的电磁兼容性，关键的仪器和电子设备还要采取可靠的屏蔽措施。航母舰载机的研制是一项非常复杂的系统工程，对其各个子系统、分系统的指标要求多得不胜枚举。舰载机在航母上的起降和停放，与普通飞机在陆地上使用有许多不同，除了前面所提及的设计特点外，还有一些特殊的要求和标准是需综合考虑的。例如，海上风浪大，舰载机停放在航母甲板上，会受到船体颠簸、摇摆的影响以及上层建筑引起的紊流、甲板风等气流的干扰和吹袭。为防止停放的飞机在外力的作用下，发生倾翻、后坐，甚至坠入海中，需在机体的适当位置，增设符合要求的多个系留点。再如，舰载机起落装置的负荷比较大，降落时，对飞机的着舰速度和着舰质量都有严格的要求，以免因使用不当而造成起落架和机体结构的损伤。舰载机起飞后，一旦发生故障，必须立即返回。此时，若飞机超过正常着舰质量是不能降落的，应该迅速减重。其措施一是把外挂物投进海里，二是空中放油。为了保证能尽快将多余的燃料撤掉，舰载机上需要设置应急的放油口。

从上述舰载机的起降要求、设计要求和技术标准中不难看出，开发一款先进的固定翼喷气式舰载机，是相当不容易的。现代舰载机具有设计难度大、结构质量大、工艺要求高、制造成本高、机载系统复杂、保障工作复杂等诸多特点。可以说，它们是各项船舶、航空尖端技术的结晶，是一个国家综合国力的体现。伴随着以信息技术为代表的多项重大基础学科技术领域取得关键突破，以及海军作战思想和装备发展思路的改变，进入新世纪以来，海军武器装备发展取得了一系列重大的甚至是划时代的技术突破。这些重大技术正在改变着新一代海军装备的面貌，将对海军武器装备的发展和未来海上作战产生革命性的影响。

5.3　大型水面舰船舰载武器技术

5.3.1　舰载武器技术

1. 防空反导技术

水面舰艇的防空反导问题在某种程度上决定了舰艇及编队的生存，已成为全球海军面对的一个突出问题。当前大国航母编队防空，一般采用纵深防御（远距离防御）、区域防空（中距离防空）、点防御（近距离防御）和末端防御相结合的办法，对舰艇编队形成一套完整的防御系统。

（1）区域防空

①现状

主要由导弹巡洋舰和大型导弹驱逐舰承担，作为航母编队或驱护编队主力防空舰，以相控阵雷达 + 垂直发射的中、远程防空导弹为主要对空武器，例如美国的"宙斯盾"作战系统最为典型。

垂直发射的"标准"导弹

目前已装备的区域防空导弹是美国生产"标准" -2，射程 73 km，"标准" -2 增程，射程

137 km;俄罗斯的 SA - N - 6,射程 100 km 等。西欧正在装备“紫苑” - 30,射程 100 km,速度 4*Ma*,机动性好。

②发展趋势

未来的区域防空导弹则可以打击 200 km 以外的飞机、导弹,击中高速目标,飞行速度可达到 4*Ma* 以上,以超过 50*g* 的高过载进行机动,通常由高性能多功能相控阵雷达提供中继制导,末端采用雷达等主动制导,命中概率 95% 以上。

(2)点防御武器

主要防御武器是点防御导弹(例如“海麻雀”“蝮蛇”等舰空导弹)和中口径平高两用舰炮。其作用是防御进入编队中的中、低空飞机和巡航导弹。一般不装区域防空导弹的舰,都是装有点防御导弹。目前,美国的航母和部分两栖舰基本以射程 15 km 的“海麻雀”导弹为主。俄罗斯的“库兹涅佐夫”航母上装有射程 12 km 的 SA - N - 9 点防御导弹,而“现代”级驱逐舰上装有射程 25 km 的 SA - N - 7 防空导弹。法国“戴高乐”号航母上装有射程 15 ~30 km 的“紫苑”15 防空导弹。中口径平高两用舰炮主要装备在导弹巡洋舰和导弹驱逐舰上,例如美国的这些舰上的 MK45 型 127/54 舰炮正被 127/62 舰炮换装。俄罗斯的大型护卫舰上装有双 130 mm、100 mm 和 76 mm 舰炮。除 100 mm 舰炮外,这些舰炮的射高都在 10 ~ 12 km。

水面舰艇的作战海域若在近海水域,在防御来自海上攻击的同时,还要应对陆基攻击武器的威胁,而且后者带来的威胁要大于前者。另外,即使对像美国这样拥有强大海上编队的国家来说,单舰执行近海任务在今后或许会更频繁。冷战时期已形成较为完善的编队防御体系(例如“宙斯盾”舰载防空系统)的美国,今天也不得不把一部分精力放在发展它的舰艇自卫点防御系统。因此,大力发展舰艇自身防御武器体现了近海作战形势下的新特点。

①换装性能更好的点防御导弹和导弹发射系统

英、法、意三国在 2006 年—2009 年装备 PAAMS 防空导弹系统,发射“紫苑”15/30 防空导弹。换装新导弹,将会提高舰艇的点防御能力,可以拦截现有或未来的反舰导弹,特别是末端掠海飞行导弹。

②导弹垂直发射系统正在不断完善和改进:垂直发射是应对空中饱和攻击的最有效发射手段。目前西方采用“热发射”,主要型号有 MK41,MK48,英国的 GWS26 - 1 型,法国的“席尔瓦”垂直发射系统等。俄罗斯采用“冷发射”型。

美国海军最近提出了“同心筒式箱型”(CCL)导弹发射装置。其主要特点是每个发射电源拥有自己的燃气处理系统和完整的发射电控设备,为装舰使用提供了更好的通用性,造价更合理,质量更轻。

③未来高能激光武器将广泛用于水面舰艇的防空防导

目前,美、俄等国都在加紧开发具有 5MW ~ 20MW 的高能激光武器。美国海军已放弃氟化氘激光武器计划,转向研制自由电子激光武器,预计在几年内达到装舰使用水平。将来高能激光武器将广泛应用于水面战舰,并取代“密集阵”“守门员”等近防武器系统,用来拦截来袭导弹。高能激光可以破坏导弹的制导控制系统,甚至能引爆导弹的战斗部,将其彻底摧毁。

(3)末端防御武器

①现状

a. 电子战系统主要包括电子侦察和电子干扰两部分。电子干扰又分干扰机和假目标干扰。假目标干扰主要包括干扰箔条、红外弹和舷外干扰机。采用干扰箔条和红外曳光弹是应对雷达和红外自导导弹有效而便宜的办法。美国的航母上装有多座 6 管固定式 MK36 型 SRBOC 干扰火箭发射装置,发射红外曳光弹和箔条弹,射程 4 km。

另外还有 SLQ－32(V)4 组和雷达预警、干扰和欺骗系统。

美国的 DDG－51 驱逐舰上装有 MK36 六管 SRBOC 干扰火箭和北约“海蚊”干扰火箭发射装置等。

b. 近程火炮和短程导弹系统:这是舰艇防空反导的最后一道防线。目前装备最多的有“密集阵”“守门员”火炮。

②发展趋势

a. 电子战方面:将来要不断改进和提高诱饵及假目标复制被保护平台的逼真度,以应对未来反舰导弹的威胁。

b. 在硬杀伤力方面有两项值得注意,一是不断改进近程火炮系统,如美国正在密集阵上装光电设备,在近岸沿海环境中具有非常好的自卫防御能力,它可以应对各种岸基发射的反舰导弹、常规和制导炮弹、小型高速炮艇、直升机等目标。第二是改进短程防空导弹,用在大型水面舰的末端防御上。例如美国海军正在改进“拉姆”(RAM)导弹,该导弹是一种火力强、成本低,特别具有沿岸海区和严重威胁环境中作战能力的反导武器,它采用被动射频/红外双模制导和有源光学近炸/碰炸引信,发射后不管,能有效应对宽频谱的各种威胁。其改型将引进全程制导方式以提高应对被动和主动制导反舰导弹的能力。

c. 发展舰艇自卫系统:1997 年美国开始了它的战舰自卫系统(SSDS),旨在美海军所有非“宙斯盾”舰艇上建立一种集各种防御武器的自卫系统,以确保其免遭任何威胁。它是将短程反导导弹,多管小口径舰炮和电子战装备综合起来,构成“软”“硬”杀伤相结合的拦截网。美国海军已计划将该系统装备在所有现役的航母和大多数两栖战舰上。

法国和英国也研制他们的舰艇自卫系统,例如法国海军目前已把 OP3A 自卫系统装备到三艘 F70 驱逐舰上。

2. 对陆攻击武器技术

由于登陆攻击作战的要求,以美国为首的西方海军认为,对岸火力支援在两栖作战的各个阶段都将发挥重要作用。为此,美国海军制订了提高对岸火力支援能力的近期计划和远期计划。近期计划的重点是改造现役的127/54舰炮,并用可发射增程制导炮弹的改进型火炮装备"宙斯盾"战舰;远期计划则主要研制海军战术导弹系统,对地攻击"标准"导弹,"快鹰"高超音速导弹,先进舰炮系统和相关弹药。其他西方国家也在发展相应的武器,通常对陆攻击武器都装备在巡洋舰和驱逐舰上。

(1)舰炮及相关技术

按近期计划要求,改进后的127/62舰炮,其增程制导炮弹(ERGM)采用火箭助推,GPS制导,最大射程117~139 km。目前正在"宙斯盾"战舰上安装。另外,正在研制的Best Bug炮弹和Scramshell炮弹,其射程分别为213 km和132 km,后者的飞行速度达5*Ma*,能击穿12英寸(304.8 mm)厚的混凝土。

在未来的舰炮发射技术方面。一是电磁发射技术,据称美国海军准备在未来驱逐舰上试装电磁炮,用于对陆攻击。二是155 mm垂直发射舰炮技术(VGAS),设想将口径155 mm的双管炮和弹药库建成一个整体,垂直安装在甲板下,速射可达每分钟30发(双管),能打击138 km的岸上目标,如果发射EPGM炮弹,其射程将达到200 n mile。

(2)对陆攻击导弹技术

①现状

美国现有的舰载对陆攻击导弹只有射程1 300 km(TLAM-C和D)和1 863 km(TLAM-C Block Ⅲ)的"战斧"巡航导弹,装备在"提康德罗加"级导弹巡洋舰和"阿利·伯克"级导弹驱逐舰。

②发展趋势

a."战术战斧"巡航导弹服役:"战术战斧"巡航导弹的射程达到了2 960 km,是美国海上远距离对陆攻击武器。它能在飞行中重新瞄准新出现的目标,扩大了打击目标的范围,飞行过程中如果目标或任务发生变化,它将按指令在战区上空盘旋2~3小时,实时接受从卫星、预警机、无人机和岸基通行设备发出的重新确定的打击目标命令和数据,从而改变航向攻击新目标。导弹在飞行中为了减少拦截损失,飞行高度达7 500 m,在一般小口径高炮火力覆盖之外。

b.研制高超音速"快鹰"导弹:它是一种低成本、高速吸气式巡航导弹,最小射程80~88 km,最大射程1 600 km,飞行速度4*Ma*。

c.发展海军战术导弹系统:它是在陆军战术导弹的基础上开发的舰载型,射程为305 km,用于打击敌方关键目标,压制敌方防空武器,封锁和迟滞敌方行动。

d.研制对陆攻击"标准"导弹(LASM):它是在防空"标准"导弹的基础上经过改进,使其具有对陆攻击能力,制导GPS/INS,速度3*Ma*,射程220 km,精度13 m。

e.研制新型廉价远程巡航导弹,可用来装备滨海作战舰。该弹长2.4 m,采用GPS制导,带有0.7 kg弹头,飞行速度较低,103 m/s,射程740~1 110 km。这种导弹力图填补高价系统(如“战术战斧”)和舰炮之间的角色。新研制的对陆攻击导弹也基本装备在巡洋舰和驱逐舰上。

3. 对舰攻击武器技术

大型水面舰艇的对舰攻击武器,除了航母舰载机进行远距离攻击之外,主要是装备舰舰导弹和大、中口径舰炮。舰舰导弹的突击威力是体现对舰作战能力的一个主要方面。因此,装备先进的远程或超远程的反舰导弹,能实施远程或超远程对舰攻击,是衡量对舰作战能力的主要指标之一。

(1)超远程舰舰导弹(射程大于 300 km)

①现状

目前拥有这种导弹的国家是俄罗斯和美国。前苏联为了在超远程攻击美国的航母编队,相继研制了 SS－N－3B、SS－N－12 和 SS－N－19 超音速超远程反舰导弹。

目标的探测和指示为:视距内靠舰载雷达,超视距靠飞机(图－95D、卡－25、卡－27 直升机)和卫星。上述雷达、卫星和飞机都可以对导弹进行目标指示和参与修正制导,例如卫星将目标的位置、航向的变化数据发送给舰上的卫星数据接收系统,然后由舰上向飞机的导弹发送修正指令,修正导弹的飞行航向。

美国目前有“战斧”反舰型巡航导弹,射程 550 km,速度 0.75*Ma*,由预警机和卫星提供超视距目标指令。该导弹能装备在导弹巡洋舰上和导弹驱逐舰上。

②发展趋势

a. 美国“战术战斧”对陆攻击导弹带有红外成像末制导。既能攻击陆上目标,又能打击水面舰艇,可实现一弹多用的功能,可以不再有对陆攻击型和反舰型之区别。

b. 美国正在研制的高超音速“快鹰”对陆攻击导弹,装上相应的末制导,也可用于对舰攻击。

(2)远程舰舰导弹(射程大于 100 km)

①现状

这类舰舰导弹的型号不少,主要有美国的“鱼叉”(射程 130 km);日本的 SSM－1B(射程 150 km);俄罗斯的 SS－N－9(射程 110 km)、SS－N－25(射程 130 km)和 SS－N－22(射程 120 km,速度 >2.3*Ma*);法、意联合研制的“奥托马特”MK2(射程 160 km～180 km)等。

美国的导弹巡洋舰、导弹驱逐舰,日本的“金刚”级导弹驱逐舰等大型水面战斗舰都装有“鱼叉”导弹用于对舰攻击,该导弹是由舰载直升机进行超视距目标探测和指示。俄罗斯的“现代”级导弹驱逐舰上装有 SS－N－22 超音速导弹用于对舰攻击,它是由舰上的“米涅拉尔超视距探测系统”实施超视距探测。

②发展趋势

这类导弹的发展将是向超音速发展,例如俄罗斯正在研制“阿尔法”和“亚红”超音速舰舰导弹,“阿尔法”导弹的飞行速度达到 $3Ma$,射程达 250 ~ 300 km。

美国正在研制的射程相当的超音速对陆攻击导弹(例如 LASM)配上相应的末制导系统就可实现对舰攻击。

(3)大中口径火炮

①现状

美国的 29 艘导弹巡洋舰和 62 艘导弹驱逐舰全部装有 127 mm 舰炮,可平高两用。俄罗斯的 6 艘巡洋舰、12 艘“现代”级导弹驱逐舰上都装有双 130 mm/70 舰炮;7 艘“勇敢”级导弹驱逐舰装有 2 座 100 mm/59 舰炮,能对舰实施持续的攻击。

②发展趋势

大、中型舰炮技术的发展趋势是大幅度增加射程和提高射击精度,其有效办法是采用火箭增程制导炮弹,可使 127 mm 舰炮的射程达到 139 km,使 155 mm 舰炮的射程达到 213 km。

(4)舰载直升机

直升机是一种灵活机动的武器和传感器运载平台。它与远程舰舰导弹结合起来,实现超视距攻击是提高对海作战能力的一个重要措施之一。这既解决了超视距目标定位和中继制导,又提高了攻击的突然性,从系统配合的角度大幅度提高对舰作战的能力。美国、俄罗斯等国均采用了这种办法。它是在舰载反潜直升机上加装相应设备而构成。

另一方面,配有空航导弹的舰载直升机,也是对舰攻击的一种武器配置系统,能对水面目标实施直接攻击。俄罗斯的卡 - 27、卡 - 28 等舰载直升机能装备射程 5 ~ 130 km 的 AS - 60B 空航导弹,可攻击大、中型水面舰艇。美国在 1989 年参与了挪威“企鹅”3 的研制工作,并装备了美国海军的 SH - 60B 反潜直升机,编号定为 AGM - 119A。该导弹较小,巡航速度 $0.8Ma$,射程最大 55 km。

4. 反潜和反鱼雷武器技术

现代大型水面战舰的反潜作战能力主要体现在反潜探测和反潜攻击能力上,为了确保其对潜艇的攻击能力,反潜武器由多层次构成。反潜能力强的舰艇配有远程、中程和近程三个层次的反潜武器。为了确保攻潜概率,各层次除了覆盖一定的距离范围外,层次与层次之间还应有一定重叠覆盖区。一般西方战舰的三个层次的反潜武器为直升机、反潜导弹和管装小型鱼雷。俄罗斯的水面战舰上则装有大型反潜鱼雷和火箭式深水炸弹,后者的有效最大射程达到 6 000 m 和 12 000 m。现代大型水面战舰为了有效地反潜作战,至少还有两个层次的反潜武器。其反潜武器的层次组合可以是多种的,以国家、舰种、使命和武器的不同而不同。

(1)舰载直升机执行第一层次(远程)反潜作战

直升机上携带有吊放声呐、声呐浮标等探潜设备,能对潜艇实施探测、机上的空投鱼雷、航空深弹可对潜艇进行攻击。

①现状

美国的大型水面舰艇(航母、导弹巡洋舰、导弹驱逐舰)上都装有 SH－60B“海鹰”SH－2F/G 直升机。两栖舰载直升机主要是“山猫”“海王”、AB212 等。俄罗斯的现役舰载直升机为卡－25、卡－27、卡－28 等。

②发展趋势

舰载直升机的发展主要向多用途发展,能执行反潜、反水雷、超视距探测和目标指示等,2005 年之后美国的水面舰艇将逐步换装新研制的 MH－60S 直升机。西欧主要逐步换装 EH101 直升机,俄罗斯则换 K－3 直升机。

(2)反潜导弹执行第二层次(中程)反潜作战

①现状

反潜导弹的射程为 10～55 km,它是执行第二层次的反潜作战。因作战思想和各国反潜装备的差别,反潜导弹在大型水面舰艇上的装备不尽一致。以美国为首的西方国家,其航母和两栖战舰上是不装反潜导弹的,反潜导弹主要装备在巡洋舰、导弹驱逐舰等大型护航舰上。

美国的导弹巡洋舰和导弹驱逐舰都装有垂直发射的“阿斯洛克”反潜导弹。俄罗斯的“基辅”级航母和早期的“莫斯科”级直升机航母都装有射程 30 km 的 SUW－N－1(FRAS－1)反潜导弹。俄罗斯的“基洛夫”级巡洋舰(3 艘)、“克列斯塔Ⅰ”级巡洋舰(7 艘)、“克列斯塔Ⅱ”级巡洋舰(10 艘)和“勇敢”级驱逐舰(7 艘)都装有射程 55 km 的 SS－N－14 反潜导弹。

②发展趋势

法、意于 1998 年开始装备“米拉斯”反潜导弹。与此同时,俄罗斯也开始装备适合小型舰艇的装备,主要用于浅海反潜作战的“蝼蛄”反潜导弹。反潜导弹总的发展趋势是增大射程,提高速度和快速反应能力及适应浅水反潜作战需要。

(3)管装鱼雷

①现状

以美国为首的西方海军的导弹巡洋舰和导弹驱逐舰之类的大型水面战舰都是把小型管装鱼雷作为最后一道反潜防线。发射的小型鱼雷为 MK46－5 型、MK50 型。俄罗斯的导弹巡洋舰和导弹驱逐舰上都装有 533 mm 鱼雷发射装置发射 533 mm 鱼雷。

②发展趋势

这种鱼雷的发展仍是快速、远程、安静效能高、深浅适用。特别是浅水作战性能。例如美国除了不断改进 MK48 和 MK50 鱼雷以适应浅水作战性能外,还开发了 MK54 小型鱼雷。

(4)火箭式深水炸弹

水面战舰上装备火箭式深水炸弹是俄罗斯的一大特色,其大型水面战舰,例如导弹巡洋舰、导弹驱逐舰上都装有射程 6 000 m 的火箭式深弹。

(5)反鱼雷技术

①现状

目前水面舰艇为了应对水下鱼雷的攻击,已经或正在装备反鱼雷的防御系统。反鱼雷系统一般由三部分组成:即目标的搜索和探测部分、情报数据的综合处理部分和对抗部分。其对抗部分分为“软杀伤”和“硬杀伤”两种。“软杀伤”是舰后拖曳一个或从舰上发射出诱饵/干扰器去干扰和诱惑来袭鱼雷。现在西方装备最多的拖曳式诱饵是美国生产的 AN/SLQ－25“水精”系统和 SLQ－36－1 拖曳诱饵。英国的 182 型拖曳诱饵。俄罗斯的水面舰艇也装备了类似与“水精”的拖曳诱饵。另外,西方海军的水面舰艇还装备了从发射架上发射的诱饵装备。法国几家公司联合研制的“斯巴德克斯”防鱼雷系统,以拖曳阵声呐为探测系统,加上威胁评估软件、发射架及诱饵/干扰器组成。最大发射距离 3 000 m,以宽－窄频带发生器向水中反射声型号诱饵与干扰来袭鱼雷。美国生产了 MK6 电声诱饵,由 MK36SRBOC 干扰火箭发射架发射,与水面监听的鱼雷警报系统联合在一起构成一种经济性好、快速反应的“软杀伤”系统。

目前已装备的鱼雷“硬杀伤”设备为:俄罗斯 DAV－1 舰载多管火箭式深弹系统。该系统能对来袭鱼雷从距舰 3 000～500 m 的距离进行三次火箭式深弹的拦截,因此其对来袭的直航鱼雷的毁伤概率为 90%,对来袭的自导鱼雷的毁伤概率为 76%。另外,俄罗斯的 RBU－1000 火箭式深弹也能有效拦截来袭鱼雷。

②发展趋势

在“软杀伤”方面,将是继续改进和发展诱饵/干扰器技术,使其能更逼真地模拟本舰的特性。在“硬杀伤”方面,主要集中在反鱼雷鱼雷研究上。美国在加紧研制直径 159 mm,长度 2 560 mm,最大航速 40 kn 的反鱼雷鱼雷,将作为 AN/WSQ－11 鱼雷防御系统的组成部分,装备在航母、两栖攻击舰、DDG－51 导弹驱逐舰等大型水面舰上。西欧有关国家正将 MU90 轻型鱼雷改装成反鱼雷鱼雷。它使用一个 50 kg 局部定向战斗部取代 MV90 鱼雷的定向聚能装药战斗部,以提高鱼雷的爆炸效果。爆发器采用了经过滤波的跟踪数据(距离和距离变化率)外部激活信号。现在证明 MU90 反鱼雷鱼雷应对尾流自导重型鱼雷和直航鱼雷的杀伤概率分别达到 77% 和 85%。MU90 反鱼雷鱼雷将构成水面战舰鱼雷繁育系统的“硬杀伤”方案。

5. 海上战区弹道导弹防御系统

冷战后,美国人意识到在地区冲突中,保护非战斗部队及其盟国免遭战区弹道导弹的攻击变得越来越重要。另外海上系统具有快速部署能力、机动能力和支撑能力,能在紧急时提供第一线的防御能力。它能在公海水域进行任何活动,可减少外国支持的依赖,能长期存在于某些热点地区。于是,美国海军开发了战区弹道导弹防御系统。它是以美国的 50

多艘“宙斯盾”水面舰艇为基础，发射“标准”BlockIV 型导弹和“标准”Ⅲ导弹，分三个防御层拦截弹道导弹。

海军区域防御弹道导弹系统（NAD）：它有改进的舰载“宙斯盾”防空系统及“标准”Ⅱ Block Ⅳ 导弹组成。用舰上的 MK41 型垂直发射系统进行发射、探测和拦截进入大气层内低空的弹道导弹。即能拦截高度 30 km，距离达 100 km 的战术弹道导弹等目标，为美国战区部队、盟国和重要目标提供保护。

海军全战区防御系统（NTW）：它是区域防御系统的进一步发展，将能拦截大气层内高空、大气层外上升段的弹道导弹和下降飞行的弹头。即采用标准Ⅲ作为拦截弹，作战高度 100 ~ 500 km，最大有效射程 1 200 km。

二者相结合，能够形成稳固的导弹防御体系，抵御近、中、远程弹道导弹的袭击。

6. 水雷战技术

水雷战包括布雷和反水雷两个方面。

（1）现状

由于作战思想不同，当前西方的大型水面舰艇一般不承担布雷任务。但是俄罗斯的一些大型水面舰艇仍具有布雷使命，例如“现代”级驱逐舰尾部设有两条雷轨，可携带 40 枚水雷执行布雷任务；又如其“勇敢”级驱逐舰可携带 30 枚水雷执行布雷任务。

目前，除了专门的反水雷舰艇外，水面舰艇均不具备反水雷作战能力。

（2）发展趋势

美国海军正在发展制式反水雷概念。将来其舰艇编队具有反水雷作战能力。目前，反水雷作战是由专业的反水雷部队进行，舰艇编队不具备反水雷能力，当受到水雷威胁时，就必须等待专业反水雷部队的到来，容易贻误战机。制式反水雷概念是将反水雷战纳入到舰艇编队中去，让水面舰艇核潜艇拥有相应的反水雷装备，而且也让舰艇成员平时利用舰艇上的反鱼雷装备进行充分的训练，提高他们的反水雷作战能力。即反水雷作战就有机地融入到整个舰艇编队中去，当舰艇编队穿越雷区或受到水雷威胁时，便对自身就能进行反水雷作战，摆脱总是依靠专业反水雷部队提供保障，能承担其自身保护责任。水面编队拥有水雷侦查、识别和排除能力。制式反水雷由航空反水雷、水面反水雷和水下反水雷三个互相补充的部分组成。涉及大型水面护卫舰装备的主要是航空反水雷和水面反水雷。

航空反水雷：大型水面舰上装备 SH - 60、SH - 2G 等和新型装备的 MH - 60S 直升机都是航空反水雷的首选平台。为了适应这些直升机反水雷的需要，美国正在研制和开发体积小、质量轻的反水雷装备，包括先进的 AN/AQS - 20X 探雷声呐、AN/AES - 1 机载激光探雷系统、机载灭雷系统（AMNS）机载和水面感应扫雷具（OASIS）、机载快速水雷清除系统（RAMIS）。水面反水雷：为了使大型水面护卫战舰具有反水雷能力，美国海军正在开发遥控猎雷系统（RMS）。它是一种小型舷外无人驾驶的遥控平台，能拖曳反水雷装置，给水面舰艇提供探雷和避雷手段。大型水面舰艇用它在其作战水域内感测和识别水雷，并记录水雷位置，以便避开水雷或“事后”灭雷之用。

5.3.2 舰载 C4ISR 技术

1. 舰载探测技术

提高舰载雷达和声呐装备的探测能力是发展大中型水面舰艇的主要任务之一。而舰载光电探测技术作为对抗掠海低飞小目标的有效手段之一也受到了较高的重视。下面将分别从舰载雷达、声呐和光电领域来介绍未来大中型水面舰的重大探测技术发展方向。

(1)舰载雷达探测技术

①现状

美国的“阿利·伯克”级导弹驱逐舰、俄罗斯的“无畏”Ⅱ级导弹驱逐舰、“现代”级导弹驱逐舰和日本的“金刚”级导弹驱逐舰上的探测设备可以说代表了当前最先进的舰载探测水平。其主要雷达配置情况：

1部二坐标对空搜索雷达：探测距离最远，主要为另一部三坐标对空搜索与跟踪雷达提供目标指示；

“伯克”级驱逐舰上的相控阵雷达

1部三坐标雷达：舰艇防御的核心设备，完成对导弹制导和火炮控制雷达的目标指示及兼顾对舰载机的引导；

1部二坐标中程对海/对空警戒雷达：主要用于探测海上及中、低空中程目标，给舰载武器系统进行目标指示；

火控雷达:主要是导弹制导雷达,为导弹提供高精度的目标照射。

总体上来说,美海军大型驱逐舰上的雷达探测距离比其他国家的更远,精度更高。特别是美国“阿利·伯克”级导弹驱逐舰和日本“金刚”级导弹驱逐舰上的核心三坐标雷达都是当前功能最强大的相控阵雷达(SPY－1)。

上述几型驱逐舰都只装备了光电跟踪仪,而还没有装备技术难度更大的红外搜索与跟踪(IRST)系统。总体上说,美国和俄罗斯的舰载光电水平低于欧洲。

水面舰艇的反潜声呐主要有三种:舰壳声呐、变深声呐和被动拖曳阵声呐。美国大型驱逐舰上声呐的使用特点是舰壳声呐与被动拖曳阵声呐配合使用,俄罗斯大型驱逐舰上声呐的使用特点是舰壳声呐与变深声呐配合使用。美海军大型驱逐舰声呐探测的特点是综合化程度很高,舰上各种声呐基本上由一套系统(AN/SQQ－89反潜作战系统)来统一管理,该系统是当今世界上唯一已投入使用、技术最先进、性能最完备的舰载舰空综合反潜系统,它将是美海军21世纪新型水面战舰反潜作战系统的技术基础。该系统能通过计算机把包括舰载和机载的各型声呐、信号处理机和反潜武器作战系统综合起来,并自动进行水下目标探测、识别、跟踪、定位以及目标攻击。

另外,需要特别注意的这些大型驱逐舰上的直升机吊放声呐也是反潜的重要组成部分。

②发展趋势

对于航母和大型驱逐舰的舰载雷达探测技术来说,固态有源相控阵体制的雷达是当前各强国海军正在大力发展或追求的目标。这种体制雷达的问世,把舰载相控阵雷达的发展带入了新的发展阶段。它不仅使舰载相控阵雷达系统可以做的更小、更轻,可靠性更高外,还为舰载相控阵雷达的普及指明了方向。有源相控阵雷达与普通相控阵雷达的主要区别在于前者的发射机是分布在天线阵面上的各个收发组件上,而后者的发射机则为一个庞大而笨重的行波管。在实际应用中,行波管发射机一旦损坏,整部雷达就不能工作了,而对于有源相控阵雷达来说,损失10%的收/发组件后系统仍能正常工作。大规模微波集成电路(MMIC)是制造有源相控阵雷达收/发组件的关键技术,这种技术的特点就是可利用规模化生产来大幅降低制造成本,从而可将大大降低有源相控阵雷达的生产成本,目前MMIC的制作成本已经降低了很多,但离普及尚有距离。

目前,已经在大中型水面舰上使用的有源相控阵雷达为德、荷共同研制的APAR雷达和日本研制的OPS－24雷达。其中APAR雷达是当今技术最先进的舰载有源相控阵体制的雷达,已在德、荷两国各自的新一代防空舰上使用;而日本的OPS－24雷达则在90年代初装舰使用,技术上较为落后。

正在研制和计划中的舰载有源相控阵雷达为英国的“桑普森”雷达及美国的MFR和VSR下一代非“宙斯盾”雷达,其中“桑普森”雷达将装备在英国的45型驱逐舰上,美国则计划把MFR和VSR雷达组合装备到新一代的驱逐舰、未来的航母及其他大中型水面舰上。

此外,美国海军还正在计划将下一代“宙斯盾”雷达也改为有源相控阵体制。

随着舰载相控阵雷达技术的成熟和成本的降低,未来强国海军的大中型水面舰上的防空雷达配置中都将少不了具有导弹照射功能的相控阵雷达,从而取代当前舰艇所配置的多部导弹照射雷达。以美海军研制的 MFR 有源相控阵雷达为例,因为该雷达工作在 I 波段,所以能够集搜索、跟踪与照射功能于一体,这意味美海军未来的大中型水面舰上将不再需要现役的同为 I 波段的 SPG - 62 照射雷达的配置。这样做的好处就是,理论上只要 MFR 能够跟踪多少个目标,就可以同时制导多少枚防空导弹进行交战,虽然有各种实战条件的限制,但相控阵雷达所具有的电控多波束特点使其在同一时间控制交战导弹的数量要远远多于 3 ~4 部普通 SPG - 62 照射雷达所控制的导弹数量,足以使其满足美海军抗饱和攻击的要求。目前,法国、荷兰和德国海军的新一代水面舰已是这种配置,此外,英国的新一代 45 型舰,意大利的“地平线”舰也将采用这种配置。唯一不同的是这些国家所配置的具备火控功能的防空相控阵雷达有的采用的是先进的有源相控阵体制,有的则为普通的相控阵体制。

雷达组网技术也是当今舰载雷达技术发展的重要趋势之一,它是对抗反辐射导弹(ARM)、低空超低空突防、目标隐身技术和先进的综合性电子干扰(合称四大威胁)的有效措施。雷达组网具有很多优点,例如可大大提高测量精度、目标识别能力、抗干扰能力以及抗摧毁、反隐身能力等。另外,雷达组网还可与 C^3I 系统有机地组合起来,充分发挥空间、地面、舰艇、飞机、与指挥中心信息迅速传递的能力。

在雷达组网技术中,有两个比较重要的关键技术:一是需要拥有与整个作战兵力的作战规模相当的处理能力和吞吐率,以同时处理来自于自身和来自于整个雷达网络中各个协同单元收集的资料。二是要确保从其他协作单元获得的数据的属性与从本地传感器获得的数据的属性一致。因此,从几千米之外接收资料的时延、容量和可靠性必须与本地接收相同。一种解决方法是配置用于在不同时刻改善和接收资料的高功率波导管发射机和相控阵天线。并在需要时使其相控阵天线的波束相互照射,保证它们之间能够及时发送或接收大容量的高速保密资料。

美国在舰载雷达组网方面已经取得了一定的成就。美国海军协同作战系统(CEC)的关键技术之一就是雷达组网技术。CEC 的基本要求是网中的任一军舰的武器系统都能够实时、方便地利用其他舰上和预警机上的雷达,就像用自己舰上的雷达一样。美海军 CEC 系统已通过了运行评估,进入了小批量生产阶段。目前,美海军的一些航母、驱逐舰和巡洋舰都已装备了该系统。

舰载声呐探测 美海军声呐现状基本代表了当今声呐发展的最高水平。所以,美海军对其大型驱逐舰声呐系统的发展计划也只是在现有基础上进行改进而已。如美海军计划对其大型驱逐舰上的 AN/SQS - 53C 舰壳声呐进行改进,使其适应 AN/SQQ - 89 的开放式系统结构,以及增加系统的现代化程度和可承受性,特别是计划在近期内把该声呐系统在浅水区域的主动识别能力提高 15% 。在未来几年中，该声呐系统还将朝着与本舰上的另一部 AN/SQR－19 被动线列拖曳阵声呐和发展中的机载低频吊放声呐作为多基地声呐配置。美海军还计划对其 AN/SQQ－89 系统进行现代化升级，如增加目标融合能力，改善数据处理和识别性能。另外，主动式、低频、大功率、大基阵拖曳线列阵声呐是当今水面舰艇反潜探测的重要发展方向之一。在过去的几十年中，被动、低频、大功率、大基阵拖曳线列阵声呐基本解决了深海远程探潜问题。然而随着隐身潜艇威胁的增加及战略环境向滨海转移，这意味着被动式拖曳线列阵声呐将很难先敌之前“听”到来自滨海“安静型”潜艇的噪声。为了应对未来潜伏在滨海海域的“安静型”潜艇，人们只能从研制频率更低的主动式拖曳阵声呐入手，从目前的技术发展水平来看，可以说只有主动式、低频、大功率、大基阵拖曳阵声呐才是应对滨海环境下的隐身潜艇的有效手段。因为，就应对低频噪声潜艇而言，水面舰艇难以使用被动探测方式。这是因为如果本舰的噪声级要比对方大得多，将无法与之抗衡。而主动方式则比较有利。不过，不少低噪声潜艇在降噪的同时也敷设了消声瓦，可以有效地降低对主动探测声信号的回波强度。但是，这种措施对较低的频率（3 kHz）效果很有限，所以对采用低频（1～2 kHz 及以下）工作的主动声呐而言，一方面传播损失少，另一方面目标回波强，还是能实现对低噪声潜艇目标的远距离探测的。

舰载光电探测　舰用红外搜索和跟踪（IRST）系统作为探测掠海低飞小目标的有效手段之一，正在逐渐成为各国海军重点关注的对象。舰用 IRST 系统与舰用光电跟踪仪相比，具有视场大、帧时长、像素多、采取扫描跟踪、双红外波段探测和信号处理复杂等特点。舰用 IRST 的工作距离比光电跟踪仪远，主要作用是向光电火控系统提供目标指示。舰用 IRST 系统的研制在最初 20 年中发展较为缓慢，进入 90 年代，IRST 系统的研制出现新的转机。欧美一些国家，先后提出了在 2000 年开始服役的新一代防空护卫舰等中型战舰上装备新型 IRST 系统的研制计划。新型 IRST 系统同样是一种高效、轻型桅杆载的双波段系统。这表明，舰用 IRST 系统目前已进入成熟的发展期。在当前的舰用 IRST 系统应用研究中，最有代表型的是法国的“旺皮尔”MB 系统和荷兰的“天狼星”系统。“旺皮尔”MB 系统的探测重 150 kg，可放置在桅杆上，采用第二代 288×4 远红外焦平面阵列探测器。该系统已装在“戴高乐”号航母和 5 搜反潜护卫舰上，也被提议装在即将服役的“地平线”护卫舰上。“天狼星”系统则已装备到了荷兰最新服役的 LCF 护卫舰上。美国也研制成功舰载 IRST 红外搜索与跟踪系统。

舰载电子战技术　综合一体化电子战系统是各国海军发展大中型水面舰电子战系统的主要方向。发展综合一体化的电子战系统旨在真正实现雷达告警、导弹发射和攻击告警、信息支援、信息干扰及规避、协同的一体化，以及与平台上其他信息设备综合为一体，达到信息共享。综合电子战系统的第一个突出特点是使侦察、干扰和防御、有源和无源干扰有机地组成一个大系统，侦察子系统可以自动启动干扰子系统工作，而干扰子系统也可释放多种干扰能量去攻击环境目标，提高了信息综合能力和快速反应能力，这主要借助于功能强大的计算机实现信息处理和分析，按环境目标的威胁程度和等级，采用最佳的干扰方案，自动选择启动电子对抗设施；第二个特点是对电子战的作战效果进行评估，当干扰效果不佳时，能自动进行修正；第三个特点通用化、系列化。该系统适用于多种平台，在技术上是承上启下，不断更新发展的，在型号上是向上兼容的，它能适应日益复杂和多变的电磁环境，通过在编程序、模块化和数据总线构成一个通用化、系列化的基本框架，功能扩展能力强。例如，美国海军的 AN/SLQ－32 舰载电子战系统就是由计算机控制的综合一体化电子对抗系统。现已有五种型号，分别为 AN/SLQ－32(V)1，(V)2，(V)3，(V)4，(V)5，已成为美国海军大中型水面舰艇用标准的电子战设备。

美海军 AN/SLQ－32 电子战系统和意大利的"海王星"电子战系统代表了当今舰载综合电子战系统的最高水平。此外，英国、法国、德国、以色列也都有各自的舰载综合电子战系统，但综合自动化程度和性能与美国和意大利的综合电子战系统还是有一定差距。意大利的"海王星"综合电子战系统采用了相控阵天线，从体制上来说比美海军的 AN/SLQ－32 系统的天线要先进，所以系统总体性能也比美海军的 AN/SLQ－32 系统略胜一筹。但美国海军目前正在 AN/SLQ－32 的基础上研制综合化程度更高，性能更先进的下一代先进综合电子战设备(AIEWS)。AIEWS 即能够提供远程态势感知(通过对威胁辐射源的探测和识别来实现)，又可以作为全舰总作战系统的一个作战单元来分层防御反舰导弹。AIEWS 除了要取代 AN/SLQ－32 外，还将取代 AN/WLR－1H 电子侦查系统和 AN/SSQ－72 信号情报系统，美海军将在 140 艘艇上安装 AIEWS 系统。

AIEWS 将分两阶段发展。第一阶段将采用开放式体系结构，在 AN/SLQ－32 电子侦查的基础上大大提高威胁识别能力、达到角测量精度和计算功能，引入先进显示系统，以及提高作战系统和舷外诱饵的集成度；第二阶段将新增舰载先进射频和红外对抗系统。

2. 指挥控制系统

(1)现状

指挥控制系统是大中型水面舰艇的指挥中枢，目前美海军大型驱逐舰装备的系统有：

装备在"阿利·伯克"级驱逐舰上的"宙斯盾"作战系统；

将在美国大中型水面舰艇、E－2C 飞机上安装的"协同作战能力"(CEC)系统；

装备在"宙斯盾"舰艇上的战区弹道导弹防御(TBMD)系统；

水雷作战系统；

在水面舰艇上装备的 SQQ－89 水面舰艇反潜武器系统；

在非"宙斯盾"舰艇上安装的海军战术数据系统(NTDS)、先进作战指挥系统(ACDS)和舰艇自防御系统(SSDS)；

此外美海军正在研制 AADC 区域防空指挥系统、NFCS 海军火控系统、NFN 海军火力网等项目，并依据美国最新的海军转型战略，正在建立"FORCE 网——向海军信息时代作转变的使能器”这一概念,向“海上打击、海上盾牌、海上基地”的新战略转变。

①“宙斯盾”指挥与武器控制系统

“宙斯盾”指挥与武器控制系统在美国装备在“阿利·伯克”级驱逐舰上。主要有以下系统组成:多功能相控阵雷达(SPY-1)、指挥决策系统(CDS)、武器控制系统(WCD)、“宙斯盾”显示系统(ADS)及战备状态测试系统(ORTS)。其中的 SPY-1 多功能相控阵雷达是核心,它可快速搜索和跟踪目标,探测空域可覆盖半球,搜索空中目标最大距离约 370 km,可探测、跟踪数百个目标。由于舰上的照射雷达只在“标准-2”导弹的飞行最后阶段进行照射,据称,“提康德罗加”级上的系统可对 18 枚飞行中的导弹进行制导。

最新舰上装的相控阵雷达为 AN/SP-ID(V),被称为“频海作战雷达”,该型雷达将提高在严重混乱环境下中和强电子干扰情况下探测和跟踪各自低空、小雷达反射截面目标的能力。这种雷达也具有探测和跟踪战区弹道导弹的能力。

目前服役的“宙斯盾”系统采用联邦结构,最后服役的基型 7 系统将采用基于现成商品技术(COTS)硬件的全分布式结构。采用这种结构后,通过在 UYK-43 计算机上增加开放系统模块(OSM)及 VME 总线结构,使处理能力增强。最终,UYQ-70 系列工作战将替代 UYK-43/OSM。

“宙斯盾”舰艇将成为未来数十年美国水面部队的主干,是未来“网络中心战”的缩影,现正在建造的“宙斯盾”驱逐舰将会一直服役到 2040 年。

②美国非“宙斯盾”舰上的指挥控制系统

美国在“宙斯盾”系统上舰之前,大中型水面舰上主要采用的是“海军战术数据系统”(NTDS),如美国海军“斯普鲁恩斯”级驱逐舰上以前装的就是“海军战术数据系统”。而“先进作战指挥系统”(ACDS)作为 NTDS 系统的替代型号,是美国海军 20 世纪 80 年代后期陆续装备非“宙斯盾”舰的重要作战指挥系统。它是一种集中式的自动化指挥控制系统,可对作战信息进行收集和相关的目标资料也会显示在控制台上。作为非“宙斯盾”作战系统的核心,ACDS 分为两个阶段进行实现:Block 0 为过渡系统,采用装有新型和升级的 NTDS 软件的现代化设备替代了老式的计算机和显控台。而现正趋于完成的 Block 1 在软件性能上有很大提高。ACDS 目前已在航母和两栖攻击舰上装备。但 ACDS 最终将被 SSDS MK2 所取代。

“舰艇自防御系统”(SSDS)是为美国航母和两栖舰提供的未来的综合作战系统,它是一种采用开放式体系结构的分布式处理系统,由快速反应作战能力(QRCC)的控制部分并综合其他装备而成。SSDS 综合了现存的和规划中的防空战独立的人工系统,提供自动、快速反应、高火力和多目标的自防御攻击能力。它对现存的传感器信息进行协调,对威胁进行识别和评估,并推荐最好的防御战术反应,通过自动化武器控制指令、CEC 和改进作战空间感知,SSDS 使非“宙斯盾”舰艇具备强大的自防御能力。

③“协同作战能力”(CEC)系统

美国海军近些年来开展的“协同作战能力”(CEC)为海军空中和导弹防御带来了革命性的新能力,这不是通过增加新的雷达和武器系统达到的,而是在现有的系统中分发传感器和武器数据,以最新的极其不同的方式实现的。CEC可将来自相关的传感器的高质量跟踪数据融合,并通过相同的算法建立一个单一的、共用对空防御战术显示空中图像,将其以经滤波的融合的状态分发到其他所有参与平台上。其结果是产生了一种以所有可获取的传感器数据为基础的优质空中图像,从而可对目标进行极早期的探测,并可对空中目标进行更连续的跟踪。CEC设计旨在防御空中威胁(例如来自巡航导弹的威胁),特别是在沿海水域。CEC的基础是加强的通信系统,其带宽和电子对抗指标增强了几个数量级。

完成CEC任务的协同作战传输处理装置(CETPS)AN/USG-2由两个主要系统组和五个子系统功能组成。这两个主要系统组是数据分配系统(DDS)和协同作战处理机(CEP)。而五个子系统功能是数据分配、指挥、显示支持、传感器协同、交战决策和执行交战。

a. 数据分配系统可提供与其他CETPS单元的直接视距通信。数据分配系统可完成所有发射、接收和排定的工作。

b. 协同作战处理机可对来自其他单元的接收数据提供数据处理,并与本舰数据进行融合,以形成一种单一的“混合”数据。协同作战处理器利用共用算法,在每个单元上形成最高精度的相同的战斗图像。

c. 数据分配功能可提供抗干扰的、加密的实时数据视距传输,也可通过飞机和舰艇中继进行超视距传输。

d. 指挥/显示支持功能可完成条令管理和分配。战斗部队对空战命令是作为由CETPS控制器发出的部队条令/命令生成的。这种指挥/显示支持功能可为CETPS控制器提供计划、控制和实现战斗群防御空中威胁任务的能力。

e. 传感器协同功能是通过使用来自有源传感器(位置和多普勒雷达数据)、航迹和交战数据及对航迹的合成和多单元识别,而提供增强的探测和跟踪性能,并提高识别能力。

f. 交战决策功能是通过基于网格控制单元(NCU)输入的条令进行自动处理,而提供决策能力的。

g. 执行交战功能可为对空战武器发射到指定的目标,以对指挥决策进行响应,提供控制处理支持。

CEC计划与ACDS、“宙斯盾”和SSDS进行接口。为了在舰艇上装备CEC,要对现在舰艇上的指挥、火控和传感器系统进行改进,其中包括航母、巡洋舰和两栖攻击舰上的SPS-48对空搜索雷达的处理机。对“宙斯盾”系统来讲,其SPY-1雷达、指挥决策系统(CDS)、“宙斯盾”显示系统(ADS)和武器控制系统(WCS)都要进行改进,并增加协同作战处理机(CEP)和数据分配系统(DDS)。

CEC是美国海军近年来开发的最重要的系统之一,它为海军空中和导弹防御带来了革命性的新能力。它的出现意义重大,它将使现在海军作战中的以平台为中心的对抗逐步演变为未来以网络为中心的对抗。

(2)发展趋势

目前,在反舰导弹严重威胁及飞机和潜艇不断发展的作战环境中,目标数量大增,作战系统反应时间要求愈来愈短,对舰艇和编队作战指挥和战术技术要求愈来愈高。功能强的处理器、高分辨率显示器和数据总线的应用,使舰艇和编队指挥系统能汇集和提取各种探测设备和各种外部信息源传来的信息,并以方便的方式显示。硬件和软件技术方面,出现了开放式系统体系结构、标准操作系统、图形用户界面、多种窗口的使用以及大的关系数据库,都为系统发展提供了很有利的条件。美海军已在编队和岸上指挥系统中采用了民用工作站和开放式系统结构。

未来指挥控制系统的发展方向是:全分布式体系结构,高速网络技术和光纤,多传感器数据融合技术,高性能计算机,人工智能技术,多功能显控台,Ada 语言及采用商用成品技术。

3. 通信系统

(1)数据链

数据链的主要功能是作为舰队 C4ISR 体系传递通信的工具、手段,是通信方式的一种。数据链作为舰队通信系统的一环,用来保证海战场上各参战单位间迅速交换情报数据,配合数据处理和分配系统以共享全局各单位所掌控的所有情报,实现实时的战场态势监视,提高指挥人员指挥控制舰队各单位间相互协同的能力及总体作战效能。特别是“网络中心战”的提出,更加强调了数据链的发展。建立数据链本身并不是目的,它也不是一个孤立的系统,而是作为指挥控制体系里的一种通信手段,作为传统话音通信的辅助与补充,配合数据处理等系统以保障部队实施有效的指挥控制。以下是美国海军的主要数据链:

①Link4A 用于水面舰艇与飞机间的数据通信,可自动将 NTDS 经事先筛选处理后的数据传送给装 Link4 终端的飞机。如 E－2C,F/A－18C/D,EA－6B,S－3,ES－3 等,除可用于战术指控外,也可用于空中交通管制和航母舰载机降落的导航辅助。

②Link11 用于 NTDS 装备舰间自动且持续地交换传送目标跟踪状态(包括目标航迹、速度等)、电子战情报、各舰武器现状、指挥与控制指令等。

③Link14 用于装备 NTDS 的舰艇将战术数据以电传方式传给未装备 NTDS 舰艇,目前已很少。

④配备 NTDS 作战系统的舰艇主要通过以上三条数据链与编队内其他单位交换战术信息。

⑤Link16 用在实时的舰载综合指挥系统 ACDS、JTIDS 和 CEC 中,通过 Link16 与美军其

他军种及北约部队进行联合作战。

特别值得一提的是,美国海军的“协同作战能力”(CEC),有人称其为是一种革命性的数据链。主要有复合跟踪与识别、搜索提示和协同交战三大功能。其中复合跟踪与识别是将战斗群内各舰各雷达所获得的目标数据,综合成共同的目标航迹图,形成“单一综合空中图像”。搜索提示则是在建立共同目标航迹后,若网络内有某舰的雷达仍未搜获目标,CEC可启动此功能,由其他舰艇已获得的目标信息帮助该舰尽快搜获目标。“协同交战”则是CEC利用宽带数据链,可在网络内交换达到“射击”等级,精确度可用于武器发射,火力控制的传感器信息。

卫星战术数据链:Link11,Link16之类的数据链虽然功能强大,但传播距离限于视线距离,就算以飞机进行中继,一般最远也不超过300 n mile。而要进行超视距通信时,最好的办法是利用卫星作为通信中继站。英国海军首先开展了“卫星战术数据系统(STDS)”的研制。使用SHF与卫星连接,工作方式与16号链一样采用时分多址(TDMA),传输信息的格式与16号链相同,但加一些STDS特殊的信息,传输速率可达19.2~610 kb/s。STDS有广播、网络和网际三种工作模式。

美国海军早在1994年就着手研制“卫星战术数据信息链”(STADIL-J),主要是为舰艇配备的“战术数据系统”的指挥控制处理器增加一个卫星链接接口,延伸JTIDS的传输距离,现已装舰使用。

通用数据链(CDL),CDL有时也称之为“通用宽带数据链”(CHBDL),由美国国防部于1991年开始研发,作为卫星、侦察机及无人侦察机与地面控制站间通信及信号情报的传输链路标准,CDL具有保密及抗干扰能力。美国海军的舰载终端AN/USQ-123已投入实际应用。在2000年美国空军的“Linked Seas oo”演习中,“全球鹰”UVA经由CDL将雷达图像数据传给了海上乔治华盛顿号航母上的终端。美海军也测试了由海上舰艇经由CDL使用AN/USQ-123的两部直径达1 m的天线,同步发送合成孔径雷达图像(全双工工作),经处理后在将图像传送给F/A-18战机。据国外报道,2001年投入使用的“海军战斗群无源视距扩大系统(BGPHES)”正是利用CDL,舰上终端为AN/USQ-123(V)。用于接收海军/联合机上传感器系统及国家和战术侦察计划的舰上处理器的信号和图像情报数据,也用于到飞机平台的链路和传感器管理数据的传输。用来与GPHES、三军图像处理系统及其有关的飞机上传感器系统进行通信联络。

(2)发展趋势

目前美国和北约国家海军还在开发以下数据链,其中有些已经接近实用阶段。

战术通用数据链(TCDL)是一种主要提供海上舰船自UAV下船雷达或其他传感器图像数据用的,有保密功能的高速数据链。它是国防先期研究计划局和国防信息系统局共同发展,传输速率从1.544 Mbps到10.71 Mb/s,传输距离最远可达200 km。

在海军卫星通信系统的发展上,呈现以下趋势:

①极高频卫星通信迅速发展

由于极高频(30~300 GHz)具有工作频带宽,可以利用扩频技术增加通信的抗干性和降低其被截获和被发现概率;天线波束窄和天线增益高等优点。美国海军十分重视其发展,海湾战争时投入使用,在伊拉克战争中得到广泛应用。而且据美海军安排的发展计划看,直到2009年,每年都投资几千万美元用于卫星终端的发展。美军卫星计划由卫星,控制站及为国家指挥局总司令(CINCS)和作战司令提供确保世界范围、保密、抗干扰、顽存性通信的机载、舰载和地面终端组成。

②超高频卫星通信的应用范围迅速扩大

美海军正在计划研制和生产具有抗干扰、大容量、高可靠、低截获概率和保密的卫星终端用于联合友军的通信。SHF卫星通信与国防卫星通信系统(DSCS),DSCS服务寿命延长计划(SLEP),宽带隙卫星系统(WGS)以及先进的宽带系统(AWS)卫星一道工作。SHF卫星通信系统由卫星、地面站及飞机、舰船和地面终端组成,以确保世界范围的业务通路,如到国防信息系统网(DISN),全球指控系统(GCCS)。通常电话业务(POTS)、保密电话装置保密通信业务,因特网协议路由网和数字业务。超高频卫星通信系统的卫星从1999年开始并延续到2005年。正从老技术的DSCSⅢ卫星向先进的DSCS SLEP和WGS卫星的转换。海军SHF卫星通信终端的数目迅速增多。为了满足海军用户的通信要求,先进的SHF卫星通信终端的通信技术也正在开展研发。

③特高频舰队卫星信息系统将被改造和升级

联合特高频(UHF)军事卫星通信网络综合控制系统(JMINI)舰队联合的5 kHz和25 kHz的话音和数据信道进行动态集中控制。海上联合战术无线电(JTRS-M)将作为JMINI控制系统信道控制器,并依据CJCSI 6251.01提高战术联合可互操作的UHF卫星通信。JIRS-M/F将可满足目前和未来要求的软件可编程无线电替代所有不适用的,大部分1970年代设计的无线电设备和夺路调制器,JIRS-M的研发是渐进的,研制工作由与JTRS硬件和软件适应的数字式模块化无线电(DMR)的改进开始。完成后,改进的DMR(重新定名为JIRS-M/F Block I)将满足海军战术通信的窄带要求。这里还要说明一点,随着美国以软件无线电技术为基础的JTRS设计的实施,美海军HF通信现代化的步伐也在加快。2008年左右,之前的特高频后续卫星星座将不能再用,已经开始替换,因此美军移动用户目标系统规划早已启动,对下一代国防先进窄带通信卫星星座开展研究。

④美海军正研制新的卫星通信终端

为了给舰队提供大容量、高可靠、低截获概率、抗干扰的通信能力,美海军制定了研制先进宽带综合终端计划。该终端将支持在Q/Ka波段、Ka波段和X波段上的多种数据通量。该终端也支持无需网关终端的网络工作。

5.4 大型水面舰船无人平台技术

5.4.1 水下无人航行器(UUV)

潜水器的研究工作始于20世纪的40年代,最初是有人潜水器。60年代开始研制无人的有缆潜水器,在人的控制下进行工作,靠脐带缆来传输动力、传感器数据和水面上操作人员的控制指令,也称遥控航行器(ROV)。80年代末随着微电子技术、计算机技术、人工智能技术、小型导航设备、指挥与控制硬件、逻辑与软件技术的发展,开始重点发展无人无缆潜水器,由自带的蓄电池、燃料电池或其他能源驱动,也称自主式水下航行器(UUV),目前正处于大力发展阶段,成为发达国家军事海洋技术研究的前沿。后两种都属于水下无人航行器,也称水下机器人。

20世纪60年代初,UUV就开始在美国、日本等国投入使用。在现代战争中,尤其在近几场高技术战争中,水下无人航行器在其中扮演了极为重要的角色,和天上的无人机一样备受人们的青睐。UUV主要用来执行海军普通舰艇难以完成的作战任务。它既可作为己方潜艇自卫和进攻手段,又可作为诱饵,将敌方潜艇诱骗到埋伏区,然后聚而歼之。它还可用作反雷武器,在探出敌方雷区后,引导己方舰艇安全通过雷区,当前,UUV在以下几个方面有突出的应用:

1. UUV在潜艇战和反潜战中的应用

20世纪90年代以来,潜艇在水下战场中的作用已发生了明显变化,被越来越多地应用于近海海域来支持联合作战。然而,这对价格昂贵的常规潜艇及核潜艇来说,风险无疑是增加了,尤其是体积大、吨位大的潜艇,根本无法在近海浅水海域作战,即使是在水深100 m以上的近海活动,也很容易被对方反潜兵力发现和攻击。与此同时,海军需要隐形的无人驾驶系统到传统海上力量无法到达的地方收集情报和攻击目标;而展开非战斗性海军活动,如搜集气象和海洋数据等,也需要考虑使用无人驾驶系统,以提高质量降低费用。在这种情况下,水下无人航行器便脱颖而出,充当潜艇的好“助手”。目前,世界上已有10多个国家在研究它了。美国海军已装备了数百艘执行各种任务的水下无人航行器。美国海军眼下正在加紧研制新一代水下无人航行器,使之能作为潜艇的“助手”实施水下作战。

水下无人航行器也是实施水下攻击、进行反潜作战的“能手”。通过“曼塔”就可以看出水下无人航行器这方面的本领。“曼塔”是美国NUWC公司重点研制的水下无人航行器。它承载多种先进的攻击型装备,能在危险的前沿海区执行以前有人潜水器才能完成的任务。“曼塔”水下无人航行器将在沿海作战中扮演着重要角色,它能运用自身携带的传感器、武器及对抗措施,实施独立作战,如果需要,也可以通过水下局域网或水面通信接受其他载人平台的指挥。“曼塔”还能完成更具主动进攻性的反潜战任务:将水声传感器部署到高风险的浅水带通过它对敌潜艇进行跟踪,在敌潜艇有机会冲入已方战斗群之前用小型超空炮武器对其进行攻击。由此看来,“曼塔”能够参与海底战场所有阶段的作战行动。

2. UUV 在水雷战中的应用

在水雷战中,UUV 可以投放水雷,布设雷区,还可为已方的水雷区提供巡逻保护。UUV 身上携带着一个多波束主动搜索声呐和一个侧扫分类声呐,前者主要是在水下进行初始搜索,判定是否存在水雷,后者则进行精确勘测,对类似水雷的物体进行定位和分类。因此在反水雷战中,UUV 能深入敌方水雷区,绘制雷区图,用主动式声呐探测水雷,通过光纤电缆或音响信息把雷区图传送给已方部队,引导已方潜艇和水面舰艇安全通过敌方水雷区。另外,遥控航行器(ROV)与灭雷相结合组成灭雷具早已装备了许多国家的猎雷舰,能毁灭已探出的敌方水雷,是灭雷的有效手段。

美国海军在“洛杉矶”级攻击型核潜艇上装备了水下无人航行器,由艇上的鱼雷发射管进行发射。当携带有水下无人航行器的“洛杉矶”级驶抵预定海域或基地时,可先投放出无人水下航行器前去检查水下是否由有水雷。对于不明海峡和水道,也需要派水下无人航行器进行侦察,搜集有关海底地形分布的情报,特别是海底水雷的布放状况、水雷的种类等,从而决定潜艇能否通过。

3. UUV 在海洋侦察和监视中的作用

UUV 可在交战海域、政治敏感海域或敌方水域进行侦察、水下测量、绘制海图、布设水声应答器、目标搜索等。它可根据预先设定的程序,使用被动声呐在上述海域或其他有关海域进行巡逻和侦察;还可以作为固定式水下声呐监视系统(SOSUS)和水声拖曳阵监视系统的主动声源,监视其发出的声脉冲回波。因此,他可作为未来水下网络中心战的一个重要情报传输节点。

4. 特殊战斗任务和非战斗任务

UUV 可在已方重要港口、基地周围及近岸水域进行巡逻和防御。相反,UUV 也能承担对敌方的海上破坏;暗中切断敌方电缆,破坏其重要的通信干线和供电电路;对敌方水下通信进行监视和干扰;干扰敌方水声阵列等。

用 UUV 寻找和回收我方或敌方沉入海底的物品,这些物品包括武器或卫星;还用来营救失事潜艇艇员,各国对此都非常重视,美国有“神秘”级深潜救生器,英国有 LR5 深潜救生器,日本有“千早”号潜艇救生器。

20 世纪 80 年代以来,水下无人航行器技术得到了很大的发展。目前,世界上已有十几个国家在研究军用水下无人航行器。

(1)美国

美国海军最为看好水下无人航行器的作战潜力,认为会给 21 世纪水下作战方式带来一场革命。在美国海军研究局确定的 12 项“未来海军能力”中,有多项能力,如制式反水雷能力和反潜作战能力,将用到 UUV。美国海军水下作战中心也对未来水下无人航行器提出了很多设想并为实现设想制订了一系列的研究计划。为此美国海军从 2002 年开始加大对 UUV 的投资力度,加速 UUV 从技术演示阶段向采购阶段的转化。

①美国海军 UUV 计划

2002 年 7 月,美国海军计划采办具有能力更强的 UUV,重点强调在 UUV 和无人机 UAV 之间的通用性。美国海军想把 UUV 和无人机合并起来,拥有 21 世纪的海上能力——海上防护、海上攻击和海上基地行动能力,可以处理情报、监视、侦察(ISR),并能攻击目标,在密集的沿海作战区作战的 UUV 和无人机协同工作。

美国海军的 UUV 主计划,集中开发 4 种能力,包括海上侦察能力、海下搜索测量能力、通信和导航能力及水下跟踪能力。除了希望 UUV 和无人机平台之间具有通用性以外,海军也对在 UUV 中开发公共控制结构和自制操作结构感兴趣。根据 UUV 的主计划,美国海军也正在开发一系列机型。

美国海军宣布,UUV 执行小组已开始未来海军 UUV 接口标准化和模块化的研究。标准化对美国海军是非常重要的,它创建了在主潜艇、UUV 和无人航空器平台之间的接口。对于美国海军的水下作战中心,特别渴望 UUV 和无人机之间具有相似性。现在面对的挑战是希望这两种系统能共同使用,一起网络化工作;此外也能远离战舰时,自治工作。无人机系统通用性要求完全在一个网络化结构下工作。开发无人机系统通用的软件和算法大量增加。这两个系统合作开发的另一个重要方面是自治,特别是每种系统怎样控制外围设备。

美国海军重点发展两种型号的 UUV,一种是战术型 MRUUV,适用于侦察和潜艇跟踪;另一种是微型 MRUUV,主要用作通信和导航的辅助手段,也能执行水雷对抗等其他任务。战术型 MRUUV 的基本型在 2008 年形成了初步的作战能力,能力更强的改进型也在 2012 年推出。该型 UUV 具有较大的载荷空间,除装备用于探测的传感器外,还将装备小型炸弹,从而具有灭雷功能。该 UUV 的潜在用途还有对大规模杀伤武器的试验进行取样、作为中继平台向已经部署就位的对地攻击武器传送发射指令等。微型 MRUUV 的基本型于 2007 年服役,改进型于 2010 年服役,用于以集群方式执行水雷对抗任务。

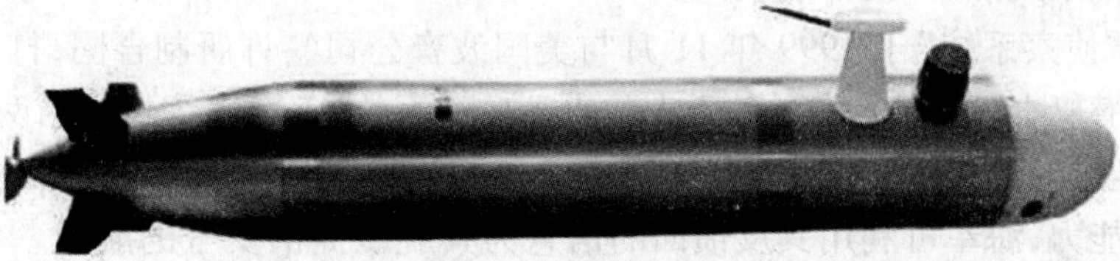

美国海军的水下无人航行器

在美国海军未来海上能力提高计划上列出了 13 种关键技术，MRUUV 的开发集中于特种作战部队的支援与攻击，水雷压制，情报、监视和侦察，及沿海地区的潜艇跟踪。美国海军在 2005 年示范潜艇跟踪能力之外的所有功能。潜艇跟踪能力在 2007 年论证，美国海军也希望系统拥有更多的自主操作功能。

美国 2004 年的防务政策指南也希望海军在 2005 年装备“先进部署系统”(Advanced Deployable System(ADS))，它是一个沿海水下监视系统，能提供“可靠的水下活动图像”。现在对 ADS 最大的顾虑是其水下的生存能力，因为大量电缆易受到鱼群的攻击。美国海军已经选择了一种直径比较大的电缆，而且正在开发主干电缆的掩埋方法，随后继续研究掩埋整个水下电缆的方法。

②水雷侦察系统

1994 年 4 月，美国海军公布新一代先进水下无人航行器的研究计划，旨在发展 2 种能进行探雷和扫雷的自主式水下无人航行器，一种成为“近期水雷侦察系统”(NMRS)，另一种称为“远期水雷侦察系统”(LMRS)。

前者已研制成功，主要用于雷场侦察，特别是近海区域的雷场侦察。该系统于 1998 年装备在美海军“洛杉矶”级攻击型核潜艇上，并于当年 6 月，成功地参加了北约举行的“联合反雷先期感念技术演示”。

NMRS 由两个可重复使用的 UUV、发射与回收设备(包括一个绞盘和数个浮标)、艇上控制、处理监控设备组成。每部 UUV 比 Mk48 鱼雷稍微短一点，其发射和回收均通过“洛杉矶”级核潜艇的标准鱼雷管进行。UUV 装有可探测和分类水雷目标的高精度多波束主动搜索声呐和侧视分类声呐系统，采用银/锌电池提供动力。航行器的姿态、位置及声呐数据通过光缆连续不断传回潜艇。这就可对航行器进行连续监控，对从可能有水雷的水域传回的数据进行实时分析。

UUV 是头部向内装入鱼雷管的，执行任务时，UUV 可通过自身动力离开鱼雷管。UUV 在离开潜艇后(仍通过钢缆与潜艇相连，并在其上装有一个浮标)，被拖到任务区。然后通过位于潜艇鱼雷舱内的绞盘把它们拉回鱼雷管。如果光缆意外断了，UUV 将按程序自动返回到预先设定的聚集点,以便潜艇收回。

“远期水雷侦察系统”于1999年11月与美国波音公司签订研制合同,打算装在美海军新型的攻击核潜艇上。LMRS是一种无人的水下监视系统,每套系统也包括两个UUV、一个回收系统以及艇上操控设备和辅助电子设备。该系统可使海军具有在潜在威胁环境中秘密探测水雷的能力,海军可利用其反馈回的信息为其舰艇提供安全的航道。其作战方式与前者相似,但自主能力更强,续航时间增加到40~80 h,航程将增加到222 km,并能在2~3 kn的流速下作业,其探雷和分类概率将分别达到85%和95%。而且在执行任务的过程中,隐蔽性很强,可连续几天的侦察,并且每隔12 h可通过通信卫星向母潜艇和水雷战指挥官报告水下态势。美国波音公司已于2002年年底向美国海军交付了第1套系统,在2005年正式服役。

③“曼塔”水下无人航行器

美国海军在“未来水下战展望”中提出一种叫做“曼塔”的水下无人航行器。在执行任务时,“曼塔”利用携载的探测器和攻防武器,进行水下监视,发现敌方水雷场,跟踪和攻击敌潜艇,在完成任务后返回母艇。发展这种潜水武器将极大地提高美国潜艇的作战能力。

1999年美国海军水下作战中心对“曼塔”试验艇进行了海上试验。这种试验艇的形状适合于装载在潜艇艇身的耐压舱内,其长度为10.4 m,宽度为2.4 m,深度为90 cm,用一个玻璃纤维框架支撑,将其分成4个“压力舱”:前舱用来装载有效载荷;后舱用来装载发动机、导航设备、制导装备和电子控制设备(包括惯性导航设备、多普勒测速声呐、GPS接收机)等;另外侧面的两个舱用来装载蓄电池。这种试验艇的航程要求为65 n mile,航速为5 kn时(最大为10 kn)续航时间为13 h,潜艇深度为244 m。

海军研究人员预计,将来一艘潜艇可嵌入四个“曼塔”水下无人航行器而不影响潜艇外形。

④远程猎雷系统

2002年1月,美国海军与洛克希德·马丁公司签订了关于远程猎雷系统中的水下无人航行器研制的合同,费用高达1.3亿美元。远程猎雷系统(RMS)是一种制式的、舰外水雷侦察系统,它利用遥控无人航行器,为航母战斗群中的舰艇提供有效的反水雷能力。其中水下无人航行器采用半潜式航行方式,装备由AQS-20型拖拽式可变深度声呐,用来协助航母战斗群和登陆部队,在海岸作战时的快速猎雷和扫雷。远程猎雷系统用于装备“阿利·伯克”级ⅡA型驱逐舰,在2004年安装到“平克尼”号驱逐舰上。此外,美海军还委托西康公司研制“西康”无人攻击潜航器。这种潜航器长11 m,质量45 000 kg,潜水深度超过6 000 m,航速12 kn,实施攻击时设计航速为50 kn,携带武器为攻击型鱼雷和自杀性战斗部。

此外,目前几个小型UUV计划正在进行,目的是提供濒海近岸水雷和雷场的勘察与测绘能力。这些计划是“海军特种作战半自主水文侦察航行器”系统、“极浅水域反水雷搜索、分类、测绘”系统和水雷重捕、识别、灭除系统。这些小型 UUV 系统主要从小艇上部署，作为隐蔽平台来增强在浅水域的水文侦察和反水雷能力。

(2)英国

近年来，英国国防部加快了对水下无人航行器的研究。英国将反雷作为水下无人航行器最主要的用途之一。

英国国防评估与研究局于 1998 年初与马可尼海军系统公司水下武器分部签订一项价值 700 英镑的合同，研制一种用于技术演示的水下无人航行器(UUV)。该项目的主要目的之一就是要研究 UUV 的准确机动、自主控制以及精确导航，并对从潜艇中放出的 UUV 秘密安全地执行侦察任务的相关技术和概念进行评估。

该航行器称作“马林”，使用电池作为动力，它的外壳采用“旗鱼”重型鱼雷壳，艏部加装了十字形控制面，其航速为 3 ~ 15 kn，使用鱼雷管布放和回收。它还可以浮上水面进行 GPS 定位和声通信。探测器数据和导航数据通过光线链传送，并在母舰上进行数据处理。

“马林”水下无人航行器在 2000 年第三季度交付。英国国防评估与研究局在进行此项目的同时，目前还考虑研制一型适合于水下无人航行器使用的合成孔径和宽带声呐探测器，使其能够执行水雷侦察任务。

在 2007 年 7 月，英国国防部装备管理局制定了为期 3 年的水下无人航行器演示计划，为将来制定近期、中期和远期水下无人航行器发展规划奠定基础。

(3)挪威

2002 年 1 月，挪威海军与康斯堡·希姆莱德公司和挪威国防研究所一起在 Oksoy 级猎雷艇上成功地完成了 HUGIN 自主式水下无人航行器的首次全尺寸反水雷演示试验。该航行器最初主要用于民用，如执行海底探测、海底检测等任务。目前，挪威海军将 HUGIN 概念引入去执行反水雷任务。此次实验是验证该航行器的普通功能和反水雷功能，以降低研究风险。试验中 HUGIN Ⅰ航行器以两种不同的任务模式布放。在第一种模式中，无人航行器由猎雷艇控制，可连续地向母艇发送海底声呐图像；在第二种模式中，水下无人航行器可按预先规划自主运行，对普通水雷场进行隐蔽侦察。在这两种模式中，航行器的运行深度约 125 m，距离海床约 50 m。挪威海军演示所用的 HUGIN Ⅰ航行器装有多波束回声探测仪和侧扫声呐。全功能演示系统(该航行器最有可能基于 HUGIN3000 航行器发展)于 2005 年交付挪威海军进行运行评估。挪威海军计划在未来反水雷作战中利用该航潜器执行航道检查、前置水雷侦察和快速环境评估等任务。

(4)其他国家

俄罗斯在 20 世纪 60 年代开始水下无人航行器的研制，主要用于探雷、猎雷、搜索和探测下沉核潜艇等。但它的研究水平落后于欧美国家，用于搜索核潜艇的水下无人航行器主要由 MT－88 型和“泰菲络纳斯”型水下无人航行器。MT－88 型潜航器的潜航深度为 6 000 m，续航能力为6 h,巡航速度最大为3.6 km/h;"泰菲络纳斯"型水下无人航行器的潜航深度为2 000 m,巡航速度最大为7.2 km/h。1987年1月至4月和1989年,苏联曾几次用MT-88型水下无人航行器成功地探测到本国下沉的核潜艇(下潜深度分别为5 500 m和1 650 m)。日本的水下无人航行器技术已达到世界领先水平,但日本的水下无人航行器主要用于民用的深海研究和开发,极少用于军事领域。日本海洋科学中心研制的"海沟"号无人航行器在1995年3月24日成功地下潜到了世界最深的马里亚纳海沟10 911 m深处,创造了世界深潜记录。北约已于2000年4月制定一项2015年前的"MO2015水下无人航行器发展计划",发展项目包括漂雷探测与处理系统、远程猎雷和处理系统用的小型/大型水下无人航行器、隐蔽侦察用的大型水下无人航行器、远程水雷侦察用的小型水下无人航行器、机载海滩地区水雷排除系统以及浅水域隐蔽猎雷/处理系统等。

为了获得UUV的最大潜能,以美国为首的西方国家正在开发以下关键技术:

(1)能源和推进技术

包括UUV用的蓄电池、燃料电池、混合电/热动力系统、集成电机/推进器、惯性和热能储存系统、热电和热离子发生器、装有集成交换器和结块分离器的粉末冶金韦克(WICK)燃烧室和微波流控制技术等。有关专家认为韦克-兰金系统(WICK RANKING)和韦克-斯特林(WICK STIRLING)热力系统将是UUV得到实际应用的很具有潜力的突破性技术。通过采用高密度的能源技术,诸如锌银氧化物电池技术,可提高UUV的续航能力。

(2)UUV的精确导引和控制技术

为实现真正的无人操作,需要设计一个智能控制器用于进行任务规划/重新规划、路径规划、自主航行、信息融合、数据记录和内部分系统之间信息通信、能量管理、避开障碍、威胁探测和规避、故障诊断及恢复、无线电通信和导航。目前在研的控制方法有两类:第一类是人工智能专家系统,它是利用专家知识为基础的结构;第二类是原先由布鲁克斯研制的多层控制结构,采用平行算法程序进行工作。

(3)UUV的自主导航系统

导航系统采用了包括激光陀螺为主的高性能捷联式惯导系统(INS),先进的多普勒测速声呐(DVS)及GPS等综合导航技术,运用了舰位推算和航程点导航两种导航方式。在水下大部分航程是采用航程点导航方式,可将UUV导引导精确地点(经纬度)。目前,经过卡尔曼滤波后的水下自主导航精度高于航程0.18%。

另外,正在研制的UUV导航系统还有重力导航系统、海底地形导航系统和地磁场导航系统等。在这些导航系统中,有的可作为主要导航系统,有的可作为辅助导航系统。

(4)UUV的通信技术

UUV在平台之间通信方式有光纤通信、激光通信、电磁/射频通信和水声通信等多种方法。

光纤通信的优点是具有高数据率(100 Mb/s),但是利用光纤进行水下通信的难点是:光纤的流体动力特性限制了 UUV 的工作距离(10 km)和可操纵性。因海水对电磁波衰减大,在水中进行电磁通信,其距离/带宽受到了严重的限制。卫星射频通信能够以所需要的高数据率传输信息,但传输信息时要求 UUV 天线露出水面,故天线定位和稳定是一个难题,并且也不符合 UUV 隐蔽作业的要求。

蓝－绿激光通信在沿岸混水中使用,只能通过很短的距离,即使在清水中也只能达到 100 m,对于空中水面交接处的通信,其传播距离进一步受到限制。

应用水声通信是最有前途的,但从目前所使用的功率水平,在水声条件恶劣的浅水中难以达到较长距离(km 级)的声通信。为了获得各种海洋环境条件下的远距离、高数据率(10 kb/s)通信,需要研究水声通信新的信号处理方法。目前在研的一些声通信方法有自适应通道平衡法、相干空间分割法、频率分割法、数据编码法和多普勒跟踪法。自适应通道平衡法是先确定水声通道的特性,然后接收系统根据该特性进行自动调整。相干性可保持信号之间持续的相位关系。空间分割法将各个接收器隔开,采用最佳信号输入或信号组合,可以有效地克服声信号的衰减和阴影区的影响。频率分割法是采用几个不同的频率来发射每一个数据。数据编码法给每个数据定下专门的编码,可降低或完全排除冗余发射,故数据传输率较高。多普勒跟踪法可以对 UUV 和平台的运动进行补偿。

(5) UUV 的航行体设计技术

这方面的技术有 4 种,即材料、外形、低速控制和降噪。提高隐身性也是 UUV 的主要发展趋势。

材料研究的重点是廉价的轻型复合材料。轻型复合材料具有质量轻、浮力大、强度高、耐腐蚀及抗生物附着能力强的特点。这类材料包括塑料、玻璃钢、陶瓷和合成物。用玻璃纤维和石墨碳复合材料制造的 UUV 壳体,不仅强度高而且比铝制壳体轻 30%。另外,合成壳体还能降低噪声和电磁特性。

为了降低阻力、充分利用内部空间及易于发射和回收,近期 UUV 外形设计趋向于采用鱼雷形状。将来会研究完全符合 UUV 的外形。

水下航行器的低速控制装置有 5 个基本部分:控制 UUV 平衡和攻角的可变压载系统,6 自由度定位的垂直和横向推进器,为高速航渡提供升力的艉控制面控制前进/后退的轴向推进器。

为了增加 UUV 工作的隐蔽性和使 UUV 上的传感器更高效地工作,需要对 UUV 进行降噪。目前在研的 UUV 降噪方法有:设计低噪音的电动机和螺旋桨、外壳吸声涂层和采用机械隔离装置。

(6) UUV 的探测设备和传感器

UUV 执行不同的任务要携带不同的探测设备和传感器。虽然 UUV 常用探测设备和传感器包括声、磁、光－电和摄像传感器，但是其中水声设备占有非常重要的地位，也是海上强国研究的重点。目前，水声研究的前沿有海洋声学层析和声成像、水声匹配场处理技术、旁视声呐、合成孔径声呐、高精度多波束测深和计算机成像技术、多普勒测流等。

在磁探设备方面，发展了超导量子干涉仪（SQUID）的磁性传感器。在光学方面，正在开发商用光电和摄像装备，如电视和静态摄像机，以及激光装置。

（7）投放和回收技术

现今各国的水下无人航行器大多是从潜艇上的533 mm鱼雷发射管中发射的，这限制了其作战潜力的发挥。专家认为，只有“取消鱼雷管的限制”，才能使未来由潜艇发射的水下无人航行器更适合水下环境。由于任务需要，UUV上安装的设备将是独一无二的，或是相当昂贵的，并且UUV完成任务后保留有相当重要的数据，因此回收UUV将是必需的，英国国防部就提出用潜艇锥套软管回收水下无人航行器的方案，并研究了从后艇库投放大型水下无人航行器的设想。法国已经研究了光学引导的可行性以及光学引导模式的优势。美国海军水下作战中心（NUWC）被称作海军UUV的领导实验室，他们研究的导航、流体动力学和结构方面的技术是回收技术的重要组成部分。

此外，UUV还在向大型化发展。美国海军开始研究大型水下航行器，大型UUV将会有更强的情报、监视和侦察能力，反水雷能力，及浅水反潜能力。在美国海军的UUV总体规划中要求有以下四种能力：海上侦察、水下搜索和测量、辅助通信/导航及潜艇跟踪。只有大排水量UUV才具备潜艇跟踪能力，而小型UUV，如21英寸直径的任务可重新配置UUV由于受到尺寸和质量的限制，不可能具备这种能力。

作为声学探测或非声学探测的平台，对目标进行探测、定位和跟踪。在远距离作战或是协同作战或是在未来的灵巧探测器网中起到节点作用，使探测范围大大增加。作为秘密平台收集战略和战术信息，包括水雷场的侦察、港口或交通水路的侦察、尚无海洋图的海区勘察等。2002年3月，美国洛马公司针对UUV推出了一种“海爪”概念，利用UUV对滨海区域进行侦察并配合其他平台将监视数据传送出去。在“海爪”概念中，UUV能够在某个特定的滨海区域巡逻数周时间，在复杂的声学环境收集监视数据，探测敌人柴电潜艇的情况，而自身不被发现，收集到的数据可以通过其他组成单元传输出去，甚至可以通过无人机来传送，遮掩数据就会传送到各种作战飞机和海军舰艇部。洛马公司称，如果能够获得经费，“海爪”概念能够在两年内投入使用。在电子战和信息战中作为自动的、秘密的、隐身的平台在近岸海区进行诱饵行动以及运载射程有限的武器去打击目标。水下无人航行器不仅能进行情报搜集、勘测战场、确定和跟踪各种感兴趣的目标，还能实施攻击。其实，在完成所有这些任务以后，他们还可以作为远程传感器的节点，继续提供有价值的情报，并通过网络与其他节点共同分享情报资源，大大改善水下作战的状况。正因为如此，美军认为，水下无人航行器在未来海战中将会有很大前途，特别是在网络中心战中。网络战斗群中任何一艘潜艇只要拥有发射和回收水下航行器的能力,就能大幅度增加主站平台使用传感器和武器的效能,使作战范围大为增加。因此,应该注意到,水下无人航行器将是未来水下网络中心站的一个重要节点,可执行长期使用的远程通信中继、反潜警戒、水下侦察和监视等任务。虽然水下无人航行器现在还称得上是“新生事物”,人们对其在海战中的应用也还处于探索阶段,但是我们有理由相信,在未来的海底战场上,水下无人航行器将越来越多地替代有人潜水艇区冲锋陷阵,就像今天的无人作战飞机已开始替代有人战斗机区执行任务一样。

5.4.2 舰载无人机(UAV)技术

舰载无人机 20 世纪 60 年代已投入使用,但因可靠性低、战斗负载小、作战距离近而被有人驾驶直升机代替。70 年代发展了垂直起降的舰载无人机,也由于成本高和技术不成熟而没有实用。而最近 10 年来,由于光电传感器的发展,出现了带有先进光电吊舱的现代舰载无人机,从而在世界各国海军中掀起了研制和装备舰载无人机的热潮,舰载无人机之所以被世界各国海军关注,究其原因大致有四个方面:①冷战结束后,局部战争的作战区域主要是在沿海地区,如 20 世纪 90 年代发生的几次战争,舰载无人机很适合沿海地区作战。②一些国家的海军中出现了一批具有密集打击能力的“小型护卫舰”(Mini - Corvettes),小型舰载无人机适合装备这类战舰。③舰载无人机价格低于有人驾驶的舰载直升机。④由于采用了高新技术,舰载无人机已成为一种能执行多种作战使命的、可满足未来信息战要求的新装备。

现代无人机的首次搭载上舰是在 1984 年,当时美国海军在“关岛”号两栖攻击舰上装备了多架由以色列飞机有限公司制造的“猛犬”轻型无人侦察机。从 1987 年起,美国战舰上又开始装备“先锋”无人侦察机。在 1991 年的海湾战争中,舰载无人机在实战中“大打出手”。美国海军在“维斯康星”号和“密苏里”号两艘战列舰上配属了多架舰载无人机。这些舰载无人机进行了大量的空中侦察、目标指示、战损评估等,并且为战列舰上的 406 mm 巨炮射击提供了可靠的弹道校正。整个战争期间,美国海军共使用了 40 多架“先锋”无人机,执行过 533 次任务,取得了相当的战果。1999 年的科索沃战争中,美国海军的“先锋”无人机也多次被用于担任战损评估等任务。2003 年的伊拉克战争中,装备了新型传感器的“先锋”无人机更好地支持了海军陆战队第 1 师从科威特向巴格达挺进。该传感器有效载荷装备了彩色日光电视,可向用户提供经过更好的前视红外图像。尽管红外图像使“先锋”在夜间的作战飞行更有效,但是彩色电视证明更有用。这种传感器使分析员更容易地识别目标,它提供的视频图像比美国空军“捕食者”无人机提供的更好。“先锋”的图像可以直接分发给那些配备有远距接收站的地面部队,为其提供图像数据。对于很多海军陆战队地面部队来说,"先锋"成为唯一的实时空中情报来源。

相对陆基无人机而言,舰载无人机在20世纪90年代以来的几场高技术局部战争中,使用上受到一定限制,主要原因在于:第一,舰载无人机多是在被打击的国家或地区周边的陆地机场或可部署的地域较少的情况下才使用;通常在有可利用的陆地机场和基地的情况下,则以使用陆地机场和基地为主。第二,目前各国配属的舰载无人机的最大负载、最大活动范围、最大留空间等受到一定的限制,因而它们的使用功能比较单一。所以舰载无人机离真正大规模实战的要求还有一定的距离。第三,现有舰载无人机性能还不尽人如意。例如,美国海军的"先锋"作为固定翼无人机,在舰上起飞和回收的程序很复杂,无法为武器精确定位,且事故率较高,因而作战能力受到很大的限制。第四,舰载无人机是一个复杂系统,而不仅仅是孤零零的无人机。一般来说,它都由几架无人机、舰面控制站及卫星通信与指挥所等组成。也就是说,小型战舰通常难以搭载如此庞杂的设施、设备。

今天,海军航空力量在海上力量投入方面所发挥的作用仍很突出,但随着致命、廉价、先进武器的扩散,使执行监视和攻击任务的载人飞机在未来作战环境中所受的威胁日益增大,导致其所付出的代价越来越高。舰载无人机的成本低、体积小、用途广泛、效费比高,又可避免人员伤亡,因而引起越来越多国家海军的极大兴趣。

(1)美国

①"先锋"无人机

长期以来,美国海军使用的舰载机主要是"先锋"无人机。它是美军使用最多的无人机种,也是有史以来由海军舰只上起飞的最成功的一种无人机。它可装备在航空母舰,两栖攻击舰以及巡洋舰上。"先锋"无人机的引入,是美国海军在开始应用无人机方面所取得的重大突破,但由于舰上的电磁干扰和回收问题(需用网来回收),也导致了许多坠机事件。

"先锋"无人机由美国先锋无人机公司研制。该飞行器设计成熟,适合野战使用。该机是以色列第一代无人机"侦察兵"的换代产品,结构简单、可靠、飞行性能较好,雷达反射面仅有0.5 m^2,有多种起降方式和多种任务设备供不同用户选择。其最大任务载荷为34 kg,最大飞行速度为204 km/h,续航时间5 h。

在整个海湾战争期间,"先锋"无人机是美军使用最多的无人机种,美军在海湾地区共部署了6个"先锋"无人机连,总出动了500多架次,飞行时间达1 640小时。不论白天还是黑夜,每天总有一架"先锋"无人机在海湾上空飞行。在海湾战争中,"先锋"无人机成了美国陆军部队的开路先锋。它为陆军第7军进行空中侦察,拍摄了大量的伊军坦克、指挥中心及导弹发射阵地的图像,并传送给直升机部队,接着美军就出动"阿帕奇"攻击型直升机对目标进行攻击,必要时还可呼唤炮兵部队对其进行支持,"先锋"无人机的生存能力很强,在319架次的飞行中,仅有一架被击中,有4~5架由于电磁干扰而失事。

②"扫描鹰"无人机

2002 年 2 月,波音公司与英思图集团签订了一份协议,开始在英思图集团的"海上扫描"无人机基础上研制"扫描鹰"无人机。"扫描鹰"是小型无人机。机长约 1.2 m,翼展 3 m,最大发射质量 15 kg 能够以 130 km/h 速度飞行 15 h,距离超过 1 450 km。将来生产型无人机将装更大马力的发动机,使它能够飞 3 天,约 8 000 km。该型机装有惯性稳定平衡环支撑的摄像机,采用弹射起飞,全球定位系统导航,按预定程序任务飞行,使用"空中着陆拦阻钩"回收。在其机翼上有挂钩,能够抓住 15 m 高杆悬挂的绳索。这种无人机可以从地面、车辆或海上发射。

③"鹰眼"倾转翼无人机

"鹰眼"是美国贝尔直升机公司正在研制的倾转旋翼无人机,主要供美国海军使用,用于舰炮支援、作战损伤评估、超视距导向目标、通信及数据中继,作战威力更强。在初期研制阶段,波音公司曾参与了部分冒险性工作。中后期工作则由贝尔公司独立承担。贝尔公司首次将倾转旋翼概念应用到无人机的设计方案中。1993 年 7 月两架原型机完成了首飞。"鹰眼"采用全复合中单翼,双垂直尾翼和方向舵。标准燃油箱在机身中部。该机采用垂直起飞着陆方式或短距起飞方式。飞行制导由预编程序控制,采用惯性导航或 GPS 导航。该机装一台艾利逊 250 - C20B 涡轮轴发动机,推力为 313 kW。主要机载设备有电视摄像机和前视红外摄像机。最大起飞质量 1 020 kg,最大任务设备质量 136 kg。最大速度 370 km/h,最大巡航速度 296 km/h,升限 6 100 m 以上,活动半径 200 km,定点续航时间 3 h。

以色列也是研制舰载无人机的佼佼者,它先后推出了"猛犬"(曾为美国海军陆战队使用)、"拓荒者"(为美国海军和海军陆战队所购买,此后对其进行了升级改装),先后在海湾战争、波黑战争等战争中出色地执行过侦察任务,以色列还研制了"地狱星"共轴双旋翼无人直升机。

俄罗斯的卡 - 137 是 20 世纪 90 年代末研制的新型舰载无人机,属于小型双旋翼无人直升机。据称这是世界上第一个批量生产,可以装配到任何舰艇上的无人直升机,有报道说还可以装备到潜艇上。其外形像个球,旋翼直径 5.3 m,共轴双旋翼采用合金材料制成。球的上部装有活塞发动机动力装置、控制系统和机载设备;下部可根据用途选配专业设备,进行空中打击、通讯中继、电子干扰、搜索营救、探雷排雷等。

2001 年 7 月,意大利与美国通用原子公司签订了购买一套"捕食者"无人机系统的合同,该系统由四架无人机和一个地面控制站组成,装载在两栖登陆舰上。目前该系统已经在意大利开始运转。意大利海军还有一种名为"塘鹅"的舰载无人机。

德国的"西默斯"也是一型出色的能够完成垂直起降的舰载无人机,起初打算配置在最新型的 K - 130 小型护卫舰上。2003 年初,由于"过细的设计和价格过于昂贵",德国政府"放弃"了这一计划,但是,现在德国国防部官员又提出了有关海上无人机的需求,到目前,是重新启动垂直起降概念还是接受固定翼无人机，德国海军还没最终决定，德国对垂直起降无人机的总要求是，它能在5级海况的条件下在护卫舰的直升机甲板上着舰，最少飞行7 d；可在供给舰上进行大部分修理；以及能在混合军用空中交通飞行。最初还要求100 n mile航程，最大速度90 kn，4小时任务飞行时间，实用升限3 048 m。传感器包括作用距离40 n mile的海上雷达、前视红外、视频摄像机及超视距数据链。此外加拿大航空航天集团研制的CL227（哨兵）、CL327、CL427等一系列舰载无人直升机，设计上颇具匠心，被人们形象地称为花生，由海军与空军共同实用。法国也为“拉斐特”级护卫舰研制了“奇观”舰载固定翼无人机。

无人机在美海军最新发布的21世纪海上力量战略中占有相当重要的地位。它与美海军的协同作战能力（CEC）、“鹰眼”2000预警机（E－2C）及联合火力网（JFN）等计划齐重，被认为是提升部队战斗力的倍增器及实现网络中心战的关键。正是在这种大战略需求的牵引下，及根据从“先锋”无人机上获取宝贵的实战经验，美海军制订了雄心勃勃的未来无人机计划。

美海军未来无人机计划由高空、中空、低空三个层次的无人机构成。在高空的无人机要能够对广阔的海上区域进行监视；在中空的无人机要具备隐身功能，能够在航母上起降及投放炸弹；低空的无人机要能够从舰上垂直起降，充当前哨侦察兵对前进区域进行监视。

对于大型驱逐舰将装备的无人机，美国称之为低空无人机计划，美海军要求其不仅能装备在航母上，还要能装备在其他舰艇上。它要具备垂直起降能力，在舰艇前方负责执行侦察任务，不仅能拍摄视频影像，还要能够在舰艇和直升机之间中继通信。诺斯罗普·格鲁曼公司研制的“火力侦察兵”（现被称为“海上侦察兵”）垂直起降无人机一度被认为非常符合美海军的要求，并计划取代“先锋”无人机装备在DD（X）舰上。但在2001年12月，美海军重新审查了对低空无人机计划的要求后，决定停止“火力侦察兵”的生产工作，正在进行中的和已完成的5架无人机将只被用来进行技术试验和评估。

当然，这并不意味着低空无人机计划的取消，相反，通过利用这5架“火力侦察兵”无人机进行试验所得到的经验和教训将有助于美国海军找到真正符合要求的下一代低空无人机。该机型下一阶段所需要解决的主要问题为提高生存和论证武器挂载的可行性。

美国海军在2004年财政预算中申请了3.02亿美元用于无人机试验，这就允许美海军在明年继续进行“海上侦察兵”无人机计划。

2002年6月，“火力侦察兵”的地面控制站（GCS）提前成功完成美国海军的接受试验。GCS能够从所有舰载机上指挥和控制“火力侦察兵”无人机以支持海军濒海作战。此次试验校验了GCS所有组成元件的集成性，这些元件包括罗克韦尔·柯斯林公司的ARC—210无线电接收装置、L3通信公司的战术通用数据链路、Sierra Nevada公司的UAV通用自动回收系统、雷声公司的战术控制系统软件和诺斯罗普·格鲁曼公司的数据链控制处理机软件。

按照“火力侦察兵”无人机的系统开发和最初的低价生产合同，该地面控制站是交付美国海军的四个地面控制站中的第一个。地面控制站的最终集成和试验将在诺斯罗普·格鲁曼公司的综合系统分部进行。

2003年7月，诺斯罗普·格鲁曼公司和美海军已经完成RQ－8A“火力侦察兵”垂直起降战术无人机（UAV）系统的初始海上试验，并将于当年晚些时候进行了首次舰上着陆试验。

试验为了验证“火力侦察兵”系统能够安全进行海上自主操纵的能力，诺斯罗普·格鲁曼公司集成系统分部和海军在圣迭戈的两栖船坞运输舰“丹佛”号（LPD 9）上进行试验。试验包括3个阶段：

第一阶段确认了“火力侦察兵”系统对于舰艇环境的基本适用性。这一阶段取得的成果包括首次舰载发动机、首次验证了地面控制站对27.78 km外的无人机发动机进行“舰到岸”及“岸到舰”的遥控启动，并对海军的战术控制系统（TCS）软件进行了首次试验。TCS软件由雷声公司提供，负责“火力侦察兵”无人机及传感器载荷的操纵。第一阶段的舰上操作还包括单点加油、电磁接口及数据链接的甲板上操作与试验。诺斯罗普·格鲁曼公司与海军项目组已经实现了该阶段所有试验目标。

第二阶段试验于8月份开始，试验“火力侦察兵”无人机从穆古海军基地到试验场的自主飞行。飞行将采用无人通过自动回收系统（UCARS）、自动化舰艇进场系统和海军TCS软件来控制飞行器低速着陆到“丹佛”号上。

第三阶段试验于9月开始，涉及在UCARS和TCS软件控制下无人机在“丹佛”号上重复进场、着陆和起飞试验。

海上试验是“火力侦察兵”开发飞行实验项目的一个组成部分，从2002年5月开始，已进行69次以上的飞行试验。UCARS自动化舰艇进场系统的飞行试验还在海军柏图克森河航空站进行，带有海军TCS系统的首次“火力侦察兵”飞行试验也很快将在那里进行。

目前由诺斯罗普·格鲁曼公司开发和低速生产的“火力侦察兵”系统被视为海军在海上及海军陆战队在海岸上的武力倍增器。“火力侦察兵”设计飞行高度达6 000 m（约20 000英尺），可以侦察到地面控制站150 n mile范围内的威胁。它带有精确目标定位或者机载激光指示器，可以精确制导海军和海军陆战队的武器命中目标。

无人机的技术发展：

（1）采用先进的气动技术。目前正在搜索中的气动布局方案有：采用无翼、三角翼构形；采用高度翼身融合、沿机翼中心线厚度变化尽可能小的机翼等，以减小正面雷达面积。

（2）采用先进的动力技术。无人机一般要求长航程，因此必须采用高效率的动力技术。此外还可以开发新的轻型高效燃料，如高效的航空煤油和使用太阳能做动力等。采用新的能够与机体气动布局相配合的推力矢量和分裂式副翼进行飞行控制；还有一种使用射流多

停在两栖舰上的“火力侦察兵”

轴推力矢量技术,即通过控制发动机喷口处的喷气方向进行飞行姿态和方向的控制,这种技术免去了以往机械式推力装置的传动部件,不仅可以使固定嘴更轻,在外形上还能降低雷达横截面,并能快速降低喷口温度以减弱红外信号。

(3)采用隐身技术。一些专家预言,未来的空战将是具有隐身特性的无人驾驶飞行器和防空武器之间的作战。美海军已加入到突击研制隐身无人作战飞机的行列。

(4)采用先进的人工智能技术。无人机特别是无人战斗机存在的主要问题是飞机的自主程度。这需要一些智能的、基于规则的任务管理软件来驱动安置在无人机上的综合传感器,保证通信连接,完成无人机与操纵人员的交互,这不仅使无人机能确保按命令或预编程来完成预定任务,对已知的目标作出反应,还能对随机冒出来的目标作出相应反应。如果没有一定程度的自主性,通信链路和操作员将要承受很大的负荷。自主性减小了无人机对上下行链路的依赖程度,减小了需要交换的信息量,如果数据链被切断,无人机也会漫无目的的盘旋。战术飞机上的飞行员可以根据前方无人战斗机收集并传回的图像信息,指定一个目标,然后组织协同攻击。真正作战时进入、攻击、退出都由无人战斗机自主的实施。要提高无人机的自主性,人工智能和控制技术是有效的途径。在无人作战平台上安装 GPS 定位系统或预先存储行动方案,即可实现自动控制和自主行动。美国海军舰载无人机,使用液压/气动弹射器或火箭助推器发射升空,完成任务后可自由降落水面,完全可以实现定点垂直起降、空中悬停和全方位机动。

(5)采用先进的通信技术。带宽、大数据流量的数据链技术可以使无人机远距离快速传输信息,实施超视距控制,是发展无人战斗机的关键技术。如果在远距离或敌人干扰的情况下不能实施通信或不能可靠工作,信息无法发给指挥控制中心,指令也无法发给正在作战的无人战斗机,人就无法在其中发挥作用,无人战斗机将失去其优势。因此未来将开发高速率的数字通用保密数据传输系统。

(6)共轴双翼无人直升机发展势头强劲。舰载无人机可分为固定翼无人机和旋转翼无人机两大类。目前,世界上在役的舰载无人机主要是固定翼无人机。固定翼无人机在各国军队包括海军无人机占绝大多数,如前面提到的美国的“先锋”、法国的“奇观”、以色列的“猛犬”等都属于此列。但是,这种舰载无人机由于自身存在的缺点,在近 10 年的高技术战争中,表现并不令人满意,应用得较少,其最大的弊端在于它的起飞与降落。目前,大多数舰载固定翼无人机的起飞采取弹射起飞方式,这种弹射起飞方式虽然比有人机要简单得多,但毕竟要占据一定的空间,使用一定的设施、设备。而固定翼无人机更大的问题在于它的回收过程复杂,目前各国普遍采用的方法是:撞网回收、打捞回收和使用机械臂空中回收等。撞网回收,即在舰上将安装尼龙绳网舰减速低飞的固定翼无人机兜住;打捞回收,即用机上降落伞降落在战舰附近的海面上,然后再将其打捞回来。为此,在舰载无人机的发展方面,“垂直起降旋转翼无人机”就成为解决现役舰载无人机固有缺点的一个重要发展方向。旋转翼无人机又可分为传统直升机型、倾转旋翼型(如“鹰眼”)和共轴双旋翼型等几种。旋转翼无人机尤其是共轴双旋翼无人机的最大优点就在于它体积小、质量轻、起降方便、操作保养简单、旋翼直径不大,所需的着舰设备不多。例如,德国的“西莫斯”共轴式旋翼机直径 6 m,只需一个 88 m 的起降甲板就能完成起降。俄罗斯的卡 - 137 的旋翼直径为 5.3 m,起飞质量 280 kg。加拿大的 CL327 的旋翼直径为 4 m,飞行器质量 350 kg;整个系统单元由飞行器主体与两个人操作的便携式控制站组成。英国研制的“小精灵”的旋翼直径就更小,只有 1.6 m。此外,共轴双旋翼无人机无尾桨,也不需要长长的尾梁,便于在空间有限的舰船上起降与停放;同时由于机体部件可以紧凑地安排在直升机的重心处,所以飞行稳定性好,便于操作,其操纵效率要比单旋翼带尾桨无人机的操纵效率高。

(7)多用途化。除发展侦察监视无人作战平台外,还发展可执行电子战、直接攻击等任务的无人作战平台。同时,谋求平台机体通用化,可随时更换机载设备以适应不同作战任务的需要。美国正在研制的“无限战斗空中飞行器”,既可执行情报侦察任务,又可执行作战突击任务,它将使用质量为 45 ~ 113 kg 的小型“灵巧”炸弹和联合直接攻击炸弹等多种精确制导武器,是一种极具杀伤破坏力的无人化武器。

(8)先进的地面控制系统。美军目前的无人机控制系统现状是:每种无人机都用一套专有的地面控制系统,而美军的无人机通用地面控制系统计划则将把这些分立的各种无人机控制系统统一为一种通用的地面控制系统,这对于美国海军则意味着在舰上只要装备一部地面控制系统就可控制几种无人机,极大地节省了舰艇甲板上的宝贵时间。美海军从

1997年就开始了可对三军无人机进行指挥与控制的通用系统的研发。该系统被称为战术控制系统(TCS),由软件和与软件相关的硬件构成,用于对各个军种的战术无人机进行指挥与控制,其中除美国海军/美国海军陆战队的无人机外,还包括陆军的“影子200”战术无人机、空军的“捕食者”中空无人机及未来战术和中空无人机。TCS软件有三种优越功能:从一个配置有TCS的“地面控制站”(GCS)对TCS兼容UAV进行无缝控制;操作员标准图形用户界面;将从有效载荷得到的数据向外无缝传送到联合结构中去。TCS可向20个以上的联合和单军种系统分发数据。TCS符合美国国防信息基础设施/通用作战环境(DⅡ/COE)体系结构标准,并采用战术通用数据链(TCDL)进行指挥与控制和数据传输。在舰艇上应用时,TCS将置于现有的计算机工作站中,计划安装在与无人机接口的包括航空母舰、大型两栖舰和指挥舰在内的所有平台上。

有军事专家预料,海军无人机在未来海空战场上的作用将是极其重要的,甚至在很多方面将替代传统的兵器,因而舰载无人机的优势和应用前景是显而易见的。

(1)战场侦察和情报支援

这是目前舰载无人机用得最广泛且最成熟的领域,包括战术、战役与战略侦察等。高空远程无人机的飞行高度高、续航时间长、作战半径大,可执行全球性侦察监视、敌后纵深区域侦察监视、战区侦察监视和战场侦察监视等任务,以实现整个战场的制式连通性。一般无人机高度比较低,速度比较慢、航时比较长、飞行路线灵活,对目标侦察时间长,可以侦测到短促的、微弱的、不规则的电子辐射信号,再加上无人机可以深入敌方腹地,进一步靠近敌人信号辐射源的空域,战争时期可截获战场上重要的小功率近距通信信号,如战场蜂窝电话、基层作战单元使用的小型电台信号等。和平时期可侦察蜂窝移动电话通信信号,可完成有人侦察机和侦察卫星无法完成的任务。

(2)可执行不同的电子战任务

利用无人机组成双基地雷达,舰载反导系统为了抗电子干扰和防止被反舰导弹袭击,可以采取多种综合措施。同时利用无人机及双基地雷达,可能更有效地探测隐身目标。在舰艇上设置双基地雷达的接收装置,将发射机装在舰载无人机上。由于无人机不易被发觉和攻击、可易于接近隐身目标,且可从上面俯视,容易发现目标,无人机上发射机向隐身目标发射的雷达无线电波通过反射,舰艇的雷达接收机便可接收到隐身目标的雷达信号,这就为己方及时而准确地发现隐身目标提供了依据。同时这种配置方式具有以下一些特点:首先,舰载无人机体积小、质量轻、成本低,每艘军舰可载多架飞机,并根据实战需要随时发射。对于主要应用在舰艇末端防御中的战术环境,重点应对最致命的威胁,收发之间的协调同步可能比较简单,技术复杂性不高,因而易于实现。与双舰组合或舰机组合,甚至将雷达发射装置于人造卫星或预警机的方案相比较,显然利用无人机最为有利。其次,这种方案兼有反电子对抗、反雷达导弹、防低空入侵和反隐身等多种功用。此外,在特定的战术条件下，无人机还可以作为诱饵，对舰艇起到保护作用。

(3)通信中继

用于实现各军兵种各种战术电台的中继通信，形成与卫星通信、短波通信等互为补充的中远程通信手段，扩大协同通信的覆盖，为战场指挥员提供基本的战术通信能力。为机动部队提供行进中的“行中通”的通信保障，特别是解决指挥所与运动中的部队中远距离的不间断通信。覆盖某些通信手段因地形问题所产生的通信盲区，保障大范围远距离通信，并解决沿海边防分散海岛的通信问题。不同无线电台之间可以在无人机平台上通过网关实现连接，并使战场上网络节点间实现远距离的互联网间互连。保障集团军的通信能力。因此，海军无人机将是时打击和网络中心战的关键因素。

(4)可担负各种空中作战任务

实战表明，无人机不但具有作为作战信息平台的优势，可用于海上远程侦察、监视、实时传输目标信息，提供通信中继，充当电子诱饵，实施电子干扰，搜索潜艇、水雷等；也可作为武器投射平台，成为无人作战飞机，用于战区自主巡逻、搜索雷达目标、进行反辐射垂直攻击，或直接用于空中无人作战。无人机小巧玲珑，搭载于水面舰艇，不但大大扩大了水面舰艇探测和打击的范围，而且隐蔽性好，无人员伤亡之虞，能遂行其他手段不能执行的使命任务，成为新的高效费比海军武器。随着高技术在海军无人机上的不断应用，无人机的作战能力将会持续提高。在未来战场上，特别是未来的空中战场上，海军无人机将发挥越来越重要的作用。

(5)与其他平台一起，协同作战

战术无人侦察机可与攻击直升机协同作战，中高空无人机可与潜艇协同作战，高空无人侦察机可与固定翼远程战场侦察飞机协同作战，还可用于多架无人机和一颗雷达卫星组网，形成天基多雷达侦测系统，对空中目标和地面慢速目标进行探测，完成战区的大范围的目标侦察任务。正如美国总统布什在 2001 年 12 月中旬的阿富汗战争期间一次讲话所说的，“我们正进入一个各种无人平台在空间、空中、海上和陆地作用越来越大的时代。”通过无人化作战手段，达到最大的军事目的，获取最好的政治与舆论效果是以美国为首的西方国家多年来不断追求的目标。

第6章　未来大型水面舰船

6.1　大型水面舰船的发展方向

6.1.1　航空母舰的发展方向

航母是国之重器，技术复杂，造价高昂，发展航母从来不是一件简单的事情。目前美国、英国、俄罗斯、法国等国家拥有航母，中国是当今第10个航母拥有国。日本等国也在为步入航母国家做着各种努力。

但是，截至目前，世界上能自行设计、建造现代化大型航母及全系列多种型号舰载飞机的国家，只有美国和俄罗斯。这两个国家实际上都已开始发展新一级航空母舰。

谈到未来航母，先从舰载机说起。进入21世纪，舰载飞机的发展形成新一轮热潮。美英法俄等国有多型舰载飞机正处于预研、设计、生产、升级等不同阶段，涵盖多用途战斗机、攻击机、预警机、电子战飞机等多种类型。

2012年11月26日，世界上第一种无人战机X－47B验证机进驻"杜鲁门"号航母，进行为期3周的测试。美海军计划让X－47B与新型航母"福特"级首舰"福特"号同时服役。搭载X－47B后，10万t级航母载机总数可达150架。

2011年10月26日，美国第五代战机F－35B在"黄蜂"级两栖攻击舰首舰"黄蜂"号上完成了为期3周的海上测试。"黄蜂"号排水量4万t，舰长257.3 m，飞行甲板长250 m，宽32.3 m，相当于中小型航母。为满足F－35B的起降要求，"黄蜂"号起降甲板铺设了陶瓷和铝丝编织结构的热离子涂层，提高了甲板耐热性、耐蚀性。两架F－35B完成了72架次起降，总飞行时间28个小时。此次测试是F－35B上舰三阶段测试计划的第一步，第二阶段测试已于2013年展开。

值得关注的还有，2012年1月27日，日本海上自卫队新一级直升机驱逐舰22DDH开工建造。该舰长248 m，宽38 m，满载排水量2.7万t，飞行甲板直通，表面铺设耐高温层，最大起飞质量30 t，而F－35B的最大起飞质量为27 t。22DDH安装了现代大型航母使用的舷侧升降机，而不是以往"日向"级采用的影响固定翼舰载机起降的舷内升降机。22DDH最多可搭载8架F－35B，与小型航母无异。这是日本为今后设计建造真正意义上的航母做技术和使用经验储备。6月29日，日本防卫省宣布，已就购买首批F－35飞机与美国签订了合同,2016 年前交付,购买总数达 42 架。

新型航母尚未建成,舰载飞机测试加速,可以确定的是,新型舰载飞机将带来未来航母作战使用方式乃至战争模式的改变,拓展新的战略思维空间,并对未来航母发展理念和设计产生深远的影响。

美国最新一级航母首舰“福特”号已于 2008 年 9 月开工,计划于 2015 年服役。次舰“肯尼迪”号于 2011 年 2 月开工。“福特”级将取代“尼米兹”级和“企业”号,是当之无愧的“21 世纪航母”。

从“福特”号的一些技术特征,可以窥见未来航母发展的主要趋势:

1. 无人战机上舰

无人战机大大增加了航母的打击能力和距离。无人战机将改变未来海空作战模式,并对世界军事战略格局产生深远影响。美国海军在加速研制、试验和部署舰载无人作战空中系统,无人战机在舰载飞机中所占比重将持续上升。

2. 舰载飞机隐身化

F-35C、F-35B 等按隐身要求研制的飞机将成为 21 世纪舰载飞机的主流。F-35 是史上第一种量产服役的隐身舰载机,标志着美国海军航空兵进入隐身时代。“福特”级搭载 F-35C 后,在高强度作战中,可在 5~7 个昼夜内每天出动 220 架次;在中等强度作战中,可在 30 个昼夜内每天出动 180 架次,打击 1 500 个目标。

3. 电磁弹射技术的应用

航母执行任务的多样性是通过种类型号众多的舰载飞机实现的。保证舰载飞机出动频率和架次是提高航母战斗性能的关键,这对起飞弹射器提出了较高要求。电磁弹射器推力输出可以精确控制,能交替弹射几吨到几十吨的无人机或有人机。“福特”号安装的 4 部电磁弹射器日均弹射 160 架次,峰值达 270 架次,这是传统蒸汽弹射器无法做到的。

4. 新概念武器的使用

航母是高价值武器平台,“福特”号的造价将近 150 亿美元,而变轨及分导式反舰弹道导弹和超高声速反舰巡航导弹给航母带来极大威胁,除依赖编队舰艇和舰载飞机外,航母本舰反导能力必须更强,这只有通过新概念武器才能实现,如电磁轨道炮、激光武器、高能射线武器等。电磁轨道炮射速达 2.5 km/s 的炮弹可摧毁 340 km 远的来袭目标,防御半径大大超过现有近防系统。

2011 年 10 月,俄罗斯联合造船集团总裁罗曼·特洛琴科表示,俄未来航母技术方案已经确定,排水量8万t,2018年开工,2023年建成。2012年2月9日,俄前海军司令弗拉基米尔·维索斯基表示,2014年前将完成新型航母研制,2020年后开工建造。维索斯基声称,新型航母将"不再是传统意义上的"航母,将会"超越现有航母一步",既不会是"库兹涅佐夫"号的改进型,也不会是"企业"号,更不会是"明斯克"号、"基辅"号那样的航母。维索斯基透露,传统意义上的航母只能在空中或低轨太空战场空间执行任务,而新型航母将"能在所有战场空间执行任务","我们将前进一大步","新型航母主要搭载空天飞行器,因为制天权和制空权实际上决定了制海权。"

军事专家判断,"能在所有战场空间执行任务",可能体现在航母将搭载空天飞机。

2011年2月,俄罗斯军事空间事务负责人宣布,为应对美国空天飞机X-37B的挑战,俄罗斯正在发展一种小型、机动性强、可重复使用的空天飞机。早在20世纪60年代,前苏联实施过"螺旋"计划,研制了单座军用空天飞机,可作为航天轰炸机、侦察平台、天载武器平台、截击机,制造了轨道验证机并进行了多次飞行,积累了丰富的经验。空天战机上舰,是航母平台"质"的飞跃,称得上"超越现有航母一步"。俄(苏)制武器系统设计的大胆创新和独树一帜已成传统,俄罗斯也许会造出人类史上第一艘"航天母舰"。

6.1.2 驱逐舰的发展方向

21世纪大型驱逐舰无论在全球性海军还是在区域性海军中都将扮演十分重要的角色。目前,世界上的核燃料有限,且价格昂贵,所以各国驱逐舰装备的基本都是燃气轮机或蒸汽轮机。它们的体积和舰载量成正比,舰载量要求越大,动力装置的体积越大。大型驱逐舰的发展趋势主要体现在适应高技术条件下的海上多维联合作战,其发展特点将是攻防一体化、信息网络化、武器精确化、特征隐身化、控制智能化,加上高效费比的可承受性。

1. 大型化继续是驱逐舰发展的总体趋势

未来驱逐舰已向大型化方向发展。影响驱逐舰规模大小的主要因素有:海洋国土观,包括对海洋资源的认识和依赖性、对海洋权益的维护及扩张、对海洋开发和占有的战略等。海上兵器观,包括对各种舰艇的认识、作用的划分、使命的确定等;海上武器的发展,包括对空、对潜、对陆、对水面目标的打击武器的性能、体积等;动力装置(包括燃料)的发展,包括体积、燃料性能等;舰员对工作、生活和服务性舱室有更高的要求。

从全世界范围看,越来越多的国家,认识到海洋的巨大作用,纷纷把目光从近海投向大洋,希望从无穷的海洋资源中获取更多的利益,为满足这种战略需要,有发展能力的国家日益重视舰艇的续航力。新型驱逐舰以巡航速度(20 kn左右)航行时,一般能达到6 000 n mile以上。因此要为动力装置和储油增大空间。

就海上武器来说,高科技应使武器越来越轻巧。但是,许多国家热衷于打"不见面的战争",要求武器射程远,尤其是导弹,像美国"战斧"舰载战术巡航导弹的射程已达 250 n mile 以上,所以其体积过小是不可能的。另一方面,由于某些大国热衷于远洋作战,又要求舰上多带携行弹药。

人类生活方式越来越讲究,水兵对舱室空间的要求越来越高。许多国家,都重视生活工作空间的放大和设施的舒适性,以尽可能降低非任务性体力,精力消耗。基于上面几方面的分析,可以断定,在相当长一段时间内,驱逐舰仍朝着越来越大的总趋势发展。

20 世纪 80 年代,驱逐舰的排水量已突破了 8 000 t,90 年代超过 9 000 t,21 世纪初超过了 10 000 t。今后驱逐舰需要有更大的空间容纳更多的有效负载和提高生命力的措施,改善官兵生活质量,大型化趋势将继续下去。

2. 防空反导和对陆攻击为大型驱逐舰的主要使命

最新发展的大型驱逐舰(或大型化驱逐舰)的主要使命是防空反导和对陆攻击,兼顾反舰和反潜。防空反导是多数正在建造和规划的新一代大型(或大型化)驱逐舰的主要使命。为此,它们普遍装备导弹垂直发射系统;美国的"宙斯盾"系统将装备更多国家的驱逐舰。对陆攻击是美国海军未来驱逐舰的第一使命。美国和英国海军现已具备用舰炮、"战斧"导弹和航母舰载机对内陆几千千米以内的目标实施攻击的能力,美国海军还制定了提高对岸火力支援能力的近期计划和远期计划。

3. 追求多功能的同时注重与其他舰艇配套发展

大型驱逐舰因其有效载荷能力大,在质精、量少、可承受等海军兵力建设理念的导引下,追求广泛而完备的使命能力和强大的攻防能力,在突出其主要功能的同时兼顾其他能力,国外大型驱逐舰的发展都与其他舰艇配套。

4. 隐身成为主要设计特征

隐身技术作为舰艇生存最为重要的方面之一,从 20 世纪 90 年代以来备受各国海军重视。美国海军早在 20 世纪 70 年代建成的"斯普鲁恩斯"级驱逐舰上就大量采用了声隐身技术,20 世纪 90 年代服役的"阿利 · 伯克"级驱逐舰则较为全面地采用了隐身技术。虽然俄罗斯海军对隐身技术的重视比西方海军晚好多,但是在大型驱逐舰上采用全隐身技术已是大势所趋。现代探测技术与武器制导技术对水面舰艇构成越来越严重的威胁,成为人们担心未来水面舰艇有无生存能力的一个重要理由,因此全隐身的概念将全面体现在未来的大型驱逐舰身上,如美国下一代大型驱逐舰、日本的"金刚"级和韩国的 KDXⅢ 无不重视隐身技术的应用,美国海军甚至将隐身性能作为舰艇的第一指标。

5. 综合电力系统技术将走向实用

综合电力系统是一种有别于老的电力推进的全新动力系统概念。在综合电力系统中，电力系统既提供推进电力，又提供舰艇辅助用电。国际上综合电力系统的研究已取得明显进展。美国海军已经决定在未来大型驱逐舰上采用综合电力系统；英国宣布其45型驱逐舰乃至航母上使用综合电力系统，法国海军和德国海军也在进行该项技术的研究预试验。综合电力系统还将催生定向能武器的最终上舰。

6. 舰载武器将得到全面改进和提高

主要趋势是：舰载导弹广泛采用垂直发射技术、一弹多型、多弹共架、冷热共架；飞行速度更高，隐身性更好，高度智能化，普遍应用精确制导技术，抗干扰与突防能力增强，并注重开发远、中、近对陆攻击型。防空武器将重点提高中、近程防空反导火力密度，发展能抗击超音速反舰导弹的高性能舰空导弹；对陆攻击武器将向远、中、近程体系发展，弹炮结合；反舰导弹将追求超音速与隐身。

7. 智能化水平将空前提高

自动化和智能化已成为平台技术的一个重要发展领域。实现自动化和智能化的直接目的是信息传输和分配更加合理，减少平台控制对人力的需要，提高运行监测、控制和系统反应质量。这项技术可大幅减少舰员，节省费用，美国已经在“阿利·伯克”级驱逐舰上采用了“智能舰”计划，取得了显著的成绩，在其下一代大型驱逐舰上，其最终目标是将舰员减少到125人，不能不说是一次质的飞跃。

8. 强调与其他战斗单元的协同作战能力

美国海军的网络中心战概念是典型代表。要意是通过强大的网络将地理上分散的部队联结在一起，变集中兵力为集中战斗力，利用信息共享和共用战术态势显示使舰、空、岸作为一个整体协同行动。舰队是一个整体，在21世纪的严重威胁环境下，单一的舰艇很难生存，而要具备较强的协同作战能力，必须从设计之初就充分予以考虑，如美国下一代大型驱逐舰就要求“对联合作战和网络中心战进行优化”。

9. 舷外平台将得到较快的发展

自20世纪80年代初海军首次使用无人机以来，无人机在历次局部战争都有令人满意的表现。舰载无人机成本低、体积小、用途广泛、效费比高且可避免人员伤亡，引起世界上越来越多国家海军的极大兴趣，刺激了舰载无人机的发展。美国海军正在研制垂直起降的火力侦察兵,可由大型驱逐舰携带,将大大增强其侦察能力,可提供高精确度的情报、侦察和监视信息。另一方面,被称为力量倍增器的水下无人航行器也将在大型驱逐舰上普及。目前,水下无人航行器已经进入实用阶段,在伊拉克战争期间就有水下无人航行器参与扫雷。目前的水下无人航行器主要用于扫雷,正在探索阶段的水下无人航行器将具备侦察、监视能力,真正成为海军舰艇的力量倍增器。

6.2　展望未来大型水面舰船

6.2.1　新概念船的出现

随着现代科学技术的高速发展,特别是船舶设计和制造技术的发展,一大批新概念舰船不断涌现出来。这些新概念舰船在设计思想、工作原理、总体结构等方面有显著突破和创新,它们冲破了传统船型的束缚,创新地将浮力、气垫升力和动升力按不同比例组合,形成了崭新的、高性能的新船型,其能力超出了传统舰船,可满足高技术战争中各种新的、特殊的作战任务的需求。这些新概念舰船将创新思维与高新技术相结合,具有很强的探索性,对舰船平台发展起着带动作用,同时也代表着某个时代的科学技术的进步和水平。

进入21世纪,各国海军为实现跨时代的军事变革,适应世界新战略格局和未来高科技海战的需求,新世纪水面舰船平台的发展备受重视。未来海上作战将是全天候条件下陆、海、空一体的信息化作战,作战环境和样式将发生根本性的变化,信息化作战方式对舰船平台提出了更新、更高的要求,即耐波性要优良,应具备在较高的海况条件下使用舰载武器、警戒探测设备和直升机的能力,快速性要满足编队航行及单舰机动作战,同时船型还要为各种隐身设计提供条件。常规舰船船型经过长期的发展、研究,其性能和构造已经难以有质的提高和改变,舰船设计者在认真总结传统船型在快速性、运动性、隐身性、生存及承载能力方面存在的不足之后,纷纷创造性地提出新世纪舰船船型的创新构想,随之全新概念的高性能舰船不断产生,使得舰船平台的能力大幅度提升。世纪之交舰船技术领域加快了形态各异的新船型的开发,这是现代海战作战样式变革对提升水面舰船总体性能和综合作战能力的要求导致的必然趋势,同时也是舰船高新技术不断发展的必然结果。以美国、英国为代表的发达国家海军,在新作战概念的驱动下,积极采用新船型、新材料等先进技术,使船型的良好性能与作战系统的威力有机地结合起来,推出了各种性能卓越、外形奇特、适应于新作战样式的新概念舰船。

发展历程　新技术革命一直促进着船舶新船型的层出不穷,每种新船型都富含种种创新的思想,将船舶发展带入了一个新的时代。新船型几乎每10年就有一型问世,20世纪40

代产生了水翼船，二战期间水翼艇技术趋于成熟，德国曾建造了10余艘水翼炮艇参战。20世纪50年代产生了气垫船，1953年英国人造出世界第一艘气垫试验船，并成功横渡英吉利海峡。20世纪60年代地效翼船蓬勃发展，前苏联和德国在地效翼船技术上均取得了突破性进展，先后研制成功地效翼试验船。20世纪70年代产生了小水线面双体船，1973年美国人研制成功世界上第一艘小水线面双体船"卡玛利诺"号，试验表明小水线面双体船具有优良的耐波性，此后美、日等国陆续建成40余艘小水线面双体船，最为典型的是1994年美国建成了世界上第一艘军用小水线面隐身船"海影"号。20世纪80年代产生了高速双体船，1983年澳大利亚首先开发了穿浪双体船型，并建造了一艘穿浪双体试验艇，其波浪中纵向运动响应远小于常规高速双体船。从1988年开始，澳大利亚先后建成穿浪双体船共40余艘。20世纪90年代之后开始重视发展复合船型和多体船，各国海军为使舰船平台能更好地满足作战需求，新船型研究的思路已不再是创造出一种全新的船型，而在于如何利用各种成熟船型的优势，衍生出新的船型，在特定环境、特殊需求条件下发挥其良好的性能。

新概念舰船的发展在于创新，而创新并不是天马行空，更在于技术储备，有了丰富的技术资源才能进行创新。美、英等海军强国舰船技术的发展则秉承了这一理念，真正体现了着眼于未来，使得它们现在乃至未来很长一段时间都能够保持绝对的技术优势。在羡慕世界海军强国的同时，要清醒地认识到先进的舰船技术并非一蹴而就，要积极研究、应用舰船新技术，根据未来作战需求开发新概念舰船，以提高海军的综合作战能力。

近年来，水面舰船推广应用模块化设计和制造技术，将通用性、基础性设备作为模块分离出，例如将武器装备的体积、尺寸等标准化和模块化，这样不但提高了舰艇总装技术水平，而且只要对舰船进行小的改装即可改变和扩大舰船的功能。

隐身性和生存能力是21世纪战舰的两大主题。战舰以全隐身为特征，即雷达波反射特性、电磁特性、声特性、红外特性等各种物理场的隐身性均应良好。过去舰船设计中，船体形状按照水动力性能进行设计，而上层建筑设计直至近年才被给予特定的制约因素。为了达到雷达隐身，舰船的外形有很大变化，上层建筑和舰桥力求缩小；烟囱被拆除，燃烟通过舰体排放；采用嵌入式天线、升降式武器装置、甲板下垂直导弹发射装置；舷侧折角改为圆弧，露天部位结构采用吸波材料。在红外隐身方面，主辅机排烟采用降温红外抑制措施。为减小水下辐射噪声，主机采用双层隔振，螺旋桨采用气幕降噪和水下防噪等新技术，从而增强本舰对潜艇的对抗能力。

战舰注意提高自然环境下和作战环境下的生存能力。作战环境下生存能力的目标是在舰艇被一枚导弹命中时还能继续战斗。战舰隐身性的提高和电子对抗、声对抗措施的实施，增强了战舰的生存能力，其他措施是设置舰上自动作战机动系统，能有选择地自动启动提前准备的损管设施，使作战损伤减至最小。船体材料研究采用新型特殊钢和复合材料建造，并考虑采用类似潜艇的双壳结构。舰上关键部位布置在舰体内，全舰控制与作战情报中心合并一处,设置在甲板下面。

未来大型水面舰船,为了对抗敌导弹袭击,应该设置具有电子侦察、有源、无源干扰能力的电子战系统,还需要进一步考虑通信侦察和通信对抗问题。由于各种雷达、通信干扰设备装舰后,带来对本舰电子设备电磁兼容正常工作的一系列难题,因此在增强本舰电子对抗能力的同时,各国均注意加强电磁兼容性的研究。另一方面,随着大量新型电子、武器装备上舰,电磁兼容问题更成为技术关键之一,必须在舰船设计之初对舰船的布置、系统设备的电磁兼容性能提出电磁兼容的设计控制要求。在设备上舰前要对其电磁兼容特性进行验证。对雷达、通信设备、电子对抗设备的频率分配,在舰船设计之初要作统筹考虑,不得已时则设置电磁兼容管理系统,采取分时使用办法,解决同频干扰问题。舰船设计时对雷达、通信天线附近的场强,要通过模拟试验和现场估算进行预测;电磁场强对人员、武器弹药、燃油的安全性要进行核算,符合标准要求,或进行必要的模拟试验。

设计要通过试验来检验,设计和试验是个反复迭代的过程,通过试验对设计进行必要的调整。为了获得性能优越的战舰,各国均不惜以时间和经费为代价,进行必要的试验。在舰船的研制过程中,统筹安排船模试验、陆上试验、系泊航行试验和专项试验。在舰船设计初期,对舰船的水动力性能、舰船总布置的电磁兼容性能和雷达隐身性能,做模型试验,以便对性能进行预测并作必要的改进。对新研制的电子武器系统、作战系统、动力系统各国均设置陆上试验场,安排进行必要的陆上对接联调试验,解决硬件软件对接中出现的技术问题,并先期考察系统性能,减少研制风险。对首制舰艇除了进行系泊、航行试验外,各国均安排进行扩大的专项试验,例如舰船的适航性试验、武器系统的精度和射击试验等,以对舰船的总体、武器系统性能进行全面考查。

6.2.2　未来航母设计的设想

设计思想是航母的“灵魂”。美国海军现役 10 艘“尼米兹”级航母,基本上都存在着雷达反射截面积较大的弊端;虽然该级最后一艘“布什”号在隐身设计方面有了很大的改进——舰桥尺寸明显减小,外表整洁光滑,全舰采用大量隐身涂料,因此使得全舰的隐身性大为提高。但由于结构上的固有缺陷,“布什”号航母的改进只能算是“小打小闹”的有限改进,其隐身性较差的问题,无法从根本上得到解决。

为了弥补现役航母的不足,美国最新一代“福特”级航母进行了全新设计:上层建筑采取集成化设计,舰桥体积明显缩小,并后移至右舷后部;飞行甲板和机库也重新设计与调整;配置舰载新概念武器,并使用隐身涂料和材料等。

与美国航母设计不同,英国的“伊莉莎白女王”级新航母则采用另外一种新颖的设计,该航母采用了“双岛”式设计方案,两个位于右舷的独立舰岛各司其职,前者用于航行操控,后者则以控制舰载机起降为主。“双岛”式设计大大提升了航母的抗打击能力,并减少了舰载机起降过程中的气流干扰,开辟了大型航母设计的一种崭新思路。

航母的制造技术对一国的科技实力也是重大考验。如今,世界上有不少国家拥有了制造大型船舶的先进技术和设施,但并不等于他们就掌握了制造航母的技术。航母在整个建造过程中,要经过很多道工序。根据美国海军工程规范,通常美国航母建造时要经过船体放样、船体机件加工、船体装配、设备安装等12道“高精尖”工序。其中航母的船体放样最为关键,它需要标准化的大型试验水池、风洞及超高速计算机作为依托,目前世界上只有不到10家公司有能力完成这些工作。

关于航母船体设计方案 双体船由于独特的结构使其具有极为优越的抗风浪性能,所以它可以在极为恶劣的海况下活动。通常情况下排水量500 t的双体船可以达到3 000 ~4 000 t的大中型军舰的抗风浪水平。船体可用空间与体积很大,可以装带大量物资和弹药,所以不少国家用它作为快速运输船来发展。双体船也可以达到良好的雷达、红外及声学隐形效果。美国海影隐形船也正是如此发展的。

所以基于以上分析,对未来航母在双体船领域的设计提出些大胆的猜想。

模块化组合,可更换部件大幅提升维修和维护效率。一艘作战航母包括5个模块:双船体水下密封舱自动修复模块、装载高效飞机自动补给系统的标准化机库模块、装载舰船自动智能补给的内藏集装箱式补给库、内藏式滑跃起飞甲板、顶层拦阻降落甲板。

双船体水下密封舱自动修复模块,双船体能增加航行稳定性和减少颠簸摇摆对战机起降的影响,有利于提高起降效率和减少起降事故。水下密封舱具备战斗受伤后的临时修复能力,确保战舰不沉。

装载高效飞机自动补给系统的标准化机库模块,标准航母有8个标准机库,每机库装载9 ~15架各型战机,每个机库每4 min就能装填好一架战机,并用后升降机送到起飞甲板发射。

装载舰船自动智能补给的内藏集装箱式补给库,可同时和2艘1.5万t级100 m长的集装箱补给船内仓交换补给,40 min内补给货物2万t,约合5 m×5 m×20 m集装箱40个,可在战斗巡航中同步补给。

内藏式滑跃起飞甲板,宽30 m可同时起飞2架战斗轰炸机或1架预警机,利用精确导轨槽控制飞机不提前脱离和偏移跑道。每分钟发射效率为2 ~4架次。

顶层拦阻降落甲板,降落甲板专用且宽大,极大地减弱了舰载机在最容易出事故环节出事故的几率。每分钟降落效率为2 ~4架次。

战斗舰和生活舰分离,有利于提高战舰工作效率和提升官兵生活质量。

配套补给船和生活舰及战斗舰有配套接口,能充当临时救援舰的任务。

战斗舰航母采用隐身设计,并具备制造幻象的能力。

战斗舰航母可加宽、加长、舰侧安装舰塔、加宽补给仓等改进工作。

但双体船也有缺点，如耐波性差，阻力过高，横稳性过大，横摇与纵摇周期相近，容易发生螺旋运动或扭摇，使人晕船。像新型濒海指挥和控制舰概念，舰桥还是布局在船体一边，这个对船体重心还是有很大影响的，传统设计航母方案对舰桥设计很仔细，主要也是对航母重心的考虑。

所以，在一线作战舰艇方面，设计人员都偏向使用三体船结构。小水线面三体舰军用优点更为突出。英国前几年试制的“海神”号三体舰样船，排水量仅 1 035 t，但其反潜、防空火力强度可与现役的大型水面舰艇相媲美，计算机推演，即使一侧或双侧舰体战损，主船也可带动其继续作战而不会翻沉，生存能力是现在任何一种单舰无法比拟的。

双体航母想象图

国内外很多学者认为三体船型结构非常适合航母使用。根据我国的发展情况，能搭载歼 - 10 作战飞机 30 架，双侧舰可搭载卡 - 28 反潜直升机及其他用途武装直升飞机 6 架。主、侧舰各设一座平面相控三坐标雷达，性能超过“宙斯盾”系统。区域防空采用“海红九”舰对空导弹，对海可以采用远程鹰击系列大型反舰导弹和侧船舷侧设 4 座有源式多管 30 mm 近防炮，还可以安装火力超过“密集阵”两倍以上，并装有 8 具 533 mm 鱼雷发射管，可兼作水雷发射装置。由于三体船侧面比较平直，隐身是可以实现的，至少要比传统设计的航母，雷达信号要小的多。

从传统航母设计要求上看，大面积甲板和吨位总是成正比的。现在，有了三体船的设计思想，在得到中型航母的同时，也获得了大型航母才有的甲板空间，在设计思想上也取得了飞跃。包括人机环境，武器配属都比原有航母有了质的提高。如俄罗斯的航母，将反舰导弹配属在甲板上，本来不是很富裕的甲板更显拥挤。可以试着将054A的舰桥和前甲板布局应用在中国未来航母上，形成具有中国特色的综合作战性能的大型战舰。如果基本船体采用“瓦良格”的船体，那么三体航母的甲板尺寸基本可以达到美国“尼米兹”级10万t的水平。而且内部空间更大，可以装备以“水轰-5”为基础发展的空中预警机、反潜机和空中加油机。“水轰-5”的续航时间在12 h左右，续航里程近5 000 km。而美国航母装备的E-2预警机最大平飞速度626 km/h，实用升限1万米左右，转场航程不到3 000 km，最大续航时间6 h多。所以，改装的“水轰-5”的性能可以与E-2预警机匹敌，而且如果战斗任务繁重，水轰-5飞机完全可以在航母后部进行水面加油。

像非战斗机如预警机和反潜机由于质量较大，航母弹射装置才能勉强弹射。但是质量太大，就不好在航母上降落了，还不如使用水上飞机改装，而且，三体船航母内部空间远比传统航母的内部空间更大。所以，三体船设计的航母装备水上飞机完全有可能，也能摆脱对弹射装置的依赖，而且水上飞机的改装也比较容易。有人说，那水上飞机从航母上怎么放到海面上？凭借航母尾部的升降平台，将飞机牵引倒划入海中，同样回收时利用水上飞机的头部的回收勾，航母回收装置勾住水上飞机的回收勾拉水上飞机到航母上。

三体船均采用被称为“可与风帆至蒸汽机动力革命相提并论”的综合全电力推进系统，可靠性高、适用面广，不仅在护卫舰、驱逐舰、巡洋舰上广泛使用，而且也将进入航母领域。在英国召开的“三体船设计与运行”及“电驱动”高层的论坛上有专家指出：三体船在大型水面舰艇的完全可以应用，而技术风险相对最小。所以，三体和多体船型是未来大型水面舰艇的发展趋势，作为后起之秀的中国海军，更应该把握高科技技术带来的军事革命。

国内外军事家和造船工程师们对航空母舰的未来舰型作了不少推想。目前，主要提出了具有高度隐蔽性的水下航空母舰、高速气垫式航空母舰和高速低阻力双体式航空母舰等几种方案。正在探索中的航空母舰各种各样，各种奇妙构想五花八门。这里再简单介绍几种设计方案：

水下航空母舰 水下航母的尝试始于二战期间的日本。当时的日本“伊-400”水下航母最大航速14 kn，可航行4.2万海里。它在甲板右舷设置了可容纳3架水上攻击机的机库。飞机停放在舰上时，可把浮筒和主翼卸掉，一旦需要，在20分钟内即可完成组装。为保证飞机顺利起飞，在舰的首部装设了一部26 m长的弹射器。这艘潜水航母由于问世时日本就几近战败，没发挥多少威力便被人淡忘。

70年代中后期，科学技术的发展使得一度搁浅的水下航母研究再度兴起。军事专家虽对航母的大吨位、多载机、强攻击力颇为欣赏，但也因其目标大、隐蔽性差等弊端而急欲对其进行改进。能潜入深海的大型潜艇经过系列改装就可以扬航母之长，抑航母之短，使航母、潜艇两者较完美地结合成新型的水下航母。当然,水下航母的载机数量是远无法与大型航母相比的,因而它着重通过隐蔽、突然的攻击来达到最佳作战效果。英、美等国多年前就已在此领域进行了可行性论证和一些初步试验。

"伊-400"水下航母

英国的"天钩"系统在水下航母的应用前景尤为诱人。"天钩"系统实际上是一台特殊的起重机,它的吊钩具有捕捉、锁紧、释放飞机等多种功能。同时在飞机机背上加装了一个供吊钩捕捉用的探头。操作时,"天钩"系统通过液压系统不断地调整吊臂,以补偿由于舰体摇摆、升沉而造成的不稳定。母舰拟放飞飞机时,先由吊钩抓住飞机机背上的探头,转动手臂将飞机移向舷边并提升至飞行高度,然后飞行员操纵发动机,逐步增大功率;当飞机依靠自身的动力能悬停,且吊钩上也感测不到飞机的质量时,吊钩即解开锁紧装置,完成放飞作业。飞机的着舰则与上述程序相反,飞机先飞至母舰的转动臂附近,然后调整高度以及与"天钩"系统吊钩的相对位置;吊钩上装有小型的红外发射器和红外影像探测器,而飞机背上探头的周围绘有能吸收红外线的图案。吊钩上的红外影像探测器根据观测到的图案情况,引导吊钩去捕捉探头;探头被抓住后,飞行员立即降低发动机功率,等吊钩感测出飞机质量与之抓力相等时,就放下稳定垫。随后紧紧锁住飞机,并旋转吊臂把飞机落放到母舰甲板上。英国沃桑公司专门设计了一艘排水量仅为5 800 t,装有"天钩"系统的微型航母。航母的左右两舷各装有一套"天钩"系统,舰上可装载5架"海鹞"垂直/短距起降飞机和1架直升机;在尾部的机库两侧有可以打开外伸的平台,利用侧壁下端的绞链来控制。上述平台能承受一架装满燃油和武器装备的"海鹞"飞机的全部质量。飞机起飞时通过载运小车沿横向轨道从机库推到平台上,"天钩"的吊臂就可以直接对其吊放,从而省去了航空母舰通常所必备的升降机。"天钩"系统使航母能够在6级海况下平稳地放飞和回收飞机;甚至在舰体横摇 ±15°、纵摇 ±7°、升沉 ±5 m 的恶劣海况下,绝大多数飞机依然可以放飞和回收。更令人称绝的是,该舰从上层建筑中部直到舰首还铺设了一条长75 m的上翘式起飞甲板。这样一旦两舷的“天钩”系统发生故障时，“海鹞”式飞机就可以利用机身下的轻便滑行架，沿着跑道上的凹导轨滑动起飞，降落时则在直升机平台上垂直降落。

各国对于“天钩”系统应用还不仅仅在于把它配置在微型航母上，而是给它派了许多别的用途，如装设在潜艇上使之成为水下航母。这种装设“天钩”系统的水下航母在起降飞机前，先浮至海面，接着推开活动舱，活动自如的起重机便沿着一条特殊的滑轨升出舱外，然后由吊钩将垂直起落飞机抓起并转向舷外。美国早已着手此种航母的应用研究，并拟在此种水下航母上搭载6架“海鹞”战斗机和2架直升机，并装载一支两栖作战部队。除了装“天钩”系统的水下航母外，美海军还设计了一种装有喷气式水上飞机的水下航母。此种水上飞机为了适应水上飞行，将2台发动机高置于机翼上端，以免进气道进水，同时在飞机腹部设有V型可收放式水橇。起飞时，整个后掠式三角翼置于海面，水橇支起，当飞机加速到185 km/h时迅速离水，升空后再收回水橇。该型飞机经过试飞可在浪高1.6～3 m、侧风速28～37 km/h的条件下使用。不过，这种水下航母回收飞机要依靠起重机。

“隐形”航空母舰　“隐形”航空母舰应用“隐形”技术，舰体的水上部分和上层建筑采用了光顺圆滑的外形。所谓“隐形”，主要是使舰艇外表的雷达散射面积降低几十倍或百倍。使敌方雷达的探测能力大大削弱，同时，在舰体表面涂上吸收雷达波的涂料，或者敷上能将吸收到的雷达波波长改变后再反射出去的涂层，造成敌方雷达接收不到回波信号。

在现代和未来海空战中如何最有效地隐蔽自己，给对方以突袭，已经成为各国军方亟待解决的问题。航母及航母战斗群目标大、分布范围较广，如能最大限度地隐形匿迹，就能最充分地发挥作战威力。为此，隐身航母的实用性构思正被越来越多的军事专家提出。其中的隐身措施包括：舰体的上层建筑扁矮，挪至舰甲板的前中部；飞行甲板不再保留任何设施，平时所有飞机都安放在甲板下方的机库内；水线以上部位尽可能圆滑光顺，舷侧倾斜，从而使水线以上部分的雷达反射面积下降到只有常规航母舰体的几十分之一，甚至几百分之一；采用吸波材料等。吸波材料包括干涉型和吸收型两种，干涉型是利用电磁波有效反射原理，使入射波和反射波互相抵消而制成的，吸收型则利用电磁波在吸波材料中的介电损耗或磁滞损耗，将电磁能转换成热能或其他形式的能量。美国海军曾作过一项试验：在“尼米兹”级核动力航空母舰上涂敷吸波材料，结果其雷达散射面积就缩小到巡洋舰大小，从而导致敌方作出错误的判断。未来航母的反红外隐身技术也日益受到重视，并主要从以下两方面着手：一是使用具有散射或吸收红外辐射效能的伪装涂料和降温隔热装置来降低航母自身的红外特征；二是利用红外发烟剂或红外烟幕，以及红外诱饵等，使航母免遭红外制导导弹的攻击。至于减少电子设备向空中辐射电磁能量也是未来隐身航母设计中所必须重视的关键问题。

采用小水线面双体船型是未来隐身航母倍加推崇的方案之一。它是将两个并排在水里航行的超大型鱼雷状船体，通过两个扁长浑圆的水面割划式支柱，与一个主甲板连在一起，全舰质量通过这两根细长的流线型支柱体，由潜没水下的两个支柱所支撑。这种舰体与水的接触面积较小，减小了兴波阻力，提高了航速，同时消除了螺旋桨产生的尾迹。一系列的隐身手段和措施，使未来航母的隐身性能将提高到前所未有的程度。

超级隐身航母不仅隐身效果极佳，而且起飞滑跑跑道共有 4 条，它们既可以全由靠弹射器弹射起飞的跑道组成，也可以是由 3 条靠弹射器弹射起飞的跑道和 1 条带上翘角的滑橇式起飞甲板跑道组成。这种航母上的舰载机十分看好新型偏转翼飞机。偏转翼飞机起飞时像直升机一样（将发动机垂直向上）垂直升空；起飞后，再将发动机转到水平位置，像固定翼飞机那样高速前飞。

微型航空母舰　微型航空母舰是在英国宇航公司为减轻"鹞"式飞机的一切必要质量研究的基础上产生的。它逐项研究了与作战无关的构件质量，结果发现起落架中各种附属构件中质量最大的一项，达到 860 kg，而使用时间短，因此产生了取消起落架的想法。为此，研制了一种名叫"天钩"的飞机吊放、回收系统。该系统根据"鹞"式飞机垂直起降、空中旋停的特点，能起到捕捉、锁紧、释放等多种功能。无需大面积的甲板和飞机跑道，因此，可实现航母的小型化和微型化。

气垫式航空母舰　由于军用气垫艇具有两栖作战性能，造船专家和军事专家们设想，如果能制造成功一种能产生巨大升力以举起同航空母舰吨位相当的气垫船的风扇，那么，未来的航空母舰将会成为一种不受地域、海域限制，不受水中兵器威胁，能够无限制进行迁移的航空兵基地。

随着气垫理论研究的日益深入，造船专家们分析，目前已有可能建造重达 5 000 t 左右的气垫船。今后，一万乃至几万吨左右的气垫船也可望获得成功，也就是说，几万吨级的航空母舰有可能采用气垫船型。此外，气垫航空母舰的速度可达 100 kn 以上，从而满足了高性能飞机不需要弹射、拦阻装置而达到顺利起降的效果。

战斗岛　还有人提出浮动基地式航母，它由一个能够防御导弹猛烈袭击、能够缓慢移动的海上巨型平台构成。法国一位军备研究专家提出的方案是一座由柴油发动机或核动力推进的长 1 200 m、宽 400 m 不沉的以 6 kn 速度航行的海上平台。造价约 100 亿法郎，相当于一艘现代航母造价的一半，但战斗火力和防御能力更强，混凝土的船体所需要的维护保养费也较低。美国海军对这种方案很感兴趣，取名为 MOBS。

当前，发达国家海军在考察和评估各种设计方案的同时，也在深入研究有关的关键技术、研制与使用费用、未来应用环境等课题，为即将开工建造"战斗岛"做准备。从名称上就可以看出，"战斗岛"是一种能够移动的海上基地，作为一种能够远洋部署的多功能平台，支援部队实施濒海作战，一旦某一地区爆发冲突，可以立即从其他地方赶到冲突现场，部署在与冲突地点保持足够防御距离的海域，为作战部队提供前进基地和全维联合作战保障。

具体来说，"战斗岛"首先可以扮演军用基地的角色，供作战人员驻扎和休整，停放或维

“战斗岛”示意图

修装甲车、火炮等重型武器装备，存储生活用品、油料、弹药等物资。第二，“战斗岛”可以像陆地机场一样供包括大型运输机在内的各种飞机起降和补给，也可以像码头一样从滚装船和集装箱船上装卸货物。第三，“战斗岛”可以发挥中转站的作用，将运输机、滚装船、集装箱船等运来的物资、武器装备中转分配给水面舰艇、潜艇和作战飞机，或者通过运输机、滚装船、集装箱船等向登陆地区运送人员、物资与武器装备。

目前，有关“战斗岛”的下一步发展可谓众说纷纭，不过由于以下两个原因，军事分析家们对“战斗岛”的发展前景比较看好。

首先，“战斗岛”迎合了海军当前的战略转型。为满足全球作战的需要，美国海军近年来十分重视发展远征作战能力，于 2002 年 6 月出台了“21 世纪海上力量”新构想，提出“海上攻击”“海上盾牌”和“海上基地”三个基本概念。按设想，“海上基地”由多种海上平台组成，包括航空母舰、多用途驱逐舰、两栖登陆舰、载有特种部队的潜艇、海上预置船等，能为美国及其盟国未来作战提供一个安全、自主、机动的海上集结区域，为濒海登陆作战提供多层次的联合保障和支援，有效减少前沿部队对陆上基地的过分依赖。在伊拉克战争之前，土耳其拒绝让美军使用其军事基地，这件事让美国海军更加重视建设“海上基地”，以使美军在未来军事行动中不必向冲突地区的周边国家乞求使用军事基地。

其次，“战斗岛”具有重要的战略价值。虽然“战斗岛”目前暂被定为一种支援濒海作战的多功能平台，但也探讨了其他军事新用途，比如：在“战斗岛”上安装指挥与控制系统，为部队作战提供实时情报和指挥功能；将“战斗岛”作为海上指挥部驻地；由“战斗岛”搭载机械化部队、无人机、战斗机等实施全维登陆作战，其中无人机和战斗机可以为登陆作战执行先期侦察、火力压制等任务,从而带来两栖作战的全新样式。在传统的两栖登陆作战中,往往是突击部队先抢占滩头阵地建立“立足点”,等待后续部队上来,再对目标发动攻击,而“战斗岛”领衔的两栖登陆作战,可以直接发动攻击,建立滩头阵地。

关于航母的假想还有很多很多,如水面效应航母、水翼型航母等,就不一一列举了。

6.2.3 未来大型水面舰船的地位

冷战的结束使东西方之间爆发大规模战争的可能性骤然下降,从而导致大多数海岸国家的海军发展方向发生了变化,着眼于局部战争和保护国家的经济利益成为海军当前的首要任务。世界海军的任务首先表现在当前的局部冲突中及在可预见的21世纪之初,其特点是在沿海地区进行陆、海、空作战以及建立能够在世界海洋任何地区作战的快速反应部队。为此,海军的主力——水面舰艇——将成为用于海上作战的主要武装力量。

未来水面舰艇的发展特点是:提高与本国及同盟国的各军种联合作战能力,大量地应用高精度武器,利用现代化的信息设备和系统,提高军事行动的隐蔽性和对来自空中、水面、水下的攻击进行有效的防护。世界政治格局的变化导致水面舰艇更多地定位于“反岸”的军事行动,从而使打击岸上地面目标的高精度武器成为所采用的基本武器。另一方面,海盗、恐怖、贩毒分子在海上的违法活动日益猖獗,必须用各种舰艇和他们进行大规模的作战,因而,仅靠水面舰艇上的传统作战武器是不够的,这就需要研制一些新的武器。

航空兵在提高水面舰艇的作战性能方面起着显著的作用,特别是在采用了21世纪的多用途直升机和各种高精度武器后,其作用将更加明显。由此也会形成局部非核战争的新战法。未来军用水面战斗舰艇的另一个重要发展趋势是不再建造专用化的基本级舰艇,而是建造能同时解决攻击、反潜、防空任务的多功能舰艇。这种趋势与海军的发展战略是一致的。21世纪水面舰艇基本任务仍然是摧毁地面目标;搜索、发现和摧毁水上、水下目标;布设水雷;防空、防鱼雷、防水雷;搜索、发现、截获海上和沿岸的恐怖分子,强盗和其他的非法武装分子;其他的军事武装无法完成这些使命任务。将武器和装备及其控制系统(包括所有的情报报务系统)集成为一体化的多功能综合化系统,共同完成系统各种军事任务,将成为21世纪舰载武器的发展方向。武器综合化后,舰载无线电设备在无线电干扰条件下对空中和水上目标的探测距离不变。但在使用超视距雷达时,探测距离可达到300 km。对水下目标的探测距离,仍将保持在目前水平。随着信息交换设备的使用,未来舰船将获取任何信息和来自任何信息源的信息,从而扩大监控的范围。

要想提高水面舰艇的作战性能,首先要增加不同导弹发射架上的各种用途的导弹数量,以及广泛采用多用途直升机作为攻击性手段和目标指示器。军用水面舰艇导弹主要有:带有普通战斗部分和专门战斗部分的舰对地远程巡航导弹、舰对舰巡航导弹、反潜导弹、地对空导弹;还有一些特殊的专门用来拦截各种空中目标的防空导弹,其中包括中程弹道导弹。口径 57 ~ 155 mm 的通用火炮仍将是 21 世纪水面战斗舰艇近程通用武器的重要组成部分。可制导炮弹成为本世纪初 100 mm 以上火炮的主要炮弹,20 ~ 40 mm 的小口径高射炮在水面舰艇中占有了一席之地。可以预计,未来普通的火炮将被带有炮弹加速功能的新火炮所代替。用其他装置(如用激光装置)完全取代火炮的可能性很小,但是小口径火炮装置则完全有可能被别的装置所取代。

水面战斗舰艇上仍将保留传统的用来打击近距离潜艇的鱼雷。舰载反鱼雷装置可用来对敌潜射的鱼雷进行自卫。由于水雷威胁的不断增长,今后将为水面舰艇装备水雷自卫设备(主要是用于避开水雷,而不是将其摧毁)。海军陆战队,甚至陆军都将更多地依赖海军火力支援和保护。远程精确打击和战区弹道导弹防御这两大革新将对海战特别是沿海作战产生深远影响。从数百英里的海上攻击敌方领土几百英里内的目标也不是什么新的设想,这是美国海军在冷战时寻求新型航母的主要原因。然而那是用飞机攻击目标,这样就不可避免把飞行员暴露在敌人火力之下。近来出现了海基侦察/打击系统这一新的战争形式。它是大范围监视、自动目标识别、精确制导、远程目标搜索、高可靠性大容量通信等技术发展的产物。它可从空间、舰载飞机或舰船本身进行监视和搜寻的,所用武器为中短程海基陆军战术导弹系统(100 ~ 500 n mile)、战术弹道导弹和远程(达 1 000 n mile)巡航导弹。

在本世纪可预见的未来,军舰必须执行多种任务应付各种任务。传统海控任务不会消失,另外还将增加用火力和精确武器支援岸上部队的任务。未来军舰必须应付更快的导弹,同时不断降低特征,提高在复杂环境中的机动性。从战术弹道导弹的数目、扩散、军事政治效果来看,导弹的威胁在不断增大。今后武器系统发展的重点是探测和应付海上及陆地上的导弹威胁,防止弹道导弹攻击港口城市、两栖目标区和先期登陆部队。

在其他部队协同下,未来战斗系统能在不同距离上,高精度、高强度快速攻击岸上固定或运动目标。这就需要:更快的反应打击能力;能够有效地连接各种监视系统,其中包括空中系统;实时或近乎实时寻的系统;能攻击各种目标的导弹弹头。未来沿岸战的主要挑战还包括探雷和猎雷。根据无人驾驶飞机和联合监视系统提供的实时数据,让飞行中的导弹重新定位是极为重要的。从海上发射的新一代巡航导弹战斗性能将大大提高。为了实施沿岸火力支援,舰船将装备先进火力支援导弹、火炮、弹药、攻击直升机、实时战斗伤亡评估设备、集成实时寻的系统等。

以不断出现的技术为基础的新一代设备能使未来的水面战斗舰艇再次成为海战的中坚力量。信息和距离是下一次海上革命的标志。获得信息后,再经处理、提取、显示、传输,就能形成连贯战术图像,实现实时寻的和战区控制。只有全球经济发达的国家才能建造先进的舰艇,建设强大的海军。这些国家总是寻求全球军事存在以支持全球经济。建造这些舰船无疑会使其外交政策更有说服力。也就是说,水面战斗舰地位上升,并不仅仅因为我们拥有了建造技术,而且还因为全球需要这些舰船。从长远来看,一个国家的政治经济利益,以及由此导致的国防投资优先性是决定世界各国海军舰队结构的主要因素。

未来的海战场已脱离单线海平面的一维概念,发展成为水下、水面、空中、太空和电磁等多维立体作战,呈现出海地一体、海空一体、海面海下一体、海洋太空一体的大立体海战战场。战场上将出现防空、空袭、反舰、反潜、电子战相结合的立体化,多层次软杀伤和硬摧毁并举的新面貌。定向动能武器、智能武器、生物武器、隐形武器等高科技武器将投入使用。近几场局部海战,尤其是海湾战争向人们展示了未来的海战场,使人们隐约地看到了未来高技术海战的一些雏形。

展现在人们面前的是:在海陆战斗中,海军水面舰艇、潜艇、舰载机和其他可能出现的新兵器种,将有对大纵深乃至洲际陆基目标进行战略战役打击的能力。在海空大战中的电子战、导弹远程精确攻击,将成为未来海战的主要方式。空间手段和力量,在未来海战中的地位将愈来愈突出,备受人们的关注。科技的发展,将一些尖端技术最先作用于海战场,从而使得海战场由单维向多维、小纵深到大纵深、小立体到大立体、战线相对固定到战场无定的方向发展。海战场将在太空、空中、水面、水下和电磁空间全面展开。高科技兵器的使用,使外层空间、大气层空间、远陆基地对海战场的直接打击变为可能。

未来的世纪是海洋的世纪,地球表面为 5.1 亿平方千米,其中陆地表面积为 1.48 亿平方千米,占总面积的 29%;海洋达 3.62 亿平方千米,占总面积的 71%。早在 2500 年前,古希腊海洋学者狄米斯托克就预言:"谁控制了海洋,谁就控制了一切。"公元前古罗马的西塞罗在总结了古希腊、迦太基和古罗马争夺地中海通商要道的斗争经验后,也提出"谁控制海洋,谁就能控制世界"的理论。随后 19 世纪美国海军理论奠基人马汉,以及 20 世纪初苏联海军总司令戈尔什科夫等人都提出了海权的重要性,普遍把争夺海洋、控制海洋与控制贸易、控制整个世界联系在一起。

我国海军新一代水面战斗舰艇的建设,是和世界海军的发展趋势一致的。我军新型舰艇的基本技战术性能不仅要符合新的技战术要求,而且必须与国家工业的发展水平相适应。任何一个国家的海军要走向强大、走向成熟,与大型水面舰艇的建设和发展都是离不开的,否则就难以形成大海军或者强大的海军。在可预见的未来,大型水面舰船在海军的地位没有改变,仍然是一个国家综合国力的象征。

参考文献

[1] 吕俊军. 现代军舰分类纵横谈[J]. 现代舰船,2004(5).
[2] 世界海军舰艇系列:航空母舰[J/OL]. 中广网,2004 - 07 - 31.
[3] 蒋卫峰. 现代战斗舰艇[J]. 兵器博览,2006(4).
[4] 吴家鸣. 现代护卫舰的演变、现状与特点[J]. 国防科技,2012(2).
[5] 吴凤明. 航空母舰的发展历程[J]. 现代军事,1999(5):21 - 25.
[6] 张凤香,倪鹤明,倪正. 现代护卫舰的发展趋势[J]. 现代舰船,1996(1):14 - 17.
[7] 陈书海,张正满. 航空母舰——海军史上的里程碑[M]. 北京:国防工业出版社,2007.
[8] 肖鹏. 近看两种现代巡洋舰"龙虎斗"——"提康德罗加"VS"基洛夫"[J]. 当代世界,2007(04).
[9] 天鹰. [剑]与[盾]——东亚水域的"现代"与"金刚"[J]. 舰载武器, 2007(03).
[10] 倪鹤鸣,吴威. 两栖战舰艇发展趋势[J]. 现代舰船,2000,11.
[11] 刘淮,徐晶晶,李生. 两栖攻击舰的发展[J]. 现代军事, 2006(01).
[12] 倪正. 两栖作战纵横谈[J]. 现代舰船,2000. 5.
[13] 虞非凡. 两栖战发展引导舰艇革命[J]. 环球防务,2006(11).
[14] 何萍. 美国海军两栖攻击舰的作战特点[J]. 现代军事,2004(7).
[15] 方向. 美国海军拟开发可执行不同任务的新型两栖战舰[J]. 舰船科学技术. 2012(12).
[16] 王平,殷利. 扑向陆地的钢铁巨鳄:如日中天的两栖攻击战舰——法国海军和俄罗斯海军:"西北风"级两栖攻击舰[J]. 舰载武器,2011(06).
[17] 施征. "好用不贵"的法国"西北风"级两栖攻击舰[J]. 海洋世界,2010(06).
[18] 施征. 韩国"独岛"号两栖舰[J]. 海洋世界,2010(12).
[19] 曹卫东. 外军航母发展战略[J]. 创新科技,2012(10).
[20] 陈光文. 印度洋要来新霸主——浅析印度新航母及新海军战略[J]. 舰载武器,2009(06).
[21] 施征. 生不逢时的"1143"型"库兹涅佐夫"级航母[J]. 海洋世界,2011(09).
[22] 范波. 装备信息化对水面战斗舰艇的影响[J]. 舰船科学技术,2007(05).
[23] 雪巴. 水面舰艇装备技术发展前瞻[J]. 舰载武器,2007(05).
[24] 航母舰载机的技术要求[J]. 兵器知识,2013(3).
[25] 李杰. 航母舰载机起降方式及利弊分析[J]. 当代海军,2008(12):56 - 59.

[26] 曲东才,周胜明.舰载机起飞技术研究[J].航空科学技术,2004(4).
[27] 吴家鸣.航母舰载机起降方式特点分析及全球现役航母简介[J].广东造船,2011(5).
[28] 秦立新.全球最大的防空舰家族:宙斯盾战舰透视[J]. 今日中国论坛. 2011(10).
[29] 司晓.打造新型平台提升海战能力——国外军用舰艇的发展方向[J]. 国防科技工业,2010(05).
[30] 施征.俄罗斯海军新一代航空母舰构想[J]. 海洋世界,2010(2).
[31] 周元和,池建文,王兵.大型驱逐舰现状和发展研究[J]. 舰船科学技术,2003,25(8).
[32] 袁敦垒.驱逐舰发展一席谈[J].现代舰船,2009.
[33] 朱英富.水面舰船设计新技术[M].哈尔滨工程大学出版社,2004.
[34] 郑军林.舰船概念设计发展趋势[J].舰船科学技术,2011,33(9).
[35] 马运义,刘传云.未来舰艇技术创新发展的趋向[J].舰船科学技术,2007,29(6).
[36] 潘镜芙.高科技壮大21世纪水面战舰[J].瞭望新闻周刊,2000,37(9).
[37] 张方明,窦内明.曲折的航母之路——从"库兹涅佐夫海军元帅"号看前苏联时代航母建造历程[J].当代海军,2005,10(6):33.
[38] 王伟."尼米兹"号航母特别关注[J].海事大观,2008(1):10.
[39] 舰群.蒸汽弹射器揭秘[J].舰载武器,2008,12(12):71.
[40] 谢友谊.创新的"戴高乐"号设计[J].中外船舶科技,1996,9(1):44.
[41] 田武,马正兵.宝刀不老的"库兹涅佐夫"号航母[J].航海,2001,15(1):34.
[42] 刘秦智.舰载机机/舰保障适配相关标准浅析[J].航空标准化与质量,2012(5).
[43] 王文亮,程明.对舰载机保障系统的建立及其特点的思考.教练机,2012(1).
[44] 孙诗南.现代航空母舰[M].上海:上海科学普及出版社,2000.